Einladung zum Karriere-Netzwerk squeaker.net

Ihr Vorteil als Käufer dieses Buches

Als Käufer dieses Buches laden wir Sie ein, Mitglied im
Online-Karrierenetzwerk squeaker.net zu werden. Auf der Website
finden Sie zusätzliches Insider-Wissen zum Buch. Dazu gehören
Interviewfragen aus dem Bewerbungsverfahren in der Finance-
Branche, Finance-Tests zum Üben, Erfahrungsberichte über Unternehmen und Gehälter sowie Termine und Fristen für
aktuelle Karriere-Events.

Ihr Zugangscode: **IDFIN2012**

Eingeben unter: squeaker.net/einladung

Das Insider-Dossier:
Die Finance-Bewerbung – Investment Banking,
Private Equity, Corporate Finance & Co.

2012 (4., aktualisierte und überarbeitete Auflage)

Das Insider-Dossier:
Die Finance-Bewerbung – Investment Banking,
Private Equity, Corporate Finance & Co.

2012 (4., aktualisierte und überarbeitete Auflage)

Copyright © 2012 squeaker.net GmbH

www.squeaker.net
kontakt@squeaker.net

Verlag	squeaker.net GmbH
Herausgeber	Stefan Menden, Jonas Seyfferth
Autor	Thomas Trunk
Projektleitung	Jennifer Wroblewsky, Claudia Czaika
Buchsatz	Andreas Gräber, MoonWorks media, Miesbach
Umschlaggestaltung	Ingo Solbach, i-deesign.de, Köln
Druck und Bindung	DCM Druck Center Meckenheim GmbH
Bestellung	Über den Fachbuchhandel oder versandkostenfrei unter squeaker.net.
ISBN	978-3-940345-25-7

Inhalt

Einleitung

Die Finanzbranche gehört seit jeher zu den dynamischsten aller Wirtschaftszweige. Aufgrund des Wettbewerbsdrucks optimale Lösungen für immer komplexere Kundenprobleme zu entwickeln, entstehen fortlaufend neue Bereiche. Während somit die Service- und Produktpalette der Banken zunehmend umfangreicher wird, entstehen gleichzeitig Spezialinstitute, die sich auf Nischen fokussieren und dort sehr erfolgreich agieren. So wird die Branche einerseits fragmentierter, durchläuft andererseits aber auch eine Konsolidierung. Insbesondere im Zuge der Subprime-Krise, die sich im Verlauf zu einer Finanzkrise ausgeweitet hat, haben einige, z. T. historische, Institute aufgehört zu existieren (Bear Stearns, Lehman Brothers), andere verloren ihre Selbstständigkeit (Merrill Lynch) und weitere Großbanken übernahmen Assets, Personal und Kunden und wurden damit größer als je zuvor (z. B. Bank of America).

Sicherlich wird kurz nach dieser sehr schwierigen Phase nicht gleich wieder in einem Maße rekrutiert, wie dies noch in den äußerst erfolgreichen Jahren 2005/06 der Fall war. Aber gerade solche Phasen, in denen nur einige wenige neue Analysten eingestellt werden, sind auf mittelfristige Sicht die attraktivsten: Denn wer zu einem dünnen Jahrgang gehört, der wird automatisch Teil eines »knappen Gutes« und hat somit beste Karriereperspektiven. Die wenigen Banker, die in den herausfordernden Jahren kurz nach 2000 eingestiegen sind, waren ganz besonders gesucht, als man sie in den Rekordjahren fünf Jahre danach als Associate überall gebraucht hat.

So haben die Umwälzungen der Krise auch für den persönlichen Karrierepfad im Banking ihre Folgen. Wer sich für einen Job in der Finanzbranche interessiert, der sollte sie auch in ihren Grundzügen und Mechanismen kennen und wiedergeben können. Das wird zumindest in Interviews bei den gefragtesten Investmentbanken und anderen Finance-Advisern erwartet. Aber keine Sorge, denn das Insider-Dossier, »Die Finance-Bewerbung«, fasst die wesentlichen Zusammenhänge, Ereignisse und alles, was man darüber wissen sollte, noch mal zusammen und gibt weiterführende Tipps. Und nicht nur das: Die squeaker.net-Insider-Dossiers setzen an der Stelle an, wo andere Ratgeber aufhören. Dieses Buch bereitet speziell auf die anspruchsvollen Bewerbungsgespräche bei den renommierten Unternehmen der Finance-Branche vor. Darüber hinaus informiert es den interessierten Leser über praxisrelevante Grundzüge der Finance-Theorie und gibt einen Einblick in die Finance-Branche aus der Insider-Perspektive.

QR-Code

Die wichtigsten Internetlinks haben wir in Form eines QR-Codes dargestellt. Diesen können Sie mit Ihrem Handy abscannen und so bequem die entsprechende Webseite mobil ansteuern (Ihr Handy benötigt eine QR-/2DScanner-Applikation und Internetzugang). Folgender QR-Code führt Sie beispielsweise direkt zur Finance-Rubrik auf squeaker.net/karriere/finance.

Die vierte Auflage:
Umfangreicher, professioneller und praxisrelevanter

Der erste Teil dieses Buches soll der Orientierung dienen und gibt einen zusammenhängenden Überblick über die Finance-Branche, ihre unterschiedlichen Arbeitsfelder und Inhalte sowie ihre jeweiligen Jobs und Karrieremöglichkeiten. Nachdem wir mit unserer letzten Auflage unseren Blickwinkel bereits vom Investment Banking auf angrenzende Felder erweitert hatten, gehen wir mit dieser Auflage noch etwas mehr in die Breite und in die Tiefe. Beschreibungen der verschiedenen Prozesse in der Investmentbank und der jeweiligen Aufgaben eines Analysten vermitteln einen Insider-Blick in die konkrete Tätigkeit. Sie bereiten Sie somit auf die Frage vor, ob Sie wissen, was der Job beinhaltet und was auf Sie zukommt. Wir befassen uns zudem umfassender mit Private Equity und werfen auch einen Blick auf Hedgefonds. Da sie wesentliche Kundengruppen der Investmentbanken darstellen, hilft diese Betrachtung dem besseren zusammenhängenden Gesamtverständnis der Branche. Darüber hinaus beleuchten wir auch den Bereich Capital Markets und Asset Management (AM) noch eingehender. Im Abschnitt über die Bewerbung erläutern wir, wie Sie sich bereits vor den Interviews optimal präsentieren können und worauf Sie dabei unbedingt achten sollten.

Im zweiten Teil beschreiben wir noch umfassender als zuvor das praxisrelevante »Werkzeug«, das man für Interviews beherrschen sollte und das die Grundlagen der Jobs im jeweiligen Bereich darstellt. Wir haben diesen Abschnitt um zusätzliche Beispiele und Rechnungen erweitert und gehen intensiver auf Analysen und Bewertungsverfahren aus den jeweiligen Praxisbereichen ein, um unseren Lesern einen bestmöglichen Einblick zu geben und Vorsprung für die Interviews zu verschaffen. Durch mehr Grafiken und Schaubilder wurde in dieser Auflage zudem die Komplexität reduziert und theoretische Zusammenhänge noch besser verständlich gemacht. Dieses Buch vertieft genau den Teil der finanzökonomischen Theorie, der für Sie in der Bewerbungsphase relevant ist.

Im dritten Teil können Sie mit diesem Buch theoretische Konzepte gleich an praktischen Interviewfragen anwenden. Hier bieten wir eine umfassende Vorbereitung auf »Das Interview« in Form von Beispielaufgaben mit Lösungen, Case Studies und Interviewtipps von Insidern. Für diese Auflage haben wir einige weitere Beispielaufgaben aus Interviews zusammengestellt und Erfahrungen ausgewertet, um unsere Leser insbesondere für die entscheidenden Interviews bestens vorzubereiten. Ebenso haben wir Erfahrungsberichte von Mitgliedern der squeaker.net-Community ergänzt, die diesen Teil abrunden.

Feedback

Unterstützen Sie dieses Buchprojekt
Um das Buch kontinuierlich weiterentwickeln zu können, sind wir auf Ihre Mithilfe angewiesen. Bitte schicken Sie uns Ihr Feedback oder Verbesserungsvorschläge über unser Feedback-Formular unter squeaker.net/buchfeedback.

Im Anschluss daran finden Sie Profile der führenden Finance-Player mit wertvollen Informationen zur Bewerbung.

Somit ist diese 4., vollständig überarbeitete Auflage qualitativ noch hochwertiger, umfangreicher, leserfreundlicher und praxisnäher. Für die harte Konkurrenz um die wenigen hochbezahlten Jobs ist eine ausführliche und professionelle Vorbereitung wichtig. Und wir sind überzeugt, dass Sie mit dieser neuen Auflage des Marktführers für die Bewerbung bei den Top-Playern der Finance-Branche die bestmögliche Vorbereitung in der Hand halten.

Insider-Perspektive

Vertiefungsbücher

Für eine gründliche Vorbereitung empfehlen wir auch die Lektüre der Vertiefungsbücher für Einstellungstests und Brainteaser aus der Insider-Dossier-Reihe, die mit diesem Werk Hand-in-Hand gehen.

Bei den Begrifflichkeiten haben wir uns dem Innenleben der Finance-Branche entsprechend angenähert und verwenden daher die im Finance-Alltag gebräuchlichen und oft englischen Begriffe. Des Weiteren sei noch auf Folgendes hingewiesen: Auch wenn es durch die Umregistrierung *de jure* keine »reinen Investmentbanken« mehr gibt, sondern Bank Holdings – damit sie unter die Bankenaufsicht fallen – hat sich ihre Arbeit inhaltlich nicht gravierend geändert und wir bezeichnen sie in diesem Buch weiterhin als Investmentbanken. Mit Rücksicht auf die Lesbarkeit wurde in diesem Buch auf eine »weibliche Grammatik« verzichtet. Wir bitten um Verständnis.

Viel Spaß und Erfolg mit dem Insider-Dossier »Die Finance-Bewerbung«.

Thomas Trunk und die squeaker.net-Redaktion

Kapitel I: Finance-Branche und -Karriere

Die Motivationsgründe für das Anstreben einer Karriere in der Finance-Branche sind vielfältig. Einige Bewerber interessieren sich dafür, an großen Transaktionen mitzuwirken, bspw. einen Börsengang zu begleiten, oder die Übernahme eines milliardenschweren Unternehmens live mitzuerleben. Andere haben ein großes Interesse an den Kapitalmärkten und verfolgen die Börsen und ihre »Handelsware« rund um die Welt. Und wieder andere begeistern sich für Zahlen, Finanzmärkte und deren Analyse an sich. Letztlich ziehen auch die große Verantwortung, der Nimbus und das attraktive Gehalt viele Bewerber an. So hat jeder seine Gründe, warum er in der Finance-Branche arbeiten möchte. Aber welche Bereiche gibt es eigentlich, wie sieht das Tagesgeschäft konkret aus, was sind die Aufgaben und was wird dort von einem erwartet?

Auf diese und weitere Fragen gibt der erste Teil dieses Buches eine Antwort. Er soll der Orientierung dienen und gibt einen Überblick über die Finance-Branche, deren Felder und Inhalte sowie die jeweiligen Jobs und Karrieremöglichkeiten.

Wie bereits erwähnt, hat die dynamische Finance-Branche immer neue Produkte, Spezialisierungen und damit auch Arbeitsfelder entstehen lassen. Daher ist es unverzichtbar, sich mit den verschiedenen Bereichen unvoreingenommen auseinanderzusetzen. Dies gilt auch dann, wenn man der Meinung ist, bereits sicher zu sein, welcher Job am besten zu einem passt. Oft sind es gerade Nischenbereiche, die gerade neu entstehen und morgen stark wachsen. Wer in diesen Bereichen früh dabei ist, hat als einer von vergleichsweise wenigen Spezialisten einen großen Wettbewerbsvorteil.

1. Finance-Karriere – Eine Einführung

Im ersten Kapitel geben wir Ihnen einen Überblick, welche Institutionen es gibt und wie sich der Markt zusammensetzt, bevor wir anschließend auf Anforderungen und Voraussetzungen für eine Karriere im jeweiligen Bereich eingehen und die Karriere an sich beleuchten.

Welche Bereiche gibt es? – Ein Überblick

Wir konzentrieren uns in diesem Buch grundsätzlich auf folgende Zweige der Finance-Branche, weil sie traditionell den Markt um die Gunst der Top-Absolventen anführen:

- Investmentbanken mit ihren verschiedenen Bereichen
- Private Equity Firmen und Hedgefonds
- Corporate Finance-Beratungen sowie
- Andere Finanzdienstleister (vor allem Ratingagenturen)

Angrenzende attraktive Arbeitsfelder, wie die Corporate Finance- und Inhouse-M&A-Abteilungen von Großunternehmen sind in ihren Anforderungen und Aufgabenfeldern den Investmentbanken sehr ähnlich und werden daher über diese mit abgedeckt. Um ein zusammenhängendes Verständnis zu ermöglichen, wollen wir uns zunächst vor Augen führen, wie die einzelnen Bereiche miteinander agieren. In Abschnitt I.2. werden sie mit ihren jeweiligen Tätigkeiten eingehend beschrieben.

Grob betrachtet wird auf dem Finanzmarkt **investiert**, **finanziert** und **beraten**. Dabei sind Investition und Finanzierung zwei Seiten einer Medaille.

Während Corporate Finance-Beratungen und Ratingagenturen mit ihrer Prozess- und Analysekompetenz überwiegend beratend tätig sind und Private Equity Firmen sowie Hedgefonds vor allem investieren und damit die jeweiligen Zielunternehmen finanzieren, ist eine Investmentbank mit ihren unterschiedlichen Divisionen sowohl beratend (Advisory), als auch finanzierend und investierend tätig.

Veranschaulichen wir uns doch beispielhaft, wie das Zusammenwirken der Bereiche bzw. Institutionen abläuft. Den Teil des Einkommens, den Sie nicht für Konsum ausgeben, sparen Sie. Da Sie an die Kraft des Sparbuchs weniger glauben, als an das Wachstum der Wirtschaft, investieren Sie Ihr Geld. Und weil Sie trotz vergleichsweise geringer Sparbeträge professionell investieren möchten und das Risiko streuen wollen, zahlen Sie Ihr Geld in einen Fonds (Publikumsfonds) ein. Der Fonds sammelt das Geld und investiert in der Regel direkt am Kapitalmarkt. Hierzu erwirbt er z. B. Aktien, Anleihen oder Derivate über einen Händler im Capital Markets-Bereich einer Investmentbank. Nehmen wir außerdem an, Sie haben auch noch eine Kapitallebensversicherung. Diese investiert einen Teil ihrer Einlagen zusammen mit anderen Kapitalsammelstellen mitunter in Private Equity-Fonds. Diese sind darauf spezialisiert, ganze Unternehmen oder Teilbereiche zu akquirieren und während einer Halteperiode von wenigen Jahren im Wert zu steigern, um sie anschließend gewinnbringend wieder zu verkaufen. Sowohl beim Kauf- als auch beim Verkaufsprozess kommt wieder die Investmentbank ins Spiel, diesmal mit ihrem Advisory-Bereich, der sogenannten Investment Banking Division (IBD). Diese beschäftigt sich neben der Beratung von Fusionen und Übernahmen (Mergers & Acquisitions, kurz: M&A) auch mit der Beratung und Begleitung von Börsengängen (Initial Public Offering, kurz: IPO). Der Private Equity-Fonds ist somit Klient der Investmentbank.Wenn ein Financial Sponsor, wie die Private Equity-Investoren auch genannt werden, nun ein Unternehmen übernehmen möchte, macht er dies in der Regel mit einem sehr hohen Fremdkapitalanteil (sog. Leveraged Buyout, kurz: LBO). Mehr dazu in Abschnitt II.4 Dieses Fremdkapital, das dem Private Equity-Investor zur Finanzierung dient, ist aus der Sicht des Geldgebers ein Investment. So geben häufig Hedgefonds oder Mezzanine-Fonds (auch hierzu später mehr) nachrangig besicherte finanzielle Mittel für solche Transaktionen zu einem hohen Zins für hohes Risiko. Eine Investmentbank kann an dieser Stelle auch mit einem anderen Bereich beratend tätig werden. So haben Investmentbanken auch Abteilungen, die sich um die Finanzierung eines LBO kümmern (Leveraged Finance Division), oder analysieren, ob ein Unternehmen in der Lage sein wird, seine Schulden zurückzuzahlen (Bereich Debt Advisory) und vieles mehr. Der Private Equity Investor bedient sich bei der Wertsteigerung seines gekauften Unternehmens (Portfolio Company) unter anderem auch der Unterstützung von Unternehmensberatungen, die in diesem Bereich in den vergangenen Jahren immer aktiver geworden sind und mittlerweile eigene Organisationseinheiten hierfür aufgebaut haben. Diese Corporate Finance-Beratungen kümmern sich mitunter um Wertsteigerungspotenziale, strategische Ausrichtung, Post Merger-Integration und dergleichen. Des Weiteren helfen sie bei der Analyse, Prüfung und Bewertung des Zielunternehmens (Due-Diligence-Prozess).

Untenstehende **Grafik der möglichen Interaktionen in der Finanzbranche** ist eine stark vereinfachte Darstellung. Neben den aufgeführten Beziehungen gibt es zahlreiche weitere, die aus Gründen der Übersichtlichkeit und Verständlichkeit nicht abschließend aufgeführt sind.

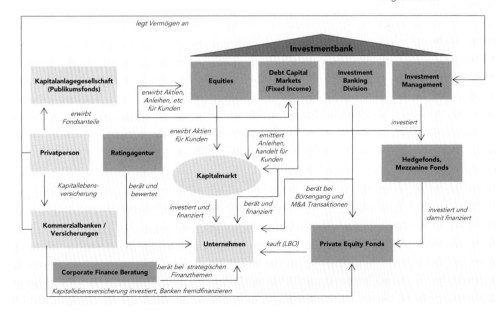

Wenn der Private Equity-Fonds sein Investment schließlich im Wert gesteigert hat und nach ein paar Jahren wieder aussteigen möchte, dann kann er es entweder an einen anderen Investor verkaufen, oder über einen Börsengang (Initial Public Offering, kurz: IPO) an viele kleine Investoren veräußern. Handelt es sich bei dem Käufer um keinen Finanzinvestor sondern einen strategischen Investor (z. B. ein Industrieunternehmen), dann wird dort die Inhouse-M&A-Abteilung zusammen mit der Investmentbank aktiv.

Im Fall des IPO sind in der Investmentbank vor allem drei Bereiche mit im Spiel: Der Equity Capital Market-Bereich (ECM) hält den Kontakt zu institutionellen Investoren und deckt die Kapitalmarktseite ab. Der Equity Research-Bereich »covered« in aller Regel das Unternehmen beim Börsengang und gibt eine Studie (Research Report) heraus, die potenzielle Investoren informieren soll. Die Investment Banking Division steuert den Gesamtprozess mit externen Beratern wie Anwälten, Wirtschaftsprüfern sowie der eigenen ECM-Abteilung etc. Ein potenzieller Käufer des Unternehmens, bspw. ein Industrieunternehmen, könnte nun daran interessiert sein, wie sich die Akquisition des Zielunternehmens auf sein Kapitalmarkt-Rating auswirken würde. Hier kommen dann die Ratingagenturen als mögliche Berater hinzu. Diese beurteilen darüber hinaus auch die Kreditwürdigkeit eines Unternehmens. Von ihren Ratings können die Zinsen bei der langfristigen Kreditfinanzierung jener Unternehmen in beträchtlichem Maße abhängen, eine nicht zu unterschätzende Komponente auch in der Bewertung der Machbarkeit von M&A Transaktionen.

Zuletzt bleibt noch der Bereich der Investmentbanken offen, der die Vermögen sehr wohlhabender Privatleute verwaltet und investiert (Private Wealth Management, kurz: PWM) oder sich auch um das Geld bspw. der Kapitallebensversicherung als institutionellem Investor kümmert (Asset Management, kurz: AM).

Dies sind jedoch nur beispielhafte Grundzüge. Viele andere Schnittstellen und Verflechtungen ließen sich aufzeigen. So treten Hedgefonds auch als Investoren neben Private Equity-Firmen im M&A-Markt auf, wo sie z. T. große Anteile an Firmen akquirieren, um diese später mit Gewinn wieder zu verkaufen. Darüber hinaus bestehen innerhalb der Investmentbanken neben den klassischen Geschäftsbereichen oft auch interne Private Equity- und Hedgefond-Bereiche. Und auch auf die Strukturierung und Emission von Anleihen durch die Debt Capital Market-Bereiche der Investmentbanken soll an dieser Stelle noch hingewiesen werden.

Wie wir gesehen haben, sind Investmentbanken im Gegensatz zu den anderen oben aufgeführten Bereichen, in der gesamten Bandbreite aktiv. Unterscheiden kann man diese Bereiche grundlegend auch in die Bereiche **Private-** und **Public Side**. Diese Trennung bezieht sich auf die Informationen, die dem jeweiligen Bereich zur Verfügung stehen. Sind sie öffentlich verfügbar, wie sämtliche Kapitalmarkt-informationen mit denen die Sales-Leute und Händler (Trader) arbeiten, dann spricht man von der Public Side. Dementgegen sind den Beratern des M&A Geschäftes geheime, nicht-öffentliche Informationen zugänglich, die sie im Rahmen ihres Projektes vom Klienten erfahren. Somit arbeiten sie auf der Private Side. Aus rechtlichen Gründen dürfen von der Private zur Public Side keine internen, privaten Informationen fließen, bspw. über geplante Unternehmens-übernahmen etc. Diese von der Compliance-Abteilung gestützte Informationsschranke bezeichnet man auch als **Chinese Wall**.

Informationen aus der Investment Banking Division, also dem M&A-Bereich, könnten im Capital Markets-Bereich sofort gewinn-bringend missbraucht werden (»Insiderhandel«), was andererseits eine Übernahme stark beeinflussen oder vermutlich zum Scheitern bringen würde.

Ein weiteres Unterscheidungsmerkmal der Bereiche ist die Art der Arbeit, die sich vereinfacht in **marktabhängiges Tagesgeschäft** und **Projektarbeit** unterscheiden lässt. Während der Bereich Capital Markets großteils marktabhängiges Tagesgeschäft betreibt, so ist die Arbeit in den anderen Bereichen vorwiegend projektorientiert.

Wissenswertes zur Finance-Karriere

Nun haben wir einen zusammenhängenden Überblick über die einzelnen Bereiche gewonnen, deren konkrete Aufgaben und Prozesse wir später in I.2 noch genauer kennenlernen werden. Als Nächstes wollen wir uns anschauen, was für Voraussetzungen für eine Finance-Karriere erforderlich sind, wie sich die Jobs abgrenzen lassen, wie eine Karriere bspw. in einer Investmentbank aussieht und auch welche Exit-Möglichkeiten es in der Praxis gibt.

Im Folgenden wollen wir die Anforderungsprofile in den zuvor genannten Branchen näher betrachten. Da die Investmentbanken, wie wir gesehen haben, in der gesamten Bandbreite aktiv sind, konzentrieren wir uns zunächst auf ihre Anforderungsprofile. Im Anschluss gehen wir auf die Unterschiede für die Private Equity-Branche, die Corporate Finance-Beratungen und die Ratingagenturen ein.

Abgrenzung zum Consulting
Aus der Perspektive einiger Bewerber gleicht das Profil eines Investmentbankers dem eines Unternehmensberaters. Wenn man aus der Investmentbank den Advisory-Bereich herausgreift, benötigen beide grundsätzlich auch ähnliche Fähigkeiten. Beide Tätigkeitsbereiche verlangen ein analytisches, strukturiertes Denkvermögen, ein hohes intellektuelles Potenzial, Flexibilität, Leistungsbereitschaft und in

Compliance

Die Compliance-Abteilung einer Investmentbank befasst sich mit der Einhaltung von Gesetzen, Verhaltensmaßregeln sowie Richtlinien, um rechtlichen Problemen vorzubeugen.

beiden Bereichen handelt es sich um projektorientierte Arbeit in Teams, was die Forderung nach Teamfähigkeit mit sich bringt. Abgesehen davon unterscheidet sich die berufliche Wirklichkeit in diesen Tätigkeitsfeldern jedoch sehr stark.

Während Analysten (die typische Einstiegsposition) im Investment Banking den Großteil ihrer Arbeitszeit im Büro verbringen, findet sich ein frischgebackener Hochschulabsolvent bereits ab Beginn seiner Beratertätigkeit beim Klienten wieder. Das hat vor allem zwei Gründe. Erstens ist das Schadenspotenzial bei einem Investment Banking-Projekt oft höher. Wenn ein Investment Banking Analyst bei einer milliardenschweren Transaktion Anfängerfehler macht, hat das potenziell schwerwiegendere Folgen. Zweitens ist aber vor allem auch der Arbeitsinhalt bzw. der Fokus der Projekte hierfür ursächlich. So beschäftigt sich ein Investment Banking-Projekt grundsätzlich mit dem Unternehmen als Gesamtes, was von einer finanziellen Perspektive analysiert bzw. bearbeitet wird. Im Consulting geht es hingegen oftmals um Teilbereiche, Kostensenkungen, Umsatzsteigerungen, Prozesse etc. Diese gilt es vor Ort beim Klienten zu analysieren. Nicht die rein finanzielle, sondern die inhaltliche Geschäftsperspektive steht im Fokus des Beraters und diese kann nur vor Ort unter die Lupe genommen werden. Für die finanzielle Analyse eines gesamten Unternehmens benötigt man vor allem die Finanzdaten. Und die Analysen werden vom Büro der Bank aus gemacht. Als Analyst in der Investment Banking Division geht man lediglich bei den folgenden Gelegenheiten »raus«: Due Diligence Meetings oder Projektbesprechungen mit dem Klienten, Kick-off-Meetings am Anfang eines neuen Projekts, Datenraumarbeit, ggf. Site Visits im Rahmen der Due Diligence, sowie seltener für Bilanzpressekonferenzen, Analystenpräsentationen, Präsentationen zur Projektakquise (Pitch) oder Roadshows im Rahmen eines IPO. Im ersten Jahr beträgt die Arbeitszeit »out of office« bei großen Investmentbanken schätzungsweise eher 5% als 20%.

Was muss ein Hochschulabsolvent für den Job als Investmentbanker mitbringen?

Unabhängig von der gewünschten Abteilung steht eine hohe Affinität zu Zahlen ganz oben auf der Wunschliste einer jeden Investmentbank. Diese ist direkt gefolgt von Belastbarkeit und hoher Sozialkompetenz. Warum ein Banker zahlenaffin sein sollte, dürfte Niemand in Frage stellen. Allerdings ist damit keine höhere Mathematik gemeint, sondern oft einfach ein gutes Gespür für Zahlen, wenn mal wieder Geschäftsberichte in einem Benchmarking ausgewertet werden sollen oder Prognosen für eine Unternehmensbewertung auf Basis von Research Reports erstellt werden müssen. Des Weiteren ist die Arbeit mit Excel und bei komplexeren Handelsvorgängen ggf. mit Visual

Basic-Programmierung (Bereich Derivate) verbunden. Die abverlangte Ausdauer eines Analysten reicht von 60-Stunden-Wochen bei täglichem Beginn um 7 Uhr morgens (Trading/Sales), bis zu bankenabhängig 80 bis 100 Stunden im M&A. In jedem Fall erfordert das Investment Banking eine hohe zeitliche Flexibilität und Belastbarkeit. Zu guter Letzt zählt die Sozialkompetenz zu den ausschlaggebenden Kriterien. Wenn man so lange wie oben angedeutet mit Kollegen eng zusammen arbeitet, muss man sich gut in ein Team einfinden und Konflikte diplomatisch lösen können. Auch in stressigen Zeiten sollte man in der Lage sein, den Überblick zu behalten und mit klarem Kopf die Aufgaben von simultanen Projekten zu strukturieren, zu priorisieren und vor allem die Erwartungen der Senior-Banker kontinuierlich zu managen. Schließlich gilt es trotz der hohen Arbeitsbelastung die »Attention to Detail« nicht zu vernachlässigen.

Auch wenn die Atmosphäre in den Büros in New York und London aufgrund ihrer Größe stark von derjenigen in den deutschsprachigen Niederlassungen abweicht, ist es überall unmöglich, innerhalb des eigenen Teams unterzutauchen. Man steht in ständigem Austausch mit den Kollegen, leidet und freut sich gemeinsam und wird zumindest den frühen Abend unter der Woche stets mit dem Team verbringen.

Im **Trading/Sales-Bereich** der Investmentbanken, wo man aufgrund der identischen Hierarchie ebenfalls als Analyst startet, ist weniger eine lange Ausdauer, als vielmehr die Schnelligkeit unter Hochdruck während der Börsenzeiten gefragt. Hinzu kommt ein sehr guter Umgang mit Klienten und Vertriebsaffinität, da die Analysten im Capital Markets-Bereich bereits relativ früh Asset Manager als eigene Klienten zur Betreuung zugewiesen bekommen. Die Arbeitszeiten sind zwar nicht so lang wie in der Investment Banking Division, dafür aber »höher getaktet« und in der Regel mit einem Mittagessen am Trading Desk verbunden.

Der **Investment Management** Bereich der Investmentbanken (PWM und AM), ist in seinem Anforderungsprofil mit dem des Capital Market Bereiches nahezu identisch. In diesem Bereich geht es jedoch in der Regel mehr um individuelle Lösungen für eine optimale Vermögensanlage in Abhängigkeit des Risikoprofils. Des Weiteren ist der Zeitdruck hier geringer. Vielmehr steht der vertrauensvolle Aufbau langfristiger Klientenbeziehungen im Vordergrund.

Ein ähnliches Anforderungsprofil wie im M&A äußern die **Private Equity-Firmen**. Auch wenn üblicherweise erst aus dem Associate Pool der Investmentbanken rekrutiert wird (dazu später mehr), ist es in Einzelfällen möglich, als Analyst im Private Equity zu arbeiten. Die Aufgaben ähneln hierbei denen in der M&A-Abteilung einer Investmentbank, wobei ein weit größerer Fokus auf der Analyse von Businessplänen, sowie unternehmerischem Verständnis liegt. Dies liegt in der tendenziell unternehmerischen Natur des Private

Erfolg

»Für ein erfolgreiches Rezept beim Jobstart benötigt man Ehrgeiz, Neugier und Engagement. Zudem sollte man als Einsteiger immer offen für Neues sein, auf Menschen zugehen können und Fragen stellen, wenn etwas unklar ist.«
Alexander Hohmann, Head of HR Centre, ***SEB***

I. Branche

Equity-Geschäfts begründet. Hinzu kommt das Management der Prozesse mit den externen Zulieferern (Banken, Kanzleien, Beratern, Portfoliounternehmen etc.).

Da die Unterschiede zwischen Unternehmensberatern und Investmentbankern nicht zu vernachlässigen sind, ist auch das Anforderungsprofil eines **Corporate Finance-Beraters** separat zu betrachten. Einige der großen Strategieberatungen bieten eine Spezialisierung auf Corporate Finance erst ab einem gewissen Erfahrungsgrad an, häufig nach ca. drei Jahren Berufserfahrung in der jeweiligen Branche (z. B. als Investmentbanker oder als Rating Analyst). Es gibt aber auf Corporate Finance spezialisierte Beratungen bzw. Corporate Finance-Abteilungen von großen Beratungen, die auch Einsteiger einstellen. Ansonsten gilt es, die zuvor behandelten Unterschiede zwischen Unternehmensberatungen und Investmentbanken zu beachten. Das Beratungsgeschäft ist um den Klientenkontakt herum aufgebaut. In diesem Kontext zählen Due Diligence-Mandate (im sog. Datenraum) wohl zu den Projekten mit dem seltensten Klientenkontakt, wohingegen die strategische Ausleuchtung von Finanzierungsthemen wohl stets beide Parteien, den Klienten sowie die Berater, für die Laufzeit des Projekts an einen Tisch bringen wird.

Was zu guter Letzt die Karriere in einer **Ratingagentur** angeht, so ist das Business im Schnitt weniger Klientengetrieben als im Investment Banking. Dafür konzentriert sich der Recruitingprozess weit mehr auf die quantitativen Fähigkeiten. In einer Ratingagentur werden Sie unterschiedliche Anlageklassen und Risiken bewerten und sich dabei in neue Modelle einarbeiten müssen. All dies bedingt eine gewisse quantitative Affinität, die ausgeprägter sein sollte als in der Investment Banking Division. Allerdings gilt es als Rating Analyst über die rein quantitative Finanzanalyse hinaus, auch eine Beurteilung der qualitativen Faktoren eines Unternehmens in seinem Markt- und Wettbewerbsumfeld vorzunehmen. Nichtsdestoweniger wird der Klientenkontakt wichtiger, je »seniorer« Ihre Rolle in einer Ratingagentur ist. Harte Zahlen und Ergebnisse zu kommunizieren, ist eine Schlüsselfähigkeit im Ratinggeschäft, welche die Klienten schätzen und letztlich auch bezahlen.

Vor diesem Hintergrund leuchtet ein, dass die Intensität der Zusammenarbeit in all diesen Bereichen dazu führt, dass der sog. Personal Fit im Interview eine enorm wichtige Rolle spielt. Wer sich als Kandidat im Interview unwohl mit den potenziellen Kollegen fühlt, sollte ehrlich zu sich selbst sein und die persönlichen Ambitionen für einen Moment zurückstellen, um zu erkennen, dass er in dem jeweiligen Segment oder der jeweiligen Firma mit hoher Wahrscheinlichkeit nicht glücklich wird.

Insider-Tipp

»Mit einer offenen, positiven Einstellung zum Bewerbungsgespräch gehen. Ehrlich und authentisch sein. Man will Euch und Eure Persönlichkeit kennen lernen und nicht einfach nur Fachwissen abfragen.«
Nicole von Jagemann,
Praktikum Financial Markets,
BayernLB

Wie kommt man an die begehrten Jobs?

Je nach Bank kommen auf 5–8 Stellen bis zu 1000 Bewerbungen. Da stellt sich die Frage, was die idealen Voraussetzungen sind, um eine der Stellen zu ergattern. Wie wir später noch erläutern werden, gibt es nicht den Idealkandidaten. Aber einige Merkmale ziehen sich doch durch die Profile nahezu aller Banker: Ganz egal was sie studiert haben, gehörten sie jeweils zu den Besten ihres Jahrgangs. Häufig

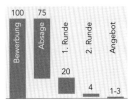

Kandidaten pro Bewerbungsstufe

haben sie an einer der renommierten Universitäten in Bezug auf ihre Studienrichtung studiert. Viele haben bereits ein Praktikum bei ihrem späteren Arbeitgeber gemacht und dabei einen sehr guten Eindruck hinterlassen. Das kann der Königsweg sein und man erspart sich die Bewerbungsprozedur nach dem Studium. Allerdings muss man wissen, dass die meisten Banken für ein Praktikum ebenso sorgfältig auswählen wie für eine Festeinstellung. Wer aber bereits ein Praktikum in seinem Wunschbereich, am besten auch noch bei seinem Wunscharbeitgeber, gemacht hat, der hat viele Vorteile. Erstens kennt er bereits das Team und weiß worauf er sich einlässt. Zweitens wird er im Fall einer Bewerbung bei anderen Banken leicht verkaufen können, dass er Inhalt und Herausforderungen des Jobs kennt und sich bewusst entscheidet.

Ein weiteres Merkmal vieler, die es geschafft haben, ist die allgemeine Praxis- und auch Auslandserfahrung. Einige mögen sich fragen ob die Arbeitgeber glauben, man könne nur erfolgreich diese Jobs bewältigen, wenn man all diese Dinge mitbringt. Nein, natürlich kann es auch potenziell sehr gute Investmentbanker, Berater, Rating Analysten etc. geben, die noch kein Praktikum oder Semester im Ausland verbracht und noch keine fünf Praktika absolviert haben. Aber wenn ein Arbeitgeber aus 1000 Bewerbern fünf auswählen kann, dann setzt er der Priorität nach Filter, bis am Ende vielleicht vierzig oder fünfzig Bewerber übrig bleiben, die dann in Interviews weiter handverlesen werden.

Daher sollte man für seinen Wunschjob am besten bereits früh Weichen stellen, die einen zur Eingangstür führen. Das sollte den Besuch von Workshops und Firmenkontaktmessen einschließen. Auch mögliche Interviews mit Freunden und Bekannten, die in diesem Bereich Praxiserfahrungen haben, sind sehr sinnvoll. Beim Studium sollte man sich natürlich anstrengen und zudem Praktika machen, sowie Auslandserfahrung sammeln. Der entscheidende Vorteil kann letztendlich durch gute Information (z. B. auf squeaker.net oder in diesem Dossier), sowie bestmögliche Vorbereitung auf Bewerbungsschreiben und Interviews generiert werden.

Wie verläuft eine Finance-Karriere?

In einer Investmentbank gibt es, unabhängig vom Bereich, grundsätzlich vier Karrierestufen: Analyst, Associate, Vice President (manchmal auch Executive Director genannt) und Managing Director. Die nachfolgende Tabelle gibt einen exemplarischen Überblick über die Abgrenzung und die jeweiligen Voraussetzungen.

Karrierestufen in einer Investmentbank

Level	Karriereentwicklung	Voraussetzung
Analyst	Ersten 3 Berufsjahre	Hochschulabschluss (BSc, MSc, Diplom oder MBA einer Business School, die keine Target School der Investmentbank ist.)
Associate	3. – 6. Jahr	Promotion oder MBA an einer Target School. Erfolgreich absolvierte Analystenzeit
Vice President (VP)	7. – 10. Jahr	Signifikante Berufserfahrung. Fähigkeit selbständig Projekte und Klientenbeziehungen zu managen. Oft erfolgt nach der Stufe VP ein Aufstieg zum sog. Director, der eine Vorstufe zum Managing Director darstellt
Managing Director (MD)	ab dem 10. Berufsjahr	Erfolgreiche Akquise, Fähigkeit zu Aufbau und Leitung von (Teil-) Bereichen. Wenn ein VP nicht zum MD ernannt wird, beobachtet man häufig Wechsel zu anderen Banken als (Managing) Director

Die Verantwortungsbereiche variieren von Karrierestufe zu Karrierestufe. Generell kann man sagen, dass der Analyst die meiste analytische Arbeit verrichtet, wohingegen ein Associate die Analysts betreut. Ein Vice President (VP) fungiert hier als übergeordneter Projektmanager. Bei den meisten Investmentbanken kann die Intensität des Klientenkontakts je nach Karrierestufe variieren. Der Managing Director (MD) ist letztlich der vertraute Berater des Klienten, in der Regel ein CEO bzw. CFO.

Wie ist die Vergütung?

Die Anforderungen an Bewerber sind hoch, die Jobs sind anspruchsvoll und die Belastung ist oft hart. Daher ist auch die Kompensation überdurchschnittlich. Im Investment Banking bei den führenden Banken steigt man im Schnitt mit 60-65 Tsd. Euro Grundgehalt ein. Hinzu kommt ein jährlich vergüteter Bonus, der von mehreren Faktoren abhängt, die von Bank zu Bank variieren können. Einerseits spielt der »Review« eine Rolle. Dabei handelt es sich um eine in der Regel jährliche gegenseitige Leistungsbeurteilung der Banker, die in Teams zusammengearbeitet haben. Andererseits ist der Bonustopf, der ausgeschüttet wird, natürlich vom Erfolg der jeweiligen Bank und ggf. auch der jeweiligen Division abhängig. In sehr guten Jahren kann der Jahresbonus bis zu einem Jahresgehalt betragen und in späteren Berufsjahren weit darüber hinaus gehen. Aber sehr gute Jahre markieren die Obergrenze und der Durchschnitt sieht anders aus. Je höher man in der Hierarchiepyramide aufsteigt, umso größer wird die Bandbreite der Bonuszahlungen auf der jeweiligen Stufe. Der Bonus

I. Branche

ist letztlich auch ein Regulativ, das signalisiert wie zufrieden die Bank mit der Leistung der jeweiligen Person ist. Oftmals folgt auf eine unterdurchschnittliche Leistung keine Kündigung des Arbeitgebers, sondern ein entsprechend niedriger Bonus und infolgedessen ggf. die freiwillige Kündigung des Bankers. Das andere wesentliche Regulativ ist eine anstehende aber ggf. ausbleibende Beförderung (Promotion) auf die nächst höhere Karrierestufe.

Im nicht-projektabhängigen Geschäft, also bspw. im Bereich Capital Markets, ist die individuelle Leistung noch besser messbar und somit die Variabilität der Boni dementsprechend größer. Dort ist es in seltenen Fällen auch eher möglich, auf der ansonsten sehr rigiden Beförderungsleiter Stufen zu überspringen (Early Promotion), wenn man außergewöhnliche individuelle Leistungen bringt und sehr hohe Erfolge für die Bank erzielt.

Im Private Equity ist die Vergütung ähnlich wie im Investment Banking. Der Bonus ist dabei in aller Regel weniger von der Markt-situation abhängig und somit auch in schwierigen Phasen stabiler. Das liegt daran, dass die Einkünfte der Fonds aus den fixen jährlichen Managment Fees über einen langen Zeitraum konjunkturunabhängig verlaufen. Hinzu kommt in späteren Jahren der Karriere eine direkte Beteiligung am Gewinn des Fonds (sog. Carry).

Die Karrierestufen und Vergütungsstruktur in der Corporate Finance-Beratung orientieren sich in aller Regel an der einer Unter-nehmensberatung. Es gibt jedoch Unterschiede von Beratung zu Beratung, die man im Interview bereits ansprechen kann. Denn manche Beratungen haben im Corporate Finance-Bereich eine bonuslastigere Gehaltsstruktur im Konkurrenzkampf um die gleichen Bewerber eingeführt. Es kann oftmals auch spezielle Programme geben, die einem eine Dissertation oder einen MBA bei Weiterbe-zahlung des Gehalts ermöglichen, was aber ebenfalls von Beratung zu Beratung verschieden ist.

Welche Exit-Möglichkeiten gibt es?

Eine Position in der Investmentbank – wie auch in den anderen in diesem Buch behandelten Bereichen der Finanzbranche – verlangt also sehr viel Engagement vom Bewerber. Daher ist das Investment Banking für viele Analysten, wie auch die Unternehmensberatung, eine zeitlich begrenzte Karriere. Schließlich sind die Exit-Möglichkeiten mannig-faltig. Die Analyse des Anforderungsprofils eines Investmentbankers offenbart, wo er nach seiner Karriere in der Investmentbank einsetzbar ist. Investmentbanker können u. a.:

- Unternehmen bewerten
- (Kapital-)Märkte analysieren
- Mit Zahlen umgehen
- Prozesse steuern
- Teams und Klienten managen

Mit Suchbegriffen wie »Starting Salary« und Angabe des jeweiligen Bereichs lassen sich recht gute aktuelle Vergütungsindikationen »ergoogeln«. Zudem gibt es eine Gehaltsdatenbank auf squeaker.net.

I. Branche

Dies führt zu folgenden Exit-Möglichkeiten für Investmentbanker und auch Corporate Finance-Berater:

- **Private Equity:** Hier sind vor allem die Financial Modeling-Fähigkeiten sowie die Befähigung zur Unternehmensbewertung gefragt, um die Attraktivität von Investments zu analysieren. Ebenfalls ist die Fähigkeit zu unternehmerischem Denken und Handeln ein wesentlicher Aspekt. Ein Einstieg erfolgt hier zumeist auf der Ebene eines »Associate« oder »Investment Managers«. Wie auch in anderen Bereichen der Berufswelt geht der Exit oft auf die andere Seite, die Klientenseite, und ein Recruiting folgt basierend auf einem gemeinsam erfolgreich absolvierten Projekt. Die Kontaktaufnahme der Fonds erfolgt dabei gewöhnlich wegen der engen Beziehung zwischen Bank und Fonds über externe Headhunter.
- **Venture Capital:** Analog zum Private Equity, basiert das Recruiting in diesen Bereich auf den unternehmerischen Fähigkeiten, sowie den Projektmanagement-Skills und der Financial Modelling-Kenntnisse.
- **Hedgefonds:** Nicht selten sieht man auch den Wechsel von Investmentbankern zu Hedgefonds. In Anlehnung an die verschiedenen Hedgefondsarten, wie Equity Long/Short, Distressed Trading oder Merger-Arbitrage (mehr dazu später) kommen die Investmentbanker, die dorthin wechseln aus verschiedenen Bereichen der Investmentbanken, z. B. Derivate, M&A, Leveraged Finance, oder den Inhouse Private Equity-Bereichen der Banken.
- **M&A-Abteilungen von Großunternehmen:** Vor allem DAX30-Unternehmen halten viele Beteiligungen, die ein aktives Management mit sich bringen. Auch die Suche nach neuen Akquisitionsobjekten z. B. im Rahmen eines Markteintritts oder die Veräußerung eines Geschäftsbereiches ist ein großer Aufgabenbereich, der von ehemaligen Investmentbankern übernommen wird.
- **General Management:** Insbesondere in späteren Jahren der Karriereleiter beobachtet man Wechsel von VPs oder MDs in den Vorstand großer Unternehmen, häufig als CFO, oder aber auch in Führungsebenen internationaler Organisationen. Beispiele hierfür sind Dr. Paul Achleitner oder Marcus Schenck, jetzige CFOs der Allianz respektive E.ON. Beide waren zuvor MDs im Investment Banking bei Goldman Sachs.

Headhunter

I. Branche

Da wir Headhunter als »Gatekeeper« für einige Jobs und Exits angesprochen haben, wollen wir an dieser Stelle einige der für die Finance-Branche bekannten Agenturen anführen. Beispielhaft sind dies mit unterschiedlichem Branchen- und Geographiefokus:

- Delta Executive Search: deltaexec.com
- Goodman Masson: goodmanmasson.com
- Morgan McKinley: morganmckinley.com
- One Search: one-search.co.uk
- Piedmont Ltd: piedmontuk.com
- Private Equity Recruitment: perecruit.com
- Selby Jennings: selbyjennings.com
- The Cornell Partnership: cornellpartnership.com
- The Rose Partnership: rosepartnership.com
- Walker Hamill: walkerhamill.com
- WH Marks Sattin: whmarkssattin.com

Darüber hinaus sind noch weitere Wechsel durchaus üblich, wie bspw. von ehemaligen Tradern aus dem Capital Markets Bereich auf die Klientenseite in den AM-Bereich, Wechsel innerhalb der Investmentbanken in andere Bereiche, oder mitunter auch vom Investment Banking ins Consulting und umgekehrt.

Seit der Finanzkrise tut sich eine neue Wechselschiene auf und zahlreiche ehemalige Finance-Experten suchen ein Placement in einem ganz anderen Bereich, der nicht zwingend Finance im Fokus hat: internationale Organisationen oder der Bereich der Social Entrepreneurships. Die Beispiele reichen dabei von Endeavor und der Weltbank über Non-Profit Organisationen wie Kiva bis zu Microfinance-Institutionen und Entwicklungshilfeorganisationen.

Was die Exit-Möglichkeiten nach einer Anstellung in einer Ratingagentur angeht, so wird man dort nach einigen Jahren Berufserfahrung als Manager für diejenigen Unternehmen interessant, die man zuvor bewertet hat. Nicht untypisch wäre daher der Exit eines senioren Versicherungsanalysten, auf den Posten des CFO eines mittelgroßen Versicherungsunternehmens.

Insider-Tipp

Im Headhunter-Knigge auf squeaker.net finden Sie Tipps für den souveränen Umgang mit Headhuntern: squeaker.net/Ratgeber/Young-Professionals

Exkurs: Der Beginn der Finanzkrise

Wer sich in der Finanzbranche bewirbt, der sollte selbstverständlich auch die Finanzkrise, die weitreichende Umwälzungen in der Branche mit sich gebracht hat, in ihren Grundzügen verstehen und rekapitulieren können. Daher an dieser Stelle noch einmal der Verlauf und die Entwicklungen.

Am 19. Juli 2007 kletterte der Dow Jones Index erstmals auf über 14.000 Punkte. Vierzehn Tage später gab das Weiße Haus ein Merkblatt heraus, das die Leistung der Wirtschaft während der Amtszeit von George W. Bush anpries: »Die wachstumsfreundliche Politik des Präsidenten hilft, unsere Wirtschaft stark, flexibel und dynamisch zu erhalten«, hieß es dort. Der Finanzminister sagte zur gleichen Zeit auf die Frage zu den bereits erkennbaren Problemen am Häusermarkt und mit den Subprime-Hypotheken, diese seien »weitgehend unter Kontrolle«. Am 9. August schloss die französische Bank BNP Paribas drei ihrer Fonds und die erste große Finanzkrise des neuen Jahrhunderts begann.

Noch nie dagewesene Krise?

Alles, was diese Krise ausmacht, so kommentierte der Wirtschaftsnobelpreisträger des Jahres 2008, Paul Krugman, hat es schon einmal zuvor gegeben: eine platzende Immobilienblase, ähnlich jener Ende der achtziger Jahre in Japan, eine Serie von Bank Runs, vergleichbar mit denen Anfang der dreißiger Jahre (nur das diesmal nicht gewöhnliche Banken betroffen waren, sondern vorwiegend das Schattenbankensystem), eine Liquiditätsfalle in den Vereinigten Staaten, die wiederum an Japan erinnert und zuletzt eine Störung der internationalen Kapitalströme sowie eine Welle von Währungskrisen, die allzu sehr an das erinnern, was in den ausgehenden neunziger Jahren in Asien geschah. Doch wie war es zu dieser Krise gekommen?

Ursachen und Verlauf der Krise – Oder wie die Krise der New Economy bereits den Grundstein für die Finanzkrise legte

Im Zuge des New Economy Booms und seiner ansteckenden Erfolgsmeldungen, kletterten die Börsenbewertungen von Unternehmen der Branche in schwindelerregende Höhen. Der neue Markt überflügelte schon bald den alten. Im März 2000 wurde Yahoo mit 195 Milliarden USD bewertet und war somit mehr »wert«, als Volkswagen, BASF, Metro und Lufthansa zusammen. US-Notenbankchef Alan Greenspan sprach von »irrationaler Überschwänglichkeit« und erhöhte die Zinsen. Wenige Monate später platzte die Blase und die Aktien von Dot-Com-Unternehmen verloren massiv an Wert. Nach den Anschlägen vom 11. September 2001 rauschten die Kurse dann endgültig in den Keller. Niemand wollte etwas von neuen Geschäftsideen wissen. Risikokapital gab es nicht. Banken froren ihre Kreditlinien ein. Schließlich reagierte die US-Notenbank und senkte den Leitzins im November 2002 auf 1,25% und im Juni 2003, obwohl die Rezession von 2001 schließlich vergleichbar milde ausfiel, um weitere 25 Basispunkte auf 1%. Die Krise schien bezwungen, doch die nächste bahnte sich schon an. Der Grund war ausgerechnet das billige Geld, das die US-Notenbank dem Markt zur Verfügung stellte. Denn wegen der Billigkredite hatten die amerikanischen Haushalte mehr Geld zur Verfügung als gesund war. Es grassierte ein Konsumrausch auf Pump. Fast niemand in Amerika sparte. Schließlich setzte das günstige Geld und die gestiegene Liquidität eine Immobilienblase in Gang, die bereits im Juli 2005 ihren Höhepunkt fand. Sehr spät hatte die amerikanische Notenbank, die Federal Reserve (Fed), die Zinsen an diese Kapitalakkumulation angepasst und sukzessive erhöht. Im Herbst begann der Immobilienboom in den USA nachzulassen. Schließlich gaben die Umsätze nach, als die Preise eine Höhe erreicht hatten, bei der der Kauf eines Hauses – selbst ohne Anzahlung und zu Lockvogelzinsen – für die meisten Amerikaner unerschwinglich geworden war. Infolge der zurückgehenden Umsätze fielen die Preise erst langsam, dann in einer Spirale mit zunehmender Geschwindigkeit.

Von der Immobilienblase über die Subprime-Krise bis zu internationalen Währungsturbulenzen

Schon der anfangs langsame Rückgang der Hauspreise machte die Annahme zunichte, auf der der Boom der Subprime-Kredite beruhte. Das Grundprinzip dieser Art von Kreditvergabe war, dass es dem Kreditgeber gleichgültig sein konnte, ob der Kreditnehmer zu den Hypothekenzahlungen wirklich in der Lage war. Denn die Hauspreise stiegen bis dato kontinuierlich weiter und erhöhten somit die Sicherheiten des Kreditgebers. Als die Ausfallquote schließlich stieg, begannen die Zwangsvollstreckungen, die nur einen Bruchteil der Forderungen erlösten. So kam es schließlich zum Ausfall einiger Tranchen der sog. Collateralized Debt Obligations (CDO). Dies waren gebündelte Hypothekenforderungen, die nach Bonität tranchiert handelbar gemacht wurden. Zuerst gab es Ausfälle bei der Rückzahlung an Gläubiger mit nachrangigen Tranchen, also mit geringerer Bonität. Das markierte bereits das Ende der Vergabe von Subprime Krediten, da sie nicht mehr in Tranchen geschichtet als CDOs verkäuflich waren. Noch bis Oktober 2007 hatten Ratingagenturen die sog. Senior-Tranchen (mit der besten Bonität) mit höchster Bonitätswertung »AAA« bewertet, die daraufhin noch immer zum Nennwert handelten. Doch als das Ausmaß der Immobilienkrise weitläufig bekannt wurde, waren auch die besser besicherten Tranchen nicht mehr sicher. Viele institutionelle Kapitalanleger zogen ihre Gelder aus diesen Finanzierungsarrangements ab und flüchteten in sichere US-Schatzanweisungen. Dies setzte einen Kreislauf des »Deleveraging« in Gang: Die Liquidität floss aus diesen Anlagen ab und erforderte somit den Verkauf der ihr zugrunde liegenden Vermögenswerte. Dies drückte die Preise erneut nach unten. Diese »Bank Runs« waren jedoch im Gegensatz zu vergleichbaren Krisen auf unregulierte, in Zweckgesellschaften organisierte Finanzinvestoren (»Schattenbanken«) gerichtet, die kein Einlagengeschäft hatten und somit auch keiner Einlagensicherung angeschlossen waren. In der Gesamtsicht hatten somit sehr kurzfristige Kredite (Investments der Finanzinvestoren) langfristige illiquide Vermögenswerte finanziert.

Und so schwappte die Krise vom Subprime-Bereich über die Investoren und deren Vermögensverluste auf andere Bereiche der Finanzbranche über. Die Fed senkte infolge der Krise die Fed Funds Rate, den Leitzins, von 5,25% vor Ausbruch der Krise auf 1% und später fast auf null, was die Kreditaufnahme der in Mitleidenschaft gezogenen Banken auf über 400 Mrd. USD steigen ließ. Dennoch wirkte sich diese dramatische Zinssenkung wegen der Unsicherheit im Markt nicht auf die Realwirtschaft aus. Unternehmen ohne erstklassige Bonität zahlten sogar höhere Zinsen an ihre Banken als noch vor der Krise. Die herkömmliche Geldpolitik hatte keinen Einfluss mehr auf die Realwirtschaft und eine Liquiditätsfalle baute sich langsam auf. Durch die im Vergleich zu vorherigen Krisen viel stärker globalisierte Finanzbranche, wirkte sich schließlich die Krise, die im amerikanischen Immobilienmarkt begonnen hatte, wie ein Transmissionsmechanismus in weiteren Runden auf ausländische Märkte aus. So kam es zum Kollaps von Hedgefonds, die mit einer französischen Bank verbunden waren und das isländische Bankensystem hing indirekt mit Immobilienkrediten in Florida zusammen. Internationale Investoren hatten in dieser globalisierten Finanzwelt häufig durch sog. Carry Trades die Zinsunterschiede zwischen Niedrig- und Hochzinsländern ausgenutzt. Der Investor nimmt dabei in einem Land mit Niedrigzinsen (etwa in Japan) Geld auf und verleiht es in Hochzinsländern wie Brasilien oder Russland. Im Zuge der dramatischen Ereignisse, wie dem Kollaps von Lehman Brothers am 15. September 2008, dem Notverkauf von Merrill Lynch und dem akuten Kapitalbedarf des weltgrößten Versicherers AIG, sackte das Vertrauen in die Märkte erneut ab. Dies zog die Vermögenswerte mit sich und der Kapitalfluss aus Niedrigzinsländern brach ab, was nun die Währungen der Hochzinsländer (häufig Schwellenländer) nach unten drückte. Resultat waren massive Verluste bei allen Carry-Tradern und das waren oftmals Hedgefonds.

Wie die Investmentbanken betroffen waren

Sogenannte Stand-alone-Investmentbanken (mehr dazu im Branchenüberblick, Kapitel I.2) verfügen über kein Einlagengeschäft, weswegen ihre Bankaktiva vergleichsweise weniger liquide sind. Die liquiden Mittel beschränken sich auf einen Bruchteil der hohen kurzfristigen Verbindlichkeiten. Somit sind sie bei ihrer Finanzierung stark vom Kapitalmarkt – und damit vom Wohlwollen der anderen Handelspartner – abhängig. Durch äußere Ereignisse oder Vertrauensverlust kann daher ein Bank Run ausgelöst werden. Das war nach den Ereignissen der Krise der Fall. Die Banken sahen sich schließlich gezwungen, zusätzliche Liquidität zu beschaffen: entweder bei anderen Banken, bei der Zentralbank, oder durch den Verkauf von Aktiva. Die Kapitalaufnahme am Markt war bei der dramatischen Lage versiegt oder zumindest enorm erschwert, und die Aktiva (Vermögenswerte) sanken rapide im Wert. Daher kam es zunächst zum »Bail-out« von Bear Stearns durch die amerikanische Regierung zusammen mit der Fed. Erklärtes Ziel dieser Maßnahme war es, deren Geschäftspartner zu schützen, denen sie Geld schuldete oder mit denen sie Finanzgeschäfte vereinbart hatte. Kurz darauf wurden die Hypothekenfinanzierer Fannie Mae und Freddie Mac, sowie die AIG verstaatlicht. Bei Lehman Brothers kam man jedoch zu einer anderen Einschätzung und ließ das 158 Jahre alte Institut in den Konkurs gehen. Daraufhin gerieten sämtliche klassische Investmentbanken ohne Einlagengeschäft unter enormen Druck. Bear Stearns selbst wurde schließlich an J.P.Morgan verkauft, Merrill Lynch fusionierte mit der Bank of America, Morgan Stanley trat in Verhandlungen mit Wachovia ein, die jedoch wieder abgebrochen wurden und Lehman Brothers ging teilweise an Barclays Capital (Nordamerikageschäft) und teilweise an Nomura (Europageschäft). Goldman Sachs akquirierte mehrere Milliarden zusätzliches Eigenkapital durch den Investor Warren Buffet. Schließlich blieben von den ehemaligen traditionsreichen amerikanischen Stand-alone-Investmentbanken nur Morgan Stanley und Goldman Sachs eigenständig, gaben jedoch ihren Status als klassische Investmentbanken auf und fallen somit als herkömmliche Bankenholding nun unter die Bankenaufsicht der Fed.

Da die Geschäftspartner und Investoren weltweit verstreut saßen, wirkte sich die Krise letztlich relativ schnell weltweit aus. In Deutschland waren vor allem die Hypo Real Estate und die Landesbanken betroffen, aber auch große Universalbanken wie die Commerzbank mussten massiv Investments abschreiben. Dies führte zu enormen Kapitalstützen durch den Staat, Diskussionen über »systemrelevante Banken«, sowie die erste Zwangsenteignung seit dem Zweiten Weltkrieg in Form einer Verstaatlichung der Hypo Real Estate.

Fazit – Oder ein Hintergrund zum Hintergrund

So ging zu Ende, was einst durch den sog. *Glass Steagall Act* als Konsequenz des großen Börsencrashs von 1929 begann: die bewusste Trennung der Geschäfts- und

Insider-Tipp

Der weitere Verlauf der Finanzkrise bis heute (mit den Verwerfungen in der EU, dem Einfluss auf die Märkte sowie den Jobchancen) sollte weitestgehend bekannt sein. Falls nicht, empfehlen wir Ihnen dringend, sich als Vorbereitung auf Ihre Interviews einzulesen bzw. das Wissen um den Verlauf und die Zusammenhänge aufzufrischen. Zwar ist das ganze Internet voll davon, aber es lohnt sich auf »gute« Quellen wie den Economist (economist.com), das Wall Street Journal (wsj.com) oder die Financial Times (ft.com, ftd.de) zurückzugreifen.

Investmentbanken. Traditionelle Kreditinstitute nahmen Einlagen von Privatkunden herein und vergaben langfristige Kredite. Refinanzieren konnten sie sich bei der Fed, die sie im Gegenzug aber stark kontrollierte. Die weniger regulierten Investmentbanken, die deswegen höhere Risiken eingehen konnten, versorgten sich am Kapitalmarkt.

In den vergangenen Jahren haben Investmentbanken die Finanzierungsfunktion der Geschäftsbanken zunehmend übernommen, indem sie neu entwickelte Finanzprodukte anboten, z. B. CDOs. Das war ein profitables Geschäft, weil Investmentbanken im Gegensatz zu Kreditinstituten weniger Eigenkapitalreserven gegen potenzielle Verluste vorhalten mussten. Die massiven Verluste bei Hypothekenanleihen erwiesen sich schließlich jedoch als zu hoch für die dünne Kapitaldecke der Investmenthäuser. Gleichzeitig trockneten die Kreditmärkte, aus denen sie sich finanzierten, aus.

Exkurs: Die Euro-Krise

Genau wie zur Finanzkrise, sollte man als Bewerber, der von sich behauptet, an der Finanzbranche interessiert zu sein, auch ein paar Sätze über die Euro-Krise sagen können.

Während der Gipfel der Finanzkrise durch den Zusammenbruch der Investmentbank Lehman Brothers im September 2008 gekennzeichnet ist, so ist dies für die Euro-Krise der Mai 2010, als den Anleihen-, Interbanken-, Aktien- und Devisenmärkten der Kollaps drohte. Schließlich griff die EZB ein, warf ein ihr zuvor heiliges Prinzip über Bord und kaufte Staatsanleihen (Griechenlands) mit sehr schlechtem Rating in Milliardenhöhe auf, um die Märkte zu beruhigen und ein EU-Mitgliedsstaat zu stützen.

Was war vorausgegangen und welche Zusammenhänge gibt es mit der Finanzkrise?
Mehrere Gründe haben letztlich dazu geführt, dass einige EU-Staaten hoch verschuldet waren und somit letztlich die Euro-Krise, oder auch Schuldenkrise, ausgelöst haben.

Die ersten Schwierigkeiten kamen nach dem Zusammenbruch von Lehman Brothers im September 2008, als die Finanzminister der Europäischen Union auf einer Krisensitzung in Paris, im Oktober 2008, beschlossen, eine De-facto-Garantie anzugeben, dass man kein weiteres Finanzinstitut, dessen Scheitern das System gefährden könnte, in Verzug gehen lassen würde. Es setzte eine Kapitalflucht aus den Ländern ein, die nicht in der Lage waren, ähnliche Garantien abzugeben, doch das Zinsgefälle innerhalb der Euro-Zone blieb minimal. Dies war der Zeitpunkt, als die Länder Osteuropas, insbesondere Ungarn und die Baltischen Staaten, in Schwierigkeiten gerieten und gerettet werden mussten.

Im weiteren Verlauf folgte auf die Finanzkrise später bekanntlich eine Wirtschaftskrise. Diese ließ einerseits die Steuereinnahmen einbrechen und zog andererseits milliardenschwere Konjunkturprogramme nach sich. Insbesondere Griechenland, Spanien, Italien, Portugal und Irland waren Anfang 2010 massiv verschuldet und sind es noch immer. Hinzu kam, dass einige dieser Länder über einen längeren Zeitraum keine besondere Haushaltsdisziplin wahrten und ihre Wettbewerbsfähigkeit seit Einführung des Euro ständig nachließ. Statt Reformen anzuschieben wirtschafteten sie, verleitet durch die ungewohnt niedrigen Zinsen in der Euro-Zone, jahrelang auf Pump. Griechenland hatte darüber hinaus noch weitere Probleme, die dafür sorgten, dass die Krise ausgelöst wurde. So hatte in den vergangenen Jahren die Korruption stark zugenommen, die Zahlen zur Einhaltung der Stabilitätskriterien waren »massiert« und die Anhäufung von Schulden war hier besonders drastisch. Als gegen Ende 2009 die Regierung in Griechenland wechselte, revidierte die neue Regierung - um die Altlasten loszuwerden - die Staatsverschuldung drastisch auf 12,7 Prozent nach oben. Daraufhin wurde das Rating für Griechenland schrittweise von allen Ratingagenturen nach unten gestuft, was die Refinanzierung zunehmend teurer werden ließ und somit die Lage weiter verschlimmerte. Als davon auszugehen war, dass Griechenland alleine nicht mehr aus den Schulden herauskommen kann, geriet der Markt in Unruhe und die Lage wurde dramatischer. Nun geriet die Gesamtsituation der hoch verschuldeten EU-Staaten verstärkt ins Blickfeld der Märkte und erste Szenarien über ein Auseinanderbrechen des Euro-Raumes wurden gezeichnet.

Zahlreiche Banken (insbesondere die deutsche Hypo Real Estate und einige französische Banken) hatten sich umfangreich mit Anleihen der hoch verschuldeten EU-Länder eingedeckt, was auch die Banken wieder stark unter Druck brachte und zeitweilig den Markt für Interbankenkredite einbrechen ließ. Der Index für Kreditderivate (iTraxx-Senior-Financials-Index) erreichte Anfang Mai höhere Werte als nach der Lehman-Pleite. Massive Spekulationen rund um den schwächer werdenden Euro und die Staatsanleihen der Defizitländer erhöhten weiter den Druck. Die steigende Nervosität an den Anleihen- und Interbankenmärkten löste schließlich eine Verkaufswelle an den Aktienmärkten der Euro-Staaten aus. Man befürchtete einen Staatsbankrott Griechenlands und eine sich dadurch auslösende Kettenreaktion. Um dies zu verhindern, folgten auf anfangs allgemein gehaltene Unterstützungszusagen zahlreicher EU-Staaten schließlich konkrete Hilfsmaßnahmen. Die EZB nahm griechische Staatsanleihen als Pfand für Milliardenkredite trotz des Junk-Ratings herein und am Wochenende des 8. Und 9. Mai wurde in kürzester Zeit zudem ein 750 Milliarden Euro Paket zur Stützung des Euros geschnürt: Die ersten 60 Milliarden stellte die EU-Kommission bereit, 440 Milliarden kommen in Form von Garantien und Krediten der Euro-Staaten untereinander, und der IWF trägt bis zu 220 Milliarden Euro bei, verteilt auf drei Jahre. Angetrieben wurden EZB und IWF von der Angst, dass Montags bei Öffnung der asiatischen Aktienmärkte ein beispielloses Börsenbeben passiert. Die Politik wollte ein starkes Signal an die Märkte schicken, damit der Kollaps verhindert wird.

Was passierte nach den Interventionen?

Zunächst wurde durch die Maßnahmen wieder mehr Vertrauen in die Märkte gebracht und die Lage stabilisierte sich allmählich. Zahlreiche Sparpakete in den stark defizitären EU-Ländern, teilweise Bedingung für die Unterstützungszahlungen, wurden auf den Weg gebracht. Außerdem wurde eine politische Debatte über die künftige Ausgestaltung der »Schicksalsgemeinschaft« EU angestoßen, die derzeit noch andauert. In Deutschland wurde der ungedeckte Leerverkauf verboten, der die Effekte auf den Märkten während der Krise nach Meinung vieler Experten verstärkt und beschleunigt habe. Eine weitere Folge der Krise war - und ist noch immer - eine Sonderkonjunktur, vor allem im Exportland Deutschland durch den schwächeren Euro. Zudem bekommen stabilere Staaten Kreditmittel billiger, weil vermehrt Kapital aus den schwächeren Ländern dorthin strömt. Dadurch spart alleine Deutschland Milliarden. Auch direkt profitiert Deutschland, wenn Griechenland das zu fünf Prozent geliehene Geld zurückzahlt, da Deutschland selbst das Geld zu wesentlich günstigeren Konditionen refinanzieren kann.

Insider-Tipp

Wir empfehlen dem Leser sich etwas eingehender mit dem Thema zu beschäftigen, um die Zusammenhänge noch besser zu verstehen, die für die Finanzbranche elementar sind. Desweiteren sollten Sie sich über den weiteren Verlauf und aktuelle Diskussionen rund um das Thema informieren. Hierzu eignen sich bspw. die EZB-Monatsberichte (bundesbank.de/ezb/ezb_monatsbericht_aktuell.php), oder die Hintergrundberichte und Statistikseiten des Economist (economist.com).

2. Einblick in die Finance-Branche

Nachdem wir im ersten Kapitel einen zusammenhängenden Über-
blick über die Branche vermittelt haben, möchten wir Ihnen in diesem
Abschnitt einen konkreteren Einblick in die Arbeitsinhalte, typische
Prozesse und die klassischen Aufgaben eines Berufseinsteigers geben.
Wir konzentrieren uns wie zuvor auf die Bereiche Investment Banking,
Private Equity und Hedgefonds, Corporate Finance-Beratung und
weitere Finanzdienstleister wie z. B. Ratingagenturen.

Investmentbank

Wie wir bereits im ersten Kapitel gesehen haben, besteht eine Investmentbank aus verschiedenen Bereichen, die je nach Bank geringfügig
unterschiedlich organisiert sind. Exemplarisch gehen wir von folgender Struktur aus, um die einzelnen Bereiche zu erläutern:

Strukur und Bereiche einer Investmentbank

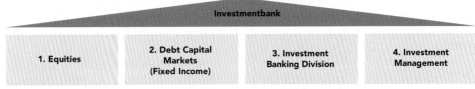

Investmentbank			
1. Equities	**2. Debt Capital Markets (Fixed Income)**	**3. Investment Banking Division**	**4. Investment Management**
z. B. Trading, Sales, Equity Research, Equity Derivatives (Structuring, Marketing, Trading)	z. B. Leveraged Finance, Fixed Income und Credit Derivatives (Structuring, Marketing Trading)	Finance Advisory = M&A sowie IPO und Capital Increase Advisory	z. B. Private Wealth Management und Asset Management

Nur beiläufig sei kurz bemerkt, dass einige Investmentbanken den
Bereich Equities und Debt Capital Markets zu Trading und Principal
Investments zusammenfassen, zu dem dann auch das Investment
mit bankeigenen Geldern (Inhouse Private Equity oder eben Principal
Investing) gehört. Andere fassen die Sales- und Trading-Aktivitäten
aus Equities und Debt Capital Markets (und Devisenhandel) zusammen
und haben für die komplexeren Dienstleistungen wie die Finanzierungsberatung, das Strukturieren und Emissionsgeschäft mit Anleihen
etc. einen separaten Bereich der sich oft Global Capital Markets nennt.

Während klassische Geschäftsbanken (Commercial Banks) als
Finanzintermediäre die Kreditfinanzierung der Wirtschaft sicherstellen, indem sie primär Geld von Kunden zur Anlage aufnehmen
und es zur Finanzierung in Form von Krediten auf der anderen Seite
wieder ausleihen, haben sich Investmentbanken ursprünglich um das
Wertpapiergeschäft herum aufgebaut. So war bspw. der Handel mit

Schuldscheinen (heutiges Commercial Paper Geschäft) des deutschen Auswanderers Marcus Goldman die Geburtsstunde von Goldman Sachs. Zusammen mit seinem Freund und Geschäftspartner Philip Lehman (Lehman Brothers) begann später auch die Ausgabe von Aktien zur Finanzierung neuer Unternehmen. J. Pierpont Morgan begann die Geschäfte der späteren Bank J.P.Morgan im 19. Jahrhundert mit der Finanzierung der amerikanischen Eisenbahnstrecken. Aus dieser Unternehmung gingen schließlich Morgan Stanley und Morgan Grenfell (1990 von der Deutschen Bank übernommen) hervor.

Im Laufe der Geschichte und im Zuge der komplexeren Probleme einer globalisierten Weltwirtschaft kamen immer neue Dienstleistungen und Tätigkeitsfelder hinzu. Der Großteil der Geschäfte lässt sich jedoch anhand der oben skizzierten Struktur in den folgenden vier Kategorien erläutern.

1. Equities

Der Bereich Equities (= Aktien) umfasst wiederum mehrere Unterkategorien:

Im **Equity Research** werden Studien (Research Reports) zu Unternehmen und Märkten erstellt, die den Investoren als Informationsgrundlage und Investmentempfehlungen dienen sollen. Diese Reports werden teilweise verkauft, teilweise aber auch von den Bankern im Sales als Service an ihre Klienten gegeben. Den Bankern in der Investment Banking Division dienen sie als eine Orientierung für ihre Bewertung. In den Research Reports gibt der Research Analyst einen Marktüberblick, geht auf die Wettbewerber, ihre Stärken und Schwächen ein und äußert eine Einschätzung über die zukünftige Entwicklung des Unternehmens, seiner Finanzkennzahlen und der Branche.

Im Bereich Equities sind darüber hinaus auch **Trader** (= Händler) beschäftigt. Sie führen Transaktionen bestmöglich im Namen ihrer Klienten (häufig Asset Manager) aus, teilweise aber auch auf Rechnung und mit dem Kapital der Bank (Proprietary Trading, oder Eigenhandel). Außerdem führen sie die Trades für ihre Mitarbeiter im Sales aus, die sich um die Klientenbeziehungen bemühen. Das Trading läuft seit Jahren weniger auf dem Börsenparkett als vielmehr digital vor handelsüblichen Bildschirmen ab.

Außerdem gehören zu diesem Bereich auch die **Strukturierung, das Marketing und der Handel mit Derivaten**. Derivate sind Wertpapiere, deren Wert sich von der Entwicklung eines zugrunde liegenden Wertes (Underlying) ableitet (derivare = ableiten). Zu Derivaten zählen u. a. Optionen, Optionsscheine, Forwards, Futures, Swaps und Zertifikate. In den Bereich Equities gehören in unserer exemplarischen Struktur all jene Derivate, die sich auf Aktien als Underlying beziehen (Equity Derivatives). Wie oben angedeutet, gibt es in diesem Bereich drei verschiedene Tätigkeitsfelder: Im Structuring werden neue Produkte entwickelt und ins bestehende Portfolio eingepasst. Im Marketing werden sie den Klienten präsentiert und vertrieben und im Trading werden die Handelsvorgänge am Markt ausgeführt, die mit den Klientenaufträgen zusammenhängen. Dazu gehört in der Regel auch der Ausgleich (Glattstellung, Jargon: Risk Equalization) der Risikopositionen, die die Bank dabei eingeht.

Exkurs: Derivate

Derivate sind das vermutlich am schnellsten wachsende und sich verändernde Segment des modernen Finanzwesens. Alleine das Volumen außerbörslich (Over-the-Counter, kurz: OTC) gehandelter Derivate betrug Mitte 2009 weltweit etwa 600 Mrd. USD (siehe: bis.org/statistics/derstats.htm). Über zwei Drittel davon waren Zinstauschgeschäfte (Interest Rate Swaps). Ursprünglich waren Derivate zur Absicherung gegen Preisschwankungen im Rohstoff- und Agrarbereich entstanden. Farmer in Chicago sicherten sich seinerzeit gegen eine schlechte Ernte ab, indem sie diese (genauer das Recht auf die Ernte) im Voraus zu einem Preisabschlag verkauften. So hatten sie unabhängig davon, wie die Ernte ausfallen würde, eine planbare sichere Einnahme und ihre Kontraktpartner hatten die Chance auf einen hohen Gewinn bei sehr guter Ernte. Für das Risiko, das sie andererseits eingingen, bezogen sie eine direkte Prämie. Letztlich war das für die Farmer eine Art Versicherung und das ist es auch heute noch. Während sich die eine Vertragspartei absichert, geht die andere in der Regel eine spekulative Position ein. Mehr dazu in Kapitel II.3.

Des Weiteren zählt in manchen Fällen – wenn sie nicht organisatorisch in einem Bereich Global Capital Markets untergebracht ist – auch die Beratung und Betreuung von Unternehmen bei Eigenkapitalfinanzierungen zum Bereich Equities, das sog. **Equity Capital Markets-Geschäft (ECM)**.

Dieser Bereich arbeitet häufig zusammen mit der Investment Banking Division (IBD) an Börsengängen, Kapitalerhöhungen oder sog. Block Trades. Bei Letzterem werden signifikante Beteiligungen an einem Unternehmen außerhalb der Börse in einem Block verkauft. Der Bereich ECM ist in diesen Fällen als Schnittstelle zum Kapitalmarkt für die Investorenansprache zuständig, gibt im Rahmen seines Marktüberblicks ein »Judgement« zum Pricing der Aktien im Vorfeld des Börsengangs ab und versorgt den Klienten sowie die Kollegen im IBD im Laufe des Prozesses mit aktualisierten Berichten zum Kapitalmarktgeschehen (Market Update).

Letztlich organisieren Banken in diesem Bereich auch ihr **Principal Investing**, d. h. die hauseigenen Private Equity-Aktivitäten. Dieser Bereich hat in der Vergangenheit in manchen Fällen zu Interessenkonflikten mit Private Equity Investoren (PEI) geführt, da die Bank einerseits im Advisory Business (IBD) PEI als Klienten berät, diesen in manchen Situationen dann aber als Wettbewerber im Bieterverfahren (Auction) um ein Asset (Unternehmen) begegnen.

Insider-Tipp

Die Beratung bei Eigenkapitaltransaktionen des ECM hat nichts gemein mit der Beratung von (Corporate Finance-Abteilungen der) Consulting-Firmen, die ggf. vor der eigentlichen Transaktion tätig sind und für eine finanzstrategische Optimierung die Eigenkapitaltransaktion an sich empfehlen oder deren Auswirkungen auf die Finanzierung des Unternehmens evaluieren.

Die marktabhängige Arbeitsatmosphäre im Capital Markets Bereich ist ja bereits zuvor angeschnitten worden. Je nach Einsatzbereich (Trading, Sales, Strukturierung oder Marketing von Derivaten) sind die konkreten Aufgaben und Arbeitsinhalte verschieden. Ihnen gemein ist jedoch die detaillierte Kenntnis des Marktes, die Einschätzungen des Researchs, die Beziehungspflege mit Klienten, sowie das notwendige Verständnis der wertbeeinflussenden Faktoren. Zu Letzterem gehört es, darüber im Bilde zu sein, wann makroökonomische Daten wie Zinsen, politische Veränderungen oder Arbeitsmarktdaten verkündet werden und wie sie sich auf den Markt auswirken, vor allem wenn sie von den Erwartungen abweichen.

Arbeitsalltag/-atmosphäre

Der Job im kapitalmarktnahen Equities-Geschäft beginnt in diesem Bereich sehr früh morgens, damit man die Geschehnisse der Nacht, die Vorgaben aus Fernost und sämtliche aktuellen Informationen verarbeiten kann, bevor der (eigene) Markt aufmacht. Da man im Klientenverkehr stets erreichbar sein muss, findet das Mittagessen häufig am Arbeitsplatz statt. Wenn der Handelsplatz schließt, ist auch kurz später die eigentliche Arbeit vorbei, wenn man nicht noch einen Report für Klienten schreibt oder sich im Rahmen der Klientenpflege mit Asset Managern trifft. In den ersten Jahren hat man häufig kleinere Projekte für Klienten und noch wenige eigene Klienten. Dies verschiebt sich im Laufe der Jahre kontinuierlich zugunsten einer eigenen Klientenbasis. Diese »Projekte« sind z. B. Informationsanfragen des Klienten zu einzelnen Branchen oder Regionen, die es in Rücksprache mit den internen Experten zu erstellen gilt. Die zunehmende Klientenbasis macht den Analysten einerseits wertvoller für die Bank, die schließlich Schaden nimmt, wenn ein guter Mitarbeiter aus dem Bereich Sales mit engen Klientenbindungen die Bank verlässt. Andererseits grenzt diese Klientenbindung natürlich die Möglichkeiten ein, für eine Promotion oder einen MBA die Bank vorübergehend zu verlassen.

2. Debt Capital Markets / Fixed Income

Debt umfasst einerseits festverzinsliche Wertpapiere, auch Fixed Income genannt. Des Weiteren findet man in diesem Bereich das Pendant zu den Equity Derivatives, nämlich Credit Derivatives. Neben Fixed Income und Credit Derivatives – beide auf der Public Side – gibt es noch die Gruppen für Leveraged Finance (Private Side), die sich mit dem Advisory, der Strukturierung und der Fremdkapitalbereitstellung für PEI im Rahmen einer Übernahme oder Refinanzierung beschäftigen. Mit dieser Arbeit unterstützen sie oft die Kollegen aus der IBD.

Equities und Debt werden zumeist unter Capital Markets zusammengefasst. Interessant und mitunter verwirrend ist, dass Kapitalmarkt-
abteilungen grundsätzlich zur Investment Bank gehören, aber nicht
zur »Investment Banking Division« zählen (siehe Seite 29: Strukur
und Bereiche einer Investmentbank).

Die Aufgaben und Inhalte ähneln jenen aus dem Pendant im
Bereich Equities sehr stark, sodass wir an dieser Stelle auf eine Wiederholung verzichten. Einzig und allein der Leveraged Finance
Bereich soll kurz ergänzend beleuchtet werden. Hier geht es um die
Beratung und Betreuung im Rahmen einer Syndizierung von Krediten
zur Finanzierung von Leveraged Buyouts. Syndizierung bedeutet,
dass nicht ein Kreditgeber alleine, sondern ein Syndikat aus Banken
das Fremdkapital zur Finanzierung bereitstellt. Somit handelt es sich
um Projektgeschäft, das ebenso wie die Tätigkeiten der IBD auf der
Private Side der Investmentbank stattfindet. Oft in enger Zusammenarbeit mit der M&A Abteilung der Bank, die den PEI berät, gilt
es hier die Finanzierung und ihre Rückführung zu modellieren. Ziel
ist es, den optimalen Fremdkapitalanteil (Leverage) und die jeweilige
Finanzierungsstruktur zu bestimmen, der die Eigenkapitalrendite für
den Investor unter Prognose der zukünftigen Cash Flows maximiert.
Insofern ist dieser Bereich dem M&A ähnlicher als den Kapitalmarkt
nahen Tätigkeiten im Fixed Income Trading oder dem Bereich der
Credit Derivatives.

Arbeitsalltag/-atmosphäre
Analog zum kapitalmarktnahen Equities-Bereich beginnt auch hier
der Arbeitsalltag früh. Die Jobs, die sich in Projekten mit der Emission
von Anleihen beschäftigen, sind dagegen eher vergleichbar mit ECM,
d. h. der Arbeitstag beginnt etwas später wie jener der Trader und
Sales-Banker und die Arbeitsstunden sind dafür etwas mehr, liegen
jedoch in der Regel noch gut unterhalb denen im M&A.

3. Investment Banking Division / M&A
Der Bereich der Investment Banking Division ist häufig besonders
beliebt unter den Hochschulabsolventen. Begründet wird dies häufig
mit dem Interesse an internationalen Projekten, milliardenschweren
Transaktionen, sowie der Arbeit auf der »confidential« Private Side
der Bank, wo man monatelang an geheimen Projekten arbeitet, bis
die Außenwelt schließlich durch das »Announcement« von der
Transaktion erfährt. Vermutlich hat auch die Filmindustrie oder die
mediale Präsenz großer Transaktionen in Zeitungen bei dem einen
oder anderen das Interesse geweckt. Um mit Mythen und eventuell
falschen Vorstellungen aufzuräumen, soll dieser Bereich im Folgenden **anhand der typischen Prozesse/Projekte** skizziert werden.
In Anbetracht des großen Interesses am M&A gehen wir dabei auch

Lernkurve

etwas umfangreicher auf den konkreten Arbeitsinhalt eines Berufseinsteigers (Analyst) ein.

Fakt ist zunächst einmal, dass jede breit aufgestellte Investmentbank in den Bereichen Trading und Sales (Capital Markets) oft wesentlich mehr verdient als im IBD mit der Beratung von Fusionen und Übernahmen. Um das zu überprüfen, reicht ein Blick in die Annual Reports von Morgan Stanley oder Goldman Sachs. Dennoch fungiert dieser Bereich oftmals als Aushängeschild und stärkt die Marke mehr als die anderen Bereiche. Schließlich entstehen oftmals über die Zusammenarbeit mit Unternehmen im Rahmen des Advisory Geschäftes neue Klientenbeziehungen, von denen die anderen Bereiche anschließend ebenfalls stark profitieren und die dort einen beträchtlichen Teil des Profits ausmachen. So verdient die Investmentbank an einem IPO einerseits durch die beratende Begleitung der Bereiche IBD und ECM eine Gebühr (Advisory und Underwriting Fee – häufig im mittleren einstelligen Millionenbereich), andererseits klingelt die Kasse aber auch im Capital Markets-Bereich, der die Aktien bei Investoren platziert, an der Akquise der Transaktion aber für gewöhnlich nur in zweiter Linie beteiligt ist. Somit hat auch diese Medaille zwei Seiten.

Verallgemeinernd lässt sich zunächst einmal Folgendes festhalten: Einen typischen Tagesablauf gibt es nicht, vor allem aufgrund der Vielfalt der Abteilungen. Zusammenfassend lassen sich jedoch einige Elemente herausstreichen, die wesentlicher Bestandteil der Tätigkeit eines IBD Analyst bzw. Associate sind:

- **Research, Analyse, Auswertung:** Ein Analyst ist von Beginn an stark mit dem Research und der anschließenden Analyse von Geschäftsberichten, Research Reports etc. beschäftigt, die der Associate koordiniert, prüft und letztlich verantwortet. Dies ist das Fundament jeder Einschätzung und Bewertung von Transaktionen. Auf guten, detaillierten Research und saubere Analysen folgen anspruchsvollere Aufgaben mit zunehmender Verantwortung
- **(Financial) Modelling:** Im Modelling geht es z. B. darum, Bilanzen und andere Financial Statements im Rahmen einer Unternehmensbewertung zu modellieren. Hier ist Genauigkeit gefragt – am Ende sollte jede Zahl auch nach mehrmaligem Hinterfragen stimmen und nachvollziehbar sein. In kapitalmarktintensiveren Abteilungen werden dagegen potenzielle Aktienkurse oder Zinsbewegungen mittels etablierter Modelle simuliert oder auch empirische Zusammenhänge (z. B. Korrelationen zwischen am Markt gehandelter Assets) überprüft. Auch hier hat der Associate die Aufgaben der Koordination und Prüfung
- **Präsentationen:** Auch im Investment Banking ist guter Rat teuer und dieser wird zumeist im Folienformat weitergereicht. Es liegt also am Analysten, die vielen Zahlen aufzuarbeiten und zu

»vercharten«, d. h. in anschauliche Darstellungen zu überführen und die Komplexität auf die wesentlichen Informationen zu reduzieren. Der Klient, dem diese Präsentationen vermittelt werden, sitzt oft direkt im Vorstand und hat somit keine Zeit sich mit unwesentlichen Details auseinanderzusetzen. Bei den großen Investmentbanken übernimmt die technische Umsetzung der Entwürfe für gewöhnlich eine spezielle Präsentationsabteilung. Der Analyst bleibt jedoch für das Ergebnis verantwortlich und muss daher die Koordination und Prüfung des Ergebnisses sicherstellen

- **Prozessmanagement**: Das Management des Transaktionsprozesses bzw. der Teilschritte, sowie die Kommunikation mit den anderen Parteien (Kunde, Anwälte, Wirtschaftsprüfung und ggf. Beratung) nimmt im Laufe der Zeit zu. Während die Associate hauptsächlich auf den Prozessen »sitzt«, hat auch ein Analyst, je nach bereits gesammelter Erfahrung, schon eigene Prozessverantwortlichkeiten und Interaktionspunkte mit Kunden und weiteren Projektparteien.

Der Tag beginnt üblicherweise um 9 Uhr und endet nicht selten zwischen 22 Uhr und Mitternacht – oft gilt sogar: open end. Wenn man sein Büro morgens betritt, checkt man als Analyst zumeist seine Voice Mail sowie seine E-Mails und versucht, die damit verbundenen Aufgaben abzuarbeiten. Häufig finden auch Team Meetings im jeweiligen Projektteam statt, in denen die »Next Steps« besprochen werden. Nach einem gemeinsamen Mittagessen, das im IBD vergleichsweise selten am Arbeitsplatz stattfindet, geht es weiter mit der Aufarbeitung der Meetings sowie den jeweiligen Aufgaben in den einzelnen Projekten. So ist man oft derart in seine Arbeit vertieft, dass man gar nicht mitbekommt, wie die Stunden verflogen sind. Ein Blick auf die Uhr verrät es: kurz vor Mitternacht. Steht keine Deadline an, kann jetzt das Taxi gerufen werden. Allgemein gilt Investment Banking als »Long Hour Industry«, in der sehr hart und lange gearbeitet wird. Eine gewisse aufrichtige Bereitschaft zu langer und harter Arbeit kann sich im Interview sehr vorteilhaft auswirken. Wer sich allerdings begeistert über 100-Stunden-Wochen äußert, wird mit hoher Wahrscheinlichkeit unglaubwürdig wirken.

Arbeitszeiten
Da die Arbeitszeiten in der Investment Banking Division sehr speziell sind und häufig weit oben auf der Diskussionsthemenliste der potenziellen Bewerber stehen, wollen wir diesem Thema im Folgenden ein paar gesonderte Worte widmen.

Ja, die Arbeitszeiten sind extrem und bringen einen oft an die Grenze der Leistungsbereitschaft oder zumindest des Leistungswillens. Das Privatleben findet nur an Wochenenden statt und ist auch da eingeschränkt. Und ja, es kann in manchen Situationen auch

Work-Life-Balance

»Eine ausgewogene Freizeitgestaltung hält jung, gesund und schafft jede Menge Kreativität. Wer innerlich ausgeglichen ist, der kann auch dauerhaft gute Leistungen bringen.«
Ursula Beck,
Referentin
Nachwuchsentwicklung,
BayernLB

zu »Face Time« kommen, worüber ungern gesprochen wird. Das bedeutet, dass Leute manchmal noch spät im Office sitzen, obwohl sie keine wichtigen ToDos für diesen Tag mehr haben. Wie erklären sich die Arbeitszeiten und warum kommt es manchmal zu Face Time?

Zum einen sind die Kunden nahezu ausschließlich Vorstände von Großunternehmen oder Private Equity Investoren und somit sehr anspruchsvoll. Hinzu kommt der harte Wettbewerb zwischen den Investmentbanken um die sehr hohen Fees, die es zu rechtfertigen gilt. Zum anderen entstehen oft auch Ineffizienzen, die sich kaum vermeiden lassen, aber zu vielen Stunden führen. Nicht selten ist der Senior Banker im Team erst kurz vor dem Meeting auf eine Präsentation fokussiert und wenn er eine andere Ansicht zu den Themen und Inhalten hat, dann war die bis dahin geleistete Vorarbeit eine »Trockenübung«. Manchmal kommt es wegen simultaner Projekte aller Leute auch zu Engpässen für Team-Meetings, insbesondere wenn die Senior Banker im Team viel unterwegs sind. Und so können die nächsten Schritte dann oft erst spät abends abgestimmt werden. In solchen Meetings kommen dann schnell ein paar neue ToDos auf, die »asap« erledigt werden sollen. Letztlich erzeugt auch die Bonus- und Reviewstruktur einen gewissen Performance-Druck, der von oben nach unten weitergegeben wird. Der Associate will vor dem VP glänzen, der wiederum seinem MD positiv auffallen möchte. Gibt es jetzt eine »externe Deadline«, dann will der MD eine fertige Präsentation einen Tag vorher sehen, der VP will sie dann dementsprechend früher und der Associate... Daher gilt es manchmal auch gewisse Frustrationsgrenzen zu überwinden, wenn z. B. viele Stunden Arbeit im Papierkorb verschwinden oder der Termin plötzlich nach einem »Allnighter« abgesagt oder verlegt wird. Grundsätzlich ist es aber auch die Arbeitsethik im Investmentbanking, die sich in täglich zu hörenden »wir gehen die Extra-Mile« oder »Noch mehr attention to details, bitte!« manifestiert. Die Überzeugung bis zur letzten Minute vor Finalisierung einer Präsentation noch Verbesserungen erzielen zu können, führt einerseits zu einer sicher hohen Qualität des Endprodukts, andererseits aber auch zu sehr wenig Schlaf vor einem Abgabetermin und zwar mit Garantie. Wie intensiv sich ein Projekt, oder wie ineffizient sich manchmal der Prozess gestaltet, hängt jeweils sehr stark von der »Qualität« und Einstellung des Associate und VP ab, die den Prozess steuern. Mit guter Priorisierung, gutem Management seiner Vorgesetzten und deren Erwartungen, sowie gutem Informationsaustausch zwischen Senior Banker und Kunden (Abstecken der Erwartungen, Bedürfnisse etc.), lassen sich massive Effizienzgewinne realisieren.

Wichtig für das Verständnis des »Systems« ist zudem, dass es keine wirklichen Sanktionen für ineffizientes Verhalten gibt. Denn die (Personal-)Kosten der Bank sind »flat« + Bonus. Der Bonus hängt wiederum vom Gewinn ab, der jedoch durch Ineffizienzen nicht besonders beeinträchtigt wird. Da es also keinen besonders hohen Anreiz zu Effizienzsteigerung bzw. Ineffizienzvermeidung, aber einen ganz massiven Anreiz zu Gewinnsteigerung (wirkt sich auf den Bonus aller aus) gibt, wird der Faktor, der »flat rate« entlohnt wird, zur Maximierung des Profits eben auch maximal eingesetzt.

Zur Face Time kann es kommen, wenn sich Banker im Performance-Druck und Wettbewerb nicht erlauben mehrfach als Erster das Büro zu verlassen, was ihnen schnell auch ein weiteres Staffing einbringt. Gerade in Krisenphasen wo eher gefeuert als gehired wird, steigt die »gezeigte« Leistungsbereitschaft nochmals an.

Der wesentliche Grund der langen Arbeitszeit ist jedoch sicherlich der, dass es einfach viel Arbeit und simultan mehrere spannende Projekte gibt, die mit einer hohen Verantwortung verbunden sind. Dies, zusammen mit dem hohen Gehalt, entschädigt die meisten Investmentbanker ganz offenbar für den einen oder anderen Schlafentzug.

Arbeitsinhalt – Klassische Projekte in der IBD

Da man in Interviews oft gefragt wird, wie man sich seinen Alltag im Investment Banking vorstellt, sollen die klassischen Prozesse mit den jeweiligen Tätigkeiten des Analysten im Folgenden beschrieben werden.

Im IBD gibt es vor allem **drei wesentliche Projekttypen: Buy Side, Sell Side, IPO**. Mit anderen Worten, die Beratung im Rahmen von Kauf- und Verkaufmandaten sowie die Begleitung eines Börsengangs. Daneben gibt es noch Kapitalerhöhungen und sog. Fairness Opinions, aber ersteres ähnelt sehr stark dem Börsengang und eine Fairness Opinion ist kein umfangreiches Projekt, sondern lediglich die Überprüfung durch die Investmentbank, ob ein Angebot (Offer) ihrer Meinung nach angemessen ist. Hierfür wird eine Bewertung vorgenommen und die abschließende Meinung in einer Art Brief dem Mandanten kommuniziert. Häufig sind es Vorstände, die sich hierdurch für ihre Aktionäre ein externes Gutachten einholen. Die Fairness Opinion dient nicht selten als »Back-Up«, falls man dem Vorstand vorwirft, er habe ein viel zu niedriges Übernahmeangebot angenommen.

Aber kommen wir zurück zu den drei wesentlichen Projekttypen bzw. Prozessen. Schauen wir uns im Folgenden genauer an, was die einzelnen Schritte sind und welche Aufgaben dabei für den hoch motivierten Analysten abfallen.

3a. Kaufmandate (Buy Side):

Sofern es sich nicht um einen »Cold Call« handelt, bei dem die Investmentbank den Vorschlag für eine Transaktion an das Unternehmen heranträgt, wird sich der Mandant mit seinen Bedürfnissen an die Investmentbank wenden. Diese hat in den Phasen der Erstellung eines Suchprofils und Identifikation möglicher Akquisitionsobjekte eine große Bedeutung. Im Rahmen einer Sparringspartnerfunktion erfolgt eine Diskussion der strategischen Prioritäten des Mandanten. Hierbei liefert die beratende Bank aus ihrer umfangreichen Erfahrung mit der Gestaltung, Abwicklung und den Erfolgsfaktoren von M&A-Transaktionen objektive Einschätzungen geplanter Strategien und angestrebter Synergiepotenziale. Im Anschluss screent die Investmentbank den Markt und die Branche im Rahmen der vom Mandanten vorgegebenen Kriterien und erstellt zunächst eine Grundgesamtheit geeigneter Zielgesellschaften (Long List). Nach gemeinsamer Reflektierung und dem Ausschluss einiger Unternehmen die sich als ungeeignet herausstellen, entsteht schließlich eine präzisere Auswahl an Targets (Short List). Vor der eigentlichen Kontaktaufnahme nutzt die Investmentbank ihr informelles Netzwerk, um Informationen zu den einzelnen Unternehmen zusammenzustellen und im Rahmen einer Außeneinschätzung eine erste grobe Due Diligence und Bewertung der Zielunternehmen vorzunehmen.

Schließlich erfolgt die Kontaktaufnahme durch den Mandanten oder in Vertretung durch die Investmentbank. Oft gibt es auch den Fall, dass der Prozess durch publizierte Verkaufsabsichten der Zielgesellschaft ins Rollen kommt. Grundsätzlich gibt es von diesem idealtypischen Prozess verschiedene Abwandlungen, die davon abhängen, ob das Zielunternehmen privat oder an der Börse gelistet (Public) ist. Des Weiteren gibt es typische Unterschiede in Abhängigkeit davon, ob es sich um eine freundliche oder feindliche Übernahme (Hostile Takeover) handelt. Dies hat Implikationen auf die einzuhaltenden Vorschriften und die Vorgehensweise. Bei einem Hostile Takeover wird selbstverständlich nicht der Vorstand des Zielunternehmens um eine Due Diligence ersucht, sondern ohne Involvierung des Vorstandes im klassischen Fall ein Angebot (Tender Offer) an die Eigentümer (Aktionäre) gemacht. Die Informationsverarbeitung beschränkt sich dann auf die öffentlich verfügbaren Daten, die alleine Grundlage für eine Bewertung sein können. Die Bewertung spielt aber in diesem Fall auch nur eine sekundäre Rolle bei der Preisfindung, da der zu zahlende Preis vielmehr an der Börse abzulesen ist, zu dem noch eine Prämie hinzukommt, um die Aktionäre zum Verkauf ihrer Anteile zu bewegen.

Nach der Unterzeichnung eines »Letter of Intent« beginnt im klassischen Fall jedoch als nächstes die Due Diligence. Der Bank des potenziellen Käufers kommt hier die Organisation der Informationsbeschaffung zu. Diese setzt sich typisiert aus folgenden Stufen zusammen:

1. Due Diligence Anfrage an den Verkäufer über die ihn beratende Investmentbank
2. Teilnahme an der Management Präsentation des Verkäufers
3. Auswertung des Datenraums (= physisch oder elektronisch bereitgestellter Ort mit sämtlichen Informationen zum Zielunternehmen)
4. Besichtigung der Anlagen des Target-Unternehmens (Site Visits)
5. Formulierung und Übermittlung von verbleibenden, offenen Fragen (sog. Q&A-Prozess). Diese Questions und Answers werden dabei häufig auch bei »Expert Meetings« abgehandelt, bei denen sich bspw. die jeweiligen Fachleute der einzelnen Bereiche (Produktentwicklung, Forschung, Vertrieb, Controlling etc.) des Käufers und jene des Zielunternehmens im Beisein der beratenden Banken gegenübersitzen.

Die Due Diligence wird regulär auch von Rechtsexperten (Anwaltskanzleien) und Wirtschaftsprüfern, sowie vereinzelt auch von Unternehmensberatungen begleitet. Jede Partei fasst ihre Beurteilungen der umfangreichen Informationen aus dem Prozess in einem Due Diligence Report zusammen, der von der Investmentbank genutzt wird, um die Unternehmensbewertung zu verfeinern (fine tuning). Schließlich wird nach eingehender Beratung mit dem Mandanten ein Kaufangebot abgegeben. Erhält der Mandant den Zuschlag, folgen die Kaufvertragsverhandlungen (SPA-Sessions, von: Share Purchase Agreement). Diese werden neben dem Käufer und Verkäufer zumeist von Senior-Bankern und einem Vertreter der Anwaltskanzlei beider Seiten geführt.

Schließlich kann die Investmentbank des Käufers auch bei der Finanzierung der Akquisition unterstützend tätig werden und verschiedene Finanzierungskonzepte erarbeiten.

Das besondere an einer Buy Side ist, dass die Wahrscheinlichkeit eines erfolgreichen Abschlusses (Closing) in der Regel niedriger ist als bei anderen Projekten. Denn häufig gibt es mehrere Bieterparteien, während man in einem Verkaufmandat mehreren Bieterparteien gegenübersteht und die Transaktionswahrscheinlichkeit. Ein Verkaufmandat scheitert eigentlich nur, wenn die eingereichten Angebote (Bids oder Offers) dem Verkäufer nicht hoch genug erscheinen, oder in dem seltenen Fall, dass nach Abschluss der Due Diligence kein Käufer mehr interessiert ist.

Aufgaben des Analysten in einer Buy Side

Im Grunde ist der Analyst intensiv in allen Schritten involviert, bis auf die abschließenden SPA-Verhandlungen. Die Aufgaben sind typischerweise:

- Research um potenzielle Zielunternehmen zu identifizieren
- Erstellung der Liste potenzieller Zielunternehmen sowie Unternehmensprofile zu diesen. Sie sollen dem Mandanten bei der Entscheidung helfen, ob das Unternehmen passen könnte
- Prozessmanagement und aktive Begleitung der Due Diligence: Auswertung des Datenraums, Management des Q&A-Prozesses (Sammeln der Fragen der anderen Adviser: Kanzlei, Wirtschaftsprüfung, ggf. Unternehmensberatung) und Kommunikation mit dem Verkäufer über die Bank der Gegenseite
- Hauptsächlich aber und intensiver als in anderen Prozessen: Bewertung des Zielunternehmens. Beim Kaufmandat geht die Bewertung ganz besonders ins Detail und in aller Regel kommen sämtliche Bewertungsverfahren (mehr dazu unter II.2 Valuation) zum Einsatz. Häufig werden diese in enger Zusammenarbeit mit Experten des Mandanten erstellt, um Synergiepotenziale abschätzen und ergänzen zu können
- Kontinuierlich während des gesamten Prozesses: Vorbereitung und Erstellung von Präsentationen für diverse Meetings mit dem Mandanten und externen Advisern
- Ist die Akquisition erfolgreich, kommt nach der Pflicht die Kür und der Analyst kümmert sich um die Organisation eines Closing Dinners und eines Tombstones. Beim Closing Dinner feiern alle beteiligten Parteien am Ende solch einer oftmals über ein halbes Jahr und länger dauernden Transaktion den erfolgreichen Abschluss. Und ein Tombstone ist gewissermaßen ein aus Plexiglas bestehender individueller Erinnerungsstein/-pokal für alle Mitwirkenden an solch einer singulären Transaktion

Abschließend bleibt noch zu erwähnen, dass der Prozess, die Strukturierung der Transaktion, insbesondere aber die interdisziplinäre Betreuung des Mandanten etwas unterschiedlich verläuft, wenn es sich beim Mandanten um einen PEI und bei der Transaktion somit um einen Leveraged Buyout (LBO) handelt. Hier kommt aufgrund der besonders stark fremdfinanzierten Struktur eine andere Bewertung zum Einsatz und neben der Investment Banking Division ist oft auch die Leveraged Finance-Abteilung involviert.

3b. Verkaufmandate (Sell Side):

Befindet sich die Investmentbank auf der anderen, der Verkäuferseite, beginnt zuerst eine Durchführbarkeitsanalyse, in der etwaige Probleme bezüglich der Transaktion geklärt werden. Diese können sich aus steuerlicher oder rechtlicher Sicht ergeben oder von verschiedenen Stakeholdern herrühren. Dem schließt sich eine ausführliche (Internal) Due Diligence an. Deren Funktion besteht zunächst, wie auch bei Kaufmandaten, in der Zusammenstellung und Auswertung umfangreicher und gesicherter Informationen. Diese sind sowohl für die anschließende Bewertung als auch die Strukturierung der Transaktion von Bedeutung. Anhand des festgelegten

Zielkatalogs und der gesicherten Datenbasis wird anschließend das weitere Vorgehen konzeptionell festgelegt. Es folgen neben der vorläufigen rechtlichen, steuerlichen und zeitlichen Strukturierung der Transaktion die Abgrenzung verschiedener Käufergruppen, Identifizierung potenzieller Käufer und die Analyse möglicher Alternativen zum Verkauf. Je nach Unternehmen kommen als potenzielle Käufer sowohl strategische Käufer (Trade Sale) – z. B. direkte Wettbewerber oder Unternehmen vor- und nachgelagerter Produktionsstufen – als auch Finanzinvestoren (Financial Sale) in Betracht. Aus strategischen Erwägungen könnte z. B. ein potenzieller Käufer außerhalb der EU besonders preisbereit sein, um sich einen Marktzutritt zu verschaffen, während ein großer Wettbewerber möglicherweise eher konservativ eingestellt ist, da er nur geringe Synergiepotenziale sieht. Wenn es nur einen, oder einen besonders bevorzugten Kandidaten unter den potenziellen Käufern gibt, kommt in selteneren Fällen ein Exklusivverfahren zum Einsatz, bei dem der potenzielle Käufer exklusive Rechte bekommt, als einziger eine (External) Due Diligence durchzuführen. In den meisten Fällen findet jedoch eine kontrollierte Auktion statt. Im nächsten Schritt wird nun eine kurze und möglichst attraktive Beschreibung des Verkaufsobjektes angefertigt (Teaser), die zusammen mit der bekundeten Verkaufsabsicht an potenzielle Interessenten gerichtet wird. Zeigt ein potenzieller Käufer Interesse, so erhält er gegen Unterzeichnung einer Geheimhaltungsvereinbarung (Confidentiality Agreement) einen Mustervertrag sowie einen wesentlich umfangreicheren Bericht (Information Memorandum) der die Produkte, Marktanteile, Finanzzahlen, Forschungsübersicht u. v. m. auf nicht selten über einhundert Seiten beschreibt. Bis zu einem festgesetzten Termin (Bid Deadline) müssen sämtliche Interessenten lediglich anhand der Informationen aus dem Information Memorandum ein erstes unverbindliches Angebot zusammen mit gewünschten Änderungen im Mustervertrag abgeben. Nachdem die Bietergruppe auf Basis der Gebote reduziert wurde, beginnt die Due Diligence. Hier organisiert die Investmentbank auf der Sell Side sämtliche Veranstaltungen, die bereits oben aus Käufersicht beschrieben wurden. Es wird eine Management Präsentation durchgeführt, ein Datenraum eingerichtet, sowie ein Q&A-Prozess mit Expert-Meetings abgehalten. Am Ende dieser Due Diligence werden von weiterhin interessierten Käufern erneut (diesmal verbindliche) Kaufgebote eingereicht und konkretisierte Vertragsforderungen kommuniziert. Nach Auswertung der Angebote aus der zweiten Phase kann sich der Verkäufer entweder direkt entscheiden, oder – was häufig der Fall ist – mit zwei oder drei Parteien in detaillierte Vertragsverhandlungen eintreten, an dessen Ende das Signing und nach Kaufpreiszahlung und Rechtsübergang schließlich das Closing steht.

Aufgaben des Analysten in einer Sell Side

- (Internal) Due Diligence
- Darauf aufbauend eine Bewertung des zu verkaufenden Unternehmens als Indikation für den Mandanten und die mögliche Strukturierung der Transaktion
- Erstellung eines Teasers
- Die Anfertigung des wesentlich umfangreicheren Info-Memos (Information Memorandum: beinhaltet sämtliche Daten und Beschreibungen des Unternehmens), was sich über einige Wochen erstrecken kann
- Erstellung einer Management Präsentation in Zusammenarbeit mit dem Klienten
- Einrichtung und Betreuung eines Datenraumes
- Der Q&A-Prozess, d. h. das Sammeln und Bündeln der Fragen der Käuferparteien und das Organisieren der entsprechenden Antworten aus den jeweiligen Abteilungen des zu verkaufenden Unternehmens
- Auswertung der Angebote (Bids)
- Erstellung zahlreicher Präsentationen und deren zugrunde liegenden Analysen für den Klienten
- Schließlich kommt es auch hier bei erfolgreicher Transaktion zur Kür

Während man als Analyst bei einer Buy Side für gewöhnlich wesentlich mehr mit der Unternehmensbewertung befasst ist, so steht bei einer Sell Side die Präparation der »Werbematerialien«, d. h. Management Präsentation und Information Memorandum, sowie die Betreuung der Due Diligence im Vordergrund. Man kann sagen, dass ein Verkaufmandat mehr prozessgetrieben ist als ein Kaufmandat.

Auch hier gelten im Übrigen die o.g. Besonderheiten falls der Mandant ein Private Equity-Fonds ist.

3c. Initial Public Offering (IPO):

Der Börsengang ist wohl der strikteste Prozess unter den drei klassischen Projekten. Der Zeitplan (Timetable) diktiert den Prozess hier besonders stark, da es im Rahmen eines Börsengangs viele fixe Termine gibt, z. B. für die Vorlage des Emissionsprospektes bei der BaFin (Bundesanstalt für Finanzdienstleistungsaufsicht), Analystenkonferenz, Pressekonferenz, Deadlines für die Publikation der IPO Research Reports, Roadshow, Pricing, erster Handelstag etc. Um diese Termine und festgesetzte Fristen herum ist der gesamte Prozess aufgebaut, den wir im Folgenden vereinfacht darstellen:

IPO-Prozess

Bewerbung	Bewerbung um ein Mandat infolge eines ausgeschriebenen Börsengangs
Transaktionsstruktur	Festlegen der Transaktionsstruktur: Anteil des Eigenkapitals (Primary), der an der Börse platziert werden soll (Free Float), sowie ggf. gleichzeitige Kapitalerhöhung (Secondary) Wahl der Börse, der Aktienart, der Länder in denen man (mit unterschiedlichen rechtlichen Auswirkungen) Investoren anspricht
Due Diligence	Internal Due Diligence der Emissionsbanken zur Risikominimierung, da die Banken im Zuge des »Underwriting«, den Emissionsanteil des Unternehmens kurzfristig übernehmen, bevor es im Rahmen der Zuteilung an die Investoren veräußert wird
Interne »Approvals«	Bankeninterner Prozess: Einholung der Zustimmung des Senior Managements der Investmentbank auf Basis eines Memorandums. Grund: Risiken des IPOs für die Bank und Öffentlichkeitswirkung eines IPO
Equity Story	Verkaufsargumente für das Unternehmen werden in einer Analystenpräsentation verarbeitet
Marketing und Bewertung	Präsentation des Unternehmens vor Research Analysten, die daraufhin einen Research Report erstellen und publizieren. Parallel dazu geht das Management auf eine (oft weltweite) Roadshow und präsentiert das Unternehmen vor Investoren
Investorenansprache und Bookbuilding	Auf Basis der Preisindikationen der Analysten sowie eigener Bewertungen wird die Preisspanne festgelegt und mögliche institutionelle Investoren angesprochen, die schließlich Angebote abgeben, indem sie Aktien- Menge und -Preis im Rahmen der Bookbuilding-Spanne »zeichnen«
Pricing und Zuteilung	Auf Basis des Order-Buchs wird der Emissionspreis der Aktien ermittelt und die Zuteilung vorgenommen
Aftermarket	Die Investmentbanken betreuen die Aktie nach der Emission im Markt

I. Branche

IPO-Projekte gleichen einander mehr als das bei Buy- und Sell-Sides der Fall ist. Dies liegt an dem bereits erwähnten, stark vorgegebenen Prozessablauf. Zahlreiche »Module« eines IPO-Projektes sind stark standardisiert und geben dem Prozess eine Art Korsett.

Die Aufgaben des Analysten im Rahmen eines IPO-Projektes

- Erstellen der Pitch-Präsentation zur Bewerbung um das IPO-Mandat
- Erstellen der Kick-off-Präsentation und zahlreicher weiterer Präsentationen für diverse Meetings mit dem Mandanten
- Analyse und Auswertung des Datenraums, den der Klient für die Emissionsbanken eingerichtet hat
- Erstellung interner Memos für das Management der eigenen Investmentbank. Hierfür sind oft umfangreiche integrierte Financial Models zur Prognose der Gesellschaft erforderlich
- Prozessmanagement rund um die Prospekterstellung. Der Prospekt selbst wird von den Kanzleien verfasst
- Erstellung einer sehr umfangreichen Management- sowie der Analystenpräsentation
- Bewertung des Unternehmens zur Vorbereitung der Bookbuildingphase
- Erstellung eines Sales Memorandums (Sales Memo) zur Information und Grundlage des Vertriebs für die Kollegen im Sales-Bereich
- Seltener: Betreuung des Managements auf der Roadshow

Ein Börsengang ist sicher ein ganz besonderes Projekt, da es oftmals stark medial begleitet wird und man als Projektmitglied einen internen Einblick bekommt, der den Pressemeldungen weit voraus ist. Zudem gibt es nach der Emission eine öffentliche Fortsetzung des Projektes, den man täglich an der Börse verfolgen kann und bei dem man sozusagen in der Geburtsstunde dabei war. Während man im Rahmen von Kauf- und Verkaufmandaten mit einem PEI häufig mit der internen Leveraged Finance Division zusammenarbeitet, so hat man als IBD-Analyst im Rahmen eines IPO sehr viel mit dem Equity Capital Market Bereich zu tun.

Arbeitsalltag/-atmosphäre

Wie bereits erwähnt, hat die »Arbeitswoche« im Investment Banking bzw. M&A deutlich mehr Stunden als jene im Capital Markets Bereich. Die besondere Herausforderung besteht vor allem darin, simultan an mehreren Projekten zu arbeiten. So kann es vorkommen, dass man gleichzeitig alle drei oben beschriebenen Projekttypen bearbeitet und darüber hinaus noch an Pitch-Präsentationen arbeitet. Vor einem Präsentationstermin kommt es fast immer zu »Last Minute Changes«. Und das bedeutet für den Analysten und Associate in aller Regel, dass die Nacht vor einer wichtigen Präsentation sehr kurz wird, wenn sie nicht sogar ganz ausfällt. Im Gegenzug gibt es aber auch die glamourösen Momente, z. B. wenn man mit dem Management eines Unternehmens auf Roadshow geht, an der Börse die Erstnotierung der Aktie mitbekommt auf die man selbst hingearbeitet hat, oder wenn man nach einer erfolgreichen Transaktion an einem Closing Dinner teilnimmt. Doch diese glamourösen Momente machen schätzungsweise lediglich 5% der Arbeit im IBD aus.

Die Arbeit in der Financing Group bzw. dem Debt Advisory, wo man sich mit Finanzierungsstrukturen und der Kreditfähigkeit von Unternehmen auseinandersetzt, ist inhaltlich und auch von der Arbeitsbelastung her ähnlich.

Wer bietet Investment Banking in den oben beschriebenen Bereichen?
Die Landschaft der Investmentbanken hat sich durch die zurückliegende Finanzkrise verändert. Einige der ehemals großen Investmentbanken existieren nicht mehr oder sind unter das Dach einer Commercial Bank gezogen. Die führenden Player in den oben beschriebenen Bereich haben unterschiedliche Stärken, sind aber in den Rankings der Investmentbanken (League Tables) zumeist nach Transaktionsvolumen zu verschiedenen Bereichen wie M&A, ECM und DCM immer wieder mehr oder minder die gleichen. Diese League Tables sind ein gewisses Politikum, da je nach Zusammenstellung

- der Märkte (Deutschland vs. deutschsprachiger Raum),
- des Zeitraums (1. Halbjahr, letzten zwölf Monate etc.),
- der Bereiche (IPOs only, all Equity Offerings – d. h. inkl. Kapitalerhöhungen etc.),
- der Ranking-Grundlage (Deal-Volumen oder Anzahl der Transaktionen),
- des Status (angekündigte (announced) vs. abgeschlossene (completed) Transaktionen),
- sonstiger Filter (Transaktionen ab 1Mrd. Euro, nur Defense-Mandate, nur Pharma, Telekom etc.)

der League Table entsprechend »massiert« werden kann. Eine externe, unabhängige Quelle für League Tables ist Thomson Reuters. Im Folgenden ein kurzer Überblick aus dem Bereich M&A:

M&A League Table Deutschland 1.1.11 bis 26.11.11 (Completed Deals)

Bank	Value (EUR M)	Number of Deals
Credit Suisse	47,4	9
Morgan Stanley	44,6	10
Barclays Capital	37,3	4
Deutsche Bank AG	31,8	15
Rothschild	30,8	13
HSBC	29,0	6
Lazard	27,0	13
Goldman Sachs	26,2	11
Citigroup Inc	17,4	4
J.P. Morgan	15,8	6

Quelle: Thomson Reuters

Zu aktuellen League Tables verschiedener Bereiche, siehe online unter dmi.thomsonreuters.com (kostenlos aber Anmeldung erforderlich). Dort bekommen Sie auch einen Überblick darüber, welcher Industriesektor in den vergangenen Monaten besonders aktiv war. Also die Antwort auf eine Frage, die durchaus auch im Interview gestellt werden könnte. Im M&A weltweit waren dies in 2011:

M&A-Aktivität weltweit 1.1.11 bis 26.11.11 nach Sektoren

Sektor	Anteil am Gesamtvolumen M&A weltweit
Energy and Power	16,6%
Financials	15,3%
Materials	11,6%
Industrials	9,4%
Healthcare	8,0%

Quelle: Thomson Reuters

Die darauf folgenden Sektoren Real Estate und HighTech lagen noch bei gut 7%. Ein unabhängiger M&A League Table der Investmentbanken erscheint zu Quartalsende in der Zeitung *Die Börsenzeitung*.

M&A League Table weltweit 1.1.11 bis 26.11.11 – Auszug

Bank	Zahl der Transaktionen
Morgan Stanley	307
Goldman Sachs & Co	309
J.P. Morgan	251
Citi	182
Bank of America Merrill Lynch	229

Quelle: Thomson Reuters

Des Weiteren sind League Tables mit Vorsicht zu genießen, da sie oft nur eine kurze Periode (bspw. ein Jahr) zeigen, die man stets mit vergangenen Werten vergleichen sollte, um ein kontinuierliches Bild zu gewinnen. Daher sei an dieser Stelle – für den Bereich M&A – ein Verlauf der Rankings über die letzten Jahre dargestellt.

M&A League Table-Entwicklung der letzten zehn Jahre, weltweit
(Announced Deals nach Volumen)

	'01	'02	'03	'04	'05	'06	'07	'08	'09	'10	'11 (YTD)*
Morgan Stanley	3	4	3	5	2	2	2	5	1	2	1
Goldman Sachs	1	1	1	1	1	1	1	1	2	1	2
J.P. Morgan	4	2	4	3	3	3	4	2	3	3	3
Citigroup	6	3	5	2	5	4	5	3	4	5	4
Credit Suisse	5	5	9	NA	8	7	7	8	5	4	7
BoA ML	2	6	2	4	4	5	3	4	6	8	5
UBS	8	10	6	10	6	6	6	6	7	9	6
Lazard	10	7	7	6	9	9	NA	10	8	10	11
Deutsche Bank	7	8	8	7	7	8	8	7	9	7	8

Quelle: Thomson Reuters, *YTD = 1.1.11 bis 26.11.11

Letztlich können auch einmalige Ausschläge den League Table ver-
zerren. So könnte im Extremfall eine Investmentbank sehr weit vorne
zu finden sein, die nur an einer oder zwei sehr großen Transaktionen
mitgewirkt hat, welche sich volumenbezogen stärker auswirken als
mehrere mittelgroße Transaktionen. League Tables sind selbstverständlich in jeder Pitch-Präsentation im Kapitel »Credentials« zu
finden. Schließlich ist die Reputation und Erfahrung das, was bei der
Beratung zählt.

Nichtsdestotrotz sind es die folgenden Banken, welche die League
Tables immer wieder anführen und den besten Ruf bei Klienten wie
Absolventen genießen (in alphabetischer Reihenfolge):

- Bank of America-Merrill Lynch
- Barclays Capital
- Citigroup
- Credit Suisse
- Deutsche Bank
- Goldman Sachs
- JPMorgan Chase
- Morgan Stanley
- UBS

Wissenswert ist noch, dass es auf Nationenebene oft regionale Institute gibt, die ausschließlich in ihrem Heimatland eine besondere
Konkurrenz für die global führenden Investmentbanken darstellen,
so z. B. die Mediobanca in Italien, die außerhalb Italiens keine bedeu-
tende Rolle im Investment Banking spielt.

Während sich nun einige der sog. »Bulge Bracket«-Banken des
Investment Banking überwiegend auf das Investment Banking selbst
konzentrieren und andere, wie bspw. die Deutsche Bank, Credit
Suisse, UBS oder die Citigroup »integrierte Investmentbanken« sind,

die neben dem Investment Banking eine klassische Geschäftsbank darstellen, gibt es – zumindest im Advisory Bereich – noch einen weiteren Bereich, der häufig das Interesse der Top-Hochschulabsolventen weckt: Boutiquen. Als »Boutique« im Investment Banking bezeichnet man zumeist einen unabhängigen Spezialisten, der sich auf abgesteckte Services fokussiert, z. B. M&A oder IPO Advisory. Hin und wieder wird der Begriff auch in Anlehnung an die Größe auf kleinere Investmentbanken verwendet, was wir an dieser Stelle aber nicht tun wollen. Boutiquen haben bei Klienten oft den Vorteil, dass sie sich als fokussierte Spezialisten positionieren und im Gegensatz zu großen Investmentbanken (»Financial Supermarkets«), die auch einen eigenen Private Equity-Bereich haben, nicht in Konfliktsituationen mit ihren Klienten kommen. Denn eine Investmentbank, die für das gleiche Asset bietet und parallel als Advisor für einen Bieter agiert, gerät schnell in Interessenskonflikte. Zu den bekanntesten Boutiquen gehören Lazard und Rothschild, die beide weltweit tätig sind und gemeinsam in den ersten 3 Quartalen 2009 einen Marktanteil von ca. 5% im globalen M&A auf sich vereinen können. Weitere Boutiquen in Deutschland sind unter anderem Greenhill, Leonardo und im weiteren Sinne auch die bis vor kurzem noch unabhängige M&A-Beratung Close Brothers. Während Rothschild eine private Bank geblieben ist, hat der kürzlich verstorbene Bruce Wasserstein, als ehemaliger CEO, Lazard im Mai 2005 an die Börse gebracht.

Boutiquen entstehen häufig durch eine Gründung von ehemaligen Senior-Bankern der großen Investmentbanken. So wurde Leonardo vom ehemaligen Deputy CEO der Mediobanca und späteren Chairman von Lazard Europe, Braggiotti, gegründet und wuchs durch Übernahmen anderer Boutiquen, wie bspw. Drueker & Co., zu einem Netzwerk mittlerweile beachtlicher Größe in Europa heran.

Parallel zu Boutiquen können auch Unternehmensberatungen sowie Wirtschaftsprüfungsgesellschaften als M&A Berater agieren und die Parteien (Käufer- sowie Verkäuferseite) während einer Transaktion begleiten. Diese Aktivitäten sind zumeist unter Corporate Finance-Aktivitäten zusammengefasst (Beispiel: KPMG Corporate Finance). Doch auch traditionelle Strategieberatungen wie McKinsey, BCG und Roland Berger, um nur ein paar zu nennen, sind im M&A-Bereich aktiv. Und schließlich haben große Unternehmen oft eigene Inhouse M&A-Abteilungen in ihrer Organisation, wie wir bereits zuvor im Kapitel I.1 angesprochen haben.

4. Investment Management – AM und PWM

Der Bereich Investment Management umfasst, wie bereits angeführt, das Management von Privatvermögen (Private Wealth Management, kurz: PWM) – oftmals ab einem Mindestvolumen von 2-5 Mio. Euro – sowie von Geldern institutioneller Anleger (im Asset Management, kurz: AM). Institutionelle Anleger können dabei von Versicherungen, über Fonds und Stiftungen bis zu Pensionskassen sämtliche Kapitalsammelstellen sein. Oftmals haben einzelne Investoren konkrete Vorgaben bzw. Restriktionen, die mit ihrem individuellen Risikohunger oder ihrer Steuersituation zusammenhängen. Die in diesen Bereichen angebotenen Lösungen können z. T. sehr komplexe Investmentstrategien und Portfolios umfassen.

In Abhängigkeit des jeweiligen Einsatzbereiches in PWM oder AM, d. h. im Sales, Handel oder Marketing sind die Arbeitsinhalte natürlich verschieden. Dabei sind die Trading bzw. Sales Funktionen im AM mit den Trading und Sales Bereichen, sowie mit der Research Division eng verbunden und in ständigem Kontakt, um den Klienten Handelsstrategien über ihren jeweiligen Betreuer anzubieten. In anderen Funktionen gilt es die Portfolios zu überwachen und den Markt mit seinen Einflussfaktoren gut zu kennen, um Änderungen am Markt schnell zu analysieren und dem Klienten zu kommunizieren oder ggf. nach vorheriger Richtlinie darauf zu reagieren.

Alle großen Investmentbanken haben einen AM- und oft auch einen PWM-Bereich. Darüber hinaus gibt es neben diesen sog. »Integrierten« Investment Management-Bereichen auch Spezialisten, die beträchtliche Volumina an Assets managen.

Zu den größten Wealth Managern, gemessen in »Assets under Management« (AUM) gehören u. a.:

1. Bank of America
2. Morgan Stanley
3. UBS
4. Wells Fargo
5. Credit Suisse
6. Royal Bank of Canada
7. HSBC
8. Deutsche Bank
9. BNP Paribas
10. J.P. Morgan

Im Bereich AM sind dies zudem Pictet, Goldman Sachs, ABN Amro, Barclays, Julius Bär, Crédit Agricole, Bank of NY Mellon, Northern Trust, Lombard Odier und die Citi Private Bank. Zu den größten Asset Managern in Deutschland zählen u. a. Allianz Global Investors, DWS, Deka, Union Investment und Generali Investments.

Private Equity und Hedgefonds

PEI und Hedgefonds hatten wir ja im zusammenhängenden Branchenüberblick des Kapitels I.1 bereits kurz kennen gelernt. Auch wenn sie als Investoren oft zusammen genannt werden, einige Gemeinsamkeiten haben und in manchen Fällen auch im Wettbewerb auf dem gleichen Markt agieren, gibt es doch sehr große Unterschiede. Der Trend der vergangenen Jahre zeigt jedoch, dass sich PEI zunehmend

Spezialfonds

Aufgrund der stabilen Cash Flows von Infrastrukturunternehmen, wie bspw. Flughäfen, Häfen, Energieanlagen etc., haben sich in der Vergangenheit reine Infrastructure Funds entwickelt, die ausschließlich in diese Anlageklasse investieren.

Rechtliche Perspektive

Aus rein rechtlicher Sicht kauft die vom PEI aufgelegte Fondsgesellschaft das Portfoliounternehmen. Der PEI selbst »berät« dabei den Fonds. Dies hat steuerliche und rechtliche Hintergründe.

auch auf dem Markt der Hedgefonds bewegen und umgekehrt. Nun aber zu einer genaueren Betrachtung.

PEI gründen zunächst einen rechtlich eigenständigen Fonds mit einem im Voraus festgelegten Volumen und sammeln anschließend Gelder von in der Regel institutionellen Investoren und Kapitalsammelstellen (Versicherungen, Stiftungen etc.) ein. Diese Gelder stellen das Investitions- oder Eigenkapital der Fonds dar. Meist im Rahmen einer gewissen Spezialisierung auf bestimmte Industriesektoren (z. B. Healthcare, Utilities, Professional Services, IT), suchen sie darauf folgend Unternehmen, die entweder in privatem Eigentum befindlich zum Verkauf stehen oder an der Börse gelistet (public) sind. Befindet sich das Unternehmen, das übernommen wird, bereits im Eigentum eines anderen PEI, dann spricht man bei der zweiten Akquisition durch einen PEI von einem »Secondary Buyout«. Im Fall dass der PEI ein börsennotiertes Unternehmen kauft und dieses somit in Privateigentum übergeht, wird dies als »Public-to-Private« (oft einfach »P2P«) bezeichnet. Bei der Finanzierung der Akquisition verwenden PEI einen sehr hohen (häufig 65-70%) Fremdkapitalanteil, was mehrere Gründe hat: Einerseits erhöht dieser »Leverage« die Eigenkapitalrendite (mehr dazu in II.4) und andererseits wird durch die entstehenden hohen Zinszahlungen der Cash Flow des Zielunternehmens zweckgebunden, was die Möglichkeiten des Managements, im Sinne der Principal Agent-Theorie eigennützig und zu Lasten der Eigentümer zu handeln, unterbindet. Aufgrund dieser Finanzierungsstruktur kommen für PEI insbesondere Unternehmen in Betracht, die über hohe stabile Cash Flows verfügen und keinen besonderen Zykliken unterliegen, damit sie imstande sind die ihnen auferlegten Schulden zu tilgen (z. B. Infrastruktur- und Energieunternehmen).

Nach der Akquisition versuchen die PEI den Wert des Unternehmens zu steigern, indem sie häufig das Management gegen die besten Experten der Branche austauschen, die Organisation durch Outsourcing und Offshoring optimieren, die Marktposition durch kleinere »Add-on-Akquisitionen« im Sinne einer sog. »Buy-and-Build«-Strategie zu stärken, das Mangement durch eine Beteiligung am Wertzuwachs oft sehr extrem »incentivieren«, die eigene Erfahrung mit anderen Unternehmen einfließen lassen und das Unternehmen eng zu »monitoren« u.v.m. Die sog. Halteperiode, also die Zeit, die das Unternehmen im Portfolio bleibt, bevor der PEI es wieder veräußert, ist oftmals nicht länger als 4-5 Jahre. Schließlich ist der gesamte Fonds mit seinem Portfolio in der Regel nur auf Zeit (meistens 10-12 Jahre) aufgelegt. Der Exit aus einem Investment kann nach Abzahlung eines Großteils der Fremdkapitalverbindlichkeiten entweder durch Verkauf an ein konventionelles (Industrie-)Unternehmen (Trade Sale), einen anderen Finanzinvestor (Secondary Buyout) oder über einen IPO erfolgen. Für die Kapitalgeber sind die Private Equity-Investments

eine Anlageklasse im Rahmen ihrer Asset Allocation, die neben tradi-
tionellen Assets (z. B. Aktien und Anleihen) auch andere »Alternative
Assets« wie Hedgefonds, Venture Capital, Immobilien und eben Private
Equity umfasst. Die PEI verlangen – und da sind sie den Hedgefonds
sehr ähnlich – eine zweigeteilte Vergütung, die eine Management Fee
(ca. 1,5-2% p.a. auf das investierte Kapital) und eine Beteiligung am
erzielten Gewinnzuwachs (Carried Interest), der über eine bestimmte
Mindestgröße (Hurdle Rate) hinausgeht (ca. 20%), enthält.

Einige Entwicklungen, die sich in der Vergangenheit – vor der
Finanzkrise – im Bereich Private Equity gezeigt haben, sind (Daten:
Preqin Global Private Equity Review und Dow Jones Private Equity
Analyst):

- Die Fondsvolumen wurden immer größer. So beträgt bspw. das
  Volumen eines einzigen Fonds der Texas Pacific Group, der »TPG
  Partners VI«, der im September 2008 sein Fundraising beendete,
  19,8 Mrd. USD. Die Summe der Kapitalzusagen an PEI weltweit
  stieg von 165 Mrd. USD im Jahre 2004 auf 587 Mrd. USD im Jahre
  2007. Im ersten Halbjahr 2009 lag das Volumen bei 55 Mrd. USD
  und damit so niedrig wie seit 2005 nicht mehr.
- Die Anzahl der Fonds stieg dramatisch an. Wurden in 2004
  weltweit noch 476 Fonds aufgelegt, so waren es 2006 bereits 926.
  Im ersten Halbjahr 2009 waren es 173 Fonds.
- Somit stieg das für Private Equity Investments zur Verfügung ste-
  hende Volumen sehr stark. Alleine die noch nicht investierten aber
  eingesammelten Mittel aller PEI (sog. Dry Powder) betrug Ende 2008
  schätzungsweise 1,02 Billionen USD! Hinzu kommt, dass es sich
  dabei lediglich um das Equity der potenziellen Investitionen handelt,
  also um die im Schnitt 30% der Gesamtinvestitionsvolumina.
- Vermutlich durch diesen Wettbewerbsdruck um Akquisitionsobjekte kamen die Portfolio-/Zielunternehmen zunehmend auch
  aus Industrien, die den klassischen Voraussetzungen eines Zielunternehmens nicht zwingend entsprachen (Stichwort: stabile
  Cash Flows und nicht-zyklische Branche). Und die bezahlten
  Preise, üblicherweise ausgedrückt als Vielfaches des Gewinns vor
  Steuern, Zinsen und Abschreibungen (EBITDA-Multiple), sind
  vor der Krise enorm gestiegen.
- Die Fonds mit einem Fokus auf Mezzanine und Distressed Debt
  stiegen stark an.
- Zusätzlich bildete sich ein Markt von Secondaries (nicht zu ver-
  wechseln mit den o.g. Secondary Buyouts) heraus, um für Liquidität
  bei den Kapitalgebern zu sorgen. Die Kapitalgeber an die PEI, also
  Pensionsfonds, Versicherungen etc., sind nach ihrer Kapitalzusage
  für die Dauer des Fonds an ihr Investment gebunden. Auf dem
  Secondaries-Markt können sie, wenn es die Fondsbestimmungen

Mezzanine

Mezzanine ist eine Misch-
form zwischen Eigen- und
Fremdkapital. Unbesichert
und vergleichsweise hoch
verzinst, kombiniert sie
oftmals Elemente des
Fremdkapitals (steuerliche
Abzugsfähigkeit der Zins-
zahlungen) und des Eigen-
kapitals (bei Zurechnung
zum Eigenkapital erhöht
sich die Eigenkapitalquote).
Die Ausgestaltungen variieren jedoch in der Praxis, da
der Begriff gesetzlich nicht
genau geregelt ist. Von
Distressed Debt spricht
man, wenn sich ein
Unternehmen vereinfacht
gesprochen in finanzieller
Bedrängnis befindet und
dadurch das Fremdkapital
zu einem Bruchteil des
Nominalwertes handelt
oder privat veräußert wird.

des PEI erlauben, ihr Investment nun vermehrt an andere Investoren – mit einem starken Abschlag aufgrund der mangelnden Liquidität und oftmals Notlage – weiterverkaufen. Notlage deshalb, weil der Grund ein Investment weiterzureichen oftmals daher rührt, dass Kapitalgeber eine festgelegte Asset Allocation haben, die sich durch den Preissturz anderer Anlagen – bspw. auf den Aktienmärkten – derart verändert hat, dass sie gezwungen sind, umzuschichten und ihre Investitionen in PEI zu reduzieren.

· Der Fund of Funds-Bereich hat stark an Volumen gewonnen. Da auch die Fonds der PEI manchmal einen Branchenfokus haben, macht es auch hier u. U. Sinn das Risiko zu streuen. Daher haben sich Funds of Funds gebildet, im Prinzip das Gleiche wie Dachfonds, welche die Gelder auf verschiedene PEI verteilen.

· Es gab vermehrt Börsennotierungen von Private Equity-Firmen. Einige PEI haben sich dazu entschlossen selbst an die Börse zu gehen. Entweder, um die über den IPO eingesammelten Gelder zu investieren (Geld fließt in die sog. »Evergreen-Fonds«), oder lediglich die Private Equity-Firma an die Börse zu bringen, wobei das Geld nur in die Bilanz des PEI fließt, nicht aber in die Fonds. Ein Beispiel ist der Börsengang von Blackstone, einem der weltweit größten PEI, im Juni 2007. Nach Angaben von Standard & Poors gab es zu diesem Zeitpunkt bereits 80 börsengelistete Private Equity-Fonds, was die gleiche Firma dazu bewegte, einen »S&P Listed Private Equity Index« einzuführen.

Nach einem Ranking der Medienfirma Private Equity International (siehe peimedia.com), sind die zehn größten PEI weltweit, nach abnehmender Größe:

1. Texas Pacific Group (TPG)
2. Goldman Sachs Capital Partners
3. The Carlyle Group
4. Kohlberg Kravis Roberts (KKR)
5. Apollo Global Management
6. Bain Capital
7. CVC Capital Partners
8. The Blackstone Group
9. Warburg Pincus
10. Apax Partners

Weitere große PEI, die im Ranking auftauchen, wenn man auch Distressed Debt-Fonds, Fund of Funds und Real Estate Private Equity etc. mit einbezieht, sind: Oaktree, Permira, Lonestar, Providence, Morgan Stanley mit seinem Private Equity-Arm, HarbourVest, Cinven, sowie Advent International. In Deutschland sind auch noch Fonds wie 3i, EQT, AlpInvest oder AXA Private Equity zu erwähnen.

Wie zuvor angesprochen, rekrutieren PEI jedoch selten direkt von den Hochschulen, sondern eher aus Investmentbanken heraus auf Associate Level oder höher.

Da es häufig mit Private Equity zusammengefasst wird, an dieser Stelle noch kurz ein paar Worte zu **Venture Capital**. Venture Capital Firmen haben nicht immer – aber meistens – eine Fondsstruktur wie PEI. Sie fokussieren sich, wie der Name schon verrät, auf die Wagniskapitalfinanzierung und zwar von sehr jungen Unternehmen, die häufig noch keine Gewinne machen. Diese spekulativen Investments verlangen eine Finanzierung mit fast ausschließlich Eigenkapital, oftmals auch anteilig mit Genussscheinen oder in manchen Fällen Wandelanleihen. Sektoren, die nachhaltig Venture Capital Investments auf sich ziehen sind vor allem Branchen mit skalierbaren und patentierbaren Technologien, wie z. B. Hightech, Software/Media/Internet, Live Sciences/ Pharma, Biotech und Cleantech. Den größten Anteil hält sicherlich Internet, während Cleantech in der jüngeren Vergangenheit mit am stärksten wächst. Wenn sich ein Venture Capital Investor als Fonds organisiert, so liegt die »Fundsize« zwischen 15 und mehreren hundert Millionen Euro. Die Investmentvolumina bewegen sich zwischen 100 Tsd. und 20 Mio. Euro.

Namhafte Player im Venture Capital Fund-Bereich sind u. a.:

• Atlas Venture	• Earlybird
• Balderton	• Neuhaus Partner
• Amadeus	• Sofinnova
• Wellington	• Accel
• Doughty Hanson	• Advent

Darüber hinaus gibt es Corporate VCs in Konzernen, z. B. bei Holtzbrinck, Burda, General Electric, RWE, Vodafone usw.

Nun zu den Hedgefonds: Was ist ihr Business und wie unterscheiden sie sich von Private Equity? Zunächst einmal ähneln sich PEI in ihrem Vorgehen viel stärker untereinander als Hedgefonds. Denn Hedgefonds sind in Abhängigkeit von ihrer Investitionsstrategie sehr verschieden. Die folgende Übersicht (alternative Darstellungen in der Literatur sind möglich) soll dies verdeutlichen und die Hedgefonds zugleich in die Alternative Investments einordnen.

Übersicht Hedgefondsarten

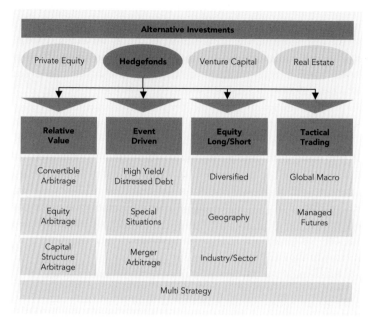

Hedgefonds sammeln ähnlich wie PEI Gelder hauptsächlich von institutionellen Investoren ein, mitunter aber auch von vermögenden Privatinvestoren. Sie haben im Gegensatz zu Private Equity-Fonds jedoch keine zeitliche Beschränkung ihrer Investments, wie die bei PEI erwähnte Fondslebensdauer von ca. 10 Jahren. Außerdem gibt es kein inhaltliches Limit für Investments, d. h. Hedgefonds investieren in sämtliche Kaptialarten (Debt, Mezzanine und Equity), in private und börsennotierte Unternehmen und weltweit. Hedgefonds sind de facto nahezu unreguliert und stehen nur sehr begrenzt unter Finanzaufsicht.

Weitere Informationen über Hedgefonds, finden Sie u. a. auf der von Reuters betriebenen Seite hedgeworld.com/education.

Zu den weltweit größten Hedgefonds gehören unabhängig von Art und Fokus:

- Bridgewater Associates
- JPMorgan Asset Management
- Paulson & Co.
- D.E. Shaw & Company
- Brevan Howard
- Goldman Sachs Asset Management

- MAN Investments
- Och-Ziff Capital Management
- Soros Fund Management
- Renaissance Technologies Corporation

Hedgefonds rekrutieren ausschließlich erfahrene Finance-Experten, oftmals aber aus Investmentbanken heraus, und zwar je nach Fokus des Fonds häufig aus dem Derivatebereich, dem Trading oder dem M&A.

Am häufigsten hört man in den Medien von Hedgefonds, die sich über einen geringen Anteil (oft nicht mehr als 5%) in ein schlecht performendes und somit häufig unterbewertetes Unternehmen einkaufen, um dann die anderen Aktionäre zu organisieren und das Management zu beeinflussen, mehr im Sinne der Eigentümer zu handeln. Beispielsweise stieg der Hedgefonds »The Children's Investment Fund« (TCI), der so heißt, weil er einen Teil seines Gewinns an die wohltätige Children's Investment Fund Foundation spendet, 2004/05 in die Deutsche Börse ein. Diese wollte seinerzeit die London Stock Exchange übernehmen und Kritiker warfen dem Management der Deutschen Börse vor, dies aus Management-Hybris heraus zu tun, da der Preis einer Übernahme die strategischen Vorteile nicht rechtfertigen würde. Gegen viel Kritik wurde die Absicht weiter verfolgt und ein immer höherer Preis geboten, was den Börsenkurs der Deutschen Börse nach unten drückte. Schließlich wurde TCI neuer Großaktionär der Deutschen Börse und organisierte unter den Kapitalvertretern einen Druck, der den damaligen CEO der Deutschen Börse, Werner Seifert, sowie den Aufsichtsratsvorsitzenden und ehemaligen CEO der Deutschen Bank, Rolf Breuer, ihre Jobs kosteten. Die Übernahmeabsicht wurde daraufhin gecancelt und der Börsenkurs erholte sich. Während Hedgefonds – je nach Strategie – zumeist wesentlich kürzer investiert bleiben als PEI, blieb bspw. TCI bis 2009 Aktionär der Deutschen Börse.

Corporate Finance-Beratung

Im Grunde unterscheidet sich die Beraterperspektive auf die Unternehmensfinanzierung von der einer Investmentbank vor allem hinsichtlich der Interessenlage sowie der Herangehensweise an die jeweiligen Projekte. Vor diesem Hintergrund sind Corporate Finance-Beratungen eher vergleichbar mit unabhängigen M&A-Boutiquen, obgleich eine Corporate Finance-Beratung durchaus ein Interesse daran haben kann, den Klienten auch nach der Transaktion weitere Beratungsdienstleistungen anzubieten. Dies wird umso eher möglich, je größer die Organisation ist, der die Corporate Finance-Beratung angehört. So agieren zum Beispiel einige Corporate Finance-Beratungen als Abteilungen von Strategieberatungen.

Recht klar kommuniziert dies unter anderem McKinsey & Company (corporatefinance.mckinsey.com). Mit der Einrichtung einer eigenen Homepage für die Corporate Finance-Sparte signalisiert McKinsey, welchen Stellenwert dieses Geschäft für das Unternehmen hat.

Unabhängige Beratung

»Unsere Corporate Finance Practice bietet unseren Klienten ein einzigartiges Paket aus unabhängiger Strategie-, Transaktions- und Finanzberatung, gepaart mit einem tiefen Industrie- und Marktverständnis.«
Dr. Thomas Fritz,
Director of Recruiting,
McKinsey & Company

Financial Services

Auch Oliver Wyman verfügt historisch bedingt über einen starken Corporate Finance- und Advisory-Bereich mit separatem Recruiting-Kanal. The Boston Consulting Group (BCG) kündigte an, zukünftig ebenfalls ihre Corporate Finance-Leistungen stärker in einem eigenen Bereich zusammenzufassen und entsprechend hervorzuheben. Regelmäßige Corporate Finance Workshops in den vergangenen Jahren mögen ein weiteres Indiz für die Profilierung und das Recruiting in diesem Bereich sein. Auch die anderen großen Strategieberatungen, wie Roland Berger oder Bain & Company führen regelmäßig Projekte in der Fincance-Branche durch.

Doch welche Dienstleistungen werden konkret von Corporate Finance-Beratungen abgedeckt?

Im Mittelpunkt der Arbeit eines Corporate Finance-Beraters stehen wie gehabt M&A-Transaktionen. Innerhalb der Chronologie einer Transaktion kommen Berater vor allem vor und nach der Transaktion zum Einsatz. Vor der eigentlichen Transaktion werden sie eingesetzt, um die Due Diligence durchzuführen und Daten aus der Due Diligence häufig aus strategischer Sicht zu bewerten. Nach der Transaktion helfen Berater vor allem bei der Implementierung von transaktionsspezifischen Maßnahmen auf unterschiedlichen hierarchischen und organisatorischen Ebenen, z. B. im Rahmen einer Post Merger Integration.

Neben M&A-relevanten Dienstleistungen bieten Corporate Finance-Beratungen ihre Assistenz bei der Entwicklung von Kapitalmarktstrategien an, d. h. IPOs, Dividendenpolitik sowie Finanzierung am Kapitalmarkt.

Trotz des theoretisch sehr breiten Dienstleistungsspektrums in der Corporate Finance-Beratung haben sich einige Beratungen auf ausgewählte Dienstleistungen spezialisiert. Die Unternehmensberatungen Bain & Company, und L.E.K. Consulting konzentrieren sich innerhalb des Corporate Finance z. B. vor allem auf die Due Diligence. Andere Corporate Finance-Bereiche von Unternehmensberatungen bieten ein breites Spektrum an, das z. T. bis zur Transaktionsberatung selbst reicht, wie etwa bei goetzpartners (siehe goetzpartners.com/services/corporate-finance/transactions).

Neben klassischer Strategieberatung setzt Oliver Wyman mit seiner Gruppe »Finance & Risk« einen besonderen Schwerpunkt auf das Thema Risikomanagement. Hier werden u. a. Unternehmensrisiken unter die Lupe genommen, um Unternehmen bei Investitions- und Finanzierungsentscheidungen zu beraten. Durch analytische Tools möchte man Unternehmen Hilfsmittel an die Hand geben, damit sie souveräner und vor allem effizienter mit Risiken umgehen können.

Corporate Finance-Beratungen bieten darüber hinaus auch ein auf den CFO abzielendes Consulting, wie einen 100-Tage-Plan zur finanzorientierten Unternehmenswertsteigerung oder die Kosten-Nutzen-Analyse gewisser Finanzierungsvarianten.

Neben den Unternehmensberatungen strecken auch die großen Wirtschaftsprüfungen (vor allem KPMG, Deloitte, PriceWaterhouseCoopers und Ernst & Young) ihre Servicepalette verstärkt ins Corporate Finance Advisory.

So kann man zu dem Schluss kommen, dass die Corporate Finance-Beratung aufgrund der generalistischen Natur der sie häufig beherbergenden Strategieberatungen ein weites Spektrum an Dienstleistungen anbietet und im Bereich der M&A-Beratung (Advisory) gelegentlich mit unabhängigen M&A-Boutiquen konkurriert.

Ratingagenturen und sonstige Arbeitsfelder

Es gibt sicherlich eine Vielzahl an alternativen Arbeitsfeldern in der Finance-Branche. An dieser Stelle werden wir uns vornehmlich auf Ratingagenturen beziehen, da diese sich schwerpunktmäßig auf einen Aspekt konzentrieren, der mit der Vorbereitung auf die anderen Felder nicht abgedeckt ist. Die Rede ist von der Bewertung und dem Management der Risiken, insbesondere des Kreditrisikos.

Die drei bekanntesten Ratingagenturen, deren Namen auch immer wieder in den Medien auftauchen, sind Moody's, Standard & Poor's sowie Fitch Ratings. Eine Karriere in einer dieser Ratingagenturen ist inhaltlich vergleichbar mit einer Laufbahn als Kreditanalyst in einer Investmentbank. In der Tat bieten Investmentbanken ähnliche Dienstleistungen an wie ihre Konkurrenten bei den Ratingagenturen. Dabei fokussieren sie sich allerdings eher auf die Bewertung der Kreditwürdigkeit von Schuldnern auf dem Kapitalmarkt, z. B. bei der Emission von Anleihen – wir hatten den entsprechenden Bereich Debt Advisory im Spektrum der Investmentbanken bereits zuvor angesprochen.

Generell legen sie den Begriff des Schuldners aber breiter aus. Bei einer Ratingagentur sind alle Zahlungsströme im vertraglichen Kontext Gegenstand der Untersuchung. Eine Zahlungsverpflichtung besteht schließlich nicht nur bei Anleihen, sondern z. B. auch bei Versicherungsverträgen. Vor diesem Hintergrund stellt die Bewertung der sog. Kapitaladäquanz von Versicherungen ein weiteres Untersuchungsobjekt der Ratingagenturen dar. Diese analysieren somit nicht nur Kapitalmarkttransaktionen und in welcher Form auch immer am Kapitalmarkt gehandelte Unternehmen, sondern evaluieren z. B. auch die Zahlungsfähigkeitsprofile von gesamten Industriebereichen.

Ratingagenturen bieten die Möglichkeit der frühzeitigen Spezialisierung. Als Ratinganalyst entwickelt man eine konkrete, finanzierungsgetriebene Sicht auf eine Industrie. Somit ergibt sich als potenzielle spätere Exit-Möglichkeit ein Wechsel als in eine leitende

Funktion (ggf. CFO) einer zuvor betreuten Unternehmung oder Industrie.

Ein wesentlicher Teil des Alltags in einer Ratingagentur wird darauf verwendet, Bewertungen zu einem gewissen Stichtag fertigzustellen und zu kommunizieren. Daher ist die wohl wichtigste Beschäftigung auf Junior-Level das Erstellen sowie die Analyse von Bewertungsmodellen.

Das Ratinggeschäft ist darüber hinaus – ganz im Gegensatz zum Investment Banking – nicht immer marktgetrieben, sondern durchaus auch politisiert. Das liegt daran, dass Ratingagenturen unterschiedliche Mandate haben und ihre Bewertungen teilweise voneinander abweichen können, da nicht alle Ratingagenturen die gleiche Informationsgrundlage über ein Unternehmen haben.

Neben den Ratingagenturen gibt es noch viele weitere Job-Möglichkeiten in der Finance-Branche. Unter anderem bieten mittlerweile immer mehr Industrieunternehmen spezialisierte Tätigkeiten im Bereich Finanzierung und Kapitalmarktstrategie an. Eine recht große Corporate Finance-Abteilung unterhält bspw. die Allianz AG, sowie Siemens (siehe finance-excellence.siemens.com), EADS, Deutsche Bank (Abteilung für Konzernentwicklung) und Shell. Prinzipiell hält aber jedes international ausgerichtete, größere Unternehmen einen speziellen Bereich.

Darüber hinaus werden ehemalige Investmentbanker in diesen Unternehmen auch als Inhouse M&A-Spezialisten angestellt. Diese Positionen werden allerdings häufig mit Personen besetzt, die eine gewisse Transaktions- bzw. Projekterfahrung aus einer Investmentbank oder einer Corporate Finance-Beratung mitbringen.

Inhaltlich geht es in diesen Inhouse M&A-Abteilungen vor allem darum, mögliche Übernahmeziele zu evaluieren, Transaktionen vorzubereiten und von Unternehmensseite aus zu begleiten, sowie die Interaktionspunkte mit der beratenden Investmentbank zu managen. Je nach Seniorität liegt der Fokus wie in der Investmentbank entweder mehr auf der Analyse, der Due Diligence und der Bewertung oder – in späteren Jahren – in der Transaktionssteuerung und Vertragsverhandlungen. Die Prozesse sind dabei die gleichen wie im Investment Banking, weshalb an dieser Stelle auf eine Wiederholung verzichtet wird.

3. Die Bewerbung

Nachdem wir nun einen Einblick in die Finance-Branche gegeben haben, sollte eine Orientierung möglich sein. Wenn Sie sich schließlich für einen Bereich entschieden haben, ist der nächste logische Schritt die Bewerbung.

Bevor wir uns im nächsten Kapitel (II) mit der fachlichen Vorbereitung und im übernächsten Abschnitt (III) eingehend mit den Interviews beschäftigen, beleuchten wir nun zunächst die Bewerbung und anschließend die regelmäßig im Rahmen der Bewerbung anzutreffenden Einstellungstests.

Bewerbungsfristen

In den großen Unternehmen der Finance-Branche hat sich ein standardisierter Bewerbungsprozess etabliert, der auf einen Start aller neuen Analysten im Sommer ausgerichtet ist. Anfang Herbst werden die Online-Formulare freigeschaltet und Bewerbungen entgegengenommen. Es gibt durchweg Bewerbungsdeadlines, die von Unternehmen zu Unternehmen verschieden sind, aber in aller Regel im September oder Oktober liegen. In den zwei bis drei Folgemonaten folgen die Interviewrunden. Wir empfehlen daher, sich rechtzeitig die Bewerbungsdeadlines vorzumerken. Aktuelle Bewerbungstermine und -deadlines finden Sie auf den Internetseiten von squeaker.net. Ebenso findet sich dort ein Text mit Hinweisen zum Ausfüllen von Online-Bewerbungen.

Die Bewerbungsverfahren in der Finance-Branche sind in der Regel sehr standardisiert. So gibt es bei Investmentbanken meist einen saisonalen Recruitingprozess, d. h. einmal im Jahr werden bis zu einer vorgegebenen Deadline Bewerbungen gesammelt, um aus diesem Pool anschließend den neuen Jahrgang zu rekrutieren. Das liegt mitunter daran, dass die neuen Analysten und Associates gleichzeitig beginnen, indem sie auf ein mehrwöchiges Training geschickt werden, wo ein Crash-Kurs in Accounting und Valuation, sowie Networking mit den Kollegen aus anderen Büros im Fokus stehen. Häufig gibt es im Vorfeld des Recruitingprozesses einen angepeilten Headcount, d. h. eine festgelegte Anzahl von neuen Analysten/Associates, die man aus diesem Pool rekrutieren will. Diese Zahl ist allerdings nicht so strikt, dass Banken einen zusätzlichen sehr gut passenden Bewerber ablehnen, oder einen nicht so gut passenden Bewerber akzeptieren würden, nur um auf die anvisierte Anzahl zu kommen.

In den Corporate Finance-Bereichen der Unternehmensberatungen wird in der Regel das ganze Jahr eingestellt. Das Bewerbungsverfahren besteht aus mehreren Runden mit Einstellungstest, Case-Interviews und Personal Fit-Interviews. Für weitere Details zum Recruiting im Consulting, empfehlen wir das squeaker.net Insider-Dossier »Bewerbung bei Unternehmensberatungen«.

Während einige Unternehmen der Finanzbranche weiterhin Bewerbungen per E-Mail und z. T. auch noch per Post annehmen, akzeptieren Investmentbanken in aller Regel nur noch Online-Bewerbungen und haben hierfür eine standardisierte Formularmaske, die es auszufüllen gilt. Zeugnisse und Referenzen sind dann als Attachments hochzuladen. Teilweise im Rahmen der Bewerbungserstellung, teilweise auf Einladung nach positiver Rückmeldung auf die Bewerbung und in einigen Fällen auch erst vor Ort zusammen mit den Interviews, kommt es dann zu den erwähnten Einstellungstests. Nun aber zunächst einige Tipps und Hinweise für eine erfolgreiche Bewerbung.

Die schriftliche Bewerbung

In diesem Abschnitt wollen wir den (schriftlichen) Bewerbungsprozess skizzieren.

Wie kontaktiert man Unternehmen? Wie bewirbt man sich?

Sicherlich ist es zum Standard in der Wirtschaft geworden, dass man sich zunächst online bewirbt. Vor allem für Ihre Bewerbungen im Investment Banking sollten Sie sich zunächst darauf einstellen, sehr viele Online-Formulare auszufüllen. Vorsicht: Die Fragen in den Formularen der verschiedenen Arbeitgeber sind ähnlich und verleiten zu Copy+Paste, was bei etwas Unvorsichtigkeit ins Auge gehen kann und schnell eine von ganz wenigen Türen für immer verriegelt. Ähnliches gilt für Positionen in der Corporate Finance-Beratung sowie in Ratingagenturen. All diese Unternehmen rekrutieren auf breiter Basis und schaffen sich durch die Online-Bewerbungen mehr Transparenz, Vergleichbarkeit und Kosteneinsparungen.

Standardmäßig gilt es in der Regel folgende Kategorien auszufüllen:

- Contact information
- Education history
- Language skills
- Exam results
- Work experience
- Any certification
- Technical skills
- Motivations

Aber auch Aufgaben und Fragen wie »Beschreiben Sie eine größere Arbeit/Projekt, das Sie im Rahmen ihres Studiums gemacht haben!«, oder »Warum glauben Sie, ein starker Kandidat für diesen Job zu sein?«, gilt es häufig mehr oder weniger umfangreich zu beantworten. Worauf sollte man bei den Antworten achten?

Wesentlicher Punkt der Bewerbung ist natürlich die **Motivation**. Das gilt zwar für jede Bewerbung, aber besonders erklärungsbedürftig ist dies bei einem Job, der einen ggf. an die eigene Belastbarkeitsgrenze

Insider-Tipp

»Ein gut strukturierter und übersichtlicher Lebenslauf, Angabe genauer Praktikazeiten und Beilage aller relevanten Zeugnisse sind selbstverständlich für die Bewerbung.«
Sylvia Bohner,
Referentin
Nachwuchsentwicklung,
BayernLB

bringt. Da muss die Motivation stimmen, sonst wird man zum »mishire« und das ist für beide Seiten schlecht. Und ganz ehrlich, das attraktive Gehalt alleine mag anziehend wirken, aber wer sich inhaltlich für so einen Job nicht wirklich interessiert, den hält das Gehalt alleine nicht lange über Wasser. Also gilt es, auch ehrlich zu sich selbst zu sein.

Sie sollten also in Ihrer Online-Bewerbung besonderes Augenmerk darauf legen, konkret auf Ihre Motivation einzugehen. Je spezifischer die Motivation begründet werden kann, desto besser ist es. »Ich möchte das machen, weil ich mich für spektakuläre Kapitalmarkt-transaktionen interessiere!«, wirkt da eher schwach. Überlegen Sie anhand der Jobspezifika, die wir vorangehend beschrieben haben, wo Ihre Interessen mit diesen Profilen übereinstimmen. Analytisches Interesse? Affinität zu Zahlen? Herausfordernde Aufgaben? Arbeit in Teams mit ambitionierten jungen Leuten? Steile Lernkurve? Großes Interesse am Kapitalmarkt und der Finanzwirtschaft? All das ist Ihr Ding? Dann schreiben Sie es und bringen Sie ein Beispiel, wo sich das in Ihrem Werdegang reflektiert. Hier können Sie auch einen Bogen spannen zu anderen außergewöhnlichen und positiven Punkten der Bewerbung und so spezielle Stärken noch einmal unterstreichen. Gerade die Begründung und die Motivation für einen bestimmten Job gibt einem auch die Gelegenheit, selbst noch mal genau zu bedenken, ob und was man wirklich will und warum.

Schreiben Sie keine zu langen Antworten, aber versuchen Sie dennoch möglichst konkret zu werden statt oberflächlich oder zu allgemein zu bleiben. Erläutern Sie Ihren Hintergrund sowie Ihre Beweg-gründe für die Bewerbung hinreichend ohne wiederholend zu werden.

Die Perspektive der Recruiter

Die Tatsache, dass alle Analysten in der Regel gleichzeitig beginnen, dass sie für viel Geld gleich am Anfang ins Training - oft in London oder New York - geschickt werden, dass die Gehälter sehr hoch sind und dass für gewöhnlich (weit) weniger als zehn Leute je Nation, Bereich und Bank pro Jahr für eine Full-time Position gehired werden, machen einen Mishire in der Finance-Branche besonders unangenehm. Daher gilt es aus Sicht der Arbeitgeber das Auswahlverfahren sehr gründlich zu machen und die überdurchschnittlich hohe Zahl an Interviews zeigt, dass es auch so geschieht. Von dieser Warte her sollte man bei seiner Bewerbung im Kopf haben, wen die Banken suchen und die Bewerbung dahin trimmen, diesem Ideal möglichst gut zu entsprechen. Nein, den einzig wahren Idealkandidat gibt es in dem Sinne nicht, zumindest nicht für alle Bereiche, aber es lassen sich einige Dichotomien von Merkmalen finden, bei denen die Präferenznadel der Recruiter klar in eine Richtung zeigt:

Positiv	Negativ
(Hoch) motiviert: Bewerber WILL wirklich	Bewerber hinterlässt »nur« den Eindruck: »würde ganz gerne«
Ist reflektiert: weiß warum und kann es begründen	Weiß keine klare Antwort warum genau dieser Bereich/Job oder muss lange überlegen
Sucht Herausforderungen und kann dies an Erfahrungen/in Anlehnung an seinen Lebenslauf belegen	Wirkt zurückhaltend, wenn es um Herausforderungen geht, oder sagt er mag Herausforderungen, kann dies aber nicht an gemachten Erfahrungen belegen
Bringt gewisse »Erfolgscharakteristika« mit (im Sport, Studium etc.)	Hinterlässt überheblichen Eindruck (besonders nachteilig, weil man sich erst mal NUR unterordnen muss)
Ist erfolgshungrig und lässt sich nicht so leicht demotivieren	Wirkt verbissen, wenn es um Rückschläge geht, sieht sie als Niederlage
Teamplayer mit guten zwischenmenschlichen Fähigkeiten und guten Umgangsformen	Wirkt egoistisch und zeigt Defizite in sozialer Kompetenz
Weiß, was er kann und zeigt Selbstvertrauen	Zeigt Mangel an Selbstvertrauen (nicht verwechseln mit Nervosität) und lässt sich leicht aus der Fassung bringen
Bringt Leadership-Potenzial mit	Zeigt keinerlei Führungsqualitäten
Kann strukturiert analytisch denken und verfügt über gute kommunikative Fähigkeiten	Kommuniziert um den heißen Brei herum oder unstrukturiert/verschachtelt
Kann priorisieren	Wirkt verstreut und entscheidungsgehemmt
Ist wissensdurstig und lernt gerne. Nichtwissen ist kein Problem sondern ein Verbesserungspotenzial!	Weiß nicht, warum er was im Leben gemacht hat und offenbart teilweise mangelndes Interesse an den Dingen in seinem Umfeld
Wirkt bodenständig, nett, ehrlich und aufrichtig	Wirkt überheblich, unehrlich oder nicht aufrichtig

Versuchen Sie sich eine Person vorzustellen, die all das, was unter »gut« steht, mitbringt und versuchen Sie sich dieser Person in Ihren Bewerbungen/Interviews anzunähern. Das bedeutet nicht, dass Sie sich erfinden sollten, denn Ehrlichkeit ist sehr wichtig. Aber Sie können das, was Sie davon in sich haben, herausstellen. Eine gute Vorbereitung schließt auf jeden Fall ein, dass man sich darüber klar wird, was seine Stärken, aber auch was seine Schwächen sind. Lassen Sie das Gute in sich heraus, prahlen Sie nicht, aber verstecken Sie auch keines Ihrer »Assets«. Es mag banal klingen, denn all diese Merkmale, die wir oben genannt haben, gelten für viele Unternehmen und sind auch keine Geheimnisse. Im Gegenteil, sie werden auf den Internetseiten unter »Wen wir suchen« auch stets genannt. Aber die erfolgreichen Bewerber haben diese Merkmale und die Profilierung ernster genommen und konnten besser erläutern (verkaufen), warum sie

Insider-Tipp

»Denken Sie daran, ein Vorstellungsgespräch ist immer ein »Marketinginstrument« für beide Parteien.«
Alexander Hohmann, Head of HR Centre, **SEB**

diese Eigenschaften mitbringen, an welchem Beispiel sich das darlegen lässt und nicht zuletzt, dass sie darüber reflektiert haben, ob und warum sie ein »Match« sind. Wie beim Hypothesentest in der Ökonometrie gibt es auch beim Recruiting einen Alpha- und einen Beta-Fehler. Das bedeutet, es werden (selten) Leute gehired, die sich als unpassend herausstellen und es werden – darüber sind sich die Arbeitgeber bewusst – auch Leute abgelehnt, die vielleicht doch einen super Job machen würden aber durch das Raster gefallen sind. Zu beiden will man sicher nicht gehören und damit das nicht passiert, arbeiten Unternehmen und Bewerber letztlich zusammen im Bewerbungsprozess, um herauszufinden ob es passt. Helfen Sie ihnen also bereits in der Bewerbung dabei zu zeigen, dass und warum Sie passen. Einen Alpha-Fehler vermeiden Sie, indem Sie ehrlich zu sich selbst sind und sich den Job sachlich passend wählen. Einen Beta-Fehler, der für Sie sicher noch ungünstiger ist als für Ihren bevorzugten Arbeitgeber, können Sie vermeiden, indem Sie sich gut vorbereiten und Ihre Stärken in der Bewerbung auch gut kommunizieren.

Nun etwas zu den **Noten**. Sollten Sie nicht von einer sog. Target School kommen, fallen Ihre Noten etwas stärker ins Gewicht. Target Schools sind jene Hochschulen, an denen sich das jeweilige Unternehmen, z. B. in Form von Unternehmenspräsentationen, engagiert. Vor allem in London wird das Äquivalent eines »Upper Second (2.1)« gefordert, welches an Elitehochschulen wie der London School of Economics als Median-Note für Wirtschaftsabsolventen aufgefasst wird. Lassen Sie sich also nicht täuschen und geben Sie sich so viel Mühe wie nur möglich in Ihrem Studium. Ein Upper Second sollte man nicht mit einem knapp guten Notendurchschnitt übersetzen. Andererseits ist auch ein Studienabschluss mit Auszeichnung kein Freifahrtschein. Schließlich bewerben Sie sich nicht als wissenschaftlicher Mitarbeiter, sondern als Analyst in der Praxis. Noten sind im Prinzip nur EIN Türöffner.

Bevor Sie sich bewerben, ergibt sich u. U. die Möglichkeit mit Unternehmensvertretern, z. B. auch mit Analysten einer Investmentbank, für die Sie sich interessieren, im Rahmen einer Unternehmenspräsentation an Ihrer Hochschule oder im Bekanntenkreis in Kontakt zu treten. Nutzen Sie diese Kontakte. So können Sie sich ein konkreteres Bild über die Recruitingsituation, den spezifischen Arbeitsinhalt und die Anforderungen machen, auf die Sie sich dann in Ihrer Bewerbung und im Interview beziehen können. Das zeigt dann deutlich, dass Sie sich wirklich ernsthaft und professionell mit der Materie auseinandergesetzt haben und Ihre Antworten bereits reflektiert sind.

In wenigen Fällen besteht eventuell sogar die Möglichkeit, über einen senioren Mitarbeiter Ihres Targetunternehmens Ihre Bewerbung an die jeweilige Personalabteilung weiterzureichen. Aber auch online besteht die Möglichkeit, jeweilige Mitarbeiter zu kontaktieren, z. B.

Insider-Tipp

»Sehr gute akademische Leistungen sind Pflicht und erste relevante praktische Erfahrung von Vorteil im Bewerbungsprozess.«
Associate,
Lazard

auf Netzwerkplattformen wie XING (xing.com) oder squeaker.net, wo man Mitarbeiter und Ex-Mitarbeiter der Unternehmen kontaktieren kann. Aber nutzen Sie diese Option mit Bedacht, denn Sie wollen nicht als Spam eingeordnet werde. Wenn Sie eine Person nicht persönlich kennen, dann sollte sie im ersten Schritt lediglich als Informationsquelle dienen. Ein vielbeschäftigter Investmentbanker hat wenig bis gar keinen Anreiz, die Offline-Bewerbung einer ihm unbekannten Person zu fördern.

Diese Ratschläge für Bewerbungen erweisen sich vor allem bei jenen Unternehmen als nützlich, die aktiv nach Talenten Ausschau halten und dementsprechend viele Bewerbungen erhalten. Anders sieht dies in einem von Seniorität und Erfahrung getriebenen Branchenbereich wie Private Equity aus. Private Equity-Firmen rekrutieren in den meisten Fällen vornehmlich über spezialisierte Headhunter, die für die jeweiligen Fonds Kandidaten vorselektieren bzw. jene proaktiv ansprechen. Sollten Sie allerdings noch nicht zur Gruppe derer gehören, die bereits zwei, drei Jahre lang für die führenden Unternehmensberatungen und Investmentbanken gearbeitet hat, läuft der Kontakt ausschließlich über diese Headhunter. Private Equity-Fonds geben sehr selten Personaler-Kontakte auf der Homepage frei. Aber auch diese Fonds suchen hin und wieder Analysten und bieten dementsprechende Einstiegspositionen an. Aber wie kommen Sie mit jemandem in Kontakt, der Ihre Bewerbung unterstützen könnte? Eine Möglichkeit besteht darin die E-Mail-Adresse eines relevanten Mitarbeiters herauszufinden und ihm Ihren Lebenslauf samt einigen Erläuterungen zuzusenden. Beispielsweise lässt sich mit der Internet-Domain des jeweiligen Unternehmens und dem Namen eines Bankers über Google einiges finden. All dies sollten Sie ohne jegliche Penetranz machen, denn sonst bringt so ein Vorgehen u. U. mehr Schaden als Nutzen. Vermarkten Sie sich, aber werden Sie dabei nicht zu aufdringlich. Seien Sie möglichst smart und kreativ. Geben Sie vor allem nicht zu früh auf. Es macht Sinn, dass Sie in einem hart umstrittenen (Arbeits-)Markt Ihre Qualifikationen selbstbewusst und motiviert signalisieren.

Bei den Bewerbungen macht es sicherlich Sinn zu streuen. Und darüber hinaus ist es ratsam - soweit man einen Einfluss darauf hat - die Favoriten nicht ganz an den Anfang zu legen, sondern an das Ende, wenn man etwas Erfahrung mit den Bewerbungen und vor allem in Interviews gesammelt hat.

Bewerbungscheckliste zum Ausfüllen

ToDo	Deadline	√
Orientierung und Sammeln von Infos, sowie Gespräche mit Insidern suchen		
Wahl der Bereiche für Bewerbungen		
Liste von Unternehmen für eine Bewerbung		
Übersicht der Deadlines erstellen		
Unternehmen priorisieren – Liste machen		
Gedanken machen und Vorschreiben zu »Motivation for the job and the industry« mit am Lebenslauf aufgehängten Begründungen		
Bewerbungsfotos machen (auch wenn nicht bei jedem Unternehmen gefordert)		
Lebenslauf als Vorlage aktualisieren		
Zeugnisse, Praktikumsreferenzen einscannen und Unterlagen vorbereiten		
Bewerbungen starten – ggf. die geringer präferierten Unternehmen zuerst, damit dort die ersten Interviews gemacht werden		
Bewerbungen abschließen (Unternehmen eintragen):		
1.		
2.		
3.		
4.		
5.		
6.		
7.		
8.		
9.		
10.		
Theorie wiederholen		
Infos zu Interviews von Bekannten abfragen oder Erfahrungsberichte auf squeaker.net lesen und Probeinterviews mit Freunden machen		
Websites der Unternehmen studieren und über aktuelle Meldungen, Produkte und ggf. Transaktionen informieren		

I. Branche

Einstellungstests

Fast jede Investmentbank hat eigene Einstellungstests, die einen Teil der Gesamtbewertung ausmachen. Wie erwähnt ist der Zeitpunkt, an dem die Tests im Recruitingprozess eingesetzt werden, zwischen den Unternehmen verschieden. Die häufigste Variante scheint aber die zu sein, dass man nach erfolgreicher Bewerbung und vor den Interviews eine Online-Testrunde durchführt, um aus den positiv bewerteten Bewerbungen weiter zu selektieren, bevor es zu den Interviews geht. Das spart den Unternehmen Zeit und Kosten für die Interviewrunden. Aber das ist letztlich eigentlich auch egal, denn wer sich bei einer der führenden Investmentbanken bewirbt, muss einen oder mehrere dieser Tests auf jeden Fall durchlaufen. Einen Unterschied gibt es jedoch: Wenn sie im Rahmen des Online Assessments stattfinden, dann gibt es harte Grenzwerte die man erreichen muss. Werden die Tests jedoch vor Ort zusammen mit den Interviews durchgeführt, dann werden die Ergebnisse zusammen mit den Eindrücken aus den Interviews verdaut und man kann u. U. einen nicht ganz so grandios ausgefallenen Test ausgleichen, wenn er nicht im Bereich des Inakzeptablen liegt.

Welche Arten von Tests gibt es? Im Grunde gibt es drei verschiedene Testtypen: Numerische (Mathe-)Tests, verbale Logiktests und – seltener – optische Logiktests. Alle haben eines gemeinsam: Man hat begrenzte Zeit für eine feste Anzahl an Aufgaben und die Zeit wird genau genommen. Aber kein Grund zur Panik. Die Aufgaben sind nicht zu schwer. Es geht eher darum, sich gut genug konzentrieren zu können, um in der gegebenen Zeit möglichst viele – am besten alle – Aufgaben zu lösen. Außerdem gibt es einige kostenlose Online-Übungstests, mit denen man sich gut vorbereiten kann und auf die wir am Ende des Kapitels hinweisen.

Also wie sehen die Tests nun aus?

Mathetests

Zuerst zu den **Mathetests**, auch als »Numerical Reasoning Tests« bezeichnet. Klassische Aufgaben sind die Interpretation von Daten aus einer Tabelle, von Graphen oder Charts, Prozentrechnungen, Brüche, Währungsumrechnungen und das Verständnis von Inflation und dergleichen. Die Tests sind gewöhnlich in Multiple Choice-Form und die inkorrekten Antworten passen zu häufig gemachten Fehlern. Daher ist Vorsicht angebracht, nicht zu schnell zu einer Antwort zu springen. Vertauscht man z. B. in einer Grafik die Achsen, so wird man die passende Antwort auf diesen Fehler sicherlich ebenfalls unter den Antworten finden. Ein Beispiel:

Beispielaufgabe Numerical Reasoning-Test

Einschaltquoten				
Fernsehkanal	Zuschauer (in Mio.)		Jeweiliger Split nach Geschlecht der Zuschauer. Annahme: Für Freitag und Samstag identisch	
	Freitag	Samstag	Männer	Frauen
ARD	3,6	2,9	65	35
ZDF	13,8	9,3	24	76
RTL	1,1	1,4	88	12
Sat.1	8,5	12,7	13	87
DSF	4,8	4,9	93	7

Einige mögliche Fragen:
- Wie viel Männer haben am Samstag ZDF gesehen?
- Haben am Freitag mehr Männer Sat.1 gesehen als am Samstag DSF?
- Welche Tag-Kanal-Kombination war bei den Frauen am unbeliebtesten?
- Welchen Kanal haben am Freitag die meisten Männer gesehen?

Dies sind nur ein paar Beispiele. Im Test vor Ort gibt es dann, wie erwähnt, Antworten im Multiple Choice-Format, sodass manchmal eine Annhäherung bei der Berechnung ausreicht, um per Ausschlussverfahren die richtige Lösung zu finden.

Für die Mathetests wird meist kein Taschenrechner mitgegeben. Der Kandidat ist somit auf seine Kopfrechenkünste angewiesen.

Es sei jedem ans Herz gelegt, die eigene Fitness in schriftlichen Grundrechenarten und im Kopfrechnen noch einmal zu überprüfen. Darüber hinaus sollte man einige Dreisatzaufgaben noch mal üben. Nichts ist ärgerlicher, als im Ansatz einer leichten Rechnung alles richtig zu machen und dann auf der Zielgeraden zu stolpern. Sitzt die schriftliche Multiplikation und Division noch ohne Taschenrechner?

Schriftliche Multiplikation:

$$93 \cdot 24$$
$$186$$
$$+ \quad 372$$
$$= 2232$$

Schriftliche Division:

$$537 \div 3 = 179$$
$$-3$$
$$23$$
$$-21$$
$$27$$
$$-27$$
$$0$$

Beispiele

Große Zahlen:

Achten Sie auch auf typische Fehlerquellen im Umgang mit »großen Zahlen« und Prozentangaben. Beim Multiplizieren von Zahlen mit vielen Stellen gilt die einfache Regel, dass die Zahl der Nullen des Ergebnisses sich aus der Summe der Nullen der Faktoren zusammensetzt.

20.000 x 3.000.000 ergibt 2 x 3 mit 4 + 6 = 10 Nullen, also 60.000.000.000 (60 Milliarden). Trennen Sie die Stellen in Tausenderschritten mit einem Punkt, und Sie behalten den Überblick.

Prozentzahlen und Promille:

1 ‰ sind 0,001. 1 ‰ von 32.384 = 32,384. Man muss in diesem Fall das Komma um die Anzahl der Stellen nach links verschieben.

1% sind 0,01. Also sind 1% von 19,50 Euro = 0,195 Euro oder 19,5 Cent.

6% x 7% sind nicht 6 x 7 = 42%, sondern 0,06 x 0,07 = 0,0042 = 0,42%

100% entspricht 100/100 = 1. Also sind 200% gleich 200/100 = 2.

200% von 30 Euro sind also 2 x 30 Euro = 60 Euro.

Eine prozentuale Wertsteigerung (z. B. einer Aktie) errechnet sich wie folgt: Wert 12/2002: 25 Euro. Wert 12/2003: 50 Euro. Wertsteigerung: 50/25 – 1 = 1 bzw. 100%. Eine Verdoppelung (50/25 = 2) entspricht einer *Steigerung* um 100% (= 1).

Eine Steigerung um 300% ist nicht etwa eine Verdreifachung (also 25 x 3 = 75) sondern 3 x 25 plus die ursprünglichen 25 = 100.

Potenzen:

$3^2 = 9$

$(3^2)^2 = 3^{2 \times 2} = 3^4 = 81$

$3^2 \times 3^3 = 3^{2+3} = 3^5 = 243$

Und was ist die Wurzel aus 29?

Keine Panik, wenn Sie mit einer solchen Frage konfrontiert sein sollten. Zwischen welchen beiden Zahlen dürfte die Wurzel aus 29 liegen? Wohl zwischen 5 und 6, da $5^2 = 25 < 29 < 6^2 = 36$. Wie bestimmt man nun die Dezimalstellen? Die Differenz zwischen 36 und 25 beträgt 11. Von dieser Differenz wollen wir 29 – 25 = 4 abgreifen, also 4/11 der Differenz. Als Annäherung dürfte dies reichen, sodass wir 5 4/11 erhalten, was in Dezimalschreibweise ca. 5,4 entspricht. Zur Probe: $5,4^2 = 29,16$.

Ähnliche Aufgaben können u. U. auch in Interviews gefragt werden. Einige Beispielaufgaben aus Einzelinterviews haben wir daher in Kapitel III vorgestellt, wo wir uns mit dem Inhalt der Interviews auseinandersetzen.

Verbale Logiktests

Bei den **verbalen Logiktests**, oder »Verbal Reasoning Tests«, gilt es auf Basis einer kurzen Textpassage eine im Anschluss aufgestellte Schlussfolgerung als »True«, »False« oder »Cannot Say« zu bewerten. Hier geht es um strikte Logik und die Schwierigkeit besteht darin, den Text und auch das Statement wörtlich zu nehmen und frei von zusätzlichen Annahmen seine logischen Schlüsse zu ziehen. Wer schon mal den General Management and Admission Test (GMAT) gemacht hat, kennt diese Art von Aufgaben in ähnlicher Form bereits. Generell sollte man folgende Punkte beachten:

1. Überschlagen Sie am Anfang des Tests kurz wie viel Zeit Sie je Frage haben und versuchen Sie sich an diese Zeitbudgets zu halten.
2. Seien Sie sehr vorsichtig bei den Fragen und deren Formulierung, sie zielen darauf ab, zu unangebrachten Schlussfolgerungen und Interpretationen zu verleiten.
3. Lesen Sie zuerst die Frage bzw. die Behauptung, bevor Sie den Text lesen. So können Sie bereits mit dem relevanten »Filter« die gegebenen Informationen aufnehmen und sparen Zeit.
4. Greifen Sie nicht auf irgendwelches Wissen oder «Common Sense" zurück, sondern überprüfen Sie die Behauptung ausschließlich anhand des gegebenen Textes. Alles andere sollten Sie ausblenden. Es geht im Prinzip um »Haarspalterei«.

Wer ein GMAT-Übungsbuch besitzt oder im Bekanntenkreis auftreiben kann, dem ist zu empfehlen, die Critical Reasoning Aufgaben zur Vorbereitung durchzugehen.

Ein Beispiel:
In zunehmendem Maße wollen Analysten in Investmentbanken ihren Job wechseln. Eine Umfrage hat ergeben, dass 35% aller Analysten im nächsten Jahr einen Wechsel planen. Karrierefortschritt wurde als häufigster Grund für den geplanten Wechsel genannt, da ein »Investmentbanker-auf-Lebenszeit«-Konzept nicht mehr attraktiv erscheine. Überraschenderweise wurden Gehalt und flexible Arbeitszeiten nicht als die wesentlichen Faktoren identifiziert um Investmentbanker motiviert zu halten. Es waren eher abwechslungsreiche Inhalte, eine herausfordernde Rolle, Entwicklungsperspektive und work-life-balance, die eine wichtigere Rolle spielten.

Mögliche Statements die mit »True«, »False« oder »Cannot Say« zu beantworten sind:

- Das »Investmentbanker-auf-Lebenszeit«-Konzept ist nicht mehr realistisch
  (CANNOT SAY, denn wir wissen nur, dass es den Befragten nicht mehr als attraktiv erscheint)

- Flexible Arbeitszeiten und Arbeitsteilung sind attraktive Optionen für Investmentbanker mit häuslichen Verpflichtungen
  (CANNOT SAY, denn wir wissen nichts über Investmentbanker mit »häuslichen Verpflichtungen«)
- Mehr als 65% der Investment Banking-Analysten planen, künftig in ihrem Job zu bleiben
  (FALSE, denn wir wissen dass 35% der Analysten einen Wechsel planen)
- Investment Banking-Analysten sind motiviert, ihren Job zu wechseln, um einen Karrierfortschritt zu machen
  (TRUE, denn das wurde als häufigster Grund genannt. Aber alleine schon die Formulierung »... sind nur aus dem Grund einen Karriere-fortschritt zu machen, zu einem Jobwechsel motiviert« ändert die Aussage. Denn es ist nicht »nur« dieser Grund)

Optische Logiktests

Die dritte Variante, die zumindest bei Investmentbanken eher selten anzutreffen ist, sind die **optischen Logiktests**, auch »Abstract- oder Diagrammatic Reasoning Tests«. Hier geht es zumeist darum, aus einer Auswahl an Figuren, eine Figurenfolge zu ergänzen bzw. fort-zusetzen. Einige kennen solche Tests und Spielchen ggf. aus Intelli-genztests.

Ein Beispiel:
Gegeben sei folgende Abfolge von drei aufeinanderfolgenden optischen Figuren:

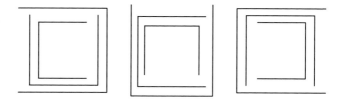

Ebenfalls seien folgende vier Varianten (A, B, C und D) gegeben, aus der man nun die Variante auswählen muss, welche die vorangehende Folge der Figuren logisch ergänzt:

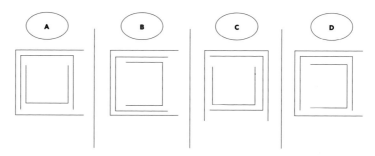

Bei aufmerksamer Betrachtung der Vorgabe, sollte klar werden, dass jede Figur aus drei einzelnen Teilfiguren besteht, die sich von links nach rechts jeweils um 90° nach rechts drehen. Somit ist Lösung C die logische Fortsetzung.

Zur Vorbereitung auf alle drei Testarten empfehlen wir auf jeden Fall die im Folgenden angegebenen Online-Übungstests zu machen.

Online-Übungstests

- Auf squeaker.net finden Sie mehrere Übungs-Tests zur Vorbereitung auf typische Aufgaben im Online-Assessment und Einstellungstest von Banken.
- Ein kurzer Test zum Üben findet sich auf der J.P.Morgan Website: careers.jpmorgan.com/student/jpmorgan/careers/europe/advice/test/practice
- Weitere Übungstests finden Sie auf den Websites der Urheber vieler Investment Banking-Mathetests (jeweils Numerical und Verbal Reasoning-Tests):
  SHL: shldirect.com/practice_tests.html
  KENEXA: psl.co.uk/practice
- Drei Übungstests gibt es hier: efinancialcareers.ie/numerical_test.htm
- Und noch ein Test der University of Kent, der sich sehr gut zum Üben eignet: kent.ac.uk/careers/tests/mathstest.htm
- Optische Logiktests zur Übung, kann man auf der MENSA-Website finden: www.mensa.de/online-test-und-raetsel/mensa-online-test

Kapitel II:
Das Werkzeug – Theorie und Praxis

1. Die Grundlagen

In diesem Abschnitt sollen grundsätzliche Theorien der Finanzwissenschaft besprochen werden. Sie können durchaus Teil von Fragen im Interview sein, da sie die Weichen für ein umfassendes Verständnis stellen, das in der Finanzbranche unabdingbar ist. Daher sollen hier zunächst alle relevanten Grundlagen angeschnitten werden, auf die wir in den darauffolgenden Theorien und Abschnitten aufbauen. Wir beginnen mit der Investitions- und Entscheidungstheorie.

Kapitalwert (Net Present Value)

Zuerst schauen wir uns an, wie wir finanzmathematisch berechnen, ob eine Investition lohnend ist oder nicht. Vereinfacht gesprochen ist sie lohnend, wenn sie mehr bringt als sie kostet. Um dies herauszufinden, gibt es mehrere finanzmathematische Verfahren, von denen die Kapitalwertmethode sicherlich die bekannteste ist.

Der Kapitalwert ist derjenige Betrag, den ein Investor heute zusätzlich zur Verfügung hat, wenn er das Investitionsprojekt anstelle einer alternativen Anlage seiner Finanzmittel durchführt. Technisch vergleicht man also ein Investitionsobjekt mit einer alternativen Anlage, indem man die prognostizierten Zahlungsströme mit dem risikoadäquaten Zins auf den Betrachtungszeitpunkt (heute) abdiskontiert. Vom Barwert (Present Value) der Zahlungsströme ist in einem nächsten Schritt noch die Anfangsauszahlung für die Investition abzuziehen, um den Kapitalwert oder Nettobarwert (Net Present Value) zu erhalten. Ein Beispiel:

Eine Einzahlung von 5.000 Euro in $t=1$ entspricht bei einem angenommenen Kapitalmarktzinssatz von 6% in $t=0$ einem Barwert von 5.000 / 1,06 = 4.716,98. Das bedeutet, dass man in $t=1$ 5.000 Euro besitzt, wenn man in $t=0$ genau 4.716,98 Euro anlegt.

Die Zahlungsreihe einer Investition könnte also folgendermaßen aussehen:

Auszahlung in t=0: - 15.000 Euro
Einzahlung in t=1: 5.000 Euro
Einzahlung in t=2: 7.500 Euro
Einzahlung in t=3: 10.000 Euro

Der Kapitalwert (oder mathematisch: Nettobarwert) beträgt somit:

$$NPV = -15.000 + \frac{5.000}{1,06} + \frac{7.500}{1,06^2} + \frac{10.000}{1,06^3} = 4.788,15$$

Nach der Kapitalwertmethode lohnt sich jede Investition, deren Kapitalwert größer 0 ist. Vor diesem Hintergrund lohnt sich die Investition in unserem Beispiel.

Ganz wichtig ist, dass der NPV immer durch Abdiskontierung von Cash Flows und niemals von buchhalterischen Gewinngrößen zu errechnen ist. Denn Letztere hängen schlussendlich von Entscheidungen im Accounting ab und liefern somit keine wahre Bewertung. Mehr dazu in Accounting Kapitel II.2

Interner Zinsfuß (Interal Rate of Return)

Der Interne Zinsfuß (IRR) entspricht demjenigen Zinssatz, für den der Kapitalwert 0 ergibt. In unserem obigen Beispiel entspräche dies einem Zinssatz von r=20,61%.

$$NPV = -15.000 + \frac{5.000}{(1+IRR)} + \frac{7.500}{(1+IRR)^2} + \frac{10.000}{(1+IRR)^3} = 0$$

Nach der Methode des Internen Zinsfuß lohnt sich jede Investition, deren Interner Zinsfuß größer ist, als seine Opportunitätskosten des Kapitals, d. h. die Verzinsung der Alternativanlage, mit der man die Investition vergleicht. Wichtig dabei ist, dass die Investition und die Alternativanlage vergleichbar sind in Bezug auf das Risiko und die Investitionsdauer.

Vorsicht: Eine solche Rechnung macht nur bei regulären Investitionen Sinn, bei denen in t=0 eine Auszahlung vorgenommen wird und in den darauffolgenden Perioden positive Nettoeinzahlungen verzeichnet werden, da sonst der Interne Zinsfuß u. U. nicht eindeutig bestimmbar ist. So ist z. B. bei folgenden beiden Zahlungsströmen der IRR jeweils 50%. Der NPV bei einer Discount Rate von r=10% beträgt jedoch +364 im ersten und -364 im zweiten Zahlungsstrom.

Diskrepanz im IRR

Zahlungsstrom	Cash Flows (Euro)		IRR	NPV bei 10%
	C_0	C_1		
A	-1.000	+1.500	+50%	+364
B	+1.000	-1.500	+50%	-364

Im Prinzip geben wir im ersten Zahlungsstrom (A) ein Darlehen bzw. wir investieren und im zweiten Zahlungsstrom (B) leihen wir uns Geld, jeweils zum Zinssatz von 50%. Und es gibt durchaus Investitionen, wo ein positiver Zahlungsstrom (Cash Inflow) zeitlich vor einem negativen Zahlungsstrom (Cash Outflow) liegt: z. B. Leerverkäufe von Aktien. In solchen Fällen ist der IRR nicht sinnvoll anwendbar.

Des Weiteren kann es Probleme mit dem IRR geben, wenn der Zahlungsstrom in einer oder mehreren Perioden nach t=0 einen negativen Wert hat (Cash Outflow). In solchen Fällen kann es vorkommen, dass wir zwei verschiedene IRR erhalten. Man kann sich vereinfachend merken: Immer wenn der Zahlungsstrom im Laufe seiner Perioden das Vorzeichen mehr als einmal wechselt, dann erhalten wir in der Regel mehr als einen IRR.

Weitere Probleme mit dem IRR als Maßstab entstehen darüber hinaus in folgenden Fällen:
- Bei sich ggs. ausschließenden Projekten unterschiedlicher Größe. An dieser Stelle unterstellt die Methode des Internen Zinsfuß (IRR), dass die Differenz der Investitionen ebenfalls zum IRR angelegt werden kann. Das ist jedoch normalerweise nicht der Fall
- Bei sich verändernder Zinsstruktur, d. h. wenn die Zinsen sich mit der Laufzeit ändern. Und das ist für gewöhnlich der Fall. In solchen Fällen müssten die einzelnen Zahlungsströme mit jeweiligen Anleiherenditen verglichen werden, welche die identische Risiko- und Zeitstruktur aufweisen

Die folgende Grafik verdeutlicht noch mal den Zusammenhang zwischen Kapitalwert (NPV) bei unterschiedlich gewählten Zinssätzen (Discount Rate) für die Abdiskontierung. Der Schnittpunkt des NPV-Grafen mit der X-Achse ist der Punkt, bei dem der NPV=0 ist. Dort lässt sich somit der IRR ablesen. In unserem Beispiel 20,61%. Und bei einer Discount Rate von 6% müsste schließlich anhand des NPV-Graphen unser zuvor errechneter NPV von 4.788,15 ablesbar sein.

Zusammenhang Kapitalwert und IRR

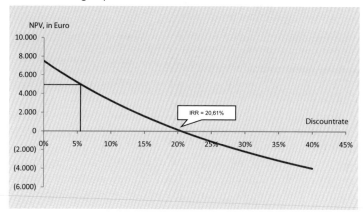

Einen ganz wesentlichen Einfluss auf den IRR, das lässt sich aus der Formel unschwer erkennen, hat das Timing der Zahlungsströme (Cash Flows). Die höchsten IRR generieren kurzlebige Projekte mit geringen Anfangsauszahlungen (Cash Outflows). Diese Logik werden wir bei der Betrachtung von Private Equity Investments wiedersehen.

Abschließend lässt sich bezüglich der beiden Verfahren sagen, dass die Methode des NPV stets zu besseren Ergebnissen führt, da sie (1) sensibel ist für den Zeitwert des Geldes, (2) lediglich von den prognostizierten Cash Flows und den Opportunitätskosten des Kapitals (Discount Rate) abhängt und schließlich (3) sämtliche Zahlungen des Zahlungsstroms in heutigen (abdiskontierten) Werten misst, weshalb diese aufsummierbar sind.

Entscheidung bei Ungewissheit

Entscheidungen bei Ungewissheit, z. B. für eines von verschiedenen Investitionsobjekten, lassen sich danach unterscheiden, ob man zusätzlich zu den erwarteten Zahlungsströmen (Alternativen) Eintrittswahrscheinlichkeiten gegeben hat (Entscheidung unter Risiko) oder keinerlei weitere Informationen vorliegen (Entscheidung unter Unsicherheit). In beiden Fällen gibt es verschiedene Entscheidungsregeln, die wir uns im Folgenden kurz anschauen wollen.

Entscheidung bei Risiko
Sind mehrere Szenarien, bspw. für ein Investment, denkbar und die Wahrscheinlichkeiten, mit denen diese Szenarien eintreten könnten bekannt, so spricht man von Entscheidung unter Risiko.

Hierfür gibt es drei grundlegende Entscheidungsregeln:
- Bayes-Regel (oder auch μ-Regel)
- Die μ-σ-Regel
- Bernoulli-Prinzip

Nehmen wir folgendes Investitionsszenario an mit u. s. Wahrscheinlichkeitswerten:

Eine Aktie (A_1) oder die Anlage in Gold ohne Rendite (A_2) stehen alternativ für die Investition von 100 Euro zur Verfügung. Für die Aktie gibt es drei Szenarien: (S_1) Aktie steigt, (S_2) Aktie fällt im Kurs, oder (S_3) Aktie bleibt gleich mit den jeweiligen Wahrscheinlichkeiten.

Entscheidung nach der Bayes-Regel

	(S_1)	(S_2)	(S_3)
(A_1)	120	80	100
(A_2)	100	100	100
Erwartete Wahrscheinlichkeit	1/3	1/3	1/3

Bei der *Bayes-Regel* geht der Entscheider nur vom Erwartungswert (μ) aus, d. h. in unserem Beispiel ergibt sich:

A_1 = (120+80+100) x 1/3 = 100 entspricht
A_2 = (100+100+100) x 1/3 = 100

Unser Entscheider wäre in diesem Fall somit indifferrent zwischen beiden Alternativen.

Die **μ-σ-Regel** ergänzt die Bayes-Regel um die Standardabweichung (σ), wodurch auch Risikopräferenzen (α) berücksichtigt werden. Bei risikoneutralen Entscheidern (α=0) entspricht sie der Bayes-Regel, bei risikoaversen (risikoscheuen) Entscheidern α<0 sinkt die Attraktivität einer Alternative mit zunehmender Standardabweichung. Bei risikoaffinen (risikofreudigen) Entscheidern (α>0) steigt die Attraktivität hingegen.

Nehmen wir an der Entscheider ist risikofreudig (α = 0,5 > 0) und die gegebene Entscheidungsfunktion betrage $\phi = \mu_i + \alpha \times \sigma_i$. Dann ergibt sich folgende Betrachtung.

Entscheidung nach der μ-σ-Regel

	(A1)	(A2)	Erwartete Wahrscheinlichkeit
(S1)	120	100	1/3
(S2)	80	100	1/3
(S3)	100	100	1/3
μ	100	100	
σ	√(800/3) =16,3	0	
α	0,5	0,5	
Ergebnis (φ)	100 + 0,5 x 16,3 = 108,15	100 + 0,5 x 0 = 100	

Die Standardabweichung von 16,3 bei Alternative 1 errechnet sich gemäß der Formel $\sigma = (1/n) \cdot \Sigma(x - E(x))^2$ über alle Szenarien. D. h. wir haben:

$$\sigma = \sqrt{\frac{1}{n} \times \left((120-100)^2 + (80-100)^2 + (100-100)^2\right)} \quad \text{und somit}$$

$$\sigma = \sqrt{\frac{1}{3} \times 800} = \sqrt{266,67} = 16,3$$

Der risikofreudige Entscheider ist also nicht indifferent, sondern zieht bei gleichem Erwartungswert die Aktie (A_1) vor.

Das **Bernoulli-Prinzip** ergänzt die μ-σ-Regel indem es nicht nur von Risikopräferenzen (α) ausgeht, sondern an ihre Stelle sog. Risikonutzenfunktionen stellt. Auf eine konkrete Darstellung kann an dieser Stelle verzichtet werden, da dies für die Interviews nicht relevant sein sollte.

Schauen wir uns im Folgenden aber noch kurz die Entscheidungen bei Unsicherheit an.

Entscheidung bei Unsicherheit
Sind mehrere Szenarien, bspw. für ein Investment, denkbar und die Wahrscheinlichkeiten, mit denen diese Szenarien eintreten könnten nicht bekannt, dann spricht man von Entscheidung bei Unsicherheit.

Um trotz der Unsicherheit eine Entscheidung zu fällen, sind folgende Entscheidungsregeln bekannt. Im Interview werden sie tendenziell nicht abgefragt, aber das zugrunde liegende Denkgerüst dieser Entscheidungsregeln kann bei Investment Cases weiterhelfen:

- Maximin-Regel (Wald-Regel)
- Maximax-Regel
- Hurwicz-Regel
- Laplace-Regel

Bei der **Maximin-Regel** werden pro Investment verschiedene Szenarien untersucht. Die Entscheidung fällt zugunsten derjenigen Investition, die im schlimmsten Szenario den vergleichsweise höchsten Wert (Auszahlung, Barwert etc.) liefert.

Entscheidung nach der Maximin-Regel

	Szenario 1	Szenario 2	Szenario 3	Minimum
Investition A	4,3	1,3	1,5	1,3
Investition B	3,3	0,3	0,5	0,3
Investition C	2,3	2,0	1,9	1,9

In diesem Fall wird die Investition C ausgewählt, um im schlimmsten Szenario den vergleichsweise höchsten Wert zu erzielen. Man kann diesen Investmentstil auch als »Downside Protection« bezeichnen, da ein niedrigerer Maximalwert der Investition C für den höchsten Minimalwert (Schutz gegen noch niedrigere Auszahlungen im Worst Case) in Kauf genommen wird.

Vor diesem Hintergrund sucht die **Maximax-Regel** nach demjenigen Investment mit dem besten Szenario:

Entscheidung nach der Maximax-Regel

	Szenario 1	Szenario 2	Szenario 3	Maximum
Investition A	4,3	1,3	1,5	4,3
Investition B	3,3	0,3	0,5	3,3
Investition C	2,3	2,0	1,9	2,3

In diesem Fall ist die Investition A auszuwählen, da sie den höchsten Maximalwert aufweist.

Mittels der **Hurwicz-Regel** (benannt nach einem der drei Nobelpreisträger der Ökonomie des Jahres 2007) wird dasjenige Investment ausgewählt, bei dem der gewichtete Durchschnitt aus dem besten und dem schlechtesten Szenario maximal ist. Der Gewichtungsfaktor des besten Szenarios wird als Optimismusparameter (o) bezeichnet. Der Optimismusparameter wird frei gewählt. Das beste Szenario wird also mit diesem Parameter multipliziert, das schlechteste wird dagegen mit dem Wert (1-o) multipliziert. Bei einem Optimismusparameter von o=0,4 bedeutet das für unsere Investments:

Entscheidung nach der Hurwicz-Regel

	Szenario 1	Szenario 2	Szenario 3	Maximum
Investition A	4,3	1,3	1,5	$0,4 \times 4,3 +$ $0,6 \times 1,3 = 2,5$
Investition B	3,3	0,3	0,5	$0,4 \times 3,3 +$ $0,6 \times 0,3 = 1,5$
Investition C	2,3	2,0	1,9	$0,4 \times 2,3 +$ $0,6 \times 1,9 = 2,1$

Der Optimismusfaktor ist also hoch genug, dass weiterhin Investition A (wie bei der Maximax-Regel) vorgezogen wird.

Die **Laplace-Regel** schließlich wählt dasjenige Investment aus, welches im Durchschnitt (dem liegt also die Annahme zugrunde, dass alle Szenarien gleich wahrscheinlich sind) den höchsten Wert liefert, also:

Entscheidung nach der Laplace-Regel

	Szenario 1	Szenario 2	Szenario 3	Maximum
Investition A	4,3	1,3	1,5	2,367
Investition B	3,3	0,3	0,5	1,367
Investition C	2,3	2,0	1,9	2,067

Auch hier ist die Investitionsalternative A vorzuziehen.

Vorsicht: Auch wenn in unserem Beispiel Alternative A verdächtig oft als Sieger hervortritt, so sind die vier Entscheidungsregeln doch strikt voneinander zu trennen.

Realoptionen

Wenn Sie in ein großes Projekt investieren, z. B. in ein neues Unternehmen, bewerten Sie dieses, wie wir bereits gelernt haben, mittels des Nettobarwerts. Durch das Projekt ergeben sich aber u. U. Möglichkeiten für Folgeinvestments, z. B. die Chance zur Expansion einer gewissen Abteilung. Die Einnahmen eines solchen Folgeinvestments sind ungewiss. Mehrere Einnahmen sind denkbar und ihre Wahrscheinlichkeiten sind gegeben. Es ist also eine Option, ob man ein Folgeinvestment eingeht und die damit verbundenen Einnahmen mit in die Barwertberechnungen des eigentlichen Projekts einbezieht. Man spricht hierbei von einer Realoption.

Realoptionen haben einen besonderen Platz in der Fachliteratur. Hier soll lediglich die Idee skizziert werden. Gerade bei sehr ungewissen Investitionen, wie bspw. riskanten Beteiligungen an Internetunternehmen (sog. Early Stage-Beteiligungen, also Venture Capital), ist der Realoptionsansatz eine Methode, um den Kapitalwert dieses potenziellen Investments abzuschätzen. Aber auch bei der Bewertung reiferer Assets stellen Realoptionen eine Möglichkeit dar, um Optionswerte in die Bewertung miteinzubeziehen.

Ein Beispiel: Man hat die Möglichkeit, 5.000 Euro zwecks Entwicklung eines Internetauktionshauses zu investieren, nachdem man bereits ein Start-up, dessen Firmenwert wir vorhersagen, aufgekauft hat. Dieses Auktionshaus würde den Wert des Start-ups um 30% steigern. Mit 50-prozentiger Wahrscheinlichkeit steigt der Wert des Business sehr stark an, und der Firmenwert steigt auf 20.000 Euro. Doch mit der gleichen Wahrscheinlichkeit floppt das Start-up, und der Firmenwert in der nächsten Periode beträgt lediglich 5.000 Euro – eine magere Ausbeute.

Die Situation lässt sich mittels eines sog. Binomialbaums darstellen (Annahme: Kapitalmarktzinssatz=10%):

Binomialbaum Realoptionsbewertung

Barwert	
$\dfrac{50\% \times 21.000 + 50\% \times 5.000}{1,1}$ $= 11.818,18$ Euro	**20.000 Euro** (o. Optionsausübung) *21.000 Euro* (m. Optionsausübung) **5.000 Euro** (o. Optionsausübung) *1.500 Euro* (m. Optionsausübung)

Die Werte in der Folgeperiode sind folgendermaßen zu interpretieren: Der fett gedruckte Wert entspricht dem Firmenwert des Start-ups im jeweiligen Szenario, wohingegen der Firmenwert des Start-ups nach

Ausübung der Option kursiv dargestellt ist. Im ersten Fall entspräche dies 20.000 Euro x 1,3 – 5.000 Euro = 21.000 Euro, im zweiten Fall wären dies dagegen 5.000 Euro x 1,3 – 5.000 Euro = 1.500 Euro. Dies bedeutet, dass es sich nur im ersten Fall lohnen würde, die Option auch auszuüben (da 21.000 Euro > 20.000 Euro, aber 1.500 Euro < 5.000 Euro). Die eigentliche Realoption besteht darin, dass wir uns frei entscheiden können, ob wir das Folgeinvestment tätigen möchten oder nicht. Genau diese Entscheidung wird bei der Berechnung des Kapitalwerts in Periode 0 berücksichtigt, sodass wir im ersten Fall (positive Marktentwicklung) die Option ausüben würden, im zweiten (negative Marktentwicklung) aber nicht. Die dementsprechenden Firmenwerte sind unterstrichen. Auf diese Art und Weise errechnet sich ein Firmenwert von 11.818,18 Euro. Hätten wir die Freiheit dieser Option nicht, so entspräche der Kapitalwert genau (50% x 21.000 Euro + 50% x 1.500 Euro) / 1,1 = 10.227,27 Euro. Die Differenz zwischen dem Kapitalwert mit und ohne Option beträgt 1.590,91 Euro und charakterisiert den Wert der Realoption an sich.

Diese 1.590,91 Euro können den Mehrwert des eigentlichen Projektes, d. h. des Start-ups, ausmachen. Sollten Sie nämlich das Start-up aufkaufen und nicht selbst gründen, ist die Wahrscheinlichkeit hoch, dass der Kaufpreis für das Start-up so hoch liegen wird, wie wir ihn ohne Option abgeschätzt haben. In diesem Fall, und unter der Annahme, dass sich sonst an keiner Gewinnschraube drehen lässt, bestünde Ihr Gewinn im Barwert der Realoption über 1.590,91 Euro.

Es kann also festgehalten werden: Eine Realoption zeichnet sich vor allem dadurch aus, dass man wählen kann, ob man sie ausübt. Das bedeutet, dass dieser Flexibilität ein (Kapital-)Wert zugewiesen wird. Das o. g. Beispiel ist jedoch mit nur einer Periode stark vereinfacht, doch als Basiswissen für ein Finance-Interview sehr nützlich.

Finanzierungsformen

Nachdem wir uns nun in Grundzügen mit Investitionsentscheidungen und -bewertungen auseinandergesetzt haben, ist es an der Zeit zu fragen, wo das Kapital für die Investitionen eigentlich herkommt. An dieser Stelle sei bemerkt, dass es immer sehr hilfreich ist im Schema der Unternehmensbilanz zu denken. Während auf der Aktivseite steht, wie das Geld in Vermögen investiert wurde (Mittelverwendung), zeigt uns die Passivseite, wie wir die Vermögenswerte finanziert haben (Mittelherkunft). Das klingt banal, aber solch ein grundsätzliches Verständnis macht oft den ganzen Unterschied.

Wir bewegen uns nun also von der Aktiv- auf die Passivseite und widmen uns der Finanzierung. Grundsätzlich gibt es zwei Arten der Finanzierung: Eigen- und Fremdfinanzierung. Und in einer idealen Welt perfekter Kapitalmärkte gilt grundsätzlich auch das sog. Modigliani-Miller-Theorem. Dies besagt, dass der Mix aus Fremd- und Eigenkapital keine Rolle für den Unternehmenswert spielt (daher auch *Irrelevanzhypothese*) und somit keine optimale Kapitalstruktur existiert.

Die Realität sieht nun etwas komplizierter aus, denn die Kapitalmärkte sind nicht perfekt, sondern es existieren einige Begebenheiten, welche dazu führen, dass die Kapitalstruktur doch eine Rolle spielt. Dies sind u. a. Steuern, Kosten der Insolvenz, Transaktionskosten komplizierter Kreditverträge und deren Überwachung, imperfekte Information und deren Kosten und die Anreizeffekte, die von Fremdkapital auf das Management ausgehen.

Die Realität kennt auch differenziertere Formen der Kapitalstruktur als die Unterscheidung in lediglich Fremd- und Eigenkapital suggeriert. So gibt es mindestens zwei Arten von Eigenkapital (basierend auf Stamm- und Vorzugsaktien), viele verschiedene Formen des Fremdkapitals und hybride Finanzierungsformen wie Wandelanleihen. Nun aber zunächst zu den Grundzügen, bevor wir uns in späteren Kapiteln noch etwas genauer mit den Finanzierungsformen befassen.

Fremdkapital steht im Gegensatz zu Eigenkapital in der Regel zeitlich begrenzt zur Verfügung und wird im Falle einer Liquidation bevorzugt vor Eigenkapital ausgezahlt. Es ist im Normalfall günstiger als Eigenkapital, da Fremdkapitalgeber eine feste Vergütung (Fixed Income) erhalten statt Dividendenschwankungen ausgesetzt zu sein und somit weniger Risiko tragen. Darüber hinaus sind die Zinszahlungen zudem steuerlich absetzbar. Dennoch kann man sich nicht aufgrund von Steuervorteilen grenzenlos verschulden, da ab einem gewissen Verschuldungsgrad die o. g. Kosten der Insolvenz auftreten und zusätzliches Fremdkapital dann immer teurer wird. In Kapitalmärkten, in denen Risiko bepreist wird, sind solche Kosten nicht binär, d. h. sie treten nicht erst auf, wenn die Insolvenz da ist. Sondern mit zunehmender Annäherung an einen drohenden Bankrott bzw. allgemeiner »Financial Distress«, steigt das Risiko für die Finanzierer und somit auch deren Preisforderung für Kapital.

Eigenkapital entsteht durch den Mittelzufluss der Eigentümer. Das können bei privaten, ungelisteten Firmen die Gründer und weitere Gesellschafter sein und bei börsennotierten Unternehmen sämtliche Aktionäre. Zusätzlich zu dem Teil des Kapitals, der bei Ausgabe der Eigentumsanteile eingenommen wird, wächst das Eigenkapital auch durch einbehaltene Gewinne des Unternehmens (Innenfinanzierung). Der Teil des Jahresüberschusses, der nicht in Form von Dividenden ausgeschüttet, sondern einbehalten wird (Thesaurierung), erhöht die Kapitalrücklagen die zum Eigenkapital zählen.

Bevor wir uns den Kosten des Kapitals widmen, noch ein kurzer Blick auf eine **Kapitalerhöhung**. Während Fremdkapital entweder direkt von einem finanzierenden Institut (bspw. einer Bank) oder über den Markt durch die Ausgabe von Schuldtiteln (Anleihen) besorgt werden kann, entsteht zusätzliches Eigenkapital durch Innenfinanzierung oder eine Eigenkapitalerhöhung über die Börse. Letzteres wollen wir uns genauer anschauen, da es in einem Interview inkl. Berechnung relevant sein kann.

Bei einer Kapitalerhöhung emittieren börsennotierte Unternehmen neue Aktien. Neue Aktien werden zu einem Preis emittiert, der oft unter dem derzeitigen Börsenkurs liegt, um einen Kaufanreiz zu geben. Ansonsten könnte man sich am Unternehmen auch beteiligen, indem man die Aktien direkt über die Börse zum aktuellen Kurs erwirbt. Den Altaktionären entsteht dadurch jedoch ein Kursverlust der ausgeglichen werden muss. Dies geschieht über sog. Bezugsrechte. Bezugsrechte sollen gewährleisten, dass Altaktionäre ihren prozentualen Anteil aufrechterhalten können, d. h. dass die Emission von neuen Aktien den bestehenden Anteil nicht verwässert. Bei einer Kapitalerhöhung lässt sich zunächst der Mischkurs errechnen:

$$\text{Mischkurs} = \frac{\text{Anzahl}_{\text{alte Aktien}} \times \text{Börsenkurs} + \text{Anzahl}_{\text{neue Aktien}} \times \text{Emissionskurs}}{\text{Anzahl}_{\text{alte Aktien}} + \text{Anzahl}_{\text{neue Aktien}}}$$

Anhand der Anzahl der neuen und alten Aktien kann auch das Bezugsverhältnis kalkuliert werden: Anzahl alte Aktien / Anzahl neue Aktien = Bezugsverhältnis, d. h. für x alte Aktien erhält jeder Aktionär das Bezugsrecht, eine neue Aktie zum vergünstigten Emissionskurs zu beziehen. Der Wert des Bezugsrechtes entspricht der Entwertung des Marktwertes der Aktien, ist also die Differenz zwischen dem alten Börsenkurs und dem Mischkurs. Diese Bezugsrechte kann ein Altaktionär jetzt nutzen um seinem Anteil entsprechend neue Aktien zu beziehen oder er verkauft sie an der Börse

Interviewfragen, die z. B. Berechnungen für Eigenkapitalerhöhungen einbeziehen, zielen oft lediglich darauf ab die Konzentration und die Kopfrechenkünste des Kandidaten zu testen.

Ein einfaches Beispiel:
Wenn der alte Aktienkurs bei 30 Euro (300.000 Aktien) lag und 100.000 junge Aktien zu 10 Euro emittiert werden, dann errechnet sich als Mischkurs:

$$\frac{300.000 \times 30\,€ + 100.000 \times 10\,€}{300.000 + 100.000} = 25\,€$$

Alternativ errechnet sich der Wert des Bezugsrechts:

$$\frac{\text{Börsenkurs}_{\text{alte Aktie}} - \text{Emissionskurs}_{\text{neue Aktie}}}{\text{Bezugsverhältnis} + 1} = \frac{30 - 10}{\frac{3}{1} + 1} = \frac{20}{4} = 5$$

Das Bezugsverhältnis ist somit 3:1 und der Preis der Bezugsrechte beträgt 5 Euro.

Zum Schluss noch ein paar interviewrelevante Worte zur Eigenkapitalreduzierung in Form von **Aktienrückkäufen**. Warum kaufen Unternehmen überhaupt zuvor ausgegebene Aktien zurück und wie wirkt sich so ein Rückkauf aus?

Prinzipiell lassen sich die Motive zwei übergeordneten Dimensionen zuordnen: Strategische Finanzpolitik und Beeinflussung der Aktionärsstruktur.

Strategische Finanzpolitik: Das Kurssteigerungspotenzial und die zu erwartenden Ausschüttungen bestimmen die Attraktivität einer Aktie, die sich letztlich im Kurs und somit in der Unternehmensbewertung niederschlägt. Über einen Aktienrückkauf werden bspw. überschüssige liquide Mittel an die Aktionäre ausgeschüttet. Hierdurch sinkt die Cash Position und das Eigenkapital, sowie die Anzahl der Aktien, ohne den Gewinn zu beeinflussen. Die Aktionäre können im Gegensatz zu Dividendenzahlung selbst entscheiden, ob sie in den Genuss von Rückflüssen aus dem Unternehmen kommen wollen. Schließlich steigen die Earnings per Share (EPS). Zudem kann man mit einem Aktienrückkauf die Kapitalstruktur beeinflussen und durch Aktienrückkäufe ein angestrebtes Finanzierungsverhältnis zwischen steuerlich vorteilhaftem Fremdkapital und Eigenkapital erreichen, ohne neues Fremdkapital aufzunehmen. Dieser erhöhte Fremdkapitalanteil (Leverage) steigert zudem die Eigenkapitalrendite. Letztlich stellt der Rückkauf auch ein positives Signal am Kapitalmarkt dar, weil erwartet wird, dass das Management insbesondere dann Aktien zurückkauft, wenn es diese an der Börse für unterbewertet hält.

Beeinflussung der Aktionärsstruktur: Durch den Rückkauf eigener Aktien lässt sich der im Streubesitz befindliche Anteil der Aktien eliminieren, was die Betreuungskosten kleiner Anteilseigner reduziert. Außerdem kann durch den Rückkauf einer drohenden Unternehmensübernahme entgegengewirkt werden, da sich die Liquidität verringert und der Verschuldungsgrad erhöht. Zu beachten sind hierbei jedoch restriktive rechtliche Rahmenbedingungen.

In dieser Sammlung der wichtigsten Grundtheorien zu Investition und Finanzierung soll keineswegs das halbe Grundstudium wiederholt, sondern ein Fokus auf das Wesentliche und Praxisrelevante gelegt werden. Daher konzentrieren wir uns bei den Kapitalkosten an dieser Stelle auf die *Weighted Average Cost of Capital*, kurz: WACC.

Investitionen hatten wir vor allem über ihren Kapitalwert (NPV) bewertet, indem wir Zahlungsströme einer Investition auf Basis der Opportunitätskosten des Kapitals abgezinst haben. Der WACC ist nichts anderes als dieser Abzinsungsfaktor für zukünftige (nicht mit Sicherheit bestimmbare) Cash Flows eines Unternehmens. Denn der jeweilige Abzinsungsfaktor sollte so gewählt werden, dass er der Investition in Risiko und Fristigkeit entspricht. Bei einer Unternehmung entsprechen dessen Finanzierungskosten der Investition in die Assets dieses Unternehmens.

Der **WACC** entspricht also den gewichteten durchschnittlichen Kapitalkosten und berechnet sich wie folgt:

$$WACC = EK\text{-}Kosten \times \frac{EK}{MW} + FK\text{-}Kosten \times \left(1 - Steuersatz\right) \times \frac{FK}{MW}$$

Dabei gilt: Marktwert (MW) = Eigenkapital (EK) + Fremdkapital (FK).

Als Steuersatz wird der Unternehmenssteuersatz herangezogen, da die Fremdkapitalkosten den mit diesem Prozentsatz zu versteuernden Gewinn schmälern. Dieser Effekt wird im Übrigen auch *Tax Shield* genannt und bei der Berechnung der WACC berücksichtigt.

Die Eigenkapitalkosten entsprechen den Renditeerwartungen der Eigenkapitalgeber (Aktionäre), wohingegen die Fremdkapitalkosten nichts anderes sind als die jeweiligen Zinszahlungen.

Exkurs: Kapitalkosten nach Modigliani-Miller

Nach der Irrelevanzhypothese von Modigliani-Miller (MM), die auf der Annahme perfekter Kapitalmärkte beruht, gibt es keine dominierende (optimale) Kapitalstruktur. Konkret besagt sie, dass (1) der Verschuldungsgrad keinen Einfluss auf den Vermögenswert der Eigentümer hat, dass jedoch (2) die Renditeerwartungen der Aktionäre mit zunehmendem Debt Equity-Verhältnis steigen. Wie kann das sein, dass Aktionäre indifferent bezüglich des Verschuldungsgrades sind, wenn ihre Renditeerwartungen mit zunehmender Verschuldung steigen? Die Antwort ist, dass jede Erhöhung der Renditeerwartungen der Aktionäre durch ein gestiegenes Risiko genau ausgeglichen wird.

Da sich MM in einer Welt perfekter Kapitalmärkte bewegen, die jedoch wie zuvor begründet in der Realität nicht vorliegt, berechnen sie die Kapitalkosten in Anlehnung an ihre Irrelevanzhypothese auch schlichter und ohne Berücksichtigung des Steuereffektes.

Dieser Mini-Exkurs dient nur dem Verständnis für den Fall, dass im Interview mal nach MM gefragt wird. In der Praxis werden die Kapitalkosten jedoch stets auf Basis des WACC (mit Berücksichtigung der Steuern) berechnet.

II. Theorie und Praxis

Der WACC-Zinssatz findet seine Anwendung u. a. bei der Discounted Cash Flow (DCF)-Bewertung von Unternehmen (dazu später mehr). Allerdings ist die Frage nach den Kapitalkosten gleichzeitig der Schnittpunkt mehrerer Kapitel bzw. Betrachtungsobjekte dieses Buches. In Equities-Abteilungen einer Investmentbank liegt der Fokus auf der zu erwartenden Aktienrendite, was der Modellierung der Eigenkapitalkosten gleichkommt. Schließlich stellen jene die Forderungen (= Erwartungen) der Eigenkapitalgeber (Aktionäre) dar. Parallel hierzu verhält sich die Analyse der Fremdkapitalkosten, bspw. bei der Emission von Anleihen. Während im M&A der Kapitalkostensatz an sich von Interesse ist, fokussieren sich die Ratingagenturen auf bemessbare Risiken, z. B. Kreditrisiko oder Ausfallwahrscheinlichkeiten von Zahlungsverpflichtungen. Diese Komponente kann dann wiederum als Input in die Kalkulation der Eigen- und Fremdkapitalkosten einfließen. Das Risiko für Gläubiger und Aktionäre einer fremdfinanzierten Unternehmung ist eine steigende Funktion der Fremdkapitalquote, wie wir bereits erwähnt haben.

Nachdem die Fremdkapitalkosten für die WACC-Berechnung in Form von Zinssätzen leichter zu bestimmen sind, werden die Eigenkapitalkosten in aller Regel mithilfe des **Capital Asset Pricing Models (CAPM)** berechnet.

Die Formel des CAPM lautet:

EK-Kosten = risikoloser Zinssatz + β x (Marktrendite – risikoloser Zinssatz)

Der risikolose Zinssatz ist jene Rendite, die ohne Risiko erzielt werden kann. Als risikoloser Zinssatz wird in der Praxis die aktuelle Rendite für kurzfristige sichere Geldanlagen verwendet (sog. Umlaufrendite). Berücksichtigen Sie hierbei, dass die Maturität dieser Anlagen sich am Horizont des letzten vorherzusagenden Cash Flows des Bewertungsmodells orientiert. Da die Eigenkapitalgeber ein höheres Risiko tragen, wollen sie dieses auch vergütet bekommen. Grundsätzlich unterscheidet man zwei Arten von Risiko einer Kapitalanlage:

- Das **systematische Risiko (auch Marktrisiko)** kann selbst bei perfekter Diversifikation eines Portfolios nicht eliminiert werden und fließt somit in die Renditeforderung der Aktionäre mit ein. Dieses Risiko muss vergütet werden.
- Das **unsystematische Risiko (auch Unternehmensrisiko)** lässt sich durch (perfekte) Diversifikation reduzieren bzw. in der Theorie ganz eliminieren und wird somit nicht vergütet. Jedes Investment hat ein spezifisches unsystematisches Risiko.

Da der Markt als diversifiziertes Portfolio betrachtet wird und nur noch das systematische Risiko beinhaltet, errechnet sich die von

Aktionären zusätzlich zum risikolosen Zinssatz geforderte **Markt-prämie** durch Subtraktion der risikolosen Anlage von der Markt-rendite (z. B. DAX30-Rendite). Das systematische Marktrisiko wird also durch eine Prämie vergütet.

Nun muss noch das individuelle Investment, das wir schluss-endlich berechnen wollen, in Relation zum Marktrisiko gesetzt werden. So betrifft das systematische Risiko nicht jede Anlage gleich stark. Daher gewichten wir die Marktprämie mit dem **Beta** (ß), welches die relative Volatilität einer Anlage zum Gesamtmarkt widerspiegelt. Reagiert ein Unternehmen besonders stark auf Verän-derungen des Gesamtmarktes, so hat es ein hohes Beta und umge-kehrt. Man betrachtet also kein Investment für sich isoliert, sondern in Verbindung mit dem Marktportfolio, dessen Bestandteil es ist. Und Beta gibt die Sensitivität auf Schwankungen des Marktportfolios an. Bei einem Wert von 1 schwankt das Investment genauso stark wie der Gesamtmarkt. Zwischen 0 und 1 schwankt es weniger und ein Beta größer 1 deutet auf eine höhere Volatilität als der Markt hin.

Obwohl wir in Kapitel II.3 noch genauer darauf eingehen werden, sei an dieser Stelle kurz auf die Wertpapierlinie (Security Market Line) hingewiesen. Diese verbindet in einem Diagramm sämtliche Invest-ments (Wertpapiere) in Abhängigkeit des jeweiligen Beta (X-Achse) und der darauf aufbauenden Renditeerwartungen (Y-Achse). Mit anderen Worten: Die erwartete Rendite hängt linear-proportional mit dem Beta zusammen. Bei einem Beta von 0 ist die Renditeforderung identisch mit der sicheren Anlage und bei einem Beta von 1 entspricht sie der Rendite des Marktportfolios. Somit lässt sich bereits vermuten, dass Investments mit einem hohen Risiko und dementsprechend hohen Renditeforderungen (bspw. kleinere Internetunternehmen) ein höheres Beta aufweisen, als z. B. ein großes und stabiles Unter-nehmen aus der Energiewirtschaft.

Das Beta errechnet sich mathematisch als Quotient aus der sta-tistischen Kovarianz der Renditeerwartungen des jeweiligen Wertpa-piers mit den Renditeerwartungen des Marktportfolios zur Varianz des Marktportfolios. Oder, was letztlich das Gleiche darstellt, als Produkt aus dem Korrelationskoeffizienten des Wertpapiers zum Marktport-folio mit dem Verhältnis von Standardabweichung des Wertpapiers zur Standardabweichung des Marktportfolios.

Da ein Finance-Interview aber keine Statistikübung darstellt, belassen wir es hierbei. Die viel wichtigere Anwendung des Beta erfolgt im Abschnitt über Mergers & Acquisitions, da sich das Beta für eine fremdfinanzierte und rein eigenfinanzierte Unternehmung unterschiedlich berechnet.

2. Fokus Investment Banking Division

In diesem Kapitel wollen wir uns zunächst mit dem Hintergrund des Bereiches Mergers & Acquisitions beschäftigen, d. h. aus welchen Gründen es überhaupt zu Fusionen und Übernahmen kommt, und einige häufig zitierte Gründe kritisch hinterfragen. Im Anschluss an diesen theoretischen Abriss des M&A beschäftigen wir uns mit den relevanten Grundzügen des Accounting, bevor wir vertiefend in die Unternehmensbewertung einsteigen.

Theorie des M&A

Unzählige Forschungsarbeiten, Case Studies und Bücher sind bereits zum Sinn und Unsinn sowie Vorteile und Hürden von M&A-Transaktionen geschrieben worden. Und während stetig zunehmende Transaktionsvolumina keinen Zweifel aufkommen lassen, dass der Markt für M&A klar von substanziellen Vorteilen ausgeht, gibt es andererseits eine Reihe von Beispielen, wo sich die erwarteten »Benefits« nicht eingestellt haben, Fusionen gescheitert sind oder die gesteckten Ziele nicht erreicht wurden. Noch in aktuellen wissenschaftlichen Aufsätzen (oft aus dem Bereich Behavioral Finance) finden sich Aussagen wie jene des emeritierten Harvard Professors Michael Jensen »Finally, knowledge of the source of takeover gains still eludes us«. Doch es gibt definitiv Vorteile, die wir im Folgenden vorstellen. Um diese Vorteile zu erreichen, ist die Übernahme eines Unternehmens (Acquisition) oder die Fusion (Merger) auf gleicher Augenhöhe sozusagen nur der erste Schritt. Die Schwierigkeit ergibt sich oftmals aus der Integration verschiedener Kulturen, Rechnungslegung und Prozesse. Daher findet die eigentliche Arbeit zur Kapitalisierung der Vorteile oft erst nach der Transaktion statt. In manchen Fällen kommt es auch vor, dass »Merger Gains« realisiert werden, aber der Käufer dennoch einen Verlust erleidet, weil er einen zu hohen Preis bezahlt hat. An genau diesem Punkt setzt schließlich die Kompetenz der führenden M&A Beratungen und Investmentbanken an, um dies zu verhindern.

Im Bereich der Fusionen unterscheidet man prinzipiell zwischen:
- **Vertikalen Fusionen:** Unternehmen nachgelagerter Produktions- bzw. Wertschöpfungsstufen verschmelzen. Beispielsweise fusioniert ein Autoproduzent mit seinem Lieferanten (Backward Integration) oder ein Werkzeugproduzent mit einer Vertriebsorganisation (Forward Integration).

- **Konglomeraten Fusionen:** Unternehmen verschiedener Bereiche fusionieren. So zum Beispiel die Integration des Autoproduzenten Mercedes Benz mit einem Unternehmen der Raumfahrtproduktion im Rahmen des Konzeptes »Integrierter Technologie«. Diese Arten von Fusionen werden heutzutage als weniger attraktiv angesehen und ein Großteil der Fusionen der 80er- und 90er-Jahre bestand in der Auflösung von Konglomeraten, um den sog. »Conglomerate Discount« zu eliminieren. General Electric wird häufig als einziges effizientes Konglomerat angesehen.
- **Horizontale Fusionen:** Unternehmen der gleichen Wertschöpfungsstufe fusionieren.

Conglomerate Discount

Der Unterschied zwischen der Summe der Werte eigenständiger Unternehmen und dem Wert eines aus ihnen bestehenden Konglomerats (i. d. R. vergleichsweise niedriger) wird als Conglomerate Discount bezeichnet. Gründe für eine Minderbewertung von einem Unternehmensverbund verschiedener nicht zusammenhängender Businesses sind z. B. die Kosten einer extra Managementebene, die in einem Konglomerat nötig wird, bei gleichzeitig geringen Synergien. Hinzu kommt die zunehmende Komplexität und eine geringere Informationspreisgabe (viele Zahlen werden konsolidiert berichtet). Diese und weitere Gründe führen zu einem Discount, der sich häufig auch an der Börse beobachten ließ. Dies hat historisch nicht selten zu einer Zerschlagung geführt, wodurch die Investoren Wert »gehoben« haben.

Aber welche Beweggründe für Fusionen und Übernahmen motivieren nun Unternehmen zu diesen Transaktionen? Folgende Motive werden häufig genannt (eine klassische Interviewfrage im Investment Banking):

- **Skalenvorteile (Economies of Scale):** Durch die gemeinsame Nutzung von Services und Technologien sowie die Reduzierung überschneidender Bereiche und des Personals, lassen sich in Folge einer Fusion Kostenvorteile generieren. Technisch gehen im Rahmen der Economies of Scale die durchschnittlichen Stückkosten je Einheit runter, weil sich die Fixkosten auf ein größeres Produktionsvolumen verteilen. Insbesondere bei horizontalen Fusionen werden Skalenvorteile als Motiv ins Feld geführt.
- **Vorteile vertikaler Integration:** Durch die Fusion mit einem Lieferanten oder Kunden soll die Koordination und Administration erleichtert oder abgebaut - effizienter gestaltet - werden. Für Airlines, die zuvor lediglich Tickets verkauft und dann das Flugzeug bei Bedarf geleast haben, war es z. B. effizienter, auch die Flugzeugflotte zu integrieren. Mit zunehmenden Flugstrecken war die Administration des Leasing ineffizient geworden. Heutzutage verläuft der Trend jedoch häufig in entgegengesetzter Richtung

und Services werden in steigendem Maße outgesourct, um flexibler in Bezug auf das Management von Kapazitäten zu werden.

- **Komplementäre Ressourcen:** Wenn kleine Firmen über eine gute Forschung und leistungsfähige Produkte aber nicht über die Vertriebskanäle einer großen Organisation verfügen, dann kann die Addition komplementärer Ressourcen Vorteile bringen. Große Unternehmen haben z. B. bereits ein leistungsstarkes Vertriebsnetz, in das sie die innovativen Produkte eines kleinen Unternehmens einfließen lassen können.
- **Überflüssige Cash-Reserven:** Unternehmen in reifen Industrien generieren häufig größere Cash Flows, als sie zur Finanzierung des Geschäftes benötigen. Dieses überflüssige Cash könnten sie nun per Dividendenzahlung oder Aktienrückkäufe an die Aktionäre zurückgeben, wenn sie keine profitablen Investitionsmöglichkeiten im eigenen Bereich vorfinden. Stattdessen kommt es in manchen Fällen oft zu rein finanziell getriebenen (Anlage-) Akquisitionen, die keinen strategischen Vorteil bringen. Wenn diese Investments sich gelegentlich sehr profitabel entwickeln, wäre es aus Aktionärssicht jedoch oftmals besser in solchen Fällen die Dividende zu erhalten, um selbst entscheiden zu können, in was man das Geld investieren möchte. Daher sind dies auch die klassischen Situationen, wo es zu Hostile Takeovers kommen kann, um im Anschluss die Ausschüttung zu erzwingen. Das eigentliche Motiv in diesen Fällen selbst zu akquirieren, statt auszuschütten, besteht häufig in der Unlust des Managements das Unternehmen durch Cash Outflow schrumpfen zu lassen, auch wenn es dadurch rentierlicher wird.
- **Eliminierung von Ineffizienzen:** Durch die Übernahme eines Unternehmens mit unausgeschöpftem Kostensenkungspotenzial, oder brach liegenden Umsatz- und Effizienzsteigerungsmöglichkeiten, beabsichtigt das bessere Management des Käuferunternehmens Gewinne zu realisieren. Das Motiv ist hierbei also rein Management getrieben.
- **Industriekonsolidierung:** In fragmentierten Industrien mit zu vielen Firmen und Überkapazitäten kommt es oftmals zu einer ganzen Reihe von M&A Transaktionen, um Effizienzvorteile auszuschöpfen. Ein Beispiel ist nicht zuletzt die Finance-Branche selbst. Die heutige Bank of America-Merrill Lynch ist in vielen Konzentrationsphasen der Branche aus unzähligen anderen Banken (z. B. Fleet Financial Group, NatWest Bancorp, BankSouth, Security Pacific, First Gibraltar, Summit Bancorp und zuletzt Merrill Lynch) durch kontinuierliche Übernahmen hervorgegangen.

Neben diesen Motiven werden jedoch häufig auch einige Begründungen genannt, die kritisch betrachtet werden sollten:

- **Diversifikation:** Eine Begründung warum Diversifikation Vorteile bringt, ist die Risikoreduktion, vgl. Portfoliotheorie. Auch wenn das zutreffend sein mag, ist es für den jeweiligen Investor (Aktionär) in aller Regel wesentlich billiger, sein Vermögen im Rahmen eines Portfolios selbst zu diversifizieren. Und historisch bezahlte Preise für stark diversifizierte Unternehmen weisen eher einen Discount als eine Prämie auf.
- **Steigerung der Earnings per Share (EPS):** In manchen Akquisitionen, die keine echten ökonomischen Vorteile bringen, weil das Potenzial in Anlehnung an o. g. Gründe nicht gegeben ist, kommt es dennoch für einige Jahre zu gestiegenen Gewinnen je Aktie. Letztlich ist dabei jedoch kein Mehrwert geschaffen worden, sondern lediglich ein vorübergehender Anstieg der EPS. Der Grund ist, dass die jeweiligen Gewinne additiv sind aber die Anzahl der Aktien nicht, wenn die Kurse der fusionierenden Unternehmen vor der Transaktion unterschiedlich waren. Wir gehen im letzten Abschnitt dieses Kapitels hierauf genauer ein.
- **Niedrigere Finanzierungskosten:** Durch die Kombination von zwei Unternehmen können finanzielle Economies of Scale genutzt werden, für den Fall, dass nach der Fusion weniger, dafür aber höhere Finanzierungen durchgeführt werden. Man spart in jedem Fall somit Transaktionskosten für Beratung, Platzierung, Wertpapierprospekt, Prozess- und Projektkosten etc. Problematisch ist jedoch das Argument, ein kombiniertes Unternehmen würde einen Vorteil daraus schlagen, durch mehr Marktmacht zu einem niedrigeren Zins Kapital aufnehmen zu können. Denn daraus resultiert in der Regel kein Nettoeffekt für Investoren. Der Zinsvorteil wird durch das gestiegene Risiko eliminiert. Denn die Eigentümer eines Unternehmens A bürgen nach der Fusion auch für das Fremdkapital des Unternehmens B und vice versa.

Nachdem wir nun die Motive für M&A kennen gelernt haben, schauen wir uns noch an, wie man die Gewinne und Kosten einer Fusion berechnet (ebenfalls eine häufig gestellte Interviewfrage). Die Rechnung ist im Prinzip nicht schwierig, aber die genaue Betrachtung hilft dem vertiefenden Verständnis und bei der Bearbeitung von Case Studies.

Einen ökonomischen Gewinn durch den Merger gibt es lediglich, wenn das kombinierte Unternehmen (AB) zusammen mehr Wert ist als die beiden Firmen alleine. Mit PV für Present Value errechnet sich somit:

$$\text{Gewinn} = PV_{AB} - (PV_A + PV_B) = \Delta PV_{AB}$$

Diesem durch den Merger zusätzlich generierten Wert stehen Kosten gegenüber, die sich aus der Differenz zwischen dem bezahlten Preis inkl. Transaktionskosten und dem PV des gekauften Unternehmens (hier Unternehmen B) ergeben, also der bezahlten Prämie.

Für eine mit Cash bezahlte Transaktion (Cash Deal) ergibt sich:

$$\text{Kosten} = \text{Bezahlter Preis in Cash} - PV_B$$

Bei einer mit Aktien bezahlten Transaktion (Share Deal) ergibt sich:

$$\text{Kosten} = (Z \times P_{AB}) - PV_B$$

Also die zum Kauf an die Aktionäre des Zielunternehmens gegebenen Aktien (Z) zum entsprechenden Post Merger-Aktienkurs des kombinierten Unternehmens (P_{AB}) abzüglich des Wertes von Company B als eigenständiges Unternehmen.

Hieraus ergibt sich schließlich für den Kapitalwert (NPV) des Mergers an sich:

$$NPV = \Delta PV_{AB} - (\text{Bezahlter Preis in Cash oder Shares} - PV_B)$$

Während eine Bezahlung in Cash die Kosten des Mergers nicht beeinflusst, hängen die Kosten bei einem Share Deal vom Post Merger-Aktienkurs des kombinierten Unternehmens ab. Grundsätzlich gibt es nach einem Share Deal mehr Aktien aber auch mehr Cash im kombinierten Unternehmen als wenn –ceteris paribus – die Aktionäre des Zielunternehmens in Cash abgefunden werden. Daher kann sich je nach Fall ein Cash- oder ein Share-Deal für die Aktionäre des Käuferunternehmens als vorteilhaft erweisen. Im Übrigen gibt es bei den Transaktionen häufig auch eine Kombination von Cash- und Share-Komponenten.

Zu den standardmäßig direkten Gewinnern einer Übernahme gehören in der Praxis regelmäßig die Aktionäre des Zielunternehmens, denn sie sind es, welche zur Veräußerung ihrer Anteile mit einer oftmals beträchtlichen Prämie (im langfristigen Durchschnitt ~16%) überzeugt werden. Somit schöpfen die Aktionäre des Zielunternehmens einen Teil des ökonomischen Gewinns, den es nach der Transaktion erst noch zu generieren gilt, bereits bei der Transaktion ab. In einem Bieterwettbewerb passiert letztlich nichts anderes, als das mit jedem höheren Gebot ein weiterer Teil des Merger Gains auf die Seite der Aktionäre des Zielunternehmens rutschen.

Zu einer praxisorientierten Beleuchtung des M&A Bereiches gehört letztlich auch eine Betrachtung möglicher Abwehrmaßnahmen von feindlichen Übernahmeversuchen (Hostile Takeovers). Folgende sog. Takeover Defenses unterscheidet man hierbei:

Präventive Maßnahmen zur Vermeidung von feindlichen Übernahmen

- **Poison Pills:** Aktionäre der Zielgesellschaft haben das Recht, im Falle eines Übernahmeversuchs zusätzliche Aktien (im Voraus genehmigtes Kapital) zu einem vergünstigten Preis zu erwerben. Ggf. auch Umwandlung stimmrechtsloser Vorzugsaktien in Aktien mit Stimmrecht
- **Poison Put:** Fremdkapitalgeber können umgehende Rückzahlung der Kredite verlangen, sobald die Kontrolle des Unternehmens wechselt
- **Staggered Board:** Eine zeitliche Staffelung der Verträge des Aufsichtsrats – der den Vorstand bestellt – sowie des Vorstands selbst, erschweren den Austausch des Managements und des Kontrollorgans durch den feindlichen Erwerber
- **Golden Parachutes:** Für den Fall einer feindlichen Übernahme sind vertraglich festgelegte überdimensionierte Abfindungszahlungen für den Vorstand festgesetzt, die es dem Erwerber erschweren bzw. kostspielig machen, die Kontrolle durch Austausch des Managements zu erlangen. Diese Variante verstärkt jedoch den Principal Agent-Interessenkonflikt zwischen Management und Aktionären und ist in Deutschland rechtlich beschränkt
- **Asset Lockups:** Vorkaufsrecht an befreundetes Unternehmen für bestimmte attraktive Teile des Unternehmens (oft einer Holding mit verschiedenen Bereichen), auf die es der feindliche Erwerber abgesehen hat
- **Rückkauf eigener Aktien:** Durch den Rückkauf eigener Aktien werden die für einen feindlichen Erwerber attraktiven liquiden Mittel reduziert und der Verschuldungsgrad steigt an
- **Leveraged Recapitalization:** Fremdfinanzierte Sonderausschüttungen erhöhen die Verschuldung (Leverage) und machen die Übernahme weniger attraktiv

Ad-hoc-Abwehr NACH dem Angebot an die Aktionäre

- **Asset Restructuring:** Zielunternehmen kauft Assets, die der Erwerber nicht möchte oder die ein Kartellproblem kreieren
- **Pressearbeit und Investor Relations:** Beeinflussung der Medien um öffentlichen Druck zu erzeugen. In Deutschland besonders beliebt, da eine feindliche Übernahme im Gegensatz zu den USA noch einen sehr negativen Ruf hat
- **Gerichtliche Verfahren:** Zielunternehmen eröffnet gerichtliches Verfahren gegen feindlichen Bieter, um möglichen Bruch des Kartell- oder Aktienrechts zu überprüfen. Das zieht sich in die Länge

und macht die Übernahme rechtlich schwierig oder zumindest langwieriger und damit kostenintensiver

- **Crown Jewels**: Zielunternehmen verkauft attraktive Bereiche (»Juwelen«), auf die es der feindliche Bieter abgesehen hat an befreundetes Unternehmen oder führt einen Spin-off durch. Diese Variante könnte jedoch den Wert des Zielunternehmens nachhaltig schwächen und die Existenz bedrohen, daher fragliche und seltene Taktik
- **White Knight**: Befreundetes drittes Unternehmen macht ein höheres Angebot und treibt den Preis in die Höhe

Accounting

Accounting und Valuation sind das »A&O« im Investment Banking. Um ein Unternehmen bewerten zu können, benötigt man nicht nur die Kenntnis der Bewertungsverfahren, sondern als allererstes ein zusammenhängendes Verständnis des Accounting.

Die Grundlagen bilden die relevanten Financial Statements der externen Rechnungslegung:

- Bilanz – Balance Sheet
- Gewinn- und Verlustrechnung – Income Statement (auch Profit & Loss Account, kurz: P&L)
- Cash Flow Statement

Auch im Folgenden werden wir überwiegend die im Banking-Alltag gebräuchliche englische Terminologie verwenden, was auch im Hinblick auf die Interviews von Vorteil sein sollte.

Accounting reflektiert letztlich die Geschäftstätigkeit eines Unternehmens für den jeweiligen Zeitraum (Income- und Cash Flow Statement) oder an einem Stichtag (Bilanz). Für das Verständnis ist es hilfreich, sich den Geschäftsverlauf (Business Cycle) und seinen Niederschlag in der Bilanz vor Augen zu führen:

Zuerst investieren Eigentümer Geld in die Unternehmung. Mit diesem Eigenkapital werden Assets (Vermögenswerte) gekauft um damit möglichst profitabel das Geschäft zu betreiben. Aus diesem Profit wird letztlich Cash, ein wesentlicher Unterschied, den es zu beachten gilt. Investoren investieren schließlich, um in erster Linie Cash zu machen, anstatt Profit. Mit Gewinn verkaufte Produkte sind bspw. so lange noch kein Cash, bis die Klienten bezahlt haben. Darüber hinaus hat die Wahl des Buchhalters, einige Auszahlungen entweder als Investitionen oder Operating Expenses zu buchen, einen starken Einfluss auf den Profit. Während Investitionen in die Bilanz eingehen und nur ganz allmählich über die Abschreibungen den Profit schmälern, reduzieren Operating Expenses sofort den Profit.

Im Gegensatz zu sog. Buchgrößen wie Gewinn lässt sich jedoch das Cash nicht buchhalterisch manipulieren. Von daher stammt auch die oft zitierte Accounting-Weisheit: Cash is King!

Dieses Cash wird entweder an die Investoren zurückgegeben oder reinvestiert. Das Verständnis dieses Business Cycles ist die Grundlage für das Durchdringen des Accounting und letztlich der Analyse und Bewertung von Unternehmen.

Business Cycle

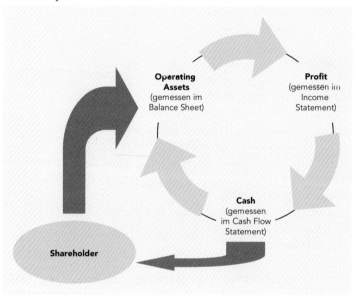

Sämtliche Financial Ratios und Messungen der Geschäftstätigkeit setzen an diesem Business Cycle an. Der Return on Investment (ROI) misst z. B. den Profit in Relation zu Sales multipliziert mit dem Quotienten aus Sales zu Assets.

Accounting in diesem Zusammenhang ist nichts anderes als die Messung der Einzelheiten des Business Cycles, sowie bspw. die Messung der Assets, wie viel Profit mit ihnen gemacht wird und wie schnell aus diesem Profit Cash generiert wird.

Im **Income Statement** werden die Sales und die anfallenden Kosten für eine Periode verbucht. Gemäß dem »Matching-Konzept« werden Sales wie auch Kosten zueinander passend verbucht, wenn das zugrunde liegende Produkt oder Service geliefert wird. Wird bspw. infolge eines Verkaufs ein Teil der Produkte in diesem Jahr und die zweite Hälfte im Folgejahr physisch ausgeliefert, so werden die damit verbundenen Sales und Kosten entsprechend in den Income Statements der beiden Jahre verbucht und nicht schon komplett in dem Jahr, in dem der Verkauf getätigt wird und das Cash die Hand wechselt. Je nach Branche unterscheidet sich der Zeitpunkt der Sales-Buchung und der Cash Flow ganz entscheidend voneinander. Manchmal fließt zuerst das Cash bevor die Sales mit der Leistungserstellung verbucht werden (Airline Tickets), in manchen Fällen passiert beides gleichzeitig (Supermarkt) und häufig »entstehen« Sales bevor sie zu einem Cash Flow führen (Verkauf auf Ziel, d. h. mit Konsumentenkredit). Analog dazu werden z. B. beschaffte unfertige Produkte bis sie weiterverarbeitet, verkauft und geliefert werden auch nicht als Kosten verbucht, sondern erhöhen bis zu diesem Zeitpunkt lediglich die Aktivaposition Inventories in der Bilanz. Ähnlich verhält es sich mit Maschinen, welche in der Bilanz in den Assets stehen. Ihre Abnutzung und die damit verbundene Wertminderung (Depreciation) schlägt sich periodengerecht im Income Statement nieder. Die Sales sowie die einzelnen Kostenpositionen des Income Statement brechen sich in der Regel wie folgt runter.

	Sales/Revenues
Erstellung oder Kauf des Produktes	– COGS (Cost of Goods Sold)
	= Gross Profit
Unterstützung des Produktionsprozesses	– Operating Expenses (u. a. SG&A)
	= Operating Income / EBIT (Earnings before Interest and Tax)
Finanzierung des Business	– Net Interest Expense
	= EBT (Earnings before Tax)
Begleichung der Steuerpflicht	– Tax (EBT x (1 – tax rate))
	= Net Income
Vergütung der Aktionäre	– Dividenden
Überführung in das Eigenkapital der Bilanz	= Retained Earnings

Wo stehen Depreciation und Amortization die man benötigt um die Größe EBITDA (Earnings before Interest, Tax, Depreciation and Amortization) zu erhalten? Depreciation und Amortization ist in der Regel nicht einzeln im Income Statement ausgewiesen, sondern versteckt als Bestandteil der COGS oder – seltener – der Selling, General and Administrative (SG&A) Expenses die den Operating Expenses zuzurechnen sind. Diese Aufwendungen, die keine Auszahlungen sondern eine rechnerische Wertminderung sind (Non-cash Charge), reduzieren den Wert von materiellen und immateriellen Vermögensgegenständen über die jeweilige Nutzungsdauer. EBITDA ist eine der wichtigsten Größen in der Finance-Branche im Allgemeinen und im Investment Banking im Speziellen und zwar aus zwei Gründen: Zum einen ist es ein guter (schneller) Schätzwert für den Cash Flow, da die wesentlichen Non-cash Charges – die den größten Unterschied zwischen Cash und Profit ausmachen – herausgerechnet sind. Zum anderen eliminiert die Betrachtung des Gewinns (Earnings) vor Abzug der Zinsen, Steuern und Abschreibungen auf materielles und immaterielles Vermögen Unterschiede zwischen Unternehmen und Ländern. Während unterschiedliche Abschreibungsverfahren, Steuersätze und dergleichen sich alle im Net Income ausgewirkt haben, sind sie im EBITDA nicht reflektiert und diese Größe damit die gebräuchlichste Vergleichsgröße.

Der Jahresüberschuss oder -fehlbetrag (Net Income) aus dem Income Statement erhöht oder reduziert schließlich das Equity, sofern er nicht in Form von Dividenden an die Aktionäre ausgeschüttet wird. Somit erklärt sich der Zusammenhang zwischen Balance Sheet und Income Statement.

Bilanz

Die Grundstruktur einer Bilanz (Balance Sheet) sollte bekannt sein:

AKTIVA (Mittelverwendung)	PASSIVA (Mittelherkunft)
Assets (Vermögen)	Liabilities/Debt (Fremdkapital)
	Equity (Eigenkapital)

Unter Equity (also Eigenkapital) findet man den Kapitalanteil eines Unternehmens der von den Eigenkapitalgebern (Investoren) kommt, oder aus einbehaltenen Gewinnen gebildet wird. Dem stehen die Liabilities (Verbindlichkeiten) gegenüber, die das Unternehmen den Gläubigern schuldet. Equity und Liabilities werden zumeist als Equity und Debt bezeichnet und müssen zusammen den Assets eines Unternehmens immer genau entsprechen: Balance.

Innerhalb der Bereiche Assets und Liabilities ist nach der Fristigkeit gestaffelt. Unter den langfristigen Vermögenswerten (Noncurrent Assets) findet man unter anderem Maschinen und Gebäude (= Property, Plant and Equipment, kurz: PP&E), Finanzinvestments, die langfristig ausgerichtet sind, sowie Patente und Lizenzen. Kurzfristige Vermögenswerte (Current Assets) haben eine Lebenszeit von bis zu einem Jahr und umfassen z. B. Lagerbestände (Inventories), Forderungen an Kunden (Accounts Receivable/Debtors), sowie Cash und kurzfristige Finanzinvestments. Bei den Liabilities finden sich unter Short-term Liabilities regelmäßig die Positionen Lieferantenverbindlichkeiten (Accounts Payable/Creditors), Steuerverbindlichkeiten oder kurzfristige Verbindlichkeiten, deren Fälligkeit innerhalb eines Jahres liegt. Langfristige Verbindlichkeiten kennzeichnen sich durch eine Restlaufzeit von mehr als einem Jahr. Equity besteht, wie schon erwähnt, aus dem Kapital der Eigentümer (Aktionäre) und den Retained Earnings, also den Jahresüberschüssen, die nicht ausgeschüttet wurden, sondern reinvestiert werden. Buchhalterisch werden die Dividenden nicht nur aus dem Net Income der jeweiligen Periode, sondern aus den Retained Earnings bezahlt. Daher kann die Dividendenzahlung u. U. größer ausfallen, als das Net Income. Unternehmen verfolgen häufig eine kapitalmarktfreundliche Politik der stabilen gleichmäßigen Dividende, sodass sie die Dividenden möglichst konstant halten.

Eine weitere wichtige Kenngröße aus der Bilanz für eine Unternehmensbewertung ist das (Operating) Working Capital. Es stellt den Saldo aus Lagerbeständen (Inventories) zuzüglich kurzfristiger Forderungen (Receivables) abzüglich kurzfristiger Verbindlichkeiten (= Current Liabilities) dar. Ist der Saldo (Net Working Capital) positiv, dann ist Kapital gebunden. Es sollte so niedrig wie möglich sein, aber hoch genug, um den Geschäftsprozess nicht zu hemmen. Die Veränderung des Net Working Capital fließt direkt in die Cash Flow Bewertung ein, genau wie die Veränderung der Capital Expenditure (Sachinvestitionen).

Diese Veränderungen zwischen zwei Bilanzen (zu Stichtagen) werden im **Cash Flow Statement** gemessen. Dieses unterscheidet zwischen drei Arten von Cash Flows: solchen aus Operating, Investing und Financing Activities. Unter Operating Activities versteht man grundsätzlich alles, was durch das Income Statement läuft. Die Investing Activities stocken dagegen die Asset-Seite auf, während Financing Activities das Verhältnis zwischen Equity und Debt festhalten. Technisch ist ein Cash Flow Statement die Abstimmung zwischen zwei Bilanzen. Und so wird es im Financial Modelling auch aus den Bilanzen zweier Perioden erstellt (Reconciliation), wenn es nicht gegeben ist. Die folgende Tabelle zeigt, welche Positionen die jeweiligen Cash Flows erhöhen oder senken:

Cash Flow – Überblick

Cash Flows from Operating Activities	+ Jahresüberschuss/Jahresfehlbetrag
	+ Abschreibungen
	- Erhöhung der Forderungen
	+ Erhöhung der kurzfr. Verbindlichkeiten
Cash Flows from Investing Activities	- Kauf einer Immobilie
	+ Verkauf eines Langzeit-Investments (z. B. Immobilien)
Cash Flows from Financing Activities	- Dividendenausschüttung
	+ Eigenkapitalerhöhung durch Aktienemission

Das Verständnis wie einzelne Vorgänge den Cash Flow einer Unternehmung beeinflussen, ist essentiell für die Unternehmensbewertung. Daher zeigen wir die vier verschiedenen Grundarten im Folgenden kurz auf:

Die vier Varianten der Bilanzveränderungen

Bilanzveränderung	Cash Impact	Beispiel
Aktiva steigen	Cash sinkt	Kauf eines Gebäudes (Capital Expenditure, kurz CapEx) führt zu Cash Outflow
Aktiva sinken	Cash steigt	Ein Kunde bezahlt wodurch sich die ausstehenden Forderungen reduzieren
Passiva steigen	Cash steigt	Ein neues Darlehen wird aufgenommen wodurch ein Cash Inflow entsteht
Passiva sinken	Cash sinkt	Ein Lieferant wurde bezahlt: reduziert Cash und Verbindlichkeiten sinken

Der Saldo aus dem Cash Flow Statement erhöht/senkt schließlich die Cash Position in der Bilanz.

Das Verständnis zumindest dieser Grundzüge und Zusammenhänge des Accounting ist wesentlich aus zwei Gründen: erstens ist es die Basis bereitgestellte Informationen besser analysieren zu können und zweitens ist es die Voraussetzung Financial Statements für eine anschließende Bewertung zu prognostizieren.

Abschließend wollen wir uns noch einem speziellen Accounting-Thema widmen, dessen Verständnis auch im Hinblick auf die Interviews wesentlich erscheint: M&A Accounting.

Was ist darunter zu verstehen? Es geht darum, wie eine Fusion bzw. Übernahme aus Accounting-Gesichtspunkten behandelt wird. Hierbei unterscheidet man je nach prozentualer Beteiligung grundsätzlich drei Fälle:

1. Beteiligung < 20% (Cost Method)
2. Beteiligung 20 – 50% (Equity Method)
3. Beteiligung > 50% (Full Consolidation)

1. Bei der **Cost Method (Kostenmethode)** wird das Investment im Balance Sheet lediglich auf der Aktivseite unter Long-term Assets mit dem Kaufpreis verbucht, während die aus dem Investment zufließenden Dividenden sich im Income Statement niederschlagen. Im Balance Sheet haben wir lediglich einen sog. Aktivtausch, da sich die Investments erhöhen und – ebenfalls auf der Aktivseite – der Cash-Bestand verringert. Die Dividenden schlagen sich neben dem Income Statement auch in der Bilanz nieder, da sich das Cash (Aktiva) und die Retained Earnings (Passiva) erhöhen.

2. In Fällen, in denen die Beteiligung zwischen 20 und 50% liegt, spricht man im Banking von einem **Equity Method** Investment. Derartige Investments werden nicht Teil des Käuferunternehmens (es fehlt die Kontrolle), sind aber bedeutender als reine Finanzinvestments. Vielmehr handelt es sich um Beteiligungen mit strategischer Bedeutung und dem wird auch im Accounting Rechnung getragen. Die Equity Method wird oft auch »One line Consolidation« genannt, da die Beteiligung (Akquisition), lediglich in einer Bilanzzeile (Equity Method Investments) den Anteil am Equity zuzüglich des anteiligen Goodwill konsolidiert. Ein Beispiel: Wir nehmen an Master erwirbt 25% an Bachelor für 110 in Cash.

Beispiel Equity-Method Accounting

	Master AG	Bachelor AG	Master (incl. Bachelor)	
Cash	300	100	Cash	190
Sonst. Vermögen	500	200	Sonst. Vermögen	500
Total Assets	800	300	*Equity Investments*	*110*
			Total Assets	800
Debt	400	100	Debt	400
Equity	400	200	Equity	400
Total D&E	800	300	Total D&E	800

Das Investment von 110 wird vom Cash abgezogen und als Equity Investment in einer Zeile konsolidiert. Dabei setzten sich die 110 zusammen aus 25% Anteil am Equity von Bachelor (0,25 x 200 = 50) sowie 25% am Goodwill, d. h. dem Betrag um den der Kaufpreis den Eigenkapitalanteil des Zielunternehmens übersteigt, also (110–50 = 60). Das Income Statement verlängert sich ebenfalls um eine Zeile, in welcher die Dividendenzahlung als Equity Income ausgewiesen wird.

3. Im Falle einer Beteiligung über 50% wird das Investment buchhalterisch voll in die Firmengruppe des Käufers aufgenommen, also voll konsolidiert (**Full Consolidation**). Eine Besonderheit dabei ist: Der Teil des Kaufpreises, der den Buchwert des Eigenkapitals des Zielunternehmens (Tochter) übersteigt, wird als Goodwill bezeichnet und in der Regel im Verlauf der Jahre abgeschrieben (Amortization). Die Abschreibungsmöglichkeiten unterscheiden sich dabei je nach Rechtsraum. Es gibt die Variante einer linearen Abschreibung nach Aktivierung in der Bilanz des Käufers (Mutterunternehmen), die Verrechnung mit dem Eigenkapital des Käufers, oder die jährliche Neubewertung (Impairment Test) und entsprechende Anpassung in den Financial Statements des Käufers. Somit wird auch deutlich, warum sich die Kennzahl EBITDA, die im Vergleich zum EBIT keine Goodwill Abschreibungen beinhaltet, besser zum Vergleich von Unternehmen eignet. Denn die Earnings **before** Interest, Tax, Depreciation and **Amortization** sind dementsprechend nicht verzerrt, im Falle das eines der Vergleichsunternehmen ggf. gerade eine Akquisition getätigt hat und dabei ist diese abzuschreiben.

Valuation

Nachdem wir die Grundzüge des Accounting besprochen haben, geht es nun zum Kern des M&A Geschäftes, der Unternehmensbewertung. Bevor wir uns die verschiedenen Bewertungsverfahren genauer anschauen, gibt folgende Tabelle zunächst einen kurzen Überblick der wesentlichen Bewertungsmethoden ihrem Aussagegehalt und ihrer Zielsetzung:

Übersicht Bewertungsverfahren in der Praxis

Bewertungs-methode	Wer nutzt sie	Aussagegehalt	Zielsetzung (Why people use it)
(Trading- und Merger) Multiples	Financial Analysts	**Relative** Firm Value, kann in Equity Value überführt werden	Vermeidet Accounting Verzerrungen
DCF	Financial Analysts	Fundamental (**Intrinsic**) Firm Value, kann in Equity Value überführt werden	Nicht verzerrt durch »Market Events« oder Accounting
LBO	Private Equity	Wie viel Fremdkapital ein Unternehmen tragen kann	Abschätzen wie viel ein Finanzinvestor bezahlen kann

Der Unternehmenswert (Firm oder Entity Value, kurz: EV) bezieht sich auf alle Beteiligten an einem Unternehmen: Investoren/Eigentümer und Gläubiger (das können Banken, Individuen etc. sein). Den aktuellen Marktwert des Eigenkapitals (Equity Value) eines Unternehmens kalkuliert man relativ leicht über die Marktkapitalisierung. Diese entspricht bei einem börsennotierten Unternehmen dem Aktienpreis multipliziert mit der Zahl der emittierten Aktien.

Wie kommt man nun vom Equity Value zum Firm Value? Da der Marktwert lediglich die Eigenkapitalinvestoren (Aktionäre) umfasst, fehlen noch die Gläubiger. Ihr Anteil am EV entspricht den Nettofinanzverbindlichkeiten (Net Debt). Net Debt errechnet sich aus Debt abzüglich Cash. Unter Debt versteht man Long-term Debt, Short-term Debt, Minority Interest sowie Preferred Stock. Die Definition von lang- und kurzfristigen Verbindlichkeiten bezieht sich nur auf zinstragende Verbindlichkeiten (Interest bearing Debt). Minority Interest sind Minderheitsbeteiligungen. Wenn bspw. ein anderes Unternehmen in der Art an unserem fiktiven Unternehmen beteiligt ist, dass es unser Unternehmen nicht kontrolliert (also nicht über 50% der Stimmrechte besitzt), dann wird genau diese Beteiligung in unserer Bilanz ausgewiesen, und zwar als Minority Interest. Jeweilige Jahresüberschüsse dieser Minderheitsbeteiligung schulden wir den Minderheitsbeteiligten, sodass Minority Interest als Verbindlichkeit auf unserer Bilanz ausgewiesen wird. Unter Preferred Stock letztendlich versteht man nichts anderes als Vorzugsaktien. Das bedeutet, dass die Inhaber dieser Vorzugsaktien im Falle einer Liquidierung gegenüber den Inhabern gewöhnlicher Aktien (Ordinary Shares) zuerst ausgezahlt werden. Vorzugsaktien haben keinerlei Stimmrechte, was sie erneut von gewöhnlichen Aktien unterscheidet.

Banken-Lingo

Der Unternehmenswert hat in der englisch dominierten Bankersprache mehrere Bezeichnungen, meint jedoch immer das Gleiche, nämlich die Summe aus Marktwert des Eigenkapitals (Equity Value) zuzüglich Nettofinanzverbindlichkeiten (Net Debt). So bezeichnet man ihn als Firm Value, Enterprise Value, oder seltener auch als Company oder Entity Value. Wir kürzen ihn in diesem Buch durchgängig mit EV ab.

II. Theorie und Praxis

Was versteht man eigentlich genau unter Cash im Rahmen der Unternehmensbewertung? Cash, aber auch Cash Equivalents wie z. B. Marketable Securities umfassen bspw. Anleihen und Aktien von anderen Unternehmen, die kurzfristig als liquide Reserve gehalten werden.

Der Firm Value entspricht also dem Equity Value zuzüglich Net Debt, wobei Net Debt sich aus der Differenz zwischen Debt und Cash errechnet (Net Debt = Debt – Cash).

Zusammenfassend kann man also illustrieren:

Überleitung von Equity zu Firm Value

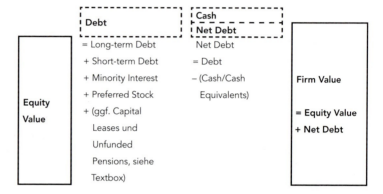

Ganz rechts sehen wir also das Ziel bzw. hoffentlich auch das Ergebnis unserer Unternehmensbewertung: den Firm Value.

Für das Interview: Sonstige Komponenten des Debt

Eine Spezialität bei der Bewertung, die auch gerne mal in Interviews abgefragt wird, sind (1) Leasingverbindlichkeiten und (2) Pensionsverbindlichkeiten (Pensions).

(1) Bei Leasingverbindlichkeiten unterscheidet man zwischen kurzfristigen Operating Lease-Verbindlichkeiten (OL) und langfristigen Capital Lease-Verbindlichkeiten (CL), auch Finance Lease genannt. Wenn man nun Unternehmen in Bezug auf ihre Bewertung vergleicht, gilt es diese in Bezug auf ihre Leasingverbindlichkeiten gleich zu behandeln. Während OL-Verbindlichkeiten im Accounting wie gewöhnliche Kosten (Operating Expenses) behandelt werden und sich lediglich im Income Statement widerspiegeln, stellen CL-Verbindlichkeiten eine »echte« Verbindlichkeit dar und werden sowohl in der Bilanz (Liabilities from Capital Leases), als auch im Income Statement (Depreciation und Interest Expenses) ausgewiesen. Der wesentliche Unterschied ist nun, dass sich Operating Leases vermindernd auf das EBITDA auswirken, während Finance Leases das EBITDA unberührt lassen. Somit sollte man eine Anpassung (Adjustment) vornehmen. In der Praxis werden häufig Operating Leases in Finance Leases transformiert, indem man die Operating Lease Expenses mit dem industrieüblichen Multiplikator (häufig ~8.0x) multipliziert, um diese dann als Verbindlichkeiten zu behandeln. Somit erhöht sich der Firm Value um diese zusätzliche Net Debt-Komponente. Gleichzeitig gilt es aber auch das EBITDA entsprechend anzupassen. Hierzu addiert man die im Income Statement verbuchten Operating Lease Expenses zum EBITDA wieder hinzu, wodurch man das sog. **EBITDAR** erhält: Earnings before

Interest, Taxes, Depreciation, Amortization and Rent. EBITDAR-Multiples werden in Industrien zum Vergleich verwendet, in denen ein hoher Bestandteil des Anlagevermögens (Fixed Assets) geleased wird (z. B. Airlines, Maschinen-Leasing). Ein Beispiel:

Adjustment für Operating Leases

Transformation von Operating zu Capital Lease	Vorher	Nachher
Lease Expense	-30	0
EBITDA → EBITDAR	90	120
Leasingverbindlichkeiten	0	240 (= 30 x 8.0x)
Firm Value	750	990

Für das Interview: Alternativ kann man die prognostizierten Operating Lease Raten mit den Fremdkapitalkosten des Unternehmens auf den Barwert abzinsen und diesen Betrag als Verbindlichkeiten analog zu oben ansetzen.
(2) Bei Pensionsverbindlichkeiten (Pensions) unterscheidet man zwischen »funded« und »unfunded« Pensions. Funded Pension Plans sparen das Vermögen für die späteren Zahlungen in einem externen Fonds an und sind daher »Off Balance«, während unfunded Pensions (in Deutschland in der Regel Standard) ultimativ vom Arbeitgeber direkt bezahlt werden und sich somit auch in der Bilanz widerspiegeln. Für eine Anpassung der Bewertung ist entscheidend, ob das angesparte Vermögen (Pension Plan Assets) größer (»Overfunded Pension Plan«) oder kleiner (»Underfunded Pension Plan«) als die aufgelaufenen Pensionsverbindlichkeiten (Pension Obligations) sind. Nur in diesen beiden Fällen ist ein Adjustment nötig. Während im Rahmen des Adjustments der Überschuss eines Overfunded Pension Plan als zusätzliches Cash behandelt wird, ist die Annahme bei einem Underfunded Pension Plan, dass man die Finanzierungslücke mit einem Darlehen begleicht (Debt erhöht sich). Egal ob sich Debt oder Cash erhöht, beides wirkt sich schließlich auf den Firm Value aus und sollte berücksichtigt werden. Beide Größen werden jedoch »after tax« berechnet, da sie steuerlich wirksam sind. Gleichzeitig zum Adjustment im Firm Value adjustieren wir auch die Bezugsgröße Operating Profit bzw. EBIT und EBITDA folgendermaßen: Die Pensionskosten bestehen aus einer Reihe von Kostenbestandteilen, die man in operative und nicht-operative (Financial) Costs unterteilt. Die Adjustierung besteht nun darin, sämtliche nicht-operativen Kosten wieder hinzuzurechnen, um ein »pension adjusted EBIT oder EBITDA« zu erhalten. Wir merken uns: Ziel dieser Adjustierungen ist es, die verschiedenen Unternehmen in Bezug auf ihre Bewertung vergleichbar zu machen. Je nach Accounting Standards (US-GAAP, IAS oder UK-GAAP), kann die Berücksichtigung der Kosten des Pensionsplans im Income Statement und damit auch die notwendige Adjustierung variieren.

Mögliche Interviewfrage hierzu: *Wie errechnet man den Equity Value aus dem Firm Value?*

Um den Firm Value zu kalkulieren, gibt es verschiedene Methoden, von denen bei Investmentbanken die folgenden zwei überwiegend eingesetzt werden: Die **Discounted Cash Flow-Methode (DCF)** interpretiert den Firm Value als die Summe der auf die Gegenwart abdiskontierten zukünftigen Cash Flows der Unternehmung. Dieses Modell basiert auf sehr starken Annahmen und ist dementsprechend sensibel gegenüber Veränderungen derselben. Es ist trotzdem sehr gängig und dominiert das Feld der Unternehmensbewertung (Valuation).

Als zweite wichtige Methode gelten **Multiples**. Hierbei wird das zu analysierende Unternehmen einfach mit Peer Companies (vergleichbare Unternehmen, z. B. derselben Industrie) verglichen, von denen man sog. Multiples bereits hat. Diese Multiples basieren auf dem Verhältnis zwischen dem Unternehmenswert und einer Finanzkennziffer, sodass die Multiplikation mit der entsprechenden Finanzkennziffer des zu bewertenden Unternehmens zu einer approximativen Kalkulation des zu bewertenden Unternehmens führt.

Multiples werden insbesondere verwendet, wenn sehr wenige Angaben über ein Unternehmen gegeben sind. Im Rahmen einer Unternehmensbewertung in der Praxis wird häufig ein sog. Valuation Pack zusammengestellt, bei der mehrere Bewertungsverfahren angewendet werden, um anschließend in einer Übersicht die jeweiligen Wertergebnisse gegenüberzustellen. Dazu können neben einer Multiple- und einer DCF-Bewertung noch eine sog. »Sum-of-the-Parts«-Bewertung, ein Merger Plan und viele weitere Verfahren angewendet werden. Auf einige gehen wir im späteren Teil noch ein, soweit die Praxisrelevanz gegeben ist.

Bevor wir nun in die einzelnen Verfahren genauer einsteigen, sei noch mal der Sinn geschärft, für eine wesentliche Unterscheidung, die dem Verständnis der Bewertung verhelfen soll.

Market Value vs. Accounting Values: In der Unternehmensbewertung geht es ausschließlich um Market Values, d. h. der Eigenkapitalwert (Equity Value) wird – wie erwähnt – aus dem Marktwert aller Aktien abgeleitet und nicht aus dem Eigenkapital der Bilanz (Book Value). Der Unterschied in der Höhe beider Werte resultiert aus erwarteten zukünftigen Cash Flows, die im Market Value eingepreist sind, nicht aber im Book Value des Equity. Außerdem werden veränderliche »Intangible Assets« (Immaterielle Vermögenswerte) im Market Value eingepreist. Dies sind z. B. Management Qualität, Markenwerte, Kundenbeziehungen und dergleichen. Lediglich das Net Debt errechnet sich aus der Bilanz, da diese die Werte aufzeigt, die es bei Fälligkeit zurückzuzahlen gilt.

Price vs. Value: Wie der Name schon verrät, geht es bei der Unternehmensbewertung darum, einen Wert zu bestimmen. Dieser Wert ist lediglich ein Indikator für den zu bezahlenden Preis. Wert und Preis können beträchtlich voneinander abweichen, je stärker der Bieterwettbewerb ist und je mehr Synergien oder Added-Value (bspw. Erschließung eines Marktes) der jeweilige Bieter bereit ist über den sog. »Standalone Value« hinaus zu bezahlen. In der Praxis ist es gängig mögliche Synergiepotenziale und sonstige wertschaffende Elemente im Financial Model abzubilden, um den Wert des Zielunternehmens aus Sicht des Käufers abzuleiten.

Discounted Cash Flow Valuation

Bevor wir in die DCF-Methode einsteigen, sei vorab bemerkt, dass diese nicht bei der Bewertung von Banken und den meisten sonstigen Finanzinstituten angewendet werden kann. Der Grund ist ganz einfach: Während Nichtbanken ein Cash Flow zugeht, wenn sie bspw. etwas verkaufen, so fließt Banken ständig Cash zu, auch ohne dass dies einen Umsatz im herkömmlichen Sinne bedeutet. Denn das hereinnehmen von Cash ist Teil des Bankgeschäfts. Und wenn eine Bank Geld zur Anlage hereinnimmt, dann macht sie keinen Umsatz. Denn der Cash Inflow einer Bank zu Anlagezwecken erhöht letztlich die Schulden der Bank, da die Gelder nur treuhänderisch hereingenommen werden und die Bank ab diesem Zeitpunkt die Rückzahlung schuldig ist. Daher ist auch die Position Debt einer Bank nicht vergleichbar mit der von Nichtbanken. An Stelle der DCF-Bewertung wird für Banken in der Regel eine Dividend Discount Valuation angewendet. Diese bewertet eine Bank auf Basis ihrer Dividendenkapazität unter gleichzeitiger Einhaltung eines »Tier 1« Ratings. Weitere wesentliche Bewertungsverfahren, wie Trading- und Merger-Multiples, werden – in leicht abgewandelter Form – jedoch auch für Banken eingesetzt. Aufgrund dieser Besonderheiten gibt es in Investmentbanken im M&A Bereich Spezialteams für Financial Institutions. Im Folgenden werden wir uns – auch aufgrund geringer Interviewrelevanz – nicht über diesen Vermerk hinaus mit der Bewertung von Banken beschäftigen, sondern auf die klassischen Bewertungen fokussieren.

Zunächst beschäftigen wir uns nun also mit der DCF-Methode. Eine DCF-Bewertung funktioniert technisch wie die Kalkulation des Kapitalwerts, durch auf die Gegenwart abgezinste prognostizierte Zahlungsströme (Cash Flows). Wesentliche Einflussgrößen (Hebel) sind somit die Prognose der Cash Flows und des Zinses (WACC), der diese auf den heutigen Wert abzinst. Eine noch so saubere DCF Berechnung ist nichts wert, wenn die Annahmen realitätsfern sind. In der Praxis wird dies häufig mit dem Spruch »Trash in, trash out« bezeichnet.

Grundsätzlich unterscheidet man drei Varianten der DCF-Berechnung in Anlehnung an den Wert, den man in der Berechnung anstrebt: Equity Value, Firm Value und Adjusted Present Value (APV). Wir behandeln die ersten beiden Methoden gemeinsam und betrachten den APV – der in der Praxis seltener anzutreffen ist – separat.

Je nach Methode verwendet man unterschiedliche Cash Flow-Definitionen. Für die Firm Value-Methode sinnvollerweise den Free Cash Flow to the Firm (FCFF), der sich folgendermaßen zusammensetzt:

> **Free Cash Flow to the Firm**
>
> = Net Income
>
> + Depreciation & Amortization
>
> + After-tax Net Interest Expense
>
> + Other Non-cash Charges
>
> − Capital Expenditure (CapEx)
>
> − Δ Net Working Capital

Zugegeben: Das hört sich alles sehr englisch an. Und das ist es ja auch. Bemühen wir uns also um eine verständliche Übersetzung.

Ein Cash Flow soll genau die Einnahmen berücksichtigen, die eine Einzahlung bewirken, und genau die Ausgaben davon abziehen, die eine Auszahlung zur Folge haben. Der Unterschied zwischen Einnahmen/Ausgaben und Einzahlungen/Auszahlungen ist, dass nur Letztere wirklich zu einem Eingang oder Ausgang von Geld führen, daher Cash Flow.

Man setzt also am Ende des Income Statement an und beginnt mit dem Net Income. Um den Unterschied zwischen Buchgrößen und Cash Flow wirksamen Zahlungen zu bereinigen, gilt es im nächsten Schritt alle Einnahmen, die keine Einzahlungen waren, vom Cash Flow abzuziehen. Ebenso werden alle Ausgaben, die keine Auszahlungen waren, zum Cash Flow hinzuaddiert. So wurden bspw. im Income Statement – bevor wir zum Net Income gelangten – die Abschreibungen materieller- (Depreciation) sowie die Abschreibungen immaterieller Vermögensgegenstände (Amortization) im Rahmen der COGS oder Operating Expenses abgezogen. Die Abschreibung ist jedoch nur eine rechnerische Ausgabe um die Wertminderung buchhalterisch zu erfassen. Sie führt jedoch nicht zu einer Auszahlung (Cash Outflow). Daher wird sie, wie auch andere Ausgaben die keine Auszahlungen waren, wieder hinzuaddiert.

Wichtig: Die Abschreibung immaterieller Vermögensgegenstände ist nur dann möglich, wenn jene entgeltlich erworben (= derivativ) bzw. nicht vom Unternehmen selbst erschaffen (= originär) wurden. Derivativer Goodwill entsteht z. B. beim Kauf eines anderen Unternehmens, wohingegen ein Patent als originärer Goodwill gilt.

Alle weiteren Ausgaben, die keine Auszahlungen sind, werden auch hinzuaddiert (Other Non-cash Charges). Doch was sind die »After-tax Net Interest Expenses«? Die Aufnahme von Schulden führt zu Zinszahlungen. Diese Zinsauszahlungen (Netto, denn man hat u. U. auch Zinseinzahlungen) vermindern den Jahresüberschuss und somit die Steuerlast. Die After-tax Net Interest Expense werden zum Jahresüberschuss nach Steuern (und nach Zinszahlungen) hinzuaddiert, der Steuereffekt also nicht berücksichtigt. Ist diese Vorgehensweise gerechtfertigt? Wenn wir bedenken, dass wir diesen Free Cash Flow mit (After-tax) WACC abzinsen werden, bleibt die Vorgehensweise korrekt und trägt dem Steuereffekt angemessen Rechnung. After-tax Net Interest Expense errechnet man folgendermaßen:

Interest Expense
– Interest Income
= Net Interest Expense
x (1 – Tax Rate)
= After-tax Net Interest Expense

Die After-tax Net Interest Expense stellen den subtilsten Unterschied zwischen dem Free Cash Flow to the Firm (FCFF) und dem Free Cash Flow to Equity (FCFE) dar. Der FCFF ist ein Cash Flow **nach** Steuern, aber **vor** Fremdfinanzierung und wird daher auch »Unlevered Free Cash Flow« genannt. Schließlich werden die Zahlungsströme an alle Stakeholder der Unternehmung berücksichtigt. Dementgegen ist der FCFE ein Cash Flow **nach** Steuern und **nach** Fremdfinanzierung und wird daher auch als »Levered Free Cash Flow« bezeichnet. Er berücksichtigt nur die Zahlungsströme an die Eigenkapitalgeber. Somit ist nur der FCFF unabhängig von der Kapitalstruktur, da man annimmt, die Unternehmung sei komplett eigenfinanziert. Dies ist nicht paradox, weil man explizit die gesamten Zahlungsströme an alle Kapitalgeber berücksichtigt und jene folglich eine Einheit im Modell bilden. Beim FCFE wird dagegen explizit der Fremdfinanzierung Rechnung getragen, indem die Eigenkapitalgeber separat von anderen Stakeholdern wie den Fremdkapitalgebern betrachtet werden. Somit ergibt sich für das Verhältnis zwischen FCFE und FCFF:

FCFF = FCFE + After-tax Net Interest Expense – Nettoerhöhungen der Schulden (Debt)

Was versteht man des Weiteren unter Capital Expenditure (CapEx)? Dies sind lediglich Auszahlungen für den Kauf und die Instandhaltung von Long-term Assets wie z. B. Immobilien. Wie im früheren Kapitel über die Accounting Grundlagen erklärt, findet man die CapEx im Cash Flow Statement unter Cash Flows from Investing Activities. Als cash-wirksame Auszahlungen müssen sie konsequenterweise abgezogen werden.

Zu guter Letzt bleibt das Δ Net Working Capital, also die Veränderung (zum Vorjahr) des Nettoumlaufvermögens. Dies umfasst die Veränderung des Saldos aus kurzfristigen Forderungen + Inventories (also Lagerhaltung) abzüglich der kurzfristigen Verbindlichkeiten. Damit wird klar, dass eine positive Veränderung (Δ) des Net Working Capital eine Zunahme der Assets und somit eine Auszahlung bedeuten und vom Net Income abzuziehen sind. Bereits zuvor hatten wir bemerkt, dass ein positiver Saldo das Vermögen erhöht und somit Kapital bindet. Eine Zunahme des gebundenen Vermögens entspricht einem Cash Outflow. Noch nicht klar? Gut, hier ein Beispiel: Nehmen wir an Inventories (Aktiva) und Payables (Passiva) bleiben von einer Bilanz zur nächsten konstant. Jedoch hat das betrachtete Unternehmen mehr Produkte als zuvor auf Kredit verkauft (Receivables → Aktiva) und wartet auf den Geldeingang. In dieser vereinfachten Darstellung ergibt sich somit ein gestiegenes zusätzliches Net Working Capital durch gestiegene Forderungen die noch offen sind, was einem Cash Outflow entspricht. Denn wenn die Aktiva gestiegen sind, bedeutet dies eine Verminderung des Cash (siehe Tabelle auf Seite 100: Die vier Varianten der Bilanzveränderungen).

Heraus kommt je nach Ansatz ein *Free Cash Flow to the Firm (FCFF) oder Free Cash Flow to Equity (FCFE)*, mit dem man den Firm Value respektive den Equity Value kalkuliert.

Mögliche Interviewfrage hierzu: ***Wie erhält man Schritt für Schritt aus Sales (Umsatz) den Free Cash Flow to the Firm?***

Man kann vereinfachend auch folgende FCFF-Formel anwenden, die lediglich Net Income + After-tax Net Interest Expense als EBIT x (1 – Tax Rate) zusammenfasst:

EBIT x (1 – Tax Rate)
+ Depreciation & Amortization
+ Other Non-cash Charges
– Capital Expenditure (CapEx)
– Δ Net Working Capital

Im Rahmen der DCF-Bewertung werden zunächst für eine in der Regel 5-10-jährige Planperiode (Forecast Period) die Cash Flows prognostiziert. Hierfür muss man Annahmen treffen für die Entwicklung der Sales, EBITDA-Marge, Abschreibungen, CapEx, Entwicklung des Working Capital, Steuersatz und mehr. Für diese Annahmen konsultiert man in der Praxis entweder Branchenexperten im Team, orientiert sich an Durchschnittswerten aus Research Reports und validiert sie gelegentlich mit den Branchenexperten des Kunden. Auf Basis dieser Prognosen werden die jeweiligen Cash Flows errechnet und auf den Barwert abgezinst. Für die Zeit nach der Planperiode wird ein Terminal Value errechnet und separat abgezinst. Die Summe aus beiden Barwerten bildet schließlich unseren anvisierten Wert. Je nach Methode also entweder den EV oder den Equity Value. Während die Free Cash Flows to the Firm mit dem WACC abdiskontiert werden,

werden die FCFE konsequenterweise nur mit den Eigenkapitalkosten abdiskontiert. Folgende Darstellung soll die Entstehung des EV noch einmal illustrierend zusammenfassen.

Illustration der DCF-Valuation

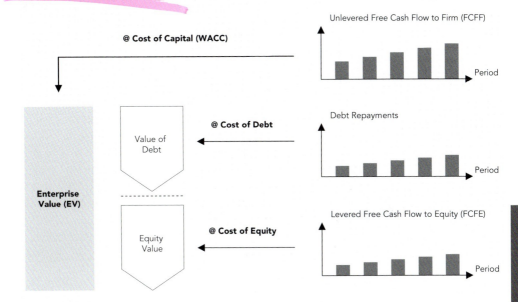

Nachdem geklärt ist, wie man für welche DCF-Methode auf die Cash Flows kommt, wollen wir uns nun anschauen, wie wir das Beta für die jeweilige DCF-Methode herleiten. Während wir uns in Kapitel II.1 im Rahmen des CAPM bereits mit dem Beta befasst haben und auch über das WACC gesprochen haben, soll im Folgenden gezeigt werden, wie wir das Beta für die DCF-Bewertung anpassen. Warum muss das Beta angepasst werden? Der Grund ist, dass wir lediglich Informationen zum **levered Equity-Beta** eines Unternehmens bekommen, die auf der *aktuellen Kapitalstruktur* beruhen. Für die DCF-Bewertung verwendet man in der Praxis für gewöhnlich Beta-Durchschnitte der Industrie. Um diese Betas vergleichbar zu machen, müssen wir sie jedoch von der individuellen Kapitalstruktur der Unternehmen »bereinigen«, bevor wir einen Durchschnitt daraus bilden. Das Beta wird angepasst, indem wir es zuerst »unleveren«, d. h. wir kalkulieren das implizierte unlevered (Asset-)Beta auf Basis der gegebenen Kapitalstruktur der jeweiligen Unternehmen. Das unlevered Asset-Beta beinhaltet lediglich das relative Risiko der Assets, ganz gleich wie diese finanziert wurden.

Levered- und Unlevered-Beta

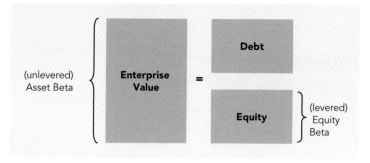

Wenn wir auf Basis der unlevered Betas der vergleichbaren Unternehmen einen Durchschnitt gebildet haben, überführen wir diesen in einem nächsten Schritt zurück in ein levered Equity Beta unseres Zielunternehmens auf Basis der neuen Zielkapitalstruktur. Häufig ändert sich im Rahmen der Transaktion die Kapitalstruktur, bspw. durch eine z. T. fremdfinanzierte Übernahme. Generell gilt, dass mit steigendem Verschuldungsgrad (Leverage) das Unternehmen stärker auf Zinsänderungen reagiert und volatiler wird, was zu einem höheren Beta führt.

Nun zur Berechnung:
Erster Schritt: Unleveren der jeweiligen levered Equity Betas $(Beta_L)$ vergleichbarer Unternehmen, um einen Durchschnitt der unlevered Asset Betas $(Beta_U)$ zu erhalten (t = Steuersatz).

$$Beta_U = \frac{Beta_L}{\left(1 + \frac{Debt}{Equity} \times (1-t)\right)}$$

Der zweite Schritt besteht nun darin, aus dem Durchschnitt der Asset Betas vergleichbarer Unternehmen auf Basis der Zielkapitalstruktur unseres zu bewertenden Unternehmens das levered Equity Beta zu errechnen.

$$Beta_L = Beta_U \times \left(1 + \frac{Debt}{Equity} \times (1-t)\right)$$

Darüber hinaus gilt allgemein, dass Marktwerte von Equity und Debt anzuwenden sind. Der Marktwert des Equity entspricht bei einem börsennotierten Unternehmen der Zahl der emittierten Aktien multipliziert mit dem Aktienkurs. Der Marktwert der Schulden entspricht unter der Annahme ausbleibenden Kreditrisikos in etwa dem Buchwert.

Nachdem das angepasste Equity Beta errechnet ist, gelangt man über die bereits bekannte CAPM-Formel zu den Eigenkapitalkosten einer fremd-finanzierten Unternehmung auf Basis der Zielkapitalstruktur. Diese sind gleichzeitig die Eigenkapitalkosten, welche im nächsten Schritt in die WACC-Kalkulation einfließen. Wir erinnern uns an die Formel:

$$WACC = EK\text{-}Kosten \ x \ \frac{EK}{MW} + FK\text{-}Kosten \ x \ (1 - Steuersatz) \ x \ \frac{FK}{MW}$$

Folgende Tabelle zeigt einen Überblick über ausgewählte durch-schnittliche Industriewerte, um Ihnen ein Gefühl für diese zu geben. Eine relativ aktuelle und detaillierte Übersicht finden Sie darüber hinaus im Internet unter:

pages.stern.nyu.edu/~adamodar/New_Home_Page/datafile/wacc.htm

Ausgewählte Industriewerte zur WACC-Berechnung

Industrie	Unlevered Asset Beta	Market Debt/Equity (%)	Levered Equity Beta	WACC (%)
Airlines	1,15	78,2	0,72	6,58
Chemie	1,26	29,1	1,02	7,46
Computer Software	1,22	7,8	1,15	8,12
Elektronik	1,31	45,6	0,94	7,74
Industrial Services	1,20	43,98	0,88	7,22
Energie	1,63	107,88	0,81	8,00
Halbleiter Industrie	1,81	13,32	1,62	10,59

Jetzt, wo wir wissen, was wir abdiskontieren (die Free Cash Flows) und mit welchem Zinssatz (dem WACC bzw. den Eigenkapitalkosten einer fremdfinanzierten Unternehmung), können wir uns konkrete Gedanken über das DCF-Bewertungsmodell machen.

Da die Bewertungen für Equity und Firm Value (EV) methodisch äquivalent sind, fahren wir exemplarisch mit dem Firm Value fort.

Für den Firmenwert einer Unternehmung, deren Cash Flows wir im Zeitraum von t=0 bis t=n kennen, gilt allgemein:

$$Firm\,Value \ = \ FCFF_{t=0} \ + \ \frac{FCFF_{t=1}}{(1+WACC)} + ... + \frac{FCFF_{t=\infty}}{(1+WACC)^n}$$

Nun hatten wir bereits erwähnt, dass man im DCF in eine Planungs-periode und einen Terminal Value aufteilt. Letzterer umfasst die Cash Flows vom ersten Jahr nach der Planungsperiode bis in die Ewigkeit.

Die Herleitung der Cash Flows und ihre Abzinsung in der Planungs-periode sollten klar sein. Aber wie kommen wir zum Terminal Value (TV)? Zunächst übertragen wir die Prognosen aus dem letzten Jahr der Planungsperiode in das sog. Terminal Value Jahr (Steady State), wobei es üblich ist, die CapEx und sonstige non-cash Charges auf »0« zu setzen, da es keinen Sinn macht, diese weiter wachsen zu lassen. Denn ein in alle Ewigkeit wachsendes Unternehmen würde irgendwann die Weltherrschaft für sich beanspruchen. Auf Basis dieser übertragenen Zahlen wird der TV in der Praxis nun auf zwei unterschiedliche Vari-anten bestimmt: die Gordon Growth- und die Multiple-Methode.

Die **Gordon Growth-Methode** (auch Perpetuity Growth-Methode) bedient sich des Free Cash Flows im Terminal Year. Dieser wird mit einer sog. Perpetual Growth Rate (g) verzinst. Diese »ewige Wachs-tumsrate« gibt an, um wie viel Prozent die Cash Flows ab einem gewissen t=n bis in die Ewigkeit hinein steigen. Der Free Cash Flow in t=n, dem Terminal Year, ist folglich der letzte uns bekannte Cash Flow. Auf diese Art und Weise kalkuliert man den Terminal Value (TV):

$$TV = \frac{FCF_{t=n} \times (1+g)}{(WACC - g)}$$

Dieser Terminal Year Free Cash Flow entspricht der Summe aller Cash Flows vom ersten Jahr nach der Planungsperiode bis in Ewigkeit (Ter-minal Periode). Dieser wird nun mit dem WACC separat von den Cash Flows der Planungsperiode auf den Barwert abgezinst. Man erhält schließlich zwei Barwerte: den Barwert der Planungsperiode und jenen des TV. Diese bilden letztlich addiert den Firm Value.

Bei der **Multiple Methode** wird der Terminal Value bestimmt, indem man zunächst einen durchschnittlichen Multiplikator der Industrie ermittelt. Dies kann bspw. EV/Sales, EV/EBITDA oder EV/EBIT sein. Diese Multiples werden schließlich entsprechend mit den Sales, EBITDA und/oder EBIT unseres Unternehmens im Terminal Year multipliziert, um den Terminal Value zu erhalten. In der Regel ergibt sich eine Bandbreite wenn man alle Multiples vergleichend anwendet. Die Grundannahme dieser Methode ist, dass man das Business nach Ablauf der Planungsperiode verkauft. Da wir jedoch gegenwärtige Multiples verwenden, weil wir jene in 5 oder 10 Jahren noch nicht kennen, ist dieses Verfahren eher approximativ. Der TV wird nun, wie auch bei der Gordon Growth-Methode mithilfe des WACC auf den heutigen Zeitpunkt abgezinst.

In einem Interview kann eine technische Frage darauf abzielen, diesen Prozess zu erläutern. Da es zeitlich keinen Sinn macht, unzählige fiktive Cash Flows in einem Interview abzudiskontieren, bleiben derartige Rechnungen den Kandidaten in den Einzel-interviews erspart.

Zum Schluss noch ein Wort zur in der Praxis weniger relevanten **Adjusted Present Value-Methode**. Die Besonderheit bei der APV-Methode besteht darin, dass sämtliche Steuer- und Finanzierungseffekte auf den Firm Value separat berücksichtigt werden. Man geht zunächst von einer komplett mit Eigenkapital finanzierten Unternehmung aus und zinst lediglich mit den Opportunitätskosten des Kapitals auf den Barwert ab. Im nächsten Schritt werden sämtliche Finanzierungseffekte separat bewertet und auf den Barwert abgezinst. Da die Finanzierung nun gesondert behandelt wird, werden die Free Cash Flows to the Firm nicht mehr wie gehabt mit dem WACC abdiskontiert, sondern mit den Eigenkapitalkosten einer eigenfinanzierten Unternehmung. Jene errechnen sich über die CAPM-Formel, allerdings unter Berücksichtigung des unlevered Asset-Beta.

Die separate Bewertung der Finanzierungseffekte ermöglicht die Betrachtung der Wertbestandteile des Unternehmens isoliert voneinander. So erhält man z. B. einen Barwert des Tax Shields, also der Steuerersparnis die durch die Abzugsfähigkeit der Fremdkapitalzinsen entsteht.

Im Anschluss an diesen Abschnitt haben wir eine klassische DCF-Bewertung als Beispiel eingefügt. Die blau markierten Felder unserer willkürlich gewählten Zahlen stellen Prognosen dar, während sich die schwarzen Zahlen aus ihnen ableiten bzw. errechnen. Es ist gut zu erkennen, dass ausgehend vom letzten Jahr, für das man aktuelle Zahlen hat (Basisjahr), mithilfe von Annahmen die Prognoseperiode aufgebaut ist. Hieraus errechnen sich die Cash Flows je Periode, die schließlich auf einen Barwert abgezinst werden. Wir haben für dieses Beispiel ein WACC von 7,25% und einen Steuersatz von 35% angenommen. Bei der Abzinsung der Cash Flows der Prognoseperiode wird häufig noch eine sog. Mid-Year Convention berücksichtigt. Da die Cash Flows über das ganze Jahr anfallen, rechnet man gewöhnlich so, als ob der FCF zur Jahresmitte (als Durchschnitt) angefallen wäre. So zinst man bspw. den ersten FCF nur ein halbes Jahr, den zweiten 1,5 Jahre usw. ab. Dies haben wir in unserer Beispiel-DCF der Vereinfachung zuliebe nicht gemacht, wollen es aber kurz erwähnen. Der Terminal Value wurde über die Gordon-Growth (oder Perpetuity Growth) Methode berechnet, wobei wir eine ewige Wachstumsrate (g) von 1,0% angenommen haben. Wichtig ist auch zu sehen, dass sich im Terminal Year (TY) die Investitionen (CapEx) und die Abschreibungen (Depreciation) ausgleichen. Ansonsten würde, wie erwähnt, ein unendliches Wachstum unterstellt, was wenig Sinn macht. Zusätzlich zur Perpetuity Growh Methode haben wir noch den implizierten Multiple errechnet, d. h. den Multiple, der uns unter Verwendung der Multiple-Methode zum gleichen Terminal Value geführt hätte. Im Vergleich zu durchschnittlichen Erfahrungswerten ist in unserem Beispiel der Anteil des TV am gesamten Firm Value mit 89,7/109,5=81,9% moderat. Dieser Wert schwankt von Branche zu Branche und ist bei einem konservativ wachsenden Industrieunternehmen in der Regel niedriger als bei einem High Tech-Unternehmen. Aber unsere Darstellung dient auch nur dazu, Ihnen einen Eindruck zu geben, wie so ein DCF letztlich aussehen kann.

Je nach Bewertungsziel kann man in einem letzten Schritt vom Firm Value das Net Debt abziehen um auf den Equity Value zu kommen und diesen schließlich durch die Anzahl der Aktien teilen, wodurch sich ein Equity Value je Aktie errechnet. Diesen gilt es mit dem aktuellen Börsenkurs zu vergleichen, um zu sehen, ob der Markt das Unternehmen genauso, besser oder schlechter bewertet.

Da die DCF-Bewertung, wie erwähnt, wesentlich auf den gemachten Annahmen beruht, wird in einer Bewertung am Schluss häufig eine sog. Sensitivitätsanalyse gemacht, die zeigt, welcher Unternehmenswert sich unter verschiedenen Annahmen (bspw. für WACC, Sales Growth, EBITDA-Marge etc.) ergeben würde. Da Bewertung keine Wissenschaft ist, sondern immer stark von Einschätzung und Erfahrung abhängt, gibt es auch nicht DEN Unternehmenswert, sondern mehrere Perspektiven darauf und eine Unternehmensbewertung kann immer nur eine Annäherung sein. Auch wenn Investmentbanken insb. in Verhandlungen sehr starke Bewertungsvorstellungen vertreten (müssen), wo es vor allem darum geht, die Annahmen der Bewertung zu verteidigen, wird ggü. den Klienten niemals ein einzelner Unternehmenswert präsentiert, sondern immer eine Bandbreite, die variable Annahmen reflektiert.

Beispiel DCF-Valuation

DCF Valuation € m		2009A	2010E	2011E	2012E	2013E	2014E	TY
Revenues		100,0	110,0	121,6	134,9	149,8	161,7	161,7
YoY Growth			*10,0%*	*10,5%*	*11,0%*	*11,0%*	*8,0%*	
EBITDA		8,5	9,9	11,5	13,5	15,0	16,2	16,2
% Margin		*8,5%*	*9,0%*	*9,5%*	*10,0%*	*10,0%*	*10,0%*	
Depreciation & Amortization		1,2	1,5	1,4	1,4	1,6	1,6	1,6
EBIT		7,3	8,4	10,1	12,1	13,4	14,6	14,6
% Margin		*7,3%*	*7,6%*	*8,3%*	*9,0%*	*8,9%*	*9,0%*	*9,0%*
Taxes		(2,6)	(2,9)	(3,6)	(4,2)	(4,7)	(5,1)	(5,1)
NOPLAT		4,7	5,5	6,6	7,9	8,7	9,5	9,5
Capex		(1,2)	(1,3)	(1,5)	(1,6)	(1,8)	(1,9)	(1,6)
% Margin		*1,2%*	*1,2%*	*1,2%*	*1,2%*	*1,2%*	*1,2%*	*1,0%*
Change in NWC			(2,0)	(2,0)	(2,0)	(2,0)	(2,0)	0,0
Unlevered Free Cash Flow		3,5	2,1	3,1	4,2	4,9	5,5	7,9
NPV of Forecast Period FCF	19,8		2,0	2,7	3,4	3,7	3,9	
Terminal Value Calculation								
Perpetuity Growh Method								
PGR	1%							127,2
Implied Exit Multiple	7,9x							
NPV of Terminal Value	89,7							
Firm Value	109,5							

Bemerkung: Kleinere Abweichungen in der Summe des Firm Value ergeben sich aufgrund von Rundungsfehlern.

Was ist NOPLAT? NOPLAT steht für Net Operating Profit less adjusted Taxes und stellt einen Zwischensaldo dar, der den Gewinn nach Steuern aber vor Fremdfinanzierung ausgibt.

Trading und Merger Multiples
Wie gesehen, benötigt man für eine DCF-Unternehmensbewertung viele Input-Daten, insb. um die zukünftigen Cash Flows der Unternehmung zu prognostizieren. Vor allem bei nicht börsennotierten Unternehmen kommt es zu Problemen aufgrund mangelnder Information. Hier können u. a. Multiples weiterhelfen.

Multiples sind Relationsgrößen, z. B. von Firm Value zu EBITDA. Wenn man einen Durchschnitt dieser Relationsgröße von vergleichbaren Unternehmen hat, kann man über Multiplikation dieser Größe mit dem EBITDA des zu bewertenden Unternehmens auf einen approximativen Firm Value kommen. Die Berechnung ist also nichts anderes als ein einfacher Dreisatz. Im Investment Banking geht es eben nicht um Wissenschaft, sondern um Relevanz und Marktnähe.

Nach dem Umfeld der Bewertung unterscheidet man grundsätzlich zwischen Trading und Merger (auch Transaction-) Multiples. **Trading Multiples** beantworten die Frage: Wie viel wäre das zu bewertende Unternehmen an der Börse wert, wenn wir es mit ähnlichen Unternehmen vergleichen? Sie basieren also auf einem Vergleich des zu bewertenden Unternehmens mit aktuellen Multiple Bewertungen vergleichbarer Unternehmen an der Börse. Aus einer Trading Multiple Valuation lassen sich somit Aussagen treffen zu:

- Wie bewertet die Börse das Unternehmen im Vergleich zu seinen Peers?
- Was wäre eine Valuation Benchmark für (1) ein privates Unternehmen, das an die Börse will oder (2) für den Unternehmensteil eines börsengelisteten Unternehmens (Public Company), der separat an der Börse gelistet werden soll (z. B. durch einen Carve-out oder Spin-off)?
- Was wäre der sog. »Break-up Value« eines Konglomerates, wenn wir jeden Teilbereich individuell in Anlehnung an vergleichbare Unternehmen der Branche bewerten?
- Was wäre ein Richtwert für ein privates Unternehmen, das übernommen werden soll?

Merger Multiples beantworten die Frage: Wie viel würde approximativ in einer Transaktion für das Unternehmen bezahlt? Merger Multiples stammen aus zurückliegenden Transaktionen vergleichbarer Unternehmen. In der Praxis ist es eine Übersicht von Transaktionen innerhalb eines Sektors. Diese Transaktionen können Akquisitionen von Public- und Private Companies wie auch einzelner Divisionen, Fusionen sowie Minority Stake Investments umfassen. Neben den durchschnittlich bezahlten Multiples gewinnt man aus solch einer zusammenfassenden Übersicht zudem auch Informationen über den allgemeinen Aktivitätslevel innerhalb eines Sektors, über besonders akquisitive Unternehmen sowie über die Nachfrage nach bestimmten Subsektoren (z. B. Spezialchemie).

Eine beliebte Interviewfrage: **Welche Multiples fallen höher aus und warum?** Merger Multiples fallen stets höher aus als Trading Multiples, da in ihnen bereits die Akquisitionsprämie enthalten ist, die ein Käuferunternehmen bezahlt hat. Die Höhe der Prämie hängt dabei von der Intensität des Bieterwettbewerbs und den erwarteten

Synergien ab. Insbesondere bei internationalen Bietern, die sich durch die Akquisition einen neuen Markt erschließen können, fallen die Prämien oft vergleichsweise hoch aus.

Welche konkreten Multiples verwendet man nun in der Praxis? Wesentlich ist zunächst, dass der Zähler und der Nenner eines Multiples aus der gleichen »Familie« kommen, damit die Relation Sinn macht. Das bedeutet, dass man bspw. nicht den Equity Value – also den Wert der Unternehmung aus der Sicht der Eigenkapitalgeber – in Relation zu einer (Gewinn-)Größe setzen kann, die auch Gewinne an Fremdkapitalgeber beinhaltet. Daher eignen sich alle Equity Value Multiples nur zu einem Bezug zu Gewinngrößen nach Zinsen, wenn also die Fremdkapitalgeber bereits abgefunden wurden. Und Firm Value Multiples beziehen sich analog auf Gewinngrößen vor Zinsen und Steuern. Denn nur so haben Zähler und Nenner die gleiche Perspektive (gleiche Gruppe von Kapitalgebern) und sind damit vergleichbar. Als gedankliche Stütze hier noch mal das vereinfachte Income Statement mit einer fiktiven Linie zwischen möglichen Bezugsgrößen für Firm- und Equity Value Multiples, wobei die fett gedruckten Werte die in der Praxis gebräuchlichsten Bezugsgrößen für Multiples darstellen.

Relevante Bezugsgrößen für Firm- und Equity Value Multiples

Firm Value /	*Sales*
	− COGS (Cost of Goods Sold, excl. D&A)
	= *Gross Profit*
	− Operating Expenses
	= *Operating Income/***EBITDA**
	− Depreciation and Amortization (D&A)
	= *Net Operating Income/***EBIT**
Equity Value /	− Net Interest Expense
	= *EBT*
	x (1 − Tax Rate)
	= **Net Income**
	− Dividenden
	= *Retained Earnings*

Man unterscheidet also zwischen Equity Value- und Firm Value Multiples, wobei der Equity bzw. Firm Value dabei stets im Zähler und die Bezugsgröße im Nenner steht.

Firm und Equity Value Multiples in der Praxis

Equity Value /	Firm Value /
Net Income (Multiple auf Aktienbasis auch Price-to-Earnings genannt, kurz: P/E)	Sales
After-tax Cash Flow	EBIT
Buchwert des Eigenkapitals	EBITDA
EBT	Free Cash Flow to the Firm

Die in der Praxis mit Abstand gebräuchlichsten Multiples sind: EV/Sales, EV/EBITDA, EV/EBIT und P/E bzw. EPS (Earnings per Share). P/E bzw. der Kehrwert EPS entsprechen dabei dem Multiple Equity Value/Net Income respektive Net Income/Equity Value auf Basis einer Aktie. Der EV/EBITDA Multiple ist vermutlich der aussagekräftigste Multiple, da er im Vergleich zu EV/EBIT nicht die Verzerrungen durch unterschiedliche Abschreibungsmethoden und Firmenwertabschreibungen aus vergangenen Unternehmensübernahmen aufweist und EBITDA – wie erwähnt – eine Approximation für den Cash Flow darstellt. Und wir erinnern uns: Cash is King, ein Investor investiert mehr für Cash als für Profit.

Mögliche Interviewfrage hierzu: *Welcher Multiple ist grundsätzlich höher, EBIT oder EBITDA?*
Da EBITDA größer als EBIT ist und die Bezugsgröße im Nenner steht, ergibt sich konsequenterweise ein höherer EBIT-Multiple.

Wie geht man nun konkret vor bei einer Multiple Bewertung? Zunächst geht es darum den Sektor zu definieren bzw. vergleichbare Unternehmen zu finden. Wichtige Kriterien bei dieser Auswahl können sein:
- Produkte/Produktmix
- Geografische Märkte
- Kundenbasis
- Umsatzvolumen
- Profitabilität
- Leverage (Grad der Fremdfinanzierung)

In der Praxis helfen dabei oft Research Reports oder Industry Reports, geschrieben von Branchenexperten, in denen man Unternehmen der entsprechenden Branche findet. Auch Informationssysteme wie Bloomberg oder bankeigene Informationsplattformen helfen oft weiter.

Sind die entsprechenden Peer Companies ausgewählt, gilt es die nötigen Informationen zu sammeln. Für eine Trading Multiple Valuation sind das aktuelle Börsenkurse, Credit Ratings, Financials (aus den Financial Statements). Für eine Merger Multiple Valuation wären dies Transaktionen inkl. bezahlter Preise, Sales und Earnings des Zielunternehmens etc. Anschließend errechnet man aus diesen Daten die entsprechenden Multiples und bildet ihren Mittelwert oder Median für alle Vergleichsunternehmen bzw. Transaktionen. Nehmen wir bspw. an der Mittelwert der P/E-Multiples (= Aktienkurs/EPS) sei 5,0x, d. h. der Equity Value entspricht fünfmal dem Net Income bzw. der Aktienkurs fünfmal den Earnings per Share. Dann sollte der Equity Value des zu bewertenden Unternehmens in etwa dem Fünffachen seines Net Income entsprechen.

Vorsicht: Je nach Multiple erhält man den Equity Value oder den Firm Value des zu bewertenden Unternehmens. Da allerdings der Firm Value in der Regel das Ziel der Unternehmensbewertung ist, gilt es, bei allen errechneten Equity Values das Net Debt hinzuzuaddieren, um zum Firm Value zu gelangen.

Wie erwähnt gibt es nicht den einen Unternehmenswert, sondern die Bewertungsanalyse dient eher dazu, ein Verständnis für mögliche Unternehmenswerte zu unterschiedlichen Multiples zu bekommen. Das Ergebnis einer Multiple Bewertung wird daher für gewöhnlich in einer Bandbreite dargestellt, die in etwa so aussehen könnte:

Banken-Lingo: LTM

LTM steht für Last twelve months, und weist darauf hin, dass es sich beim entsprechenden Wert (Sales, EBITDA etc.) um die aus Quartals- und Jahresberichten (Annual Reports) errechneten Zahlen handelt. LTM stellt letztlich die aktuellsten errechenbaren Werte dar.

Gewöhnliche Multiple-Darstellung aus der Praxis

Equity Value (€m)			75	80	85	90	95	
Firm Value (€m)			95	100	105	110	115	Peer Group
Firm Value / Sales	LTM	100,0	0,95x	1,00x	1,05x	1,10x	1,15x	1,10x
	2010E	110,0	0,86x	0,91x	0,95x	1,00x	1,05x	1,02x
	2011E	121,6	0,78x	0,82x	0,86x	0,90x	0,95x	0,98x
Firm Value / EBITDA	LTM	8,5	11,18x	11,76x	12,35x	12,94x	13,53x	12,80x
	2010E	9,9	9,60x	10,10x	10,61x	11,11x	11,62x	11,13x
	2011E	11,5	8,23x	8,66x	9,09x	9,53x	9,96x	10,13x
Firm Value / EBIT	LTM	7,3	13,01x	13,70x	14,38x	15,07x	15,75x	14,80x
	2010E	8,4	11,31x	11,90x	12,50x	13,10x	13,69x	13,57x
	2011E	10,1	9,36x	9,85x	10,35x	10,84x	11,33x	11,73x
P/E	LTM	3,7	20,03x	21,36x	22,70x	24,03x	25,37x	27,62x
	2010E	4,5	16,82x	17,94x	19,06x	20,18x	21,30x	23,41x
	2011E	5,6	13,40x	14,30x	15,19x	16,08x	16,98x	18,54x

II. Theorie und Praxis

Leveraged Buyout Valuation

Neben der DCF-Bewertung und den Multiple-Methoden, gibt es in der Praxis noch ein weiteres Verfahren, das über eine reine Bewertung hinausführt und daher häufig auch als LBO »Analyse« bezeichnet wird: die Leveraged Buyout (LBO) Analyse. Diese Bewertung kommt insbesondere zum Einsatz, wenn es darum geht, ein Unternehmen zu verkaufen und u. a. Private Equity Investoren (PEI) in Betracht gezogen werden. Oder wenn es darum geht, im Rahmen eines Kaufmandats für ein PEI zu akquirieren. Während wir uns später im Kapitel II.4 näher mit der Theorie und dem Prozess des Buyouts beschäftigen, wollen wir an dieser Stelle einen Blick auf die Bewertung werfen, die in Prozessen mit einem Klienten aus der Private Equity Industrie regelmäßig zur Anwendung kommt.

Die LBO-Bewertung ist im Wesentlichen eine Analyse aus der Sicht eines PEI, die bewertet, wie viel Fremdkapital ein Zielunternehmen stemmen kann und welche Internal Rates of Return (IRR) dabei zu erreichen sind.

Was ist ein Leveraged Buyout? Ein LBO ist die Akquisition eines Unternehmens die zum Großteil (~70%) mit Fremdkapital (Debt) finanziert wird. Der Restbetrag, also das Equity, stammt aus dem Fonds eines PEI. Dieser PEI leiht sich das Debt im Namen des Zielunternehmens, das infolge der Akquisition möglichst schnell diese Schulden zurückzahlen muss. Aufgrund dieser hohen Schulden ist der Fokus solch einer LBO Valuation vor allem auf den Operating Cash Flows des Unternehmens (vgl. Kapitel I.2 Private Equity und Hedgefonds). Der PEI verkauft nach wenigen Jahren das Unternehmen wieder und realisiert dabei eine Rendite auf sein Equity

Investment. Auch wenn ein Teil der Wertschöpfung in diesen Jahren aus Verbesserungen des Unternehmens durch Outsourcing, Optimierung der Prozesse, kleine Zukäufe zur Verbesserung der Marktstellung und dergleichen kommt, ist das Wesentliche die Rückführung des Debt und somit die Steigerung des Equity Wertes. Hierzu ein Beispiel:

Stellen Sie sich vor, Sie kaufen heute ein Haus für 100.000 Euro. 75.000 Euro davon haben Sie mit einem Kredit bezahlt, den Rest mit Ihrem Eigenkapital. In den nächsten 5 Jahren generieren Sie genügend Cash aus dem Investment (Vermietung) um 50.000 Euro des Kredites zusätzlich zu den Zinsen zurückzuzahlen. Nehmen wir weiter an, dass sich der Wert des Hauses nicht geändert hat und Sie es für 100.000 Euro nach diesen 5 Jahren wieder verkaufen. Sie bekommen also 100.000, mit denen Sie die restlichen 25.000 Euro Debt zurückzahlen, wonach Ihnen 75.000 Euro bleiben. Da Sie anfangs lediglich 25.000 Euro Eigenkapital investiert haben, errechnet sich ein IRR von:

$$IRR = \left[\left(\frac{Return}{Investment}\right)^{\frac{1}{n}}\right] - 1 = \left[\left(\frac{75.000}{25.000}\right)^{\frac{1}{5}}\right] - 1 = 25\%$$

Obwohl also der Wert des Hauses nicht gestiegen ist, haben wir auf das eingesetzte Kapital 25% verdient, weil wir sehr viel Fremdkapital eingesetzt haben und dieses relativ schnell nach der Akquisition tilgen konnten. Da der IRR insbesondere von diesen beiden Komponenten getrieben wird, schaut man bei der LBO Valuation auch genau darauf, dass (1) man möglichst viel Debt einsetzten kann und (2) wie schnell die Tilgung möglich sein wird. Das macht deutlich, dass ein Teil der Bewertung darin besteht, die Finanzierung zu strukturieren und die Tilgung zu modellieren. Der Debt-Anteil besteht dabei in der Regel aus mehreren Komponenten mit unterschiedlicher Verzinsung je nach Risikostruktur.

Grundsätzlich lässt sich sagen, dass eine LBO Analyse folgende Zielsetzungen hat:

- Bewertung, ob ein LBO auf Basis der gegebenen Finanzierungscharakteristika möglich ist und wie viel Debt der Cash Flow des Unternehmens stützen kann.
- Errechnung von Finanzkennzahlen, um den Einfluss des LBO auf die Bilanz und Finanzierung zu ermitteln.
- Bestimmung des Firm Value eines Unternehmens auf Basis einer Analyse, ob die Cash Flows unter Berücksichtigung der erforderlichen Kreditparameter die geforderten IRRs erzeugen können. Mit anderen Worten: Bestimmung des möglichen Kaufpreises aus der Sicht eines PEI und des möglichen Debt-Anteils.

Für eine komplexe LBO Analyse haben Banken häufig ein weitgehend standardisiertes LBO Modell, welches an die jeweiligen Konditionen und Umstände angepasst und mit den relevanten Inputs gefüttert, eine Vielzahl an Informationen liefert. Auch wenn die Berechnung eines LBO in der Regel weniger interviewrelevant sein sollte, als die eines DCF, so soll an dieser Stelle zusätzlich zur oben beschriebenen Funktionsweise auch eine vereinfachte Rechnung gezeigt werden, um das Verständnis zu fördern. Während ein LBO Modell in der Praxis oft sehr umfangreich ist, kann man in Grundzügen jedoch eine »Back-of-the-Envelope«-LBO-Analyse machen, die aus folgenden Berechnungsschritten besteht:

1. Bestimmung der maximalen Zinszahlungen, die der Cash Flow des Unternehmens stützen kann:
Annahme einer sog. Interest Coverage Ratio = (EBITDA – CapEx) / Interest
Maximale Zinszahlung p.a. = (EBITDA – Year 1 CapEx) / Interest Coverage Ratio

2. Bestimmung wie viel Debt das Unternehmen stützen kann:
Annahme eines durchschnittlichen Zinses über die verschiedenen Tranchen der Finanzierung (Blended Interest Rate)
Pro Forma Debt = Maximale Zinszahlung p.a. / Blended Interest Rate

3. Bestimmung des Pro Forma Firm Value
Annahme einer Kapitalstruktur (z. B. 65% Debt und 35% Equity)
Pro Forma Firm Value = Pro Forma Debt / (1 – %-Equity Contribution)

4. Bestimmung des Kaufpreises (Purchase Price)
Purchase Price = Pro Forma Firm Value – bestehendes Cash – bestehendes Debt – Transaktionskosten

Eine Beispielrechnung:
Annahmen (in Euro Mio.):
- EBITDA von 145
- Year 1 CapEx von 15
- Interest Coverage: 2.0x
- Blended Interest Rate von 9%
- Kapitalstruktur 65% Debt / 35% Equity
- Bestehendes Cash von 20
- Bestehendes Debt von 420
- Transaktionskosten von 20

Basierend auf obigen Formeln errechnet sich somit:

Beispiel LBO-Valuation vereinfacht

EBITDA – Year 1 CapEx	130
Interest Coverage	/ 2.0x
Implizierte max. Zinszahlung	= 65
Blended Interest Rate	/ 9%
Impliziertes max. Debt	= 722,2
(1 - %Equity Contribution)	/ 65%
Implizierter Pro Forma Firm Value	= 1.111,1
Bestehendes Cash	- 20
Bestehendes Debt	- 420
Transaktionskosten	- 20
Implizierter Purchase Price/Equity Value	**= 651,1**

Wesentliche Outputs neben dem Equity Value für die sich ein PEI hierbei interessiert sind nun:

- EBITDA-Multiple: Firm Value / EBITDA = 1.111,1 / 145 = 7,7x
- Nötiges anfängliches Equity Investment: Firm Value – max. Debt = 388,9
- Max. Debt / EBITDA = 5,0x
- EBITDA / Pro Forma Interest = 2,2x
- (EBITDA – Year 1 CapEx) / Pro Forma Interest = 2,0x

Nachdem nun die Akquisition bewertet wurde, wird standardmäßig in einer LBO Analyse der potenzielle Exit mitbetrachtet. Denn das Unternehmen bleibt nach einem LBO meist nur 3-7 Jahre im Fonds des PEI. Auf Basis verschiedener Annahmen lassen sich die potenziell zu realisierenden Returns errechnen.

Weitere Annahmen (in Euro Mio.):

- Jährl. EBITDA Wachstum von 8%
- Depreciation = CapEx
- Jährliches zusätzliches Working Capital = 4
- Steuersatz = 37%
- Annahme: während der Laufzeit keine Rückzahlung des Debt
- Exit Jahr = Year 5
- Exit Multiple sei der gleiche wie der Purchase Price Multiple (= 7,7x)
- Transaktionskosten von 20

Auf Basis dieser Annahmen lässt sich nun eine Cash Flow Rechnung erstellen:

Beispiel DCF als Teil der LBO-Analyse

Jahr	0	1	2	3	4	5
EBITDA	145	156,6	169,1	182,7	197,3	213,1
Wachstum		8,0%	8,0%	8,0%	8,0%	8,0%
- CapEx		(15,0)	(15,0)	(15,0)	(15,0)	(15,0)
- Δ Working Capital		(4,0)	(4,0)	(4,0)	(4,0)	(4,0)
- Zinszahlungen		(65,0)	(65,0)	(65,0)	(65,0)	(65,0)
- Steuern		(28,3)	(33,0)	(38,0)	(43,4)	(49,2)
Free Cash Flow		44,3	52,2	60,7	69,9	79,8
Kumulativer FCF		44,3	96,4	157,1	227,0	306,8

Somit kann die wesentliche Größe, der Equity Value im Exit-Jahr, wie folgt berechnet werden:

Equity Value Berechnung im LBO

EBITDA im Jahr 5	213,1
Angenommener Exit Multiple	x 7,7
Exit Firm Value	= 1.640,5
Total Debt	- 722,2
Kumulativer Free Cash Flow	+ 306,8
Exit Equity Value	**= 1.225,1**

II. Theorie und Praxis

Gemäß unserer IRR Formel errechnet sich somit:

$$IRR = \left[\left(\frac{Exit\,Equity\,Value}{Equity\,Investment} \right)^{\frac{1}{n}} \right] - 1 = \left[\left(\frac{1.225{,}1}{388{,}9} \right)^{\frac{1}{5}} \right] - 1 = 25{,}8\%$$

Weitere Bewertungen und gängige Analysemethoden

Nachdem wir nun die wesentlichen Bewertungsverfahren kennenge-lernt haben, die in einer Investmentbank angewendet werden, sollen im Folgenden noch ein paar weitere gängige Analysemethoden vor-gestellt werden. Was gibt es also noch hinzuzufügen?

1. Im Rahmen einer umfassenden Bewertung werden letztlich sämt-liche Bewertungsergebnisse gegenüber gestellt, um einen Überblick und ein Gefühl für die Bandbreite zu bekommen, in der sich der Preis bzw. das Gebot befinden sollte. Neben DCF-, Multiple- und ggf. einer LBO-Bewertung, wird häufig noch die Bandbreite der Bewer-tungen ausgewertet und eingefügt, die in veröffentlichten, nam-haften Research Reports angegeben ist (**Research Valuation**). Grund-sätzlich gilt aber schon zuvor bei den Bewertungsverfahren, dass man die eigenen Ergebnisse mit Research Reports vergleicht, um einen »Reality Check« für die eigenen Annahmen zu machen.

2. Bei der Bewertung mancher Unternehmen, wird auch eine sog. **Sum-of-the-Parts-Valuation (auch »Break-up Value«)** durchgeführt. Dabei handelt es sich lediglich um die Bewertung eines mehrdivisio-nalen Unternehmens auf Divisionsbasis, d. h. man bewertet die ein-zelnen Bereiche als wären es eigenständige Unternehmen und addiert am Ende deren Wert. Letztlich greift eine Sum-of-the-Parts-Valuation auf unsere zuvor beleuchteten Bewertungsverfahren zurück, stellt also keine wirklich eigenständige Bewertungsmethode dar. Vielmehr geht es nur um einen anderen Blickwinkel auf ein Unternehmen und die Analyse dessen, welche Divisionen welchen Wertbeitrag liefern und ob eventuell der Spin-off einer Division Wert heben könnte.

3. Darüber hinaus gibt es noch die **Merger-Analyse (häufig auch »Merger Plan«)**, bei der einerseits der »Innere Ökonomische Wert« der Transaktion abgeleitet wird und andererseits die Auswirkung einer Übernahme auf die Financial Statements des Käufers bei ver-schiedenen Transaktionspreisen betrachtet werden. Schlussendlich

geht es um eine Analyse zur Abschätzung möglicher (Markt-)Reaktionen auf eine Transaktion. Insbesondere wird dabei ein Augenmerk auf folgende Finanzzahlen geworfen:

- **Einfluss auf das Income Statement**: Earnings per Share (EPS), Sales- und Gewinnwachstum, EBITDA-/EBIT- und Net Income-Margen
- **Einfluss auf die Bilanz**: Debt/Gesamtkapital, Debt/EBITDA
- **Einfluss auf das Cash Flow Statement**: Free Cash Flow, Cash Flow je Aktie

Im Rahmen der Theorie des M&A waren wir ja bereits auf steigende Earnings per Share als ein mögliches Motiv für eine Akquisition eingegangen. Auch wenn dieses Motiv aus wissenschaftlicher Perspektive häufig kritisiert wird, »traden« einige Unternehmen (häufig vermutlich aus Vereinfachungsgründen) auf diesen Kennzahlen. Das bedeutet, dass Investoren besonders auf diese Kennzahlen schauen und auf Basis dieser agieren. Ob ein Merger »accretive«, »breakeven«, oder »dilutive« ist, hängt von der Veränderung der Earnings per Share (EPS) des Käuferunternehmens ab: Steigen sie durch die Transaktion an (Accretive), bleiben sie unverändert (Breakeven) oder fallen sie (Dilutive). Um die Gewinngrößen (Earnings) der beiden Unternehmen zu kombinieren, rechnet man grundsätzlich:

	Net Income A
+	Net Income B
+	Synergien
-	Transaktionskosten
-	Finanzierungskosten
-	Zusätzliche Abschreibungen (z. B. auf Firmenwert)
=	Neue Earnings AB

Neue EPS = Neue Earnings AB / Gesamtzahl Aktien AB

Obwohl sich je nach Finanzierung der Transaktion (Cash, Aktientausch oder Kombination der Beiden) unterschiedliche »Adjustments« der EPS ergeben, lässt sich als Daumenregel folgende Gesetzmäßigkeit zum Abschätzen heranziehen:

P/E-Ratio und sein Einfluss auf Accretion-Dilution

$P/E_{Käufer} > P/E_{Target}$ bzw. $EPS_{Käufer} < EPS_{Target}$	→ Accretive Merger
$P/E_{Käufer} < P/E_{Target}$ bzw. $EPS_{Käufer} > EPS_{Target}$	→ Dilutive Merger

Das folgende Beispiel (Acquirer kauft Target) soll die Berechnung noch mal vereinfacht illustrieren:

Accretion-Dilution Beispielrechnung

(in Euro)	Acquirer AG	Target AG	Acquirer Target AG
EPS	4,0	4,0	5,33
Aktienkurs	80	40	80
P/E	20x	10x	15x
Anzahl Aktien	200.000	200.000	300.000
Total Earnings (Gesamtgewinn)	800.000	800.000	1,6 Mio.
Marktwert (Equity Value)	16 Mio.	8 Mio.	24 Mio.
Earnings je investiertem Euro in jew. Aktie (Zeile 1 / Zeile 2)	0,05	0,10	0,067

Was ist letztlich passiert? Die Acquirer AG »traded« vor der Transaktion auf einem doppelt so hohen P/E (20x) wie die Target AG (10x), was darauf hinweist, dass die Börse der Acquirer AG ein stärkeres Wachstum unterstellt. Denn letztlich bezahlt man das Zwanzigfache der Earnings für eine Aktie, oder – bei angenommener Stetigkeit der Earnings – die Aktie kostet soviel wie die Earnings aus zwanzig Jahren. Die Target AG »kostet« an der Börse lediglich das Zehnfache ihrer Earnings. Die Acquirer AG hat also bei einem Aktientausch eine »teurere Währung«. Wenn man unterstellt, dass es keine inkrementellen Gewinne durch den Merger alleine gibt, dann addieren sich die Gewinne der beiden Unternehmen einfach auf. Da die Aktie der Acquirer AG doppelt so teuer ist wie die der Target AG, kann sie die 200.000 Aktien mit nur 100.000 ihrer Aktien erwerben. Da sich somit die Earnings verdoppelt haben, die Aktienzahl jedoch nicht, errechnet sich ein gemischter Wert für die EPS. Vor der Transaktion haben Aktionäre der Acquirer AG für jeden investierten Euro in das Unternehmen 5 Cent der Earnings erhalten, sowie starke Wachstumsaussichten. Nach der Akquisition waren es 6,7 Cent, die jedoch durch geringere Wachstumsaussichten ausgeglichen werden.

4. Eine weitere Analyse, die im Rahmen von Merger-Analysen vorgenommen wird, ist die sog. **Contribution-Analyse.** Sie wird bei Transaktionen vorgenommen, in denen per Aktientausch (statt Cash) bezahlt wird. In einer Contribution Analyse werden Käufer- und Zielunternehmen gegenübergestellt mit ihren Beiträgen (Contributions) zu den kombinierten wesentlichen Finanzzahlen des Income Statements (Sales, EBITDA, EBIT, Net Income), um daraus einen implizierten fairen Anteil am Eigenkapital jedes Unternehmens zu errechnen. In Anlehnung an die Finanzzahlen der beiden Unternehmen lassen sich über industrietypische Multiples implizierte Exchange Ratios für den Aktientausch errechnen. Ein Beispiel:

Folgende Zahlen seien gegeben:

	Käuferunternehmen	Zielunternehmen
Aktienkurs:	140	70
Anzahl Aktien (Mio.):	90	80
Net Debt (Mio. Euro):	1.000	600
LTM Sales (Mio. Euro):	6.000	4.000
Industrietypische Sales Multiple (Firm Value/LTM Sales):	1,6x	

Somit kann man implizierte Werte folgendermaßen errechnen:

Käufer	Zielunternehmen
Firm Value = 6.000 x 1,6 = 9.600	Firm Value = 4.000 x 1,6 = 6.400
Equity Value = 9.600 – 1.000 = 8.600	Equity Value = 6.400 – 600 = 5.800
Implizierter Anteil am gemeinsamen Equity = 8.600/(8.600+5.800) = 59,7%	Implizierter Anteil am gemeinsamen Equity = 1 – 0,597 = 40,3%
Implizierter Aktienkurs = 8.600/90 = 95,6	Implizierter Aktienkurs = 5.800/80 = 72,5
Implizierte Exchange Ratio = 72,5/95,6 = 0,76	

Während wir hier eine implizierte Exchange Ratio über die LTM Sales hergeleitet haben, kann man die gleich Berechnung für Sales Prognosen, EBITDA-, EBIT- und Net Income-Zahlen machen und so über eine Bandbreite ein Gefühl für eine »faire Exchange Ratio« entwickeln.

5. Letztlich sei noch auf Folgendes hingewiesen, was es regelmäßig zu beachten gilt: Hatten wir bis dato angenommen, dass die Cash Flows zweier Unternehmen sich stets auf dasselbe Geschäftsjahr (Januar bis Dezember) beziehen, ist das aber nicht immer der Fall. In solchen Fällen muss man die Cash Flows **kalendarisieren**, um sie vergleichbar zu machen. Man passt hierbei stets die Cash Flows des zu verkaufenden Unternehmens an das Geschäftsjahr des Käufers an.

Wenn das Geschäftsjahr des Käufers von November bis Oktober verläuft, die Cash Flows des zu verkaufenden Unternehmens sich allerdings auf ein Geschäftsjahr von Januar bis Dezember beziehen, kalendarisiert man folgendermaßen:

Unternehmen A (Käufer)	Unternehmen B (Target)
11/2007 - 10/2008: 2.500 Euro	01/2008 - 12/2008: 1.100 Euro
11/2008 - 10/2009: 5.000 Euro	01/2009 - 12/2009: 1.200 Euro

Gesucht ist der Cash Flow im Zeitraum 11/2008 - 10/2009 von Unternehmen B. Da der Zielzeitraum zwei Monate des Jahres 2008, sowie zehn Monate des Jahres 2009 umfasst, addiert man demnach 2/12 der 1.100 Euro zu 10/12 der 1.200 Euro, um 2/12 x 1.100 + 10/12 x 1.200 = 1.183,33 Euro zu erhalten.

3. Fokus Capital Markets und Investment Management

In diesem Abschnitt beschäftigen wir uns mit den theoretischen Grundlagen, die in einem Interview für den Bereich Capital Markets und Investment Management im Mittelpunkt stehen. Für den Bereich Capital Markets unterteilen wir dem Inhalt nach in Equities und Debt. Innerhalb der jeweiligen Kapitel behandeln wir die Grundlagen des Kapitalmarkts, vertiefen einige zuvor angesprochene Basics und gehen auch auf Derivate und ihre Bewertung ein. Der Bereich Investment Management baut auf den Grundzügen der Kapitalmarkttheorie auf und erweitert inhaltlich die Bereiche Debt- und Equity Capital Markets um die Portfoliotheorie und Asset Allocation.

Equity Capital Markets

Wie bereits in Kapitel I.2 vorgestellt, sind die Investmentbankaktivitäten im Bereich Equities durch Research, Sales und Trading von Aktien und Derivaten geprägt. Für alle diese Bereiche ist die Kenntnis der vorangehend erläuterten Analyse- und Bewertungsmethoden ebenfalls relevant. Denn genauso wie für einen Investor der ein Unternehmen als Ganzes erwirbt, ist auch für den Investor einzelner Anteile die Bewertung des Unternehmens – runtergebrochen auf die Anteile – von herausragender Bedeutung. Daher können wir an dieser Stelle auf eine Wiederholung verzichten und empfehlen für ECM Interviews auch die Theorie im Bereich M&A des vorangegangenen Abschnitts zu wiederholen. Grundsätzlich hat der M&A Markt auch einen starken Einfluss auf die Bewegung von Aktienkursen.

Im Folgenden diskutieren wir zunächst spezielles, weiteres Grundlagenwissen im Bereich Aktienmärkte, bevor wir in einem zweiten Schritt auf Derivate und die Bewertung von Optionen eingehen werden. Dabei widmen wir uns sowohl den interviewrelevanten theoretischen Grundlagen als auch der Bewertung in der Praxis.

Grundlagen Aktienmärkte

An den Aktienmärkten werden Unternehmensanteile gehandelt. Für die Bewertung dieser haben sich in der Praxis zwei Richtungen entwickelt, die Fundamental- und die Chartanalyse. Bevor wir auf diese im späteren Teil dieses Abschnitts kurz eingehen, wollen wir uns die kapitalmarkttheoretischen Grundlagen der Bewertung vor Augen führen. Hierzu gehen wir im Folgenden zunächst auf das CAPM-Modell ein, dass wir ja bereits zuvor kurz kennengelernt haben, um uns im Anschluss der Arbitrage Pricing Theorie (APT) zu widmen.

Wie für jegliche Anlagetitel, haben bei einer Bewertung von Investments in Aktien die Parameter Rendite und Risiko eine zentrale Bedeutung. Wie bereits im Rahmen des **Capital Asset Pricing Models (CAPM)**, am Ende des Kapitels II.1 erläutert, hängt die zu erwartende Rendite vom Risiko ab. Grundlage dieses Zusammenhangs ist die sog. **Kapitalmarktlinie (Capital Market Line)**, auf der sämtliche »effiziente Portfolios« abgetragen sind. Ein effizientes Portfolio ist eine Mischung von Wertpapieren, die bei gegebenem Risiko die maximal zu erwartende Rendite erbringen. Es gibt also keine andere Zusammenstellung von Wertpapieren, die bei gleichem Risiko eine höhere Rendite erwarten lässt. Die Kapitalmarktlinie ist letztlich definiert, als die Darstellung erwarteter Renditen effizienter Portfolios als lineare Funktion ihres Risikos, ausgedrückt als Standardabweichung. Die Kapitalmarktlinie verläuft von einem risikolosen Zinssatz, dessen Standardabweichung »0« beträgt, linear steigend durch das Marktportfolio (M). Dieses theoretische Marktportfolio enthält alle verfügbaren Wertpapiere gewichtet mit ihren Marktwerten (Kapitalisierung). Eine Annahme des CAPM ist nun, dass alle Anleger eine ihrer Risikoneigung entsprechende Mischung aus der risikolosen Anlage und dem effizienten Marktportfolio halten. Diese Aufteilung nennt man auch Tobin-Separation. Wichtig zu wissen ist, dass das CAPM von homogenen Erwartungen aller Anleger ausgeht und unterstellt, dass die Zusammensetzung des Portfolios aller Anleger lediglich aus diesen zwei Anlagen besteht: risikolose Anlage und Marktportfolio.

Nun wollen wir uns hier mit den Aktienmärkten beschäftigen und zu einem späteren Zeitpunkt auf Portfolios und Portfoliotheorie zurückkommen. Doch die theoretische Grundlage der Aktienbewertung leitet sich aus diesem CAPM-Modell ab. Während wir mit der Kapitalmarktlinie die Frage beantworten, welche Rendite für riskante Portfolios zu erwarten ist, beschäftigt sich die hieraus abgeleitete **Wertpapierlinie (Security Market Line)**, mit der Frage, welcher Preis für ein einzelnes Wertpapier in Anlehnung an sein Risiko gerechtfertigt ist. Da im Marktportfolio jedes riskante Wertpapier seinem Marktwertanteil entsprechend vertreten ist, kann sein Wert in Relation zum Marktportfolio ausgedrückt werden. Ein Portfolio kann somit aus x Teilen des Wertpapiers i und (1 - x) Teilen des Marktportfolios M gebildet werden. Durch mathematische Herleitung, auf die wir hier aus Gründen mangelnder Interview- und Praxisrelevanz verzichten wollen, lässt sich schließlich zeigen, dass für eine einzelne riskante Kapitalanlage eine Rendite erwartet werden kann, die sich aus einem risikolosen Zinssatz und einer Risikoprämie zusammensetzt. Und genau das war unser Ausgangspunkt zur Bestimmung der Eigenkapitalkosten über das CAPM-Modell im Rahmen der WACC-Berechnung. Wir hatten ebenfalls bereits erwähnt, dass für die Risikobewertung einer Aktie lediglich das Beta relevant ist, welches – wir erinnern uns – die Veränderung einer Aktie in Relation zu einer Veränderung des Gesamtmarktes ausdrückt. Technisch kann man auch sagen, dass das Beta der Steigungsrate in einer Regression entspricht, in der man die Aktienrendite durch die Marktrendite erklären möchte. Das Beta spiegelt dabei lediglich das systematische, also nicht wegdiversifizierbare Marktrisiko wider. Denn gemäß CAPM wird für das spezifische Unternehmensrisiko (Unsystematisches Risiko) keine Risikoprämie gewährt, da man es durch Diversifikation eliminieren kann. Bei perfekter Diversifikation liegt, und da schließt sich unser Kreis, ein effizientes Portfolio vor.

Somit bestimmt sich die erwartete Rendite eines Wertpapiers, analog zu den Eigenkapitalkosten aus Sicht des Finanzierung suchenden Unternehmens, wie zuvor bereits dargestellt:

> Eigenkapitalkosten = erwartete Rendite einer Aktie
> = risikoloser Zinssatz + β x (Marktrendite – risikoloser Zinssatz)

Dies lässt sich umformen zu:

> (1 – β) x risikoloser Zinssatz + β x Marktrendite

Der Gewichtungsfaktor in diesem Portfolio ist also unser Beta.

In der Praxis lassen sich Informationen zum Beta aus gängigen Informationssystemen wie Bloomberg gewinnen, über die alle Banken in der Regel verfügen. Was ist jedoch mit der Marktrendite? Die Marktrendite ist von Land zu Land unterschiedlich, da auch das nicht wegdiversifizierbare Risiko eines nationalen Kapitalmarktes verschieden ist. So setzt sich eine Marktprämie prinzipiell aus der durchschnittlichen Equity Market Risk Premium und dem Country Risk zusammen. Für die Equity Market Risk Premium wurde auf Basis historischer Daten in wissenschaftlichen Arbeiten immer wieder 3,5 bis 5% ermittelt. Daten für die hinzuzuaddierende Country Risk Premium sind u. a. relativ gut aktualisiert zu finden bei Damodaran: pages.stern.nyu.edu/~adamodar/New_Home_Page/datafile/ctryprem.html

Soviel zunächst zur Bewertung einer Aktie auf Basis des CAPM. Für ein Interview könnte es wichtig sein zu wissen, von welchen kritikwürdigen Prämissen dieses Modell ausgeht. Neben der bereits erwähnten Unterstellung, dass sämtliche Anleger homogene Erwartungen haben, fußt das CAPM auf der Annahme, dass es einen risikolosen Zinssatz gibt, zu dem jederzeit beliebig viel Geld aufgenommen und angelegt werden kann. Außerdem geht es von einem vollkommenen Kapitalmarkt aus. Das bedeutet, es gibt weder Transaktionskosten, Informationskosten oder Steuern und es wird darüber hinaus ein perfekter Wettbewerb unterstellt.

Neben dem CAPM gibt es einen weiteren zentralen theoretischen Ansatz zur Bewertung von Wertpapieren, die **Arbitrage Pricing Theory (APT)**. Sie lehnt ein Marktportfolio als Erklärungsansatz ab, geht aber gleichermaßen von einem linearen Zusammenhang zwischen der Wertpapierrendite und den zugehörigen Risikoausprägungen aus. Ihre Kernaussagen sind:

- Die Renditen einzelner Wertpapiere hängen von mehreren makro- und mikroökonomischen Risikofaktoren ab
- Arbitrageprozesse sorgen dafür, dass die Wertpapiere im Gleichgewicht stets richtig bewertet sind
- Die Wertpapierrendite setzt sich aus einem risikolosen Teil und verschiedenen Risikoprämien zusammen

Wesentlich scheint also, dass die APT von mehreren Risikofaktoren ausgeht. Konkreter formuliert sagt sie aus, dass sich die Rendite eines Wertpapiers bzw. Portfolios als lineare Funktion mehrerer mit den jeweiligen Sensitivitäten gewichteten Faktoren zuzüglich einer faktorunabhängigen Rendite ergibt. Renditeunterschiede bei gleichem Risiko werden annahmegemäß durch Arbitragegeschäfte ausgeglichen. Dies geht allerdings nur unter bestimmten Prämissen, die gleichzeitig als Ansatz zur Kritik dienen. Zusätzlich zu den Prämissen des CAPM (Existenz einer risikolosen Anlage, vollkommener

Kapitalmarkt und homogene Erwartungen der Anleger) fußt die APT auf folgenden Voraussetzungen:

- Leerverkäufe sind uneingeschränkt möglich (d. h. Verkauf eines nicht im Besitz befindlichen Wertpapiers, das man erst im Nachhinein erwirbt – funktioniert in der Praxis durch Wertpapierleihe)
- Die Anleger sind risikoscheu und versuchen den Risikonutzen ihres Vermögens zu maximieren
- Die Wertpapierrenditen hängen von mehreren Faktoren ab
- Der vollkommene Kapitalmarkt ist u. a. durch Arbitragefreiheit gekennzeichnet

Nachdem wir nun die zwei wesentlichen theoretischen Modelle der Kapitalmarkttheorie und ihren Ansatz zur Erklärung und Bewertung von Wertpapierrenditen (Aktienrenditen) betrachtet haben, wollen wir kurz darauf eingehen, welche Formen der Aktienbewertung in der Praxis existieren. Unser Anspruch ist dabei nicht, in die feinen Verästelungen der Chartanalyse einzudringen – die wohl auch im Interview nicht relevant sein dürfte –, sondern eine Übersicht zu geben, die Sie mit den verschiedenen Ansätzen vertraut machen soll. Ob eine Aktie ge- oder verkauft wird, hängt im Übrigen häufig auch mit schlichten Erwartungen, Notwendigkeiten zur Portfolioumschichtung, »Market Rumours«, oder aktueller Markttendenz zusammen, ohne dass im Voraus jedes Mal eine eingehende Analyse unternommen wird.

In Anlehnung an Steiner/Bruns (siehe Literaturhinweise), lassen sich folgende einzelwertorientierte Aktienanalysen unterscheiden:

A. Random Walk Hypothese: Ausgehend von der Annahme, dass zukünftige – allen unbekannte – Informationen die einzige Quelle für Abweichungen der Kurse um ihren fairen Inneren Wert darstellen, besagt die Random Walk Hypothese: Eine technische oder fundamentale Analyse kann keinen messbaren Nutzen für den einzelnen Anleger bringen. Die Aktienkurse folgen somit einem Zufallspfad (Random Walk).

B. Fundamentalanalyse: Die weitverbreitete Fundamentalanalyse geht von einem fairen Inneren Wert aus, den sie versucht mit dem bereits vertrauten Net Present Value zukünftiger Zahlungen zu ermitteln. Schließlich gilt es diesen Wert je Aktie mit dem Kurs zu vergleichen, um zu ermitteln, ob die Aktie über- oder unterbewertet ist. Allerdings bezieht die Fundamentalanalyse auch konjunktur-, branchen- und länderspezifische Informationen mit ein. Folgende Parameter können u. a. die Bewertung maßgeblich beeinflussen:

Übersicht Fundamentalanalyse

Globalanalyse	Branchenanalyse	Unternehmensanalyse
Konjunktur	Auftragseingänge	Strategie
Zinsen	Branchenklima	Managementqualität
Währungen	Lagerbestände	Konkurrenzsituation
Liquidität	Markteintrittsbarrieren	Kennzahlen
Preise	Branchenzyklus	Marktbewertung

Während also im Rahmen einer Globalanalyse z. B. die Geldmengen-entwicklung und ihr Einfluss auf die einzelne Aktie betrachtet werden, geht es bei der Branchenentwicklung mitunter um Zyklen, Umstrukturierungen oder das Gesamtklima in einer Branche. Bei der Unternehmensanalyse spielt einerseits der angesprochene NPV zukünftiger Cash Flows sowie Multiples (P/E, in deutsch als Kurs-Gewinn-Verhältnis, kurz: KGV bekannt) eine Rolle.

Zu unterscheiden sind bei der Fundamentalanalyse ferner der Top-Down- und der Bottom-Up-Ansatz. Während Ersterer von einer übergeordneten Analyse makroökonomischer Variablen über ihren Einfluss auf die einzelne Aktie herunterbricht, aggregiert Letzterer - vereinfacht gesprochen - die Erkenntnis der Analyse jedes Einzel-wertes zu einer Sektor-, Branchen- oder Länderprognose. Da die Bottom-Up-Analyse eine riesige Datenverarbeitung mit sich bringt und somit hohe Kosten verursacht, ist der Top-Down-Ansatz weit geläufiger.

C. **Technische Analyse (Chartanalyse):** Die technische Analyse geht davon aus, dass sämtliche Informationen im Kursverlauf (Chart) einer Anlage enthalten sind und versucht sich wiederholende Kursver-laufsmuster rechtzeitig zu erkennen, um eine Handlungsempfehlung daraus abzuleiten. Gerade die technische Analyse ist nicht nur auf den Aktienmarkt beschränkt, sondern findet auch für Anleihen, Futures, Rohstoffe, usw. Anwendung. Die Darstellung eines Kursverlaufs kann dabei unterschiedlich gestaltet sein. So kennt die Chartanalyse vor allem Linien-, Balken-, Point&Figure-, sowie Candlestick-Charts, die unterschiedlich informationshaltig sind. Da ein klassischer Lini-enchart wohl jedem bekannt sein dürfte, sei im Folgenden beispielhaft ein Candlestick dargestellt, der in einem Candlestick-Chart für jeden einzelnen Handelstag abgetragen ist.

Candlestick (Chartanalyse)

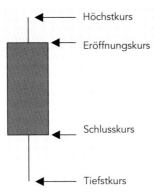

Höchstkurs

Eröffnungskurs

Schlusskurs

Tiefstkurs

Mithilfe dieser Charts sollen beginnende Aufwärts- und Abwärtstrends erkannt werden, um schließlich davon zu profitieren.

Diese Charttechnik wird einerseits zur **Gesamtmarktanalyse**, aber auch zu einer **Einzelwertanalyse** angewendet.

Ursprung der technischen Chartanalyse

Die Chartanalyse hat ihren Ursprung in der nach dem Begründer des Wall Street Journal benannten Dow-Theorie. Charles H. Dow wollte durch die Entwicklung von Aktienindizes die wirtschaftliche Entwicklung veranschaulichen. Anhand des von ihm und Edward C. Jones entwickelten Dow Jones Index, meinte Dow wiederkehrende Kursbewegungen (Trends) zu erkennen, die er in Tages-, Short Swing- (zwei Wochen bis über einen Monat) und Main Movement- (vier Jahre und länger) Trend unterteilte. Über die Zeit haben sich in der Technischen Analyse vielfältige Interpretationen und Theorien einzelner Signale entwickelt, so z. B. *Advance-Decline Linie, Unterstützungs-* und *Widerstandslinien, Elliot-Wave Theorie, Gleitende Durchschnittslinien, Momentum* etc. Die bekanntesten sind vermutlich Unterstützungs- und Widerstandslinien und -kanäle, die sich bilden, wenn der Kursverlauf einem bestimmten Muster folgt, indem der Preis einen gewissen Wert nicht unter- bzw. überschreitet, oder sich in einer Art Kanal bewegt. Kritiker der Technischen Analyse führen etwaige Prognosequalität auf eine »Self-fulfilling Prophecy« zurück. Wenn alle an eine Widerstandslinie glauben und das Investment bei Erreichen dieser Linie verkaufen, dann fällt der Preis und die Linie wird nicht bestätigt, sondern durch dieses Verhalten erst erzeugt.

Weitere zusätzliche Konzepte der Technischen Analyse im Bereich der Einzelwertanalyse, sind u. a.:

- **Relative Stärke:** Sie misst die Performance einer Aktie zum Gesamtmarkt, zur Branche oder zu einem Wettbewerber
- **Filterregeln:** Die (Unter-) Überschreitung eines letzten (Hoch-) Tiefpunktes um einen bestimmten Prozentsatz wird als Trendwende ausgelegt und mündet in eine Handlungsempfehlung

- **Chart-Formationen:** Gewisse Chartformationen bzw. -bilder sollen eine Trendumkehr oder einen spezifischen Verlauf voraussagen. So gibt es bspw. eine M- bzw. W-Formation, eine Kopf-Schulter-Formation, Keil, Flagge, Wimpel u. ä.

Neuere Bewertungsansätze: Da die bisher vorgestellten klassischen Ansätze die Kursverläufe nur z. T. erklären konnten, entstanden über die Zeit neuere Analysemethoden bzw. -ansätze, die in der Lage sein sollten, Phasen zu erklären, in denen der Kursverlauf sich als besonders volatil zeigt und sich somit stark von seinem inneren Wert entfernt. Hat man an dieser Stelle früher von »Bubbles« gesprochen und damit psychodynamisch motivierte, sich selbst erfüllende Erwartungen gemeint, so ist dieser Bereich heute unter Behavioral Finance bekannt. Hier werden Phänomene untersucht und zur Erklärung bestimmter Marktreaktionen psychodynamische Vorgänge wie Herdentrieb, Overreaction oder »Fads« ins Feld geführt. Darüber hinaus gab es auch Ansätze mittels neuronaler Netze oder Chaostheorie die Kapitalmarktlinie zu schlagen und gewisse Renditen mit einer verminderten Streuung zu erreichen.

Beispiele für potenzielle Fragen und Aufgaben im Interview (zur Wiederholung empfohlen):

Frage/Fragenbereich	√
Makroökonomische Einflüsse auf eine Branche, ein Unternehmen herleiten	
Abschätzen eines Beta für eine spezifische Industrie	
Eigenkapitalkosten von Firmen mit unterschiedlichen Fremdfinanzierungsgraden abschätzen	
CAPM oder Ansatz der APT erklären	
Chartanalyse erläutern	

Aktienderivate

Nachdem wir die Grundlagen der Bestimmung von Aktienrenditen besprochen haben, widmen wir uns nun sog. derivativen Strukturen, denen Aktien zugrunde liegen. In Kapitel I.2 bei der Vorstellung des Bereiches Equities hatten wir bereits erfahren, was ein Derivat grundsätzlich darstellt und welche Derivate es im Wesentlichen gibt. Im Folgenden wollen wir uns nun mit der Aktienoption exemplarisch auseinandersetzen. Wer sich insbesondere für den Bereich Derivate interessiert und für diesen bewerben will, dem sei die Lektüre weiterführender Literatur empfohlen, auf die wir im Anhang dieses Buches hinweisen.

Es gibt grundsätzlich zwei Arten von Optionen: Eine *Call Option* (Kaufoption) beinhaltet das Recht, nicht die Pflicht, eine Aktie zu einem im Voraus festgelegten Ausübungspreis (Strike) zu *kaufen*. Eine *Put Option* (Verkaufsoption) beinhaltet dagegen das Recht, nicht die Pflicht, eine Aktie zum Strike zu *verkaufen*.

Der Käufer wird die Option also nur ausüben, wenn er von deren Ausübung profitieren kann. Sollte er die Option nicht ausüben, verfällt sie zum Fälligkeitsdatum und der Käufer schuldet dem Verkäufer lediglich eine Optionsprämie. Somit wird klar, dass Optionen einerseits wie eine Versicherung vor Kursverlusten schützen (Absicherung = Hedging), andererseits aber auch als spekulatives Investment verwendet werden können.

Die Auszahlungsstruktur sieht für den Käufer einer Call Option bei einem Spot (gegenwärtiger Marktpreis) von 100, einem Strike von 120, sowie einer Optionsprämie von 5, die der Käufer zahlen muss, folgendermaßen aus. Zinseffekte sind aus Gründen der leichteren Verständlichkeit nicht berücksichtigt.

Payout-Struktur Long Call

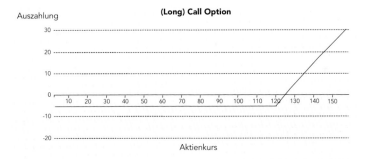

Für eine Prämie von 5 Euro erhält der Inhaber (Käufer) der Call Option, schließlich die Möglichkeit, bei steigendem Kurs der Aktie (Underlying) überproportional zu profitieren. Der Vorteil ist somit zum einen der geringere Kapitaleinsatz im Vergleich zu einem direkten Erwerb der Aktie, als auch die überproportionale Wertsteigerung. Der Nachteil ist einerseits die begrenzte Laufzeit als auch die stärkere Volatilität der Option.

Analog die Auszahlungsstruktur für den Käufer einer Put Option bei einem Spot von 100, einem Strike von 80 sowie einer Optionsprämie von 5:

Payout-Struktur Long Put

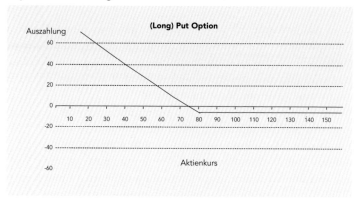

Mit dieser Put Option kann sich bspw. der Inhaber von Aktien, auf die sich die Option bezieht, gegen fallende Kurse der Aktie absichern. Dafür bezahlt er schließlich die Optionsprämie. Gleichzeitig kann jemand, der von fallenden Kursen des Underlyings ausgeht, mit dieser Put Option auch bei fallenden Kursen profitieren, während ein Inhaber von Aktien bei fallenden Kursen stets verliert.

Eine Ausnahme bilden Leerverkäufe, bei denen eine Aktie geliehen und am Markt verkauft wird. Fallen dann die Kurse wie erwartet, kann der Investor die Aktie zu diesem nun niedrigeren Kurs kaufen und der Bank, von der er sie geliehen hat, zurückgeben.

Eine Put Option entspricht somit, vereinfacht gesprochen, dem Nutzenprofil eines Leerverkäufers, während der Besitz einer Call Option dem Nutzenprofil eines Aktienkaufs entspricht. Wesentlich ist bei Optionen jedoch, dass man für eine gewisse Laufzeit ein Recht auf Ausübung hat und dafür lediglich eine Prämie zahlt.

Die Auszahlungsstruktur für den **Verkäufer** einer Option verläuft logischerweise spiegelverkehrt zu jener des Käufers der gleichen Option – am Beispiel der Call Option:

Payout-Struktur Short Call

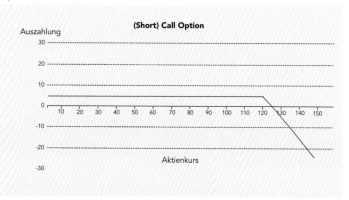

Analog für eine Put Option:

Payout-Struktur Short Put

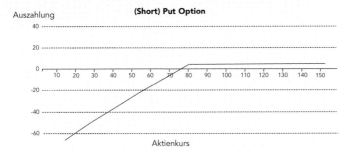

Die positive Auszahlung entspricht jeweils 5, also der Optionsprämie, die der Verkäufer der Call bzw. Put Option erhält.

Was wäre ein Beispiel für eine Hedging-Transaktion?

Eine Bank, die eine Aktie hält (man sagt: die Bank ist die Aktie »long«), sich aber gegen Risiken schützen will, kann mit Optionen einen recht einfachen Hedge (= Sicherungstransaktion) machen, um ihr »Downside« zu begrenzen. Da es aber kein »Free Lunch« gibt, bezahlt man, indem man einen Teil des Aufwärtspotenzials aufgibt.

Eine Möglichkeit für einen solchen Hedge wäre ein sog. *Collar*, bei dem man eine Put Option kauft und eine Call Option verkauft. Gehen wir davon aus, dass wir eine Aktie zum Preis von 100 gekauft haben und sie fortan halten, d. h. beim Verkauf für 100 würden wir einen Gewinn/Verlust von 0 realisieren. Dann impliziert dies für die Aus-zahlungsstruktur ohne Hedge:

Payout-Struktur Aktie

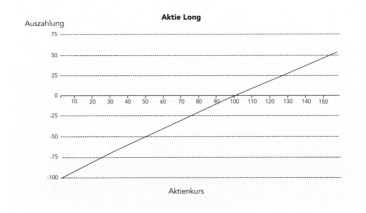

Wenn nun eine Put Option zum Strike von 70 gekauft, sowie eine Call Option zum Strike von 130 verkauft wird, sieht man, wie man den maximalen Verlust auf 30 (= 100 – 70) und den maximalen Gewinn auf 30 (= 130 – 100) beschränkt. Wir gehen davon aus, dass die beiden Optionsprämien sich gegenseitig aufheben, d. h., dass die Höhe der beiden Optionsprämien gleich ist.

Payout-Struktur Collar

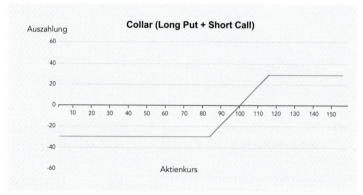

Insider-Tipp

Solche Fragestellungen sind vor allem in Interviews für eine Position in Abteilungen wie Equities oder Derivatives relevant.

Hier soll auf die Relevanz bspw. eines Collars für die M&A-Praxis hingewiesen werden. Bei einem Unternehmenskauf durch Aktien ist man einem gewissen Aktienkursrisiko ausgesetzt. Als Gegenmittel unterscheidet man z. B. zwischen Fixed Value Pricing und Fixed Exchange Ratio Pricing. Beim Fixed Value Pricing wird ein Collar eingesetzt, um in einem bestimmten Bereich des Aktienkurses des Käuferunternehmens einen konstanten Zielaktienpreis beizubehalten. Beispielsweise zahlt der Käufer im Bereich von 30 bis 50 Euro fix 40 Euro in eigenen Aktien pro Aktie des Verkäufers. Beim Fixed Exchange Ratio Pricing wird der Collar dazu genutzt, in einem bestimmten Bereich des Aktienkurses des Käuferunternehmens eine konstante Aktientauschquote zu fixieren. Beispiel: Im Bereich von 30 bis 50 Euro zahlt der Käufer 0,5 eigene Aktien pro Aktie des Verkäufers.

Aus dem obigen Beispiel können Sie außerdem einen sehr wichtigen Zusammenhang bei der Bepreisung von Optionen ablesen, dem wir uns als Nächstes widmen wollen, die sog. **Put Call-Parität**. Sie besagt:

Aktie + Put = Barwert einer risikolosen Anleihe + Call

Dies kann man verdeutlichen, indem man einfach die jeweiligen Graphen addiert, wodurch man erhält: Aktie + Put = Call parallel nach oben verschoben. Dabei gibt die Verschiebung nach oben das konstante Payout-Profil der Anleihe wieder. Transaktionskosten, wie z. B. die Kosten des Aktienkaufs, werden hierbei vernachlässigt.

Abschließend sei zu oben gezeigten Auszahlungsstrukturen bemerkt, dass diese einen idealtypischen Verlauf zeigen. Der Kurs einer gehandelten Option verläuft in der Praxis asymptotisch in einer Kurve, da eine Option auch einen Wert hat, wenn sie noch nicht »Im Geld« ist, d. h. wenn sie noch keinen Inneren Wert (Spot – Strike > 0) hat. Das liegt daran, dass der Wert einer Option sich aus dem Inneren Wert und einem Zeitwert zusammensetzt. Der Zeitwert hängt letztlich davon ab, wie groß die Wahrscheinlichkeit ist, dass die Option während der Restlaufzeit noch einen Inneren Wert erlangt. Damit wird klar, dass der Zeitwert mit näher rückendem Verfallsdatum abnimmt und der Optionswert am Ende nur noch aus einem Inneren Wert besteht.

Nachdem wir auf den Charakter von Optionen eingegangen sind, kommen wir nun zur konkreten Bewertung. Hierfür betrachten wir zunächst ein diskretes Bewertungsmodell, die sog. Bewertung über den Binomialbaum und diskutieren weitergehende Implikationen für die Bewertung von Aktienderivaten.

Zunächst eine gute Nachricht: So neu ist dieses Konzept gar nicht, denn wir haben uns bereits bei der Vorstellung von Realoptionen in Kapitel II.1 eines Binomialbaums bedient. Doch: Warum überhaupt *binomial*?

Wenn Sie heute eine Aktie halten, können Sie für morgen vereinfacht zwei mögliche Ausgänge annehmen: Der Wert der Aktie kann steigen oder fallen. Dies impliziert, dass wir in Periode t=1 zwei mögliche Ausgänge haben. Wenn wir annehmen, dass die relative Änderung des Aktienkurses für beide Fälle in jeder Periode gleich bleibt, ergeben sich in t=2 somit drei mögliche Ausgänge, in Periode t=3 vier und in Periode t=n folglich n+1 Ausgänge.

Die beiden wichtigen Freiheitsgrade bestehen in der Determinierung der sog. »Jump-Größe«, d. h. der relativen Veränderung des Aktienkurses in beiden Fällen. Diese bezeichnen wir im Folgenden als u (up) und d (down), sowie ihre jeweiligen Wahrscheinlichkeiten mit p (up) und (1–p) (down). Im sog. **Cox-Ross-Rubinstein-Modell** sind diese Probleme angesichts der Tatsache gelöst worden, dass eine Option perfekt durch Aktien und Anleihen repliziert werden kann. Die Berechnungsparameter lauten hierbei:

$$u = e^{\sigma\sqrt{n}}$$
$$d = 1/u$$
$$p = (1+r-d)/(u-d)$$

Dabei entspricht σ der Volatilität der zugrunde liegenden Aktie, n der Laufzeit pro Periode (= Laufzeit der Option dividiert durch die Zahl der Perioden im Modell) und r dem risikolosen Zins pro Periode. In diesem Rahmen ist es angebracht anzumerken, dass sich Volatilitäten mit der Wurzel der Zeit, Renditen allerdings linear mit der Zeit erhöhen.

Nun zu einem zweiperiodigen Beispiel, um die Bewertung einer Option anhand des Binomialbaums zu verdeutlichen. Wir nehmen folgende Parameter an:

Call Option
- Aktienkurs in t=0: 100 Euro
- Strike: 110 Euro
- Laufzeit der Option: ein Jahr
- Perioden: zwei, d. h. n = ½
- Risikoloser Zins (r): 5% p. a. und somit 2,5% je Periode
- Volatilität p. a.: σ = 20%

Somit errechnet sich auf Basis o. g. Formeln:
- u = 1,152 und somit d = 0,868
- p = $(1+0,05/2-0,868)/(1,152-0,868)$ = 0,55

Daraus ergibt sich unser Binomialbaum:

Binomialbaum Call Option

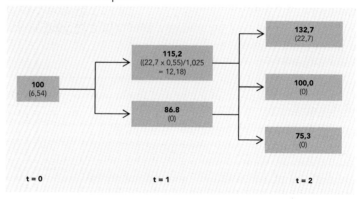

Die Abbildung zeigt die Aktienkurse jeweils fett gedruckt, während die dazugehörigen Optionspreise in Klammern angegeben sind. Die Optionspreise errechnen sich dabei retrograd, d. h. von den jeweiligen Aktienkursen zurückrechnend von rechts nach links. So entspricht der Optionspreis in t=0 bspw. 6,54 = (12,18 x 0,55) / 1,025, in Worten: der Optionspreis der Folgeperiode (in der letzten betrachteten Periode lediglich bestehend aus seinem Inneren Wert) multipliziert mit seiner Wahrscheinlichkeit und abgezinst auf die aktuelle Periode.

Binomialbäume, obgleich so simpel, vermitteln das ökonomische Konzept von Optionen. Zunächst sollte festgehalten werden, dass ein zweiperiodiger Binomialbaum eine enorme Simplifizierung darstellt und der eigentliche Optionspreis der oben dargelegten Struktur daher von 6,54 Euro abweicht. Die zeitstetige Version, d. h. unter der

Annahme, dass *dt* gegen Null strebt, man also die Laufzeit der Option in unendlich viele Perioden unterteilt, ist das sog. Modell von **Black & Scholes**. Die mathematisch komplexe Erläuterung soll nicht Gegenstand dieses Buches sein, da sie in aller Regel auch nicht interviewrelevant ist. Diese ist bei Interesse jedoch in der einschlägigen Fachliteratur oder auch im Internet leicht nachzulesen. Dennoch wollen wir den Black-Scholes Ansatz in seinen Grundzügen kurz erläutern und auf die Sensitivitäten (auch als »Griechen« bekannt) eingehen, die sich aus der Formel ableiten lassen.

Fischer Black und Myron Scholes (BS) zeigen, dass eine Option unter Annahme konstanter Zins- und Volatilitätsentwicklung durch ein Portfolio dupliziert werden kann. Dieses besteht lediglich aus dem Basiswert (Underlying) und einer Anlage oder Kredit zu einem festen Zinssatz. Die BS-Formel wird auch dem Zeitwert gerecht, da die Restlaufzeit der Option Bestandteil der Formel ist. Grundsätzlich wird im BS-Modell der Wert der Option durch fünf Einflussfaktoren bestimmt, nämlich: dem aktuellen Aktienkurs (Spot), dem Strike-Preis, dem Zinssatz, der Volatilität der Aktie sowie der Restlaufzeit. Durch mathematische Ableitung des Optionspreises nach diesen Modellparametern erhält man die Sensitivitäten (Griechen oder »Greeks«), die im Bereich Derivatives eine wichtige Rolle zur Charakterisierung eines Optionsprofils spielen und auch Bestandteil eines Interviews sein können. Diese sind:

- **Delta**: Gibt die Sensitivität des Optionspreises in Relation zu einer Preisbewegung im Underlying (Aktie) an, d. h. die absolute Veränderung des Optionspreises bei einer Veränderung des Aktienkurses um eine Einheit
- **Gamma**: Gibt die Sensitivität des Delta in Relation zu einer Preisbewegung im Underlying (Aktie) um eine Einheit wieder
- **Rho**: Gibt die Sensitivität des Optionspreises auf eine 1%-Veränderung des verwendeten Zinssatzes an
- **Theta**: Gibt die Sensitivität des Optionspreises bei einer Verkürzung der Restlaufzeit um einen Tag an
- **Vega (auch Kappa)**: Gibt die Sensitivität des Optionspreises bei einer Volatilitätserhöhung des Aktienkurses um 1% an
- **Omega**: Gibt die (prozentuale) Sensitivität des Optionspreises bei einer Veränderung des Aktienkurses um 1% an

Dabei ist das Delta die bedeutendste Optionssensitivität. Auf Basis des Delta einer Option, oder eines ganzen Portfolios von Kontrakten, werden schließlich die Hedgeparameter zur Absicherung ermittelt.

Während sich das BS-Modell in der Praxis durchgesetzt hat und die Berechnung in den Banken mit entsprechender Software erfolgt, lassen sich die wichtigsten Implikationen für die Bepreisung von Optionen bereits anhand des simplen Binomialbaums nachvollziehen.

Insider-Tipp

An dieser Stelle soll erneut darauf hingewiesen werden, dass im Finance-Interview weniger die Kenntnis von Herleitungen und Formeln gefragt ist, als vielmehr Einsichten in die grundsätzliche Logik von Modellen.

Die grundsätzliche Logik der Bepreisung von Optionen werden Sie teilweise bei der nachfolgenden Bewertung von Kreditderivaten wiedererkennen, aber auch in anderen Zusammenhängen für nützlich befinden. Sie ist sowohl Grundlage der Bewertung von Realoptionen als auch bei der Analyse von unsicheren Investitionsprojekten. Es empfiehlt sich daher, die dargelegte Logik als nützliches analytisches Framework zu betrachten.

Letztlich sei noch darauf hingewiesen, dass die im Rahmen dieses Buches genauer betrachteten Aktienoptionen und Kreditderivate lediglich zwei Ausprägungen eines kontinuierlich wachsenden Derivateuniversums darstellen. So gibt es darüber hinaus:

- Optionen auf Devisen (Fremdwährungen)
- Optionsscheine (verbriefte Optionen, die in der Regel zusammen mit Optionsanleihen emittiert werden)
- Futures (ähnlich wie Optionen Termingeschäfte, allerdings ohne Prämie und Recht, sondern eher vergleichbar mit einer verpflichtenden Wette)
- Swaps (Tauschgeschäfte zu im Voraus vereinbarten Konditionen)
- Forwards (außerhalb des Marktes gehandelte Futures)
- Optionen auf Futures, komplexe Kombinationen von Optionen, oder
- Futures auf Rohstoffe und vieles mehr

Doch die Logik folgt dabei zumeist in Anlehnung an die in diesem Buch dargelegten Grundzüge.

Devisen und Sorten

Fremdwährungen bezeichnet man als Devisen, wenn sie als Buchgeld (auch: Giralgeld) vorliegen und als Sorten, wenn man von physischem Geld, also Banknoten und Münzen spricht.

Beispiele für potenzielle Fragen und Aufgaben im Interview (zur Wiederholung empfohlen):

Frage/Fragenbereich	√
Abhängigkeit des Optionspreises von Parametern des Underlying benennen (sog. Greeks)	
Vergleich zweier Optionsstrukturen (welche ist profitabler?)	
Konzept des Binomialbaums erklären	
Put Call-Parität zur Bestimmung des Verhältnisses von Call- und Put-Preisen bestimmen	
Black & Scholes Modell im Wesen erläutern	

In diesem Abschnitt geben wir analog zum vorangehenden Abschnitt zunächst einen Einblick in die Grundlagen und gehen auf die Analyse von Anleihen ein, bevor wir uns im Anschluss mit Credit Derivatives beschäftigen.

Grundlagen Anleihemärkte

An den Anleihemärkten wird eine Vielzahl unterschiedlich ausgestalteter Anleihen gehandelt. Sie lassen sich hinsichtlich ihrer Laufzeiten, ihrer Emittenten, ihrer Zinszahlungsmodalitäten, ihrer Bonitäten und weiterer Merkmale systematisieren. Aber was sind Anleihen konkret? Anleihen (Bonds) sind neben langfristigen Bankkrediten ein klassisches Instrument zur Finanzierung kapitalmarktfähiger Institutionen. Die Finanzierung stammt von anonymen Kreditgebern auf dem Kapitalmarkt. Letztlich verbriefen Anleihen einen Teilkredit an das emittierende Unternehmen, den Staat, eine Kommune oder sonstige emittierende Kreditnehmer. Die Anleihen werden nach Ausgabe an der Börse gehandelt und ihre wichtigsten Ausstattungsmerkmale sind:

- Nominalwert (Principal)
- Ausgabekurs
- Zinscoupon (Coupon)

Der Nominalwert entspricht der Geldsumme, welche der Emittent bei Fälligkeit zurückzuzahlen verspricht und auf die sich auch die nominale Verzinsung bezieht. Zusätzlich zum Rückzahlungsbetrag am Ende der Laufzeit, fallen bei klassischen Anleihen regelmäßig Couponzahlungen (Zinszahlungen) ab, die den Anleihekurs beeinflussen. Der Anleihekurs ist der schwankende Wert der Anleihe an der Börse analog zum Aktienkurs.

Wie errechnet sich der Ausgabekurs einer festverzinslichen Anleihe? Nehmen wir an, der Coupon sei 5% (bezogen auf den Nominalwert), der Nominalwert betrage 100, der Kapitalmarktzins sei 6% und die Laufzeit der Anleihe sei 3 Jahre. Somit lässt sich der Ausgabekurs wie folgt berechnen:

$$\text{Ausgabekurs} = \frac{5}{1,06} + \frac{5}{1,06^2} + \frac{105}{1,06^3} = 97,33$$

Die Anleihe wird also zum Kurs von 97,33% des Nominalwerts emittiert, doch der Emittent leistet jedes Jahr eine Couponzahlung von 5% des Nominalwertes sowie im letzten Jahr den Nominalwert von 100.

Die Bewertung einer Anleihe erfolgt auf Basis der Kapitalwertmethode, die wir im ersten Abschnitt des Kapitels II wiederholt haben. Unter Zuhilfenahme eines alternativen Kapitalmarktzinses mit identischer Laufzeit werden die Cash Flows aus der Anleihe auf den Barwert (Present Value) abgezinst. Nach Abzug des bezahlten Preises (Emissionspreis oder Anleihekurs) erhält man den Net Present Value. Nehmen wir an, wir hätten eine festverzinsliche Anleihe an der Börse für 102,65 Euro erworben. Ihr Nominalwert sei 100 Euro, ihre Coupons verbriefen jährliche Zinszahlungen von 6% und die Restlaufzeit betrage 3 Jahre. So errechnet sich der Present Value, bei einem angenommenen Kapitalmarktzins von 4,5%:

$$PV = \frac{6}{1,045} + \frac{6}{1,045^2} + \frac{106}{1,045^3} = 104,12$$

Der Kapitalwert (NPV) wäre somit nach Abzug des Bezugspreises: 104,12 − 102,65 = 1,47 Euro.

Andersherum hätte man auch fragen können: Welche Rendite erwarten Investoren, bei unserem Anleihekurs von 102,65? Die Rechnung hätte dann so ausgesehen:

$$102,65 = \frac{6}{(1+y)} + \frac{6}{(1+y)^2} + \frac{106}{(1+y)^3}$$

Diese Berechnung, die uns stark an die Interne Zinsfuß (IRR) Methode erinnert, bringt uns einen Wert für y von 5,026%. Dies ist der Zins, den der Markt für die Anleihe zu ihrem aktuellen Kurs unterstellt bzw. die Rendite, die man effektiv erzielt, wenn man die Anleihe zum aktuellen Kurs von 102,65 erwirbt und bis zur Fälligkeit hält. Er wird als **Yield to Maturity** (YTM) bezeichnet und ist nichts anderes als der IRR der Cash Flows aus der Anleihe.

Aus diesen Berechnungen wird schnell deutlich, dass Anleihekurse sehr stark vom aktuellen Kapitalmarktzins abhängen. Steigt der Kapitalmarktzins, fallen die Anleihekurse und umgekehrt. Wenn man bspw. eine Anleihe besitzt, die in einer Hochzinsphase mit 8% Coupons emittiert wurde, so ist ihr Besitz schließlich auch umso lohnender, je geringer der anderweitig am Kapitalmarkt erhältliche Zins ist. Wenn die Yield to Maturity dem Couponzins entspricht, sollte die Anleihe genau zu ihrem Nennwert handeln, ist die YTM niedriger (wie in unserem Beispiel: 5,026% < 6%), handelt die Anleihe zu einer Prämie und umgekehrt.

Diese Zusammenhänge gelten insbesondere für festverzinsliche Anleihen, deren Zins sich während der Laufzeit im Gegensatz zu variabel verzinslichen Anleihen (Floating Rate Notes) nicht verändert. Floating Rate Notes (FRN) werden oft in Anlehnung an einen Referenzzinssatz – bspw. den Interbankenzins »European Interbank Offered Rate« (EURIBOR) – zuzüglich x Basispunkte verzinst. Somit passen sich diese Anleihen schwankenden Kapitalmarktzinsen schrittweise an. Das bedeutet konsequenterweise, dass sich der Anleihekurs von variabel verzinslichen Anleihen vergleichsweise gering vom Nominalwert entfernt.

Prinzipiell gilt, je länger die Restlaufzeit einer Anleihe, umso sensitiver reagiert ihr Kurs auf Veränderungen des Kapitalmarktzinses. Das erscheint logisch, da man bei sehr lange laufenden Anleihen ja für längere Zeit auf alternative Anlagen zum Kapitalmarktzins verzichtet bzw. umgekehrt den Vorteil hat höhere Zinsen über die Anleihe zu erhalten.

Noch einmal zurück zu obiger Rechnung: Streng genommen müsste der Kapitalmarktzins eine Funktion der Laufzeit sein, da der Kapitalmarktzins je nach Laufzeit unterschiedliche Zinssätze aufweist. Diese lassen sich aus einer sog. Term Structure entnehmen. Unter der Annahme einer normalen Zinsstruktur, bei der im Gegensatz zu einer inversen Zinsstruktur, längere Laufzeiten höhere Zinsen bringen, könnte diese bspw. wie folgt aussehen:

Periode	Government Bond
1 Jahr	3,70%
2 Jahre	3,74%
3 Jahre	3,78%

Insider-Tipp

Wir empfehlen zur Vorbereitung, aktuelle Zinswerte zu kennen. Diese lassen sich bei der EZB und auch bei der Bundesbank leicht im Internet nachsehen, z. B. unter bundesbank.de/statistik/statistik_zinsen_tabellen.php Darüber hinaus lassen sich zu Stichworten wie Yield Curve, Term Structure o. ä. viele Details nachlesen, die den Rahmen dieses Buches sprengen würden, aber dem vertieften Verständnis helfen können. Je detaillierter man vorbereitet ist, desto besser kann man im Interview Pluspunkte sammeln. Dabei gilt, wie zuvor erwähnt, dass zusammenhängendes Wissen über auswendig gelerntes Detailwissen geht.

Die Yield to Maturity stellt letztlich einen Durchschnitt der jeweiligen laufzeitabhängigen Zinsen (Spot Rates) dar.

Womit würden wir jedoch einen Cash Flow abdiskontieren, der im Jahr 2 auftritt, aber nur bis auf das Jahr 1 abdiskontiert werden soll? Man bedient sich hierbei der sog. **Forward Rate**, die sich aus folgender Beziehung ergibt:

Ein Euro, der für ein Jahr zu 3,7% angelegt wird, wächst zu einer Auszahlung von 1,037 Euro. Ein Euro, der für zwei Jahre zu 3,74% angelegt wird, führt zu einem Endwert von $(1+0,0374)^2 = 1,0762$ Euro. Dadurch, dass man den Euro ein zweites Jahr investiert hält, wächst der

Endwert von 1,037 auf 1,0762: ein Anstieg um 3,78 %. Diese zusätzlichen 3,78 %, die man dafür erhält, dass man sein Geld ein zweites Jahr investiert hält, ist die Forward Rate für Jahr 2 (f_2). Die Berechnung lautet:

$$f_2 = \frac{(1+r_2)^2}{(1+r_1)} - 1$$

Klassische Anleihen bezeichnet man auch als Straight Bonds. Dies führt uns zur nächsten Frage:

Welche verschiedenen wesentlichen Arten von Anleihen gibt es neben den klassischen variabel- und festverzinslichen noch und wie unterscheiden sie sich? Neben Straight Bonds gibt es bspw. noch **Zero Bonds** (Nullcouponanleihen). Zero Bonds vergüten keine Zinszahlungen während der Laufzeit. So errechnet sich der Ausgabekurs in Anlehnung an unser o. g. erstes Beispiel:

$$\text{Ausgabekurs} = \frac{100}{1,06^3} = 83,96$$

Der offensichtliche Unterschied zu Straight Bonds besteht darin, dass sich Veränderungen des Marktzinsniveaus stärker auf Zero Bonds auswirken, weil dort Zinsveränderungen auf »alle Zinszahlungen« (es gibt eben nur eine) der Anleihe Einfluss ausüben. Letztlich geht der Inhaber eines Zero Bonds auch ein höheres Risiko ein, da er auf jegliche Zahlungen bis zum Schluss verzichtet und sich somit der Zahlungsausfall des Emittenten auf alle Zahlungen auswirken würde.

Darüber hinaus existieren sog. Convertible Bonds (Wandelanleihen), bei denen ein Straight Bond mit einer Umtauschoption ausgestattet wird. Diese ermöglicht es dem Gläubiger, die Anleihe in Anteile (Aktien) umzuwandeln. Dies entspricht einem Umtausch von Fremd- in Eigenkapital und der Gläubiger wird zum Aktionär.

Wie bemisst man das Risiko von Anleihen? Im Abschnitt, der Sie auf die für Ratings relevante Theorie vorbereitet, werden Risikomaße eine tragende Rolle spielen. Das Risikomaß für Anleihen soll allerdings bereits hier diskutiert werden.

Im Folgenden wollen wir zwei wichtige Kennzahlen für Anleihen besprechen: die **Duration** und die **Anleihenvolatilität**.

Wir hatten bereits gesagt, dass eine Änderung der Kapitalmarktzinsen sich auf weiter in der Zukunft liegende Cash Flows stärker auswirkt, als auf kurzfristige. Somit reagieren Festzinsanleihen mit langer Laufzeit stärker im Kurs. Aber was heißt eigentlich kurz- bzw. langfristig? Wenn wir uns überlegen, dass eine Anleihe halbjährlich oder jährlich Zinsen abwirft, dann ist die durchschnittliche Kapitalbindungsdauer aufgrund der Cash Flows während der Laufzeit de facto geringer als die Laufzeit der Anleihe selbst (z. B. 5 Jahre).

Diese durchschnittliche Laufzeit der Cash Flows wird als Duration bezeichnet und sie stellt gleichzeitig ein Maß für die Sensitivität des Anleihekurses im Hinblick auf eine Veränderung des zugrunde liegenden Zinses dar (Zinsänderungsrisiko). Folgende Tabelle zeigt eine Beispielrechnung, basierend auf unseren Zahlen aus dem Beispiel zur Barwertberechnung, wobei wir die Yield to Maturity gleich dem Kapitalmarktzins (4,5%) setzen:

Berechnung der Duration

Jahr	Cash Flows	PV bei YTM: 4,5%	Anteil am Gesamtwert	Anteil am Gesamtwert x Zeit
1	6	5,74	0,055	0,055
2	6	5,49	0,053	0,106
3	106	92,89	0,892	2,676
		104,12	1,000	Duration = 2,837 Jahre

Über den Anteil der jeweiligen Barwerte am Gesamtwert und ihrer Gewichtung mit der Laufzeit gelangt man zur Duration, die in diesem Beispiel 2,837 Jahre beträgt. Und das, obwohl die Laufzeit der Anleihe selbst 3 Jahre ist.

Zur Duration lassen sich folgende vier Gesetzmäßigkeiten festhalten:

- Die Duration ist umso kleiner, je kürzer die Restlaufzeit ist
- Die Duration ist umso kleiner, je höher der Marktzins liegt
- Die Duration ist umso kleiner, je höher der Coupon ist
- Die Duration eines Zero Bond entspricht stets seiner Restlaufzeit

Aus der Duration lässt sich nun ganz leicht die Anleihenvolatilität wie folgt bestimmen:

Anleihenvolatilität (%) = Duration / (1 + Yield)

Somit ergibt sich in unserem Beispiel: 2,837 / 1,045 = 2,72. Das bedeutet, dass sich unsere Anleihe bei einer 1%-Veränderung der Zinsen um 2,72% im Kurs verändert. Die Volatilität ist technisch gesehen die Steigung eines konvexen Graphen, der das Verhältnis zwischen Anleihekurs und Zinsrate beschreibt. Als Approximation wird jedoch häufig direkt die Duration herangezogen, um die Sensitivität abzuschätzen.

Zum Schluss dieses Abschnitts noch ein Aspekt, der im Debt Bereich eine Rolle spielt: die Inflation. So wird ein Teil der Zinszahlungen durch die Inflation »neutralisiert«, wobei das in anderen Worten lediglich bedeutet, dass die Kaufkraft der Cash Flows gemindert wird, was einen positiven realen Effekt für den Kreditnehmer (Anleiheemittent) hat. Es könnte relevant sein, wie man den realen Zins kalkuliert und das ist nicht einfach der Zins abzüglich der Inflationsrate (!), sondern:

$$1 + r_{real} = (1 + r_{nominal}) / (1 + \text{Inflationsrate})$$

So entspricht ein Zinssatz von 8% bei einer Inflationsrate von 3%, einem Realzins von 4,85%. Denn wenn man heute 100 Euro zu 8% investiert, hat man nominal zwar nach einem Jahr 8 Euro »verdient«, kann dafür aber weniger kaufen, als zum Zeitpunkt des Investments. Um den Realzins auszurechnen, muss man daher wieder mit der Inflationsrate auf den Investitionszeitpunkt abzinsen.

In der Praxis haben sich sog. Indexed Bonds etabliert, die einen inflationsbereinigten Zins zahlen, wie z. B. die Treasury Inflation Protected Securities (TIPS) des U.S. Treasury.

Zinsen

Können nominale Zinsen auch negativ sein? Wenn das so wäre, dann würde jeder einfach Bargeld halten, was sich wiederum auf die Zinsen auswirkt. Daher können nominale Zinsen nicht negativ sein. Aber wie ist es mit realen Zinsen? Könnte es sein, dass die Inflation höher ist als die nominalen Zinsen und somit die Realzinsen negativ? Wenn das der Fall wäre, dann könnte man Geld verdienen, indem sich etwas lagerfähiges auf Kredit kauft und hält, um es später teurer zu verkaufen. Da der Wert schneller gestiegen ist als der Kredit, lässt Letzterer sich aus dem Verkauf zurückzahlen und ein Gewinn bliebe über. Das ist theoretisch möglich, aber in der Praxis wohl eher eine extreme Rarität.

Beispiele für potenzielle Fragen und Aufgaben im Interview (zur Wiederholung empfohlen):

Frage/Fragenbereich	√
Diverse Anleihetypen diskutieren und Unterschiede herausstellen	
Forward Rate erläutern	
Anleihenvolatilität und Duration erklären	
Einfluss der Inflation erläutern	

Kreditderivate

Nachdem wir bereits Aktienderivate wie z. B. Call-Optionen betrachtet haben, fällt das Verständnis von Bond-Optionen leichter. Ein wesentlicher Unterschied besteht jedoch darin, dass sich der Anleihekurs in Abhängigkeit der Zinsänderungen bewegt. Es ist also bei der Anwendung des Binomialbaums nötig, gleichzeitig ein Zinsprozess zu modellieren.

Relevante Zinsmodelle wurden z. B. von Ho & Lee sowie von Hull & White entwickelt. Letztere halten ihr sog. Two Factor Model sogar offen für potenzielle weitere Einflussfaktoren im Rahmen des Zinsmodellierungsprozesses. Denkbar wären u. a. Wechselkurse. Im Folgenden stellen wir zwei verwandte Kreditderivate konkreter vor, nämlich Credit Default Swaps (CDS) sowie Total Return Swaps (TRS). Der Hintergrund beider Strukturen ist der Handel mit Kreditsicherheiten.

Wir gehen davon aus, dass ein Unternehmen A in eine Anleihe von Unternehmen B investiert hat, d. h., Unternehmen B leiht sich (implizit, also über den Kapitalmarkt) Geld von Unternehmen A. Es handele sich hierbei um 100 Mio. Euro, der Coupon liege bei 6% und die Anleihe habe eine Laufzeit von 4 Jahren.

Gehen wir weiterhin davon aus, dass eine gewisse Wahrscheinlichkeit besteht, dass Unternehmen B den Zahlungsverpflichtungen nicht nachkommen kann, weshalb Unternehmen A ein Bedürfnis hat, sich gegen diese Ausfallwahrscheinlichkeit abzusichern. Zunächst müssten wir definieren, was unter einem Ausfall zu verstehen ist. Hier gibt es unterschiedliche Interpretationen, wie z. B. die Charakterisierung eines Ausfalls als Bankrott, Zahlungsunfähigkeit, Zahlungsverzögerungen um X Monate, die Notwendigkeit von Restrukturierungsprozessen etc.

Unternehmen A könnte in diesem Fall einen Vertrag mit einem Unternehmen C schließen. Hierbei zahlt Unternehmen A an Unternehmen C eine Swapprämie, die man gleichzeitig als Versicherungsprämie verstehen kann. Im Gegenzug vergütet Unternehmen C dem Unternehmen A den Ausfall der Zahlungen von Unternehmen B.

Für diesen CDS nehmen wir folgende Spezifizierung an:
- Risikoverkäufer: Unternehmen A
- Risikokäufer: Unternehmen C
- Swapprämie: 80 bps (Basispunkte, wobei 1 Basispunkt = 1/100%)
- Bei Ausfall: 60% des Nominalwerts (nicht aber der Couponzahlungen) kann wiederhergestellt werden
- Definition des Ausfalls: Bankrott oder Zahlungsunfähigkeit
- Couponzahlungen: jährlich

Die Zahlungsströme hängen dann davon ab, ob ein Zahlungsausfall bei Unternehmen B auftritt oder nicht.

Zahlungsströme Credit Default Swap

		B zahlt A	A zahlt C	C zahlt	Netto-Position A
kein Zahlungs-ausfall	Jahr 1	6,0	0,8	0	5,2
	Jahr 2	6,0	0,8	0	5,2
	Jahr 3	6,0	0,8	0	5,2
	Jahr 4	106,0	0,8	0	105,2
	Summe	124,0	3,2	0	120,8
Zahlungs-ausfall	Jahr 1	6,0	0,8	0	5,2
	Jahr 2	6,0	0,8	0	5,2
	Jahr 3	6,0	0,8	0	5,2
	Jahr 4	60,0	0,8	40,0	99,2
	Summe	78,0	3,2	40,0	114,8

Während Unternehmen A im Fall ohne Zahlungsausfall somit einen Teil der Cash Flows abgibt (verliert), zieht es im Fall mit Zahlungs-ausfall einen beträchtlichen Nutzen aus dem CDS, ganz wie in einer konventionellen Versicherung.

Was nun den Total Return Swap angeht, zahlt Unternehmen C dem Unternehmen A nicht mehr den Fehlbetrag des Nominalwerts, sondern in der letzten Periode den Nominalwert und über die kom-plette Laufzeit hinweg einen Coupon, der sich aus dem Kapital-marktzins (hier: risikoloser Zinssatz wie z. B. EURIBOR) zuzüglich einer Prämie zusammensetzt.

Für diesen TRS nehmen wir folgende Spezifizierung an:
- Risikoverkäufer: Unternehmen A
- Risikokäufer: Unternehmen C
- Unternehmen A zahlt Unternehmen C alle Cash Flows aus der Anleihe von Unternehmen B
- Unternehmen C zahlt Unternehmen A einen Coupon, der sich aus dem EURIBOR + 1,5% zusammensetzt (entsprechend einer Floating Rate Note)
- bei Ausfall: 60% aller Zahlungen (Nominalwert und Couponzah-lungen) können wiederhergestellt werden
- Definition des Ausfalls: Bankrott oder Zahlungsunfähigkeit
- Couponzahlungen: jährlich

Die Zahlungsströme hängen (wie beim CDS) davon ab, ob ein Zah-lungsausfall bei Unternehmen B auftritt oder nicht:

Zahlungsströme Total Return Swap

		Einjahres-EURIBOR (p. a.)	A zahlt C (erhalten von B)	C zahlt A	Netto-Position C
kein Zahlungs-ausfall	Jahr 1	3,0%	6,0	4,5	1,5
	Jahr 2	3,5%	6,0	5,0	1,0
	Jahr 3	4,0%	6,0	5,5	0,5
	Jahr 4	4,1%	106,0	105,6	0,4
	Summe		124,0	120,6	3,4
Zahlungs-ausfall	Jahr 1	3,0%	6,0	4,5	1,5
	Jahr 2	3,5%	6,0	5,0	1,0
	Jahr 3	4,0%	6,0	5,5	0,5
	Jahr 4	4,1%	0,6 x 106 = 63,6	105,6	– 42,0
	Summe		81,6	120,6	– 39,0

Spätestens bei Betrachtung der Nettoposition von Unternehmen C sollte auffallen, dass sich die Bepreisung des TRS – wie bereits bei der Bepreisung von Optionen – nach dem sog. No-Arbitrage-Prinzip richtet. Das bedeutet, man kann äquivalente Strukturen (Verträge) gleichsetzen und daraus die korrekte Prämie ableiten. In unserem oben dargestellten Vertrag haben wir ganz willkürlich 1,5% angenommen, die für die Zahlungen von Unternehmen C an Unternehmen A dem EURIBOR hinzuaddiert werden. Grundsätzlich ist diese Prämie aber folgendermaßen zu berechnen: Der Zahlungsstrom von Unternehmen A zu Unternehmen C leitet sich aus dem Anleihenvertrag zwischen den Unternehmen A und B ab. Man berechnet also den Barwert dieser Anleihe unter Berücksichtigung des Kreditrisikos, welches sich in erhöhten Fremdkapitalkosten widerspiegelt. Dieser Barwert muss im Gleichgewicht genauso hoch sein wie der Barwert der Zahlungen von Unternehmen C an Unternehmen A. Die jeweiligen Cash Flows entsprechen den Coupons (= EURIBOR + zu bestimmende Prämie). Wichtig ist nun: Womit werden diese Cash Flows abdiskontiert? Korrekterweise mit dem risikolosen Zinssatz (hier: EURIBOR), da die Zahlungen von Unternehmen C an Unternehmen A annahmegemäß sicher sind. Wenn wir nun die beiden o. g. Barwerte gleichsetzen, haben wir eine Gleichung und genau eine Unbekannte (die Prämie), sodass wir nach der Prämie auflösen und so den Gleichgewichtspreis für den Total Return Swap berechnen können.

Praxisrelevanz

Gerade im Hinblick auf die Subprime-Krise im Sommer 2007 – ausgelöst durch minderwertige Kredite im US-amerikanischen Immobiliengeschäft – erscheint der Kreditmarkt als treibende Kraft mit enormen Folgen für die Funktionalität des Kapitalmarkts. Nicht wenige Bewerber haben uns von Fragen im Interview berichtet, die um die Finanzkrise im Allgemeinen und die Subprime-Krise im Speziellen kreisten. Arbeiten Sie vorausschauend und bereiten Sie sich entsprechend vor. Nutzen Sie die hier präsentierte Theorie, um sie auf aktuelle Bezüge anzuwenden.

Abgesehen von den oben angesprochenen Kreditderivaten, gibt es noch zahlreiche weitere Derivate im Debt-Bereich. Man sollte für ein Interview im Bereich Debt Capital Markets auf jeden Fall auch etwas mit dem (Euro-)Bund-Future anfangen können und sich bspw. im Internet über dessen Stand, sowie den aktuellen Stand der Umlaufrendite, Inflation sowie anderer Marktwerte informieren.

Beispiele für potenzielle Fragen und Aufgaben im Interview (zur Wiederholung empfohlen):

Frage/Fragenbereich	√
Strukturen von Kreditderivaten erklären (Was ist ein CDS? Was ist ein TRS?)	
Bestimmung von Forward Rates	
Zinsstrukturkurve erläutern	
Verhältnis von CDS-Preisen und Kreditrisiko im Allgemeinen diskutieren (s. hierzu auch Kapitel II.6 über Ratingagenturen)	
Probleme im Zusammenhang mit Kreditderivaten in der Finanzkrise erklären	

Investment Management

Spätestens seit Harry Markowitz in den fünfziger Jahren bekannt gemacht hat, dass man zur Risikostreuung nicht alle Eier in einen Korb legen sollte, hat die Portfoliotheorie Einfluss auf die Asset Allocation im Bereich Investment Management. In diesem Bereich geht es vornehmlich um die effiziente Allokation von Kapital der Investoren (aus Sicht des Investment Management Klienten), um im Rahmen einer gegebenen Risikobereitschaft die bestmögliche Rendite zu erwirtschaften. Hierzu bedient man sich – egal ob für Individuen (PWM) oder institutionelle Investoren (AM) – unterschiedlicher Anlageklassen, von Aktien, über Anleihen bis zu sog. Alternative Investments, wie Immobilien und Derivate. Bereits in den vorangehenden

Abschnitten haben wir uns mit Aktien, Anleihen und Derivaten sowie ihrer Bewertung beschäftigt, was auch für den Bereich Investment Management relevant ist. In diesem Abschnitt wollen wir zunächst ergänzend auf die Portfoliotheorie eingehen und uns später mit den Grundlagen der Asset Allocation und der Performancemessung vertraut machen.

Portfoliotheorie

Da das Kernstück der Portfoliotheorie, nämlich das Portfolio Selection-Modell von Markowitz, die Grundlage des bereits zuvor behandelten CAPM und dessen Security Market Line darstellt, können wir diesen Abschnitt vergleichsweise kurzfassen. Wir wollen es aber wegen seiner zentralen Bedeutung und im Hinblick auf die Interviewrelevanz nicht gänzlich vernachlässigen.

Wir hatten bisher besprochen, dass Aktienmärkte riskant sind, weil die Renditen streuen, was gewöhnlicherweise in der Standardabweichung oder Varianz der Rendite ausgedrückt wird. Die Streuung bzw. das Risiko hatten wir zerlegt in das (systematische) Marktrisiko und das (unsystematische) spezifische Unternehmensrisiko. Letzteres lässt sich durch Diversifikation eliminieren und wird daher vom Markt nicht vergütet. Und die Grundlage dieser Diversifikation bzw. der Wahl des effizienten Portfolios bildet das Portfolio Selection-Modell von Markowitz.

Die zentralen Aussagen des Portfolio Selection-Modells sind:
- Maßgebliche Größen für die Portfoliokonstruktion sind Risiko und erwartete Rendite
- Zur Risikoreduktion ist die Bildung von Portfolios sinnvoll
- Portfolios, zu denen bei gleicher zu erwartender Rendite keine Alternative mit geringerem Risiko oder bei gleichem Risiko keine Alternative mit einer höheren zu erwartenden Rendite besteht, werden als »effiziente Portfolios« bezeichnet
- Zentrale Bedeutung für das Portfoliorisiko besitzt das Ausmaß des Gleichlaufs (Korrelation) der Renditen der einzelnen Portfoliobestandteile

Markowitz geht in seinem Modell von risikoscheuen Anlegern und bzgl. ihren Entscheidungen von der in Kapitel II.1 kennen gelernten µ-σ-Regel aus. Des Weiteren nimmt er an, dass Transaktionskosten und Steuern nicht existieren und Wertpapiere beliebig teilbar sind. Außerdem konzentriert sich sein Modell auf den Betrachtungszeitraum einer Periode.

Portfolioselection

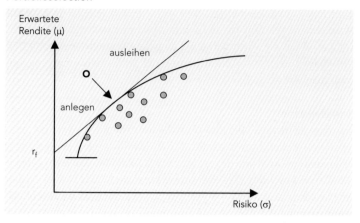

Auf Basis dieser Annahmen lässt sich in einem Rendite-Risiko-Diagramm die Portfolio Selection erläutern. Die einzelnen Punkte stellen verschiedene Portfolios dar, die von der Effizienzline nach links oben begrenzt sind. Alle Portfolios rechts unterhalb dieser Linie haben entweder bei gleicher zu erwartender Rendite ein höheres Risiko oder bei gleichem Risiko eine niedrigere zu erwartende Rendite. Somit muss das effiziente Portfolio auf der Linie liegen. Wenn man zusätzlich die Möglichkeit in das Modell einbezieht, Geld zu einem sicheren Zinssatz anzulegen oder auszuleihen, dann lässt sich ausgehend vom sicheren Zinssatz (r_f) eine Gerade als Tangente an die Effizienzlinie legen. Diese Linie kann folgendermaßen interpretiert werden: Zwischen r_f und dem Tangentialpunkt o, der gleichzeitig den Optimalpunkt bzw. unser gesuchtes Portfolio kennzeichnet, wird ein Teil des zu investierenden Kapitals in das Portfolios o investiert und ein Teil zum sicheren Zinssatz angelegt. Dadurch lässt sich das Risiko weiter reduzieren und ein Bereich außerhalb der Effizienzkurve (auf der Linie) wird erreichbar. Der Linienbereich oberhalb von o kennzeichnet einen Bereich, indem man sich zum vorhandenen Investmentkapital zusätzlich Geld ausleiht, um es in das Portfolio o zu investieren. Dadurch steigt sowohl die zu erwartende Rendite als auch das Risiko weiter an.

Schließlich bleibt es dabei, dass unter den gegebenen Annahmen der Tangentialpunkt und somit Portfolio o das dominierende ist, was sich auch durch die **Sharpe Ratio** ausdrückt, die an diesem Punkt den höchsten Wert unter allen möglichen Portfolios aufweist. Sie errechnet sich als Quotient der jeweiligen Risikoprämie eines Portfolios mit seiner Standardabweichung. Die Risikoprämie ist dabei die Differenz zwischen der jeweiligen Portfoliorendite und dem sicheren Zins r_f.

Sharpe Ratio = Risikoprämie / Standardabweichung = $(r_p - r_f)/\sigma_p$
mit r_p = Portfoliorendite, r_f = risikoloser Zins, σ_p = Standardabweichung Portfolio (bzw. Portfoliorisiko)

Nehmen wir Folgendes an:

Investment	Erwartete Rendite (μ)	Standardabweichung (σ)
Sicherer Zins (rf)	4%	0
Optimales Portfolio (o)	12%	13%

Mit diesen Angaben lässt sich nun Folgendes berechnen. Wenn man das Investmentkapital hälftig in das optimale Portfolio und die risikolose Anlage (z. B. Bundesanleihen) investiert, so erhält man eine erwartete Rendite von 0,5 x (12% + 4%) = 8% bei einer Standardabweichung von 0,5 x (13% + 0%) = 6,5%. In unserer Grafik würde man sich auf halbem Weg zwischen r_f und o befinden.

Bei sehr großer Risikofreude könnte man auch die gleiche Menge des Investmentkapitals zum risikolosen Zins ausleihen und ebenfalls in das Portfolio (o) investieren und erhielte eine erwartete Rendite von 2 x 12% - 1 x 4% = 20% bei einer Standardabweichung von 2 x 13% - 1 x 0% = 26%.

Wie lässt sich aber nun die Portfoliovarianz ermitteln, um daraus die notwendige Diversifikation abzuleiten? Markowitz hat hierauf mit der Varianz-Kovarianz-Matrix für den 2-Anlagen-Fall geantwortet. Die Summe der Kovarianzen zwischen zwei Anlagen (Wertpapieren) bildet schließlich das Portfoliorisiko im 2-Anlagen-Fall. Der Vollständigkeit halber und für Interessierte hier die Formel:

$$\sigma_p^2 = x_1^2\sigma_1^2 + x_2^2\sigma_2^2 + 2x_1x_2\sigma_1\sigma_2\rho_{12} \quad \text{mit}$$

x_i = Anteil Wertpapier i am Portfolio p
σ_i = Standardabweichung Wertpapier i
σ_p = Standardabweichung Portfolio (Portfoliorisiko)
ρ_{12} = Korrelationskoeffizient zwischen Wertpapier 1 und 2

Es sollte klar werden, dass es für den Diversifikationseffekt nicht auf die Anzahl der Wertpapiere im Portfolio, sondern auf den Mix möglichst verschiedener (nicht gleichlaufender → geringe Korrelation) Risikoprofile ankommt.

Nobelpreis

Diese theoretische Grundlage der Portfolio Selektion, so einleuchtend sie ist, hat Markowitz 1990, knapp vierzig Jahre nach seinem Aufsatz von 1952, zusammen mit Sharpe und Merton Miller den Wirtschaftsnobelpreis gebracht.

Portfoliorisiko

Was ist besser für die Diversifikation eines Portfolios, eine negative Korrelation zweier Anlagen oder eine Korrelation von 0? Die Antwort wird klar, wenn man sich die Formel für das Portfoliorisiko anschaut: Eine negative Korrelation ist für die Diversifikation so gut, wie sie in der Praxis selten ist. Im Fall von zwei perfekt negativ korrelierten Investments (ρ_{12} = -1), ließe sich ein sicheres Investment mit einer Standardabweichung von 0 konstruieren.

Für das verbleibende Portfoliorisiko nach guter Diversifikation hat die Kapitalmarkttheorie jedoch eine Antwort, die wir bereits kennen, das Beta. Statistisch gesehen ist das Beta ja nichts anderes als der Quotient aus der Kovarianz eines Wertpapiers mit dem Markt und der Varianz der Renditen am Markt selbst. Beta misst somit das (systematische) Marktrisiko einer Anlage und dient daher als relevante Größe zur Bestimmung des Risikobeitrags der Anlage zum Portfolio. Denn für den Risikobeitrag ist es weniger relevant wie riskant eine Anlage isoliert betrachtet ist. So können bspw. sehr riskante Anlagen (d. h. mit einer hohen Standardabweichung) einen geringen Risikobeitrag zu einem Portfolio mit sich bringen. Es kommt also auf das Beta an. Je niedriger das durchschnittliche Beta aller Anlagen im Portfolio, desto geringer das Marktrisiko des Portfolios. Und da das Marktrisiko nach einer guten Diversifikation den größten Teil des Portfoliorisikos ausmacht, ist folglich auch das Portfoliorisiko niedriger, je geringer das durchschnittliche Beta ausfällt.

Eine mögliche Interviewfrage

Nehmen wir an, ein Portfolio ist perfekt diversifiziert und die durchschnittliche Standardabweichung des Marktes, in dem wir uns bewegen, sei 20%. Wie hoch ist das Portfoliorisiko, wenn das durchschnittliche Beta 0,8 beträgt?
Ganz simpel. Der Markt hat ein Beta von 1,0 bei einer Standardabweichung von 20%. Also hat unser Portfolio mit einem durchschnittlichen Beta von 0,8 eine Standardabweichung von 0,8 x 20 = 16.

Die Portfolioselektion nach Markowitz bildete schließlich das Fundament für die Entwicklung der Kapitalmarkttheorie im Allgemeinen sowie für die weiter vorne im Buch bereits ausgeführten Konzepte der Wertpapierlinie (Security Market Line) und des CAPM Modells im Speziellen.

Asset Allocation und Performancemessung

Die Umsetzung der in der Portfoliotheorie gewonnenen Erkenntnisse in der Investment Praxis ist die Asset Allocation. Es geht im Investment Management letztlich um die Anlage zugeflossener Mittel unter Berücksichtigung gewisser Restriktionen. Die Theorie hat unter Aufstellung bestimmter Prämissen einige in der Praxis relevante Prämissen ausgeblendet und lediglich gefragt, welche Rendite je nach Risikoneigung zu erwarten ist. Neben Risiko und Rendite kann aber u. a. auch Liquidität eine Rolle spielen. So sind es letztlich vor allem diese drei konkurrierenden Ziele (Risiko, Rendite und Liquidität), die es unter Vorgabe eines gewissen Zeithorizonts zu managen gilt. Dies sei nur für das Verständnis in Bezug auf die Praxis erwähnt. Im Allgemeinen spielt die Liquidität im Vergleich zu Rendite und Risiko eine untergeordnete Rolle.

Wie sieht eine Asset Allocation aus, bzw. welche Allokationsparameter spielen cine Rolle? Folgende Übersicht soll einen Eindruck über wesentliche Unterscheidungen geben, entlang welcher Kapital alloziert wird. Im Portfoliomanagement gilt in der Praxis in aller Regel, dass je kleiner die zu investierenden Vermögen, umso standardisierter (weniger individuell) sind die möglichen Portfoliooptionen. Im Investment Management großer Banken, wo z. T. mehrstellige Millionenbeträge für einzelne Klienten gemanaged werden, geht es eher darum, maßgeschneiderte Anlagestrategien zu entwickeln, als im Portfolio Management für Private Banking Kunden mit einem Anlagevermögen von 1 Mio. Euro. Um Kosten und Ertrag in angemessenem Verhältnis zu halten, gibt es Mindestinvestitionsvolumina, um als individueller Kunde im PWM betreut zu werden, die sich häufig zwischen 2 und 5 Mio. Euro bewegen.

Übersicht Asset Allocation

Asset Allocation i. w. S.	Strategische Asset Allocation	Assetklassen (Asset Allocation i. e. S.)	Aktien, Anleihen, Immobilien, Edelmetalle, Rohstoffe, Kunstwerke
		Länder/Regionen	Deutschland, EU, USA, Emerging Markets
		Währungen	USD, EUR, GBP
	Taktische Asset Allocation	Branchen, Schuldner, Laufzeiten	Biotechnologie, Autoindustrie, öffentl./private Schulder, kurzfr./langfr. Wertpapiere
		Titel, Emittenten	Deutsche Bank, Bayer, Weltbank, KfW

Quelle: In Anlehnung an Steiner/Bruns

Des Weiteren lassen sich die Anlageklassen unterteilen in standardisiert und nicht standardisiert handelbare Investments. Die immer effizienter werdenden Finanzmärkte haben aber in der Vergangenheit dazu geführt, dass beinahe alles standardisiert handelbar gemacht wurde, z. B. Immobilien in Form von sog. börsennotierten Real Estate Investment Trusts (REITs), Edelmetalle und sonstige sog. Commodities in Form von Zertifikaten, Futures etc.

Da wir uns mit Rendite und Risiko bereits beschäftigt haben, wollen wir hier nur noch einige ergänzende Bemerkungen anbringen.

Wie wird Performance gemessen und wie unterscheidet sie sich von der herkömmlichen Rendite? Rendite ist, vereinfacht gesprochen, lediglich der Gewinn in Bezug auf das investierte Kapital. Verbreitete Renditekennzahlen sind bspw. die **Dividendenrendite** und der **Total Shareholder Return (Aktienrendite)**. Während die Dividendenrendite lediglich die Dividende ins Verhältnis zum Aktienkurs setzt, berücksichtigt der Total Shareholder Return (TSR) auch die Kursgewinne und berücksichtigt somit beide Quellen des Gewinns eines Aktionärs:

$$TSR = \frac{(Endaktienkurs - Anfangsaktienkurs + Dividenden)}{Anfangsaktienkurs}$$

Da jedoch verschiedene Anlagen eben auch unterschiedliche Risiken mit sich bringen, kann man Renditen nicht einfach vergleichen, sondern muss sie risikoadjustieren und somit standardisieren. Wir hatten hierzu bereits die Sharpe Ratio kennengelernt. Performance beinhaltet in der Regel noch eine weitere Adjustierung und zwar um eine Benchmark.

Performance

Performance wird im Sprachgebrauch in der Praxis häufig mit Rendite gleichgesetzt, auch wenn es sachlich falsch ist. Denn Performance umfasst auch den Risikoaspekt. Mit einem Dax-Future an einem Tag 10% Rendite zu machen, ist eben nicht vergleichbar mit einer 10%-Rendite aus Staatsanleihen.

So kann man allgemein Performance – die Zielgröße der Asset Allocation – definieren als:

$$Performance = \frac{Anlagerendite - Benchmarkrendite}{Risikomaß}$$

Benchmarkrendite kann dabei z. B. ein Index sein, was uns zu einer weiteren neuen Größe bringt: den **Tracking Error**. Im Rahmen des passiven Portfoliomanagements wird häufig versucht, ein Benchmarkportfolio wie z. B. den DAX30 abzubilden bzw. bei gleichem Risiko zu schlagen (Index Tracking). Der Tracking Error bezeichnet nun die Abweichung des Portfolios vom Verlauf der Benchmark.

Im Bereich von Hedgefonds, das sei hier beiläufig erwähnt, geht es im Rahmen der Performancemessung zunehmend um **Alpha**. Hedgefonds steht im Gegensatz zu klassischen Fonds das gesamte Anlagespektrum offen und das Ziel eines Hedgefonds ist es, sowohl in Aufwärts- als auch Abwärtsphasen des Marktes durch Einsatz entsprechender Finanzinstrumente zu profitieren. Das bedeutet im Vergleich zu klassischen Portfolios, dass auch das systematische

Marktrisiko eliminiert (»weggehedged«) werden kann. Was somit übrigbleibt, ist die risikoadjustierte Performance des Hedgefonds Managers selbst, genannt: Alpha.

Darüber hinaus soll noch ein weiteres Renditemaß vorgestellt werden, das im akademischen Bereich bereits Einfaktormodelle verdrängt: das Fama-French 3-Faktoren-Modell. Es entstand aus einer Kritik am CAPM und stellt eine Weiterentwicklung desselben dar. Während das CAPM lediglich das Beta (»Ein-Faktor-Modell«) als Maßgröße vorweist, um Renditen einer Anlage mit den Renditen des Marktes ins Verhältnis zu setzen, so erweitert das »Three-factor Model« (TFM) der Akademiker Eugene Fama und Kenneth French das CAPM um die Faktoren Small Cap (geringe Marktkapitalisierung) und Value vs. Growth (hohe Book-to-Market Ratio). Das muss erklärt werden. Fama-French beobachteten, dass zwei Gruppen von Unternehmen langfristig eine Überrendite erzielen: Unternehmen, die gemessen an ihrer Marktkapitalisierung (Aktienkurs x emittierte Aktien) vergleichsweise klein sind (sog. Small Caps), sowie Unternehmen deren Buchwert des Eigenkapitals in Relation zur Marktkapitalisierung (Book-to-Price Ratio) vergleichsweise hoch ist. Letztere werden als »Value« bezeichnet, Aktien mit niedrigem Book-to-Price Ratio als »Growth«. Hier noch mal zum Vergleich die CAPM und die TFM-Formeln:

CAPM:
Erwartete Rendite = risikoloser Zinssatz + β x (Marktrendite – risikoloser Zinssatz)
TFM:
Erwartete Rendite = risikoloser Zinssatz + β x (Marktrendite – risikoloser Zinssatz)
+ bs x SMB + bv x HML + Alpha

SMB steht hier für »small (Market Capitalization) minus big« und HML für »high (Book-to-Price Ratio) minus low«. Sie messen die historischen Überrenditen von Small Caps im Vergleich zu Big Caps und von Value- vs. Growth-Aktien. Die beiden Gewichtungsfaktoren »bs« und »bv« stellen die Sensitivitäten einer Aktie in Bezug auf diese Marktprämien dar. In anderen Worten kann man abschließend sagen, dass der Markt eine höhere Rendite für Unternehmen erwartet die vergleichsweise klein sind, oder deren Buch-Equity an der Börse vergleichsweise niedrig bewertet ist.

Auch in der Praxis gibt es zunehmend Index-Fonds und Exchange Traded Funds (ETF), die auf Basis des TFM gemanaged werden.

Exchange Traded Funds

ETF sind eine vergleichsweise aktuelle Entwicklung, die stark im Wachstum begriffen ist und von der man zumindest für ein Interview im Capital Markets Bereich bzw. Investment Management mal gehört haben sollte. Es handelt sich, wie der Name schon verrät, um Investment-Vehikel (Fonds), deren Anteilsscheine an der Börse gehandelt werden, was ihre Liquidität im Vergleich zu gewöhnlichen Fonds erhöht. Die meisten ETF tracken einen Index, bspw. den S&P 500 und sind attraktiv aufgrund ihrer niedrigen Kosten, ihres aktienähnlichen Charakters sowie ihrer Steuereffizienz. Wir empfehlen in Bezug auf ein Interview sich im Internet über aktuelle Entwicklungen in diesem Bereich schlau zu machen und sich darüber zu informieren, ob der potenzielle Arbeitgeber selbst ETF anbietet.

Beispiele für potenzielle Fragen und Aufgaben im Interview (zur Wiederholung empfohlen):

Frage/Fragenbereich	√
Total Shareholder Return und Performance erklären und vergleichen	
Was sind ETF?	
Konzept der Portfolioselektion erläutern	
Was können Sie mir zu Asset Allocation sagen?	
Wie berechnet man das Portfoliorisiko	

4. Fokus Private Equity

Wir haben uns bereits im zusammenhängenden Branchenüberblick (Kapitel I.1), sowie vertiefter bei unserem Einblick in die Finance-Branche (Kapitel I.2) mit Private Equity beschäftigt. Darüber hinaus sind vor allem die Leveraged Buyout Analyse (Kapitel II.2), sowie die beschriebenen M&A Prozesse im Bereich Investment Banking (Kapitel I.2) für diesen Bereich relevant. Daher sollen im Folgenden lediglich einige Bemerkungen zum Buyout-Prozess, der Due Diligence, dem Leverage Effekt (Hebel) und der Struktur eines Buyouts ergänzt werden.

Für die Interviews sei darauf hingewiesen, dass Private Equity Investoren (PEI) auch nach der Finanzkrise weiterhin eine wichtige Klientel für Investmentbanken darstellen und somit Fragen zu Private Equity in Interviews, z. B. für den M&A Bereich, durchaus üblich sind.

Theorie des Buyouts

Wir hatten bereits darauf hingewiesen, dass PEI ihre Zielunternehmen mit einem hohen Fremdkapitalanteil übernehmen. Neben der starken Beschränkung des Managements durch hohe Zinszahlungen war vor allem der Leverageeffekt auf die Eigenkapitalrendite erörtert worden. Folgende vereinfachte Tabelle soll diesen Effekt noch einmal verdeutlichen:

Beispielrechnung: Eigenkapitalrendite und Leverage

	→ Verschuldung (Leverage) nimmt zu →		
	0%	25%	50%
Kauf des Unternehmens für 100			
Gesamtwert	100	100	100
Eigenkapital (Equity)	100	75	50
Fremdkapital (Debt)	0	25	50
Verkauf des Unternehmens für 150			
Gesamtwert	150	150	150
Eigenkapital (Equity)	150	125	100
Fremdkapital (Debt)	0	25	50
Eigenkapitalrendite	50%	67%	100%
		→ höhere Rendite →	

Neben diesem Leverageeffekt werden zahlreiche weitere Maßnahmen zur Wertsteigerung durchgeführt, wie etwa eine Optimierung der Prozesse, Verbesserung der Marktstellung etc. (vgl. Kapitel I.2).

Neben dem klassischen Leveraged Buyout durch PEI, gibt es auch den Fall, dass das eigene Management ein Unternehmen übernimmt (Management Buyout, kurz: MBO) oder ein fremdes Management ein Unternehmen übernimmt (Management Buy-in, kurz: MBI). Letzteres kommt in Fällen vor, in denen ein fremdes Management überzeugt ist, ungenutztes Wertsteigerungspotenzial vorzufinden und dieses durch einen besseren Job heben zu können.

Grundsätzlich ist allerdings auch ein klassischer LBO mit einem starken Investment des Managements verbunden, was aus Gründen der Anreizgestaltung vom PEI gefördert wird.

Wir hatten ebenfalls erwähnt, dass unter Private Equity – vor allem in der Literatur – auch Venture Capital subsumiert wird. Denn auch hier wird privates Kapital in Unternehmen investiert. Der Unterschied war hierbei, dass es sich um sog. Early Stage Investitionen handelt. Die Zielunternehmen befinden sich dabei zwischen Gründung und Wachstum und sind häufig noch nicht profitabel, was die Investitionen riskanter macht. Daher werden VC Investments in der Regel ausschließlich mit Eigenkapital finanziert und nicht mit viel Fremdkapital »gelevered«. Wir kommen gleich auf Venture Capital zurück.

Buyout-Struktur und -Prozess

Wie sieht nun der Prozess bzw. die Struktur eines Buyouts konkret aus? Folgendes Schaubild soll dies für einen LBO verdeutlichen.

Struktur eines LBO

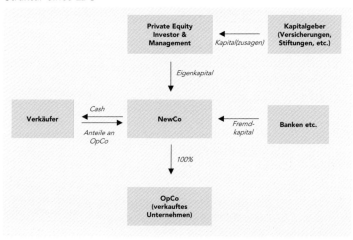

Es sollte erkennbar sein, dass der PEI (häufig zusammen mit dem Management) das Eigenkapital bereitstellt, während er sich das Fremdkapital (Debt) in der Regel von Banken leiht. Auf die unterschiedlichen Finanzierungsformen in einem LBO werden wir später noch eingehen. Rechtlich wird im Zuge eines LBO durch den PEI eine eigene Gesellschaft (NewCo) gegründet, welche das Zielunternehmen (OpCo) übernimmt. Das bereits bestehende Debt der OpCo ist regelmäßig mit Beschränkungen verbunden. So gibt es zum Beispiel in Kreditverträgen häufig Klauseln, dass ein Kredit sofort fällig wird, wenn ein »Change of Control« eintritt, was in einem LBO ja der Fall ist. Daher wird das Debt der OpCo mit dem neuen Debt von den Banken gewöhnlich vollständig abgelöst (refinanziert). Der Verkäufer übergibt rechtlich die Anteile und erhält dafür den Kaufpreis. Nicht selten (vor allem in Secondary Buyouts, siehe Kapitel I.2) behält der Verkäufer einen geringen Anteil, was die Sicherheit für den neuen Käufer erhöht keine »Leichen im Keller« vorzufinden. Um das so gut wie möglich auszuschließen, erfolgt im Vorfeld der Transaktion eine detaillierte Due Diligence.

Due Diligence

Mit Due Diligence wird die Analyse, Prüfung und Bewertung des Zielunternehmens bezeichnet. Hier arbeiten Investmentbanken, Wirtschaftsprüfungen, Anwaltskanzleien und häufig auch Unternehmensberatungen zusammen, um alle verfügbaren Informationen über das Zielobjekt zu verwerten. Siehe hierzu auch in der Beschreibung eines Kaufmandates unter I.2. »Investment Banking Division / M&A« sowie auf den nächsten Seiten im Bereich Venture Capital.

Die Finanzierungsstruktur eines PE-Investments bezeichnet man oft als »Deal Structure«. Diese Struktur definiert auch die Beziehungen zwischen den am Investment beteiligten Parteien: dem PEI, dem Management, den Banken sowie anderen Finanzierungsquellen. Ziel ist letztlich immer ein attraktiver Exit aus dem Unternehmen, sei es durch einen Weiterverkauf oder durch einen Börsengang. Daher wird dieser bereits vor der Akquisition in Szenarien modelliert (siehe LBO-Analyse). Doch bis solche Exits realisiert werden können, müssen die Interessenkonflikte zwischen den o. g. Parteien während der Finanzierungsphase durch eine intelligente Beteiligungsstruktur beigelegt werden.

Wie läuft ein solcher Buyout jenseits der Finanzierungsdetails eigentlich ab? Es gibt mehrere Buyout-Varianten, die grundsätzlich davon abhängen, ob das zu veräußernde Unternehmen eine unabhängige oder eine von einer Muttergesellschaft abhängige Unternehmung ist. Unabhängige Unternehmen können hier einerseits nicht börsennotiert sein (Private Sellers, z. B. Familienunternehmen). Bei ihnen stellen Nachfolgeregelungen, normale Divestments

(Desinvestitionen) und Unternehmenskrisen die üblichen Ursachen für einen Verkauf dar. Börsennotierte unabhängige Unternehmen (Public Sellers genannt) werden dagegen durch das Management und/oder einen PEI übernommen, wenn die Investition auf Zeit eine attraktive Rendite verspricht. Eine weitere wesentliche Buyout-Variante ist die Akquisition börsennotierter Unternehmen, das sog. »Public-to-Private«. Beispielsweise hat der PEI Blackstone die Mehrheit an der deutschen, börsennotierten Firma Celanese erworben, um die Firma im Rahmen eines Public-to-Private von der Börse zu nehmen. Bereits ein Jahr später erfolgte ein erneuter Börsengang in den USA an der New York Stock Exchange. Der Hintergrund dieser Transaktion liegt in der seinerzeit höheren Bewertung von Chemieunternehmen in den USA begründet.

Zu den abhängigen Unternehmungen (Corporate Sellers): Wie bei den Private Sellers können bei ihnen eine Unternehmenskrise oder ein normales Divestment Gründe für eine Veräußerung sein. Des Weiteren kommt noch ein Spin-off in Frage, bei dem die Muttergesellschaft Teilbereiche veräußert, um sich stärker auf das Kerngeschäft zu konzentrieren.

Der Buyout-Prozess besteht im Wesentlichen aus drei Phasen: der Evaluations-, der Investitions- und der Exitphase. Während der Evaluationsphase prüfen und verhandeln der PEI, die Alteigentümer, das Management und die sonstigen Parteien die Transaktion der Unternehmung auf Basis der Due Diligence-Erkenntnisse. Zu Beginn der Investitionsphase wird der Kauf vollzogen. Im Anschluss, während der Halteperiode, werden Wertsteigerungsmaßnahmen durchgeführt, die häufig bereits auf den Erkenntnissen aus der Due Diligence aufbauen. Letztendlich soll ein zeitnaher Exit erreicht werden. Wir erinnern uns: Je früher ein Cash Flow fließt, desto stärker wirkt er sich auf den IRR aus. Schließlich wird der Exit zusammen mit einer oder mehrerer begleitender Investmentbanken vorbereitet und ausgeführt. Die Dauer bis zum vollständigen Exit kann sich verlängern, wenn ein IPO als Ausstiegsroute gewählt werden sollte. In diesem Fall wird häufig zunächst nur ein Teil des Unternehmens »gefloatet«, bevor die Finanzinvestoren sich vollständig zurückziehen.

Für eine detailliertere Beschreibung eines Kauf- bzw. Verkaufsprozesses (Exit), sei auf die Beschreibung im Bereich Investment Banking / M&A (Kapitel I.2) verwiesen. Denn letztlich sind es die Investmentbanken, welche diesen Prozess begleiten, während der PEI als Auftraggeber die Schritte vorgibt, kritisches Feedback in den einzelnen Phasen gibt und den internen Prozess zwischen Fonds und OpCo steuert.

Abgrenzend vom LBO eines PEI, wollen wir an dieser Stelle auf den Bereich **Venture Capital** und dessen Early Stage-Beteiligungen eingehen. Dieser Bereich ist auch für viele Absolventen zunehmend interessant geworden und stellt im Rahmen eines Exits aus einer Investmentbank oder Beratung nicht selten eine Alternative als nächstes Karriereziel dar.

Eine grundlegende Frage bei Early Stage-Investitionen lautet: Wie viel Geld kann investiert werden, um einen risikoadäquaten Exit in absehbarer Zeit erreichen zu können? Während dem PEI gewöhnlich historische Zahlen und Marktinformationen über sein Zielunternehmen vorliegen, ist ein Venture Capital Investor (VC) mit wesentlich weniger Informationen ausgestattet. Folgende Informationsmängel bestehen:

1. Das Risiko kann man nur schwer vorhersagen und noch schwerer quantifizieren.
2. Das Unternehmen, in das investiert wird, hat bis dato noch nicht (lange) auf dem Markt operiert, sodass weder historische Umsatz- noch Kostenstrukturen bekannt sind.
3. Daher ist auch unbekannt, wie viel das Unternehmen, in das investiert wird, überhaupt wert ist. Ziel muss es sein, diesen Wert in der Art zu steigern, dass auf das investierte Kapital eine Rendite erzielt wird.

Um zu bestimmen, ob und wie viel investiert wird, gibt es grundsätzlich drei Prozesse (Analysen), die in der Regel allesamt durchgeführt werden:

- Analyse des Business Plans
- Due Diligence
- Industrieanalyse

Der Business Plan, vergleichbar in etwa mit dem Information Memorandum einer Private Equity Transaktion (vgl. Kapitel I.2), verrät mehr über die vom Unternehmen gesetzten Ziele. Diese gilt es z. B. mittels einer Industrieanalyse zu hinterfragen.

Ein Verfahren das wir genauer betrachten wollen, ist die Due Diligence. Eine Due Diligence ist der Prozess anhand verfügbarer Informationen zu einem Urteil über die Güte eines Investments zu gelangen (s. Kapitel I.2 Investment Banking Division / M&A). Sie mündet schließlich in eine Unternehmensbewertung sowohl qualitativer als auch quantitativer Natur. Am Ende sollte die Entscheidung stehen, ob und wie viel investiert wird. Alternativ kann es auf Basis der Due Diligence auch zu der Erkenntnis kommen, dass das Unternehmen Probleme hat, die einer gewissen Restrukturierung bedürfen und somit auf Verhandlungsbasis den Kaufpreis senken könnten.

Grundsätzlich lassen sich vier Arten der Commercial **Due Diligence** unterscheiden, die folgendermaßen miteinander verknüpft sind:

Market Due Diligence	Competitive Due Diligence	Management Due Diligence	Customer Due Diligence

Nach einer Analyse des Marktes wird bewertet, wie sich das Unternehmen im Wettbewerbsumfeld positioniert hat und ob die Managementqualität vorhanden ist, um gegebene Ziele in diesem Markt zu erreichen. Dann wird die Kundenbasis analysiert, um potenzielle Optimierungs- und Wachstumsmöglichkeiten des Unternehmens ausfindig zu machen.

Sollte in einem Interview von einer Due Diligence die Rede sein, so ist man mit folgenden Stichpunkten zu den vier Arten der Due Diligence gut beraten:

Market Due Diligence - Welches Umsatzpotenzial beherbergt dieser Markt?
- Marktdefinition/-größe/-wachstum/-segmentierung
- Wettbewerber im Markt
- Konsumentenbedürfnisse in diesem Markt
- Kaufentscheidungsprozess des Konsumenten in diesem Markt
- Chancen und Risiken (erster Teil einer SWOT-Analyse)
- Profitabilitätsanalyse des Marktes (übersteigen die Umsatzmöglichkeiten die Kosten?)

Competitive Due Diligence -
Wie ist das Unternehmen im Wettbewerbsumfeld positioniert?
- Umsatz in der Vergangenheit sowie Umsatzprognosen
- Entwicklung der Gewinnmargen
- Umsatz je Geschäftseinheit (absolut wie auch relativ als Marktanteil)
- Vertriebskanalanalyse
- Marketingstrategie
- Stärken und Schwächen (zweiter Teil der SWOT-Analyse)
- Produktion und Service
- Forschung, Entwicklung sowie Innovationsmöglichkeiten

Management Due Diligence - Können die Ziele mit dem vorhandenen Management realisiert werden?
- Operative-, Strategische- und Kommunikative Kompetenz
- Kulturelle Einheit zwischen Zielen und Management des Unternehmens

Customer Due Diligence - Wie stark sind die Kunden jetzt schon an das Unternehmen gebunden? Wie können sie auch in Zukunft gebunden werden?

- Unbefriedigte Bedürfnisse der Kunden
- Analyse des momentanen Kaufentscheidungsprozesses der Kunden
- Vergleich zwischen den Kundenbedürfnissen und den Kernkompetenzen des Unternehmens
- Untersuchung der Kosten für den Kunden, zwischen mehreren Unternehmen und ihren Produkten zu wechseln
- Serviceanalyse

Nach einer Due Diligence sollte also eine Entscheidung darüber gefällt werden können, ob ein Early Stage-Investment weiterverfolgt werden soll oder nicht.

Legal Due Diligence

Unberücksichtigt blieb im Rahmen dieser »Commercial« Due Diligence, dass es schließlich auch eine juristische Prüfung, die Legal Due Diligence, gibt. Diese konzentriert sich auf sämtliche bestehende Verträge des Zielunternehmens. Darüber hinaus können alle den Firmenwert beeinflussenden Faktoren in eine Due Diligence Prüfung mit einbezogen werden. Beispielsweise kann eine Environmental Consulting Company damit beauftragt sein, im Rahmen einer Due Diligence den Boden einer Firma zu Begutachten, wenn zu befürchten ist, dass dort schädliche Rückstände vormaliger Geschäftsaktivitäten zurückgeblieben sind, die der Rechtsnachfolger und neue Eigentümer ggf. zu Beseitigen verpflichtet werden.

Finanzierungsformen

Grundsätzlich hatten wir unterschieden zwischen Eigenkapital und Fremdkapital, waren aber bereits im Bereich der Anleihemärkte auf verschiedene Arten von Finanzierungsinstrumenten des Fremdkapitals gestoßen. Die einzelnen Finanzierungsformen unterscheiden sich nicht nur bezüglich der Laufzeit, des Risikos und ihrer Rendite, sondern vor allem auch hinsichtlich der mit ihnen verbrieften Rechte. Da die Finanzierung im Rahmen eines LBO eine herausragende Rolle spielt, überrascht es nicht, dass gerade in solchen Transaktionen sehr ausdifferenzierte Finanzierungsformen anzutreffen sind, die wir im Folgenden betrachten wollen.

Zunächst einmal das **Eigenkapital**, welches das von Kapitalsammelstellen stammende Fondsvolumen ist. Bis es investiert wird, bezeichnet man es im Jargon auch als »Dry Powder«. Hiervon gab es nach Angaben des Brancheninformationsdienstes Preqin zum Jahresende 2008 weltweit noch 1,02 Billionen USD. Da aufgrund der Nachwehen der Finanzkrise vergleichsweise weniger Investments in

2009 getätigt, aber weiterhin neue Fonds geraised wurden, dürfte die aktuelle Zahl eher darüber als darunter liegen.

Das Eigenkapital ist letztlich die Basis, die es im Rahmen eines PEI Investments zu steigern gilt, um die erwarteten IRRs von 25-30% zu erreichen. Faktisch wird im Rahmen eines Fundraising von Seiten der Kapitalgeber ein gewisser Betrag zugesagt (committed), der dann jedoch in der Regel erst bei Bedarf vom PEI abgerufen wird. Rückflüsse aus dem Investment werden umgehend an die Kapitalgeber zurückgegeben.

Je nach Rechtsform des Zielunternehmens gibt es auch bei PEI Investments die zwei klassischen Varianten des Eigenkapitals, die wir bereits zuvor unterschieden haben: stimmberechtigtes Eigenkapital (Common Stock), sowie Vorzugsaktien (Preferred Stock). Wie zuvor schon beschrieben, besteht der Unterschied zwischen Aktien und Vorzugsaktien darin, dass die Besitzer Letzterer gegenüber denen gewöhnlicher Aktien zuerst (vorrangig) ausgezahlt werden. Dafür haben Vorzugsaktien für gewöhnlich keine Stimmrechte.

Neben diesen beiden Finanzierungsinstrumenten aus dem Bereich des Eigenkapitals gibt es noch eine Reihe weiterer sog. eigenkapital-ähnlicher Finanzierungsinstrumente (auch Quasi-Eigenkapital), die im Rahmen eines LBO zum Einsatz kommen können. Diese sind:

- Wandelanleihen (Convertibles): Diese verzinslichen Wertpapiere verbriefen das Recht, sie innerhalb einer Wandlungsfrist zu einem vorher vereinbarten Austauschverhältnis in Aktien umzutauschen.
- Optionsanleihen: Sind ebenfalls verzinsliche Wertpapiere, die über einen mit der Anleihe emittierten Optionsschein das Recht verbriefen, zusätzlich zur Anleihe (bleibt bestehen) Aktien zu beziehen.
- Genussscheine: Sind gesetzlich nicht detailliert geregelt und existieren daher in unterschiedlicher Ausgestaltung, die ähnlich einer Aktie (und damit Eigenkapital) oder einer Anleihe (und damit Fremdkapital) charakterisiert sein können. Häufig werden sie im Fall einer Insolvenz nachrangig bedient, haben eine Verzinsung die vom Gewinn des Unternehmens abhängt und werden zum Nomialbetrag zurückgezahlt. Aufgrund ihrer Charaktereigenschaften zwischen Eigen- und Fremdkapital, werden sie häufig dem Bereich Mezzanine zugerechnet.
- Verkäuferdarlehen (Vendor Loan): Hierbei handelt es sich in der Regel um Darlehen des Verkäufers an den Käufer (PEI), die häufig darin bestehen, dass ein Teil der Transaktionssumme gestundet wird. Somit bleibt der Verkäufer partiell im Risiko, was die Transaktionswahrscheinlichkeit erhöht.
- Gesellschafterdarlehen (Shareholder Loan): Hierbei handelt es sich um ein Darlehen, das von Aktionären zur Verfügung gestellt wird. Es verbindet in der Regel die Vorteile des Tax Shields (da

sich die Zinsen steuermindernd auswirken), kombiniert mit dem Vorteil, dass es den Aktionären zugeschrieben wird und somit dem Eigenkapital zuzurechnen ist.

Im Bereich des **Fremdkapitals** unterscheidet man je nach Rang der Auszahlung im Insolvenzfall vor allem zwischen vorrangigem Fremdkapital (Senior Debt) und nachrangigem Fremdkapital (Junior- oder Subordinated Debt). Der Rang hat einen Einfluss auf das Risiko und spiegelt sich somit in der geforderten Verzinsung wieder. Der Fremdkapitalanteil wird im Rahmen eines LBO somit in Tranchen ausgestaltet, die unterschiedlichen Risikohunger mit entsprechenden Zinsen bedienen.

Hinter **Senior Debt** verbirgt sich häufig ein mehr oder minder klassischer Bankkredit, der in Fällen besonders großer LBOs auch von einem Syndikat von Banken (Syndicated Debt) bereitgestellt wird. Da es vorrangig bedient wird, ist es aus Sicht des PEI wesentlich günstiger als nachrangiges Debt. Allerdings steht es nur begrenzt zur Verfügung, da eine Bank in der Regel nicht bereit ist, das gesamte Debt eines LBO alleine zu stemmen. Auch hier greift somit der Sinn risikoreduzierender Diversifikation.

Senior Debt wird seitens der Kapitalgeber in aller Regel mit sog. **Covenants** ausgestattet. Dabei handelt es sich um Grenzwerte gewisser Finanzkennzahlen, die es einzuhalten gilt und welche die kapitalgebende Bank regelmäßig überwacht. Ein Bruch der Covenants kann katastrophale Folgen für das fremdfinanzierte Unternehmen haben, da die Bank u. U. einen Strafzins erhebt oder die Schulden schneller (ggf. sofort) fällig stellt.

Beispielhafte Finanzkennzahlen in Covenants sind:
- EBITDA / Net Interest Expense → Wie oft decken die Einkünfte vor Zinszahlungen, Steuern, Abschreibungen materieller wie immaterieller Vermögensgegenstände die Nettozinszahlungen ab?
- Free Cash Flow / Schulden → Wie hoch ist der Anteil des Free Cash Flows der Unternehmung an den Gesamtschulden? Ist das Unternehmen auf Basis der FCF noch in der Lage die Schulden planmäßig zu tilgen?

Nachrangiges Junior Debt (auch Second Lien) kennt wiederum mehrere Ausgestaltungen:
- Hochzinsanleihen (High Yield Bonds): Hierbei handelt es sich um Anleihen/Darlehen, die dem erhöhten Risiko entsprechend eine hohe Verzinsung fordern.
- Mezzanine: Während, wie erwähnt, Mezzanine eine Finanzierung mit sowohl Eigenkapital- als auch Fremdkapitalkomponenten darstellt, ist an dieser Stelle eher die fremdkapitalähnliche,

nachrangige Mezzanine-Finanzierung zu nennen. Da Mezzanine Debt nicht gesichert ist, werden die Fremdkapitalgeber (meistens Investmentbanken oder Mezzanine Fonds) für dieses Risiko häufig mit speziellen Merkmalen vergütet:

- Payment in Kind (PIK), d. h. Zinszahlungen (zusätzlich zu der gegenüber Senior Debt erhöhten Verzinsung), die sich auf 2 bis 4% pro Jahr belaufen und in Form einer zusätzlichen Anleihe beglichen werden.
- Ein sog. Equity Kicker gewährt den Fremdkapitalgebern in der Regel die Möglichkeit das Mezzanine-Kapital in echtes Eigenkapital umzuwandeln, sich also am Erfolg des Unternehmens zu beteiligen.

Manchmal können Anbieter mezzaniner Finanzierung als Investoren agieren, indem sie sich als Rückzahlung Wandelvorzugsaktien herausgeben lassen. Sollten die Cash Flows des Unternehmens darauf hinweisen, dass es bald nicht mehr in der Lage sein könnte, die Schulden zu tilgen, kann der Fremdkapitalgeber seine Vorzugsaktien in gewöhnliche Aktien umwandeln. Mit ihnen sind wiederum Stimmrechte verbunden, die dem Fremdkapitalgeber Einfluss auf das Unternehmen verschaffen. Solche Wandelvorzugsaktien sowie der o. g. Equity Kicker kennzeichnen die Flexibilität mezzaniner Finanzierungen. Risiko wird hier als Chance verstanden und dementsprechend in der unternehmerischen Praxis eingesetzt.

Die Verzinsung der Debt-Instrumente, wird gewöhnlich variabel an einen Referenzzins (bspw. EURIBOR oder EZB-Zins) gebunden, auf den entsprechende Prämien veranschlagt werden. Eine vereinfachte Finanzierung könnte z. B. so aussehen:

Vereinfachte Fremdkapitalfinanzierung

Debt	Marge über EZB-Zinssatz
Senior Debt Tranche A	2,25–3,25%
Senior Debt Tranche B	2,5–3,75%
Junior Debt (Bsp.: mezzanine Finanzierung)	3,5–4%
Revolver	1%

Was ist nun ein Revolver? Bei einem Revolver handelt es sich um eine bereitgestellte Kreditlinie einer Bank, die je nach Bedarf genutzt werden kann und von der Funktionsweise einem Überziehungskredit entspricht.

Beispiele für potenzielle Fragen und Aufgaben im Interview (zur Wiederholung empfohlen):	
Frage/Fragenbereich	√
LBO erklären und Prozess beschreiben	
Wertsteigerungshebel eines LBO erörtern	
Due Diligence erörtern	
Finanzierungsarten benennen und Unterschiede erläutern	

5. Fokus Corporate Finance-Beratung

In diesem Abschnitt wollen wir Ihnen einige Konzepte aus der Strategieberatung vorstellen, die eine Relevanz im Alltagsgeschäft eines Corporate Finance-Beraters haben. Bei einer Bewerbung in der Corporate Finance-Beratung empfehlen wir vor allem den M&A-Teil dieses Buchs zu studieren, da man sich in der Arbeit als Corporate Finance-Berater immer wieder mit Bewertungsfragen auseinandersetzen wird. Darüber hinaus werden Corporate Finance-Berater oft im Due Diligence-Prozess (vgl. vorherigen Abschnitt) eingesetzt, sodass für die Market und die Competitive Due Diligence auch folgende Frameworks aus der Strategieberatung eine Hilfestellung bieten können.

Neben den Corporate Finance-Abteilungen finden sich in Unternehmensberatungen auch speziell auf Fragen des Risikomanagements ausgerichtete Gruppen. Die für solche Abteilungen relevante Theorie behandeln wir im nächsten Abschnitt über Ratingagenturen.

II. Theorie und Praxis

Wertschöpfungskette

Aus den Case-Interviews von Unternehmensberatungen bekannt, helfen Strategie-Tools auch im Corporate Finance-Geschäft aus. M&A ist, das sollte man nicht vergessen, ein hochstrategisches Thema. Einer der häufigsten Gründe für Unternehmenszusammenschlüsse sind Synergiepotenziale, deren Realisierung sich der Käufer (in einer Akquisition) oder beide Fusionspartner (bei einem Merger) durch die Transaktion versprechen. Wenn man also im Interview etwa danach gefragt wird, wie man eine Kaufpreisprämie bemessen würde, die sich an den Synergien orientiert, dann könnte u. a. eine Analyse der Wertschöpfungskette behilflich sein, potenzielle Synergien aufzudecken. Mit ihrer Hilfe lässt sich der gesamte Prozess der Leistungserbringung durchleuchten und strategisch ausrichten. Die Leistungserbringung wird in primäre und unterstützende Aktivitäten gegliedert: Primäre Aktivitäten beziehen sich auf die Herstellung der Leistung sowie den Leistungsaustausch mit den Kunden. Unterstützende Aktivitäten beschaffen und erzeugen erforderliche Inputs, damit die primären Aktivitäten durchgeführt werden können.

Wertschöpfungskette

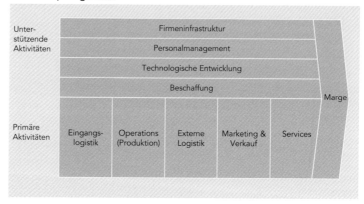

So können potenzielle Synergien aufgedeckt werden, z. B. in der Beschaffung im Bereich der Eingangslogistik und der Operations. Vielleicht kann man neue Verträge mit einem Lieferanten aushandeln, wenn Unternehmen A und B fusionieren. Dies wäre ein Grund für ein strategisches Angebot und eine dementsprechend bemessene Kaufpreisprämie.

Analyse und Bewertung von Synergien

Unter Synergien versteht man das, was häufig als »1 + 1 = 3«-Effekt umschrieben wird. Dieser Effekt kann sich auf unterschiedlichen Ebenen des Income Statement niederschlagen, woraus sich drei elementare Arten von Synergien und dementsprechende Bewertungsansätze ergeben (vgl. auch Kapitel II.2 – Theorie des M&A):

- **Kostensynergien** oder Kosteneinsparungspotenziale (Personalreduktion, Realisierung von Skaleneffekten etc.) werden zumeist als ziemlich sicher eingestuft, sodass sie mit den Fremdkapitalkosten abdiskontiert werden.
- **Umsatzsynergien**, z. B. aus Cross Selling, werden allgemein mit den Eigenkapitalkosten einer fremdfinanzierten Unternehmung abdiskontiert, weil das Risiko in etwa dem des Eigenkapitals entspricht.

- **Finanzielle Synergien** basieren auf der vagen Annahme, dass mit einer größeren Unternehmung eine verbesserte Bonität und somit reduzierte Gesamtkapitalkosten (gemessen am WACC) einhergehen. Diese Annahme wird häufig kritisch bewertet (vgl. Kapitel II.2), sodass finanzielle Synergien bei Bewertungsfragen häufig nicht sehr stark ins Gewicht fallen.

Nicht zu vernachlässigen ist, dass zur Realisierung von Synergien operative Kosten anfallen. Zur Analyse der Profitabilität von Synergien können wir auf das altbekannte Konzept des Nettobarwerts zurückgreifen. Die jeweiligen unsicheren Cash Flows modellieren wir mittels einer Wahrscheinlichkeitsverteilung, sodass man z. B. einen Binomialbaum aufstellen könnte. Hier und an anderen Stellen im Buch sollten Sie feststellen, dass die zuvor (und in einem anderen Kontext) präsentierten Konzepte durchaus flexibel angewendet werden können, u. a. auch, um Ihre Gedankengänge im Interview zu strukturieren und zu kommunizieren.

Porter's Five Forces

Porter's Five Forces ist eines der bekanntesten Frameworks zur Analyse der Attraktivität von Branchen und Märkten. Es kann auf alle Branchen angewendet werden. Dieses Framework ist besonders hilfreich, wenn es darum geht, einen Case zur Beurteilung der Potenziale eines neuen Marktes zu bearbeiten. Weil es in einem Interview aber oft zu lange dauert, alle Bereiche des Frameworks zu diskutieren, nennen wir Ihnen hier die wichtigsten Punkte, die eine Industrie oder Branche attraktiv machen:
- Hohe Eintrittsbarrieren für neue Wettbewerber
- Niedrige Eintrittsbarrieren speziell für Ihr Unternehmen
- Geringe Verhandlungsmacht der Abnehmer und Lieferanten
- Wenige Substitutionsprodukte
- Kein übermäßiger Konkurrenzdruck, der potenzielle Gewinne aufzehrt

SWOT-Analyse

Bei Marktanalysen (vor allem in der Due Diligence) erweist sich die SWOT-Analyse als gutes Tool für eine erste Abschätzung der Unternehmenssituation. Denn sie berücksichtigt sowohl interne Erfolgsfaktoren des Unternehmens (Strengths & Weaknesses) als auch wichtige externe Marktfaktoren (Opportunities & Threats).

Insider-Tipp

SWOT-Analyse

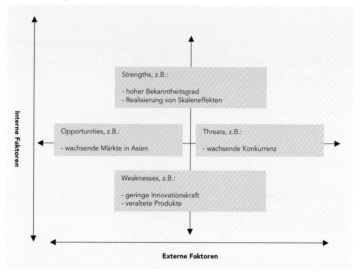

Interne Faktoren

Strengths, z.B.:
- hoher Bekanntheitsgrad
- Realisierung von Skaleneffekten

Opportunities, z.B.:
- wachsende Märkte in Asien

Threats, z.B.:
- wachsende Konkurrenz

Weaknesses, z.B.:
- geringe Innovationskraft
- veraltete Produkte

Externe Faktoren

**Beispiele für potenzielle Fragen und Aufgaben im Interview
(zur Wiederholung empfohlen):**

Frage/Fragenbereich	√
Synergien abschätzen/diskutieren	
Markteintrittsstrategien erläutern und Marktattraktivität abschätzen	
Finanzierungsstrategien diskutieren (IPO, Fremdfinanzierung etc.)	
Restrukturierungsfälle: Wie würden Sie folgendes Unternehmen restrukturieren? (Kostenschraube, Personalreduktion etc.)	

6. Fokus Ratingagenturen

Im Handlungsfeld von Ratingagenturen sowie in Risikomanage-
mentabteilungen von Unternehmensberatungen geht es im Wesentlichen um die Erklärung, Messung und Bewertung von Risiko. Im
folgenden Abschnitt leiten wir daher zunächst eine **Erklärung** des
Kreditrisikos anhand der Optionspreistheorie her. Danach gehen
wir auf die **Messung** des Risikos ein und stellen im Anschluss daran
die praxisrelevanten Risikoeinflussfaktoren und die **Bewertung** der
Kreditrisiken durch Credit Ratings vor, die Sie in Interviews abrufbar
haben sollten.

Wir haben in Kapitel II.3 die Logik der Optionspreistheorie erläutert, auf die wir in diesem Kontext noch einmal zurückkommen wollen. Auch wenn die folgenden Ausführungen in dieser Komplexität vermutlich nur begrenzt interviewrelevant sind, bieten sie dem Leser die Gelegenheit, sich ein vertieftes Verständnis der Zusammenhänge zu erwerben. Und ein zusammenhängendes Verständnis wird wesentlich wertvoller eingeschätzt, als auswendig gelernte Schemata.

Wir veranschaulichen den Wertverlauf von Eigen- und Fremdkapital anhand eines Payout-Diagramms:

Payout-Diagramm Eigen- und Fremdkapital

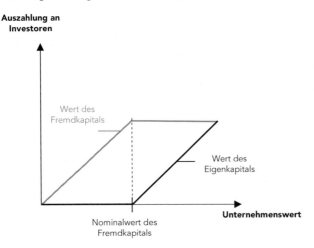

Das obige Diagramm soll verdeutlichen, dass die Auszahlung an die Eigenkapitalinvestoren sich wie eine Call Option verhält, deren Strike beim Nominalwert des Fremdkapitals liegt. Warum ist das so? Da Fremdkapitalgeber vorrangig bedient werden, wenn es zu einem Default (Ausfall bzw. Liquidation) des Unternehmens kommt, besteht die Auszahlung bis zum Nominalwert lediglich aus Zahlungen an Fremdkapitalgeber. Auf die Fremdkapitalgeber entfällt schließlich der gesamte Unternehmenswert, solange dieser unter dem Nominalwert des Fremdkapitals liegt. Der Unternehmenswert besteht in diesem Zusammenhang aus dem Wert der Assets. Sobald dieser Unternehmenswert den Nominalwert des Fremdkapitals übersteigt, erhalten die Fremdkapitalgeber lediglich den Nominalwert ihrer Forderungen, ungeachtet des darüber hinaus steigenden Betrags. Auf diese Weise ähnelt der Zahlungsstrom an die Fremdkapitalgeber einer risikolosen Anleihe in Höhe des Nominalwerts in Verbindung mit dem Verkauf einer Put Option (Short Put) auf das zugrunde liegende Unternehmen (auch *Default Put*). Je höher der Wert dieser Put Option ist, desto niedriger ist der Cash Flow für die Fremdkapitalgeber. Jedoch: Je höher der Wert dieser Put Option ist, desto niedriger ist der Wert der Call Option der Eigenkapitalgeber; siehe Abschnitt links vom Nominalwert des Fremdkapitals in obigem Diagramm. Die Wahrscheinlichkeit, dass der Unternehmenswert bei Maturität des Fremdkapitals (Debt) in diesem Bereich liegt, entspricht der Ausfallwahrscheinlichkeit. Der Default Put ist somit eine steigende Funktion der Ausfallwahrscheinlichkeit, während die Call Option der Eigenkapitalgeber eine fallende Funktion der Ausfallwahrscheinlichkeit darstellt. Abstrakt betrachtet erwerben die Fremdkapitalgeber (Gläubiger) den Wert der Assets, geben aber gleichzeitig eine Option auf das »Upside« (Wert über den Nominalwert hinaus) an die Aktionäre. Die Aktionäre haben im Default-Fall die Möglichkeit von »ihrem Unternehmen« Abschied zu nehmen ohne sich um die Schulden kümmern zu müssen, bei gleichzeitiger Möglichkeit (Option) an den Gewinnen bei positiver Entwicklung zu partizipieren. Dafür überlassen sie den Gläubigern die verbleibenden Assets. Und aus der Sicht des Unternehmens kann man sagen, dass es mit dem aufgenommenen Fremdkapital die Möglichkeit auf einen »Default« bekommen hat, dafür aber im Vergleich zu einem Gläubiger ohne diese Option (z. B. dem Staat) eine Prämie vergüten muss. Aufgrund dieser Zusammenhänge lässt sich der Wert eines Bonds darstellen als die Differenz der Assets und der Call Option der Aktionäre. Kreditrisikoüberlegungen lassen sich somit anhand der Optionspreistheorie erklären.

In Kapital II.3 hatten wir uns damit befasst, wie man Anleihen bewertet und wie sich die Laufzeit auf Zinsen und Volatilität auswirkt. All dies gilt für Unternehmens- wie auch für Staatsanleihen. Der wesentliche Unterschied besteht jedoch im Risiko. Wie lässt sich nun dieses Risiko messen? Während der Markt das Risiko durch Prämienforderungen einpreist, gibt es andererseits einen gebräuchlichen analytischen Bewertungsansatz, der das Risiko in Form einer Kennzahl ausdrückt: den **Value at Risk**.

Value at Risk (VaR) misst den maximalen Verlust, den ein Investment unter einer gewissen Wahrscheinlichkeit (ausgedrückt als Konfidenzintervall) erleiden kann. Wenn wir vereinfacht von einer Anleihe ausgehen, die mit einer Wahrscheinlichkeit von 1% im kommenden Jahr eine negative Ratingkorrektur (Downgrade) bekommt, was zu einem Preissturz von 5% führt, dann würde man sagen: Bei einem Konfidenzintervall von 99% liegt der VaR unter 5%. In anderen Worten: Mit einer Wahrscheinlichkeit von 1% ist der Value at Risk 5%. Diese Vereinfachung auf lediglich eine Anleihe und ein Downgrade als einzigen Einflussfaktor soll dem Verständnis helfen, spiegelt aber nur stark eingeschränkt die Realität wieder. Denn neben einem Downgrade gibt es viele weitere Einflussfaktoren, wie z. B. eine Veränderung des allgemeinen Zinsniveaus und dergleichen. Zudem stellt der VaR in der Praxis eher eine Risikogröße zur Messung von Portfolios und illiquiden Assets (anstelle von Anleihen) dar. Für Anleihen wird alternativ das Maß »Duration« bzw. »Konvexität« verwendet, siehe Kapitel II.3 (Debt Capital Markets).

Die mathematische Berechnung des VaR erfolgt in der Regel auf Basis einer Simulation, deren detaillierte Erörterung sicher nicht Gegenstand eines Interviews ist und auf die wir an dieser Stelle somit verzichten wollen. Häufig werden komplexe Softwareprogramme wie *CreditMetrics* hierfür eingesetzt. Wesentlich ist das Verständnis, dass ein höheres Konfidenzniveau und eine höhere Haltedauer eines Investments den jeweiligen VaR steigern. Außerdem sollte man noch wissen, dass der Portfolioeffekt den VaR reduziert (Diversifikation), solange die Portfoliobestandteile nicht perfekt korrelieren.

Im Risikomanagement und in Ratingagenturen sind noch einige weitere Konzepte relevant, z. B. die Messbarkeit operationeller Risiken. Wir empfehlen daher die kurzen Erörterungen in diesem Abschnitt als Basis zu sehen und sich darüber hinaus für diesen Bereich u. a. mit den Grundlagen der Wahrscheinlichkeitstheorie, sowie der schematischen Berechnung des VaR vertraut zu machen, um auf eher technische Fragen vorbereitet zu sein.

Nachdem wir uns nun mit der Messung von Credit Risk beschäftigt haben und uns über die »Möglichkeit zum Default« eines Kreditnehmers bewusst geworden sind, wollen wir uns schließlich mit der »Wahrscheinlichkeit des Default« beschäftigen, um zur Bewertung des Credit Risk zu gelangen. Denn genau dies ist der Kern der Arbeit einer Ratingagentur. Für eine Einschätzung ziehen Ratingagenturen verschiedene Risikoeinflussfaktoren heran. Bevor wir uns diese genauer anschauen, wollen wir uns noch vergegenwärtigen, welche Perspektive die Ratingagenturen auf ein Unternehmen haben und wie sich diese von der Perspektive des Managements der zu evaluierenden Unternehmung unterscheidet.

Vergleich Perspektive Ratingagentur vs. Management

Ratingagentur	Management
Evaluierung der Rückzahlungsfähigkeit zu vorgegebener Fälligkeit	Steigerung des Shareholder Value
Konzentration auf Downside-Risiko	Konzentration auf Upside-Potenzial
Angemessenheit der Planung von Eventualitäten und der Risikominderung	Suche nach neuen Märkten und Ertragsquellen
Diversifikation zur Risikoreduktion	Diversifikation zur Steigerung der Erträge und des Wachstumspotenzials
Erhaltung stabiler Mechanismen zum Schutz des Rückzahlungsfähigkeit	Maximierung des Return on Equity und Dividendwachstum

Die Perspektive der Ratingagenturen ist offenbar grundsätzlich verschieden von der des Mangements und stärker von der Gläubigerschutzsicht getrieben. Schließlich ist das Credit Rating nichts anderes als die Bewertung der Fähigkeit und des Willens eines Schuldners seine Verbindlichkeiten im Rahmen der Fälligkeiten zurückzuzahlen.

Um dies zu evaluieren, unterscheiden Ratingagenturen grundsätzlich zwischen drei Risikoarten: Business Risk (qualitativ), Financial Risk (quantitativ) und Structural Risk. Während qualitative Faktoren in einem ersten Schritt eine relativ enge Ratingbandbreite festlegen, bestimmen quantitative, finanzielle Größen in einem zweiten Schritt das genaue Rating.

Die folgende Tabelle gibt eine grobe Übersicht über die Risikoeinflussfaktoren:

Übersicht Risikoeinflussfaktoren

Risikoart	Risikobereiche	Risikofaktoren/-maße
Business Risk	Staatspolitisches Risiko Makroökonomisches Umfeld Industrie Charakteristika Unternehmensspezifika	Industrie (Kostenstrukturen, Zyklizität etc.) Management (Track Record etc.) Wettbewerbsposition (Kunden, Marken etc.)
Financial Risk	Finanzpolitik Profitabilität Cash Flow Schutz Kapitalstruktur Liquidität Finanzielle Flexibilität	EBITDA-Margin, Net Debt/EBITDA, EBITDA/Net Interest, Funds from Operations (= Cash Flow vor Δ Working Capital und CapEx nach Steuern und Net Interest Expense) / Net Debt
Structural Risk	Relatives Ranking der Verbindlichkeiten Sicherheiten Subordination, also Rangfolge der Schuldenbedienung im Default-Fall	

Zu unterscheiden ist weiter zwischen *Emittentenrisiken*, die aus den ersten beiden o. g. Risikoarten bestehen, und dem Risiko einer spezifischen *Emission*, was alle drei oben dargestellten Risikoarten umfasst.

Das Ergebnis Ihrer Bewertung drücken Ratingagenturen schließlich in ihren Ratings aus: Standard & Poors bewertet die (langfristige) Bonität von Kreditnehmern auf einer abnehmenden Skala von AAA (»Triple-A«) bis D. Darüber hinaus gibt es Feinabstufungen, die durch + oder – signalisiert werden (z. B. BBB+, BBB und BBB-). Ab BB+ spricht man vom sog. »Non-Investment Grade« bzw. »Speculative Grade«, oder vereinfacht von Junk Bonds, deren Kreditrisiko sehr hoch ist. Diese Ratings haben schließlich einen starken Einfluss

II. Theorie und Praxis

auf die Fremdfinanzierungskosten, denn für höheres Risiko muss das Unternehmen eine höhere Prämie zahlen. Während die drei mächtigen Ratingagenturen Standard & Poors, Moody's und Fitch umfangreiche Evaluierungen auf Basis der o. g. Raster exerzieren, wird in den kreditnahen Bereichen der Banken, bei Fonds und anderen Marktteilnehmern lediglich auf wesentliche Ratios geschaut, welche eine potenzielle Ratingänderung und damit eine Preisbewegung der Aktien und Anleihen des Unternehmens approximativ prognostizieren lassen. Diese Ratios reflektieren die Profitabilität (z. B. Return on Assets), die Verschuldung (z. B. Debt / Assets) sowie die Fähigkeit, genügend Cash zu generieren (bspw. Cash-Flow / Debt oder als vereinfachte Annäherung EBITDA / Debt, wobei zu beachten ist, dass EBITDA keine echte Cash Größe, sondern nur einen Näherungswert darstellt!).

Ein weiterer Ankerpunkt des Marktes das Kreditrisiko abzuschätzen, ist der Verlauf der bereits zuvor in Kapitel II.3 besprochenen Credit Default Swaps. Denn diese müssen genau das veränderte Risiko in ihren Bewegungen reflektieren. Warum? Weil sie letztlich nichts anderes darstellen als eine Versicherungsprämie gegen den Ausfall eines Kreditnehmers. Und wenn das Risiko steigt, dann steigt auch diese Prämie. In Zeiten in denen der CDS-Markt sehr liquide ist, spiegelt er sehr zeitnah die Veränderungen des Credit Risk wieder. CDS preisen Marktinformationen über das Kreditrisiko von Unternehmen schließlich schneller ein, als Ratingagenturen auf tatsächlich gestiegenes Kreditrisiko reagieren. Dies liegt daran, dass Ratings den Anspruch einer gewissen Stabilität genügen müssen, während Marktpreise direkt auf Marktsentiments eingehen. Die Revision eines kurz zuvor publizierten Ratings würde zudem der Glaubwürdigkeit der Ratingagentur schaden. Daher müssen Ratingagenturen sehr bedacht mit ihren Gutachten umgehen.

Ratingskala

Weiterführende Informationen zur Ratingskala finden Sie u. a. auch unter standardandpoors.com.

Beispiele für potenzielle Fragen und Aufgaben im Interview (zur Wiederholung empfohlen):

Frage/Fragenbereich	√
VaR Konzept erklären und ggf. beispielhaft Berechnung erläutern	
Konzept der Duration erklären und ggf. beispielhaft Berechnung erläutern	
Fragen aus der Stochastik (Verteilungsfunktionen, Abschätzungsmethoden, Regressionen)	
Determinanten des Kreditrisikos diskutieren	
Zusammenhang zwischen Kreditrisiko und Optionsbepreisung erläutern	
Welche Einflussgrößen auf die Zinskomponente von Anleihen kennen Sie und wir wirken diese sich letztlich auf den Kurs/Preis von Anleihen aus?	

Kapitel III: Das Interview

Sie haben die Einladung zu einem Interview bekommen? Glückwunsch! Der potenzielle Arbeitgeber hält Sie auf Basis Ihrer Bewerbung für vielversprechend! Doch was erwartet einen beim Interview? Wie viele Runden wird es geben?

Nachdem wir im Kapitel I.3 die Bewerbung und Einstellungstests besprochen haben, gehen wir im Folgenden exemplarisch auf den Interviewprozess einer Investmentbank ein, der in den anderen vorgestellten Bereichen sehr ähnlich ist.

Ein Kandidat wird die Investmentbank meistens in zwei Runden kennen lernen. In der ersten Runde trifft man im Durchschnitt ca. vier Interviewpartner, normalerweise Analysts und Associates in Einzelinterviews. Die Einzelinterviews weisen eine zweigeteilte Struktur auf: Der erste Teil der Einzelinterviews prüft den Kandidaten eher persönlich als fachlich (Personal Fit). In einem zweiten Teil werden technische Details gefragt, auf die Sie nach aufmerksamer Lektüre und Verständnis des Kapitels II gut vorbereitet sind. Verläuft die Interviewrunde erfolgreich, folgt eine erneute Einladung zu einer zweiten Runde. In dieser zweiten Runde erwartet den Kandidaten entweder eine Reihe weiterer Interviews mit Senior Bankern (VPs oder Managing Directors), oft aber auch eine Art Assessment Center, das aus folgenden Modulen bestehen kann:

- Einzelinterviews wie in der ersten Runde,
- Ein Einstellungstest (wenn nicht schon im Rahmen der Online-Bewerbung abgehandelt)
- Eine Gruppendiskussion und
- Eine Präsentation

Um diese Struktur des Bewerbungsprozesses aufzugreifen, werden in den nachfolgenden Kapiteln zunächst die persönlichen Aspekte des Einzelinterviews diskutiert. Da Einstellungstests häufig online bereits im Rahmen der Bewerbung zu absolvieren sind, haben wir diese in Kapitel I.3 bereits vorgestellt.

Beispielhafte Fragen, Aufgaben und Rechnungen die einem in Interviews begegnen können, bilden den nächsten Abschnitt. Darüber hinaus beschäftigen wir uns mit den auch in Banking-Interviews nicht unüblichen Brainteasern.

Die Gruppendiskussionen sind zwar nicht bei jeder Bank üblich. Wenn sie aber durchgeführt werden, dann diskutiert der Kandidat zusammen mit weiteren Mitstreitern über »Common Sense Business Cases«. Wir stellen im Anschluss an die Beispielinterviewfragen ein paar vor. Case

Studies und Gruppendiskussionen stellen allerdings nicht immer die einzige Herausforderung dar. So müssen Bewerber in manchen Fällen nach kurzfristiger Vorbereitung auch eine Präsentation halten und Thesen aus einem breit gefächerten Themenspektrum verteidigen. Einige Erfahrungsberichte beschließen letztlich diesen Interviewabschnitt.

1. Der Personal Fit

Der Personal Fit ist nicht zu unterschätzen. Wenn es grundsätzlich für alle Bereiche wichtig ist, gut mit den Kollegen auszukommen, so gilt das besonders, wenn man mit den Kollegen auch noch 80 Stunden und mehr pro Woche verbringt. Bewirbt man sich um ein Praktikum oder einen Job in der Finance-Branche, dann erinnert das oft an die Sportstunden in der Schule, wenn die Mannschaften ausgewählt worden sind. »Will ich den in meinem Team haben?«, fragt sich so mancher Interviewer, wenn der Kandidat ihm im Einzelgespräch gegenübersitzt. Man spricht in diesem Zusammenhang auch von der »Bierchenfrage«, weil der Interviewer sich schließlich die Frage stellt, »Würde ich mit dieser Person nach Feierabend ein Bierchen trinken wollen?«

Worauf kommt es hier an? Vor allem auf den Kandidaten, seine Persönlichkeit und Motivation. Wir weisen nochmals darauf hin, dass es nicht DEN Prototypen unter den Bewerbern gibt, aber nichtsdestotrotz einige Charakteristika durchweg positiv bewertet werden. Wir empfehlen diese im Abschnitt zur Bewerbung (Kapitel I.3) aufgelisteten Punkte auch und insbesondere für die Interviews zu beherzigen. Wesentliche Attribute, die gerne gesehen werden sind u. a. Drive, Motivation, analytische Fähigkeiten, Zahlenaffinität, Personal Fit, Führungsfähigkeit, Vertrauenswürdigkeit, Loyalität, Durchhaltevermögen, Zielstrebigkeit, Lernbereitschaft.

Ein Beispielinterview – Geläufige Fragen

Nachfolgend stellen wir eine Interviewsituation nach, insbesondere die Fragen des Interviewers, die wir einzeln und nacheinander kommentieren. Der Kandidat befindet sich in einem Interview mit einem Associate der fiktiven »Dealmaker« Bank.

Interviewer: Willkommen bei Dealmaker. Mein Name ist Danny Dealmaker. Um mich vielleicht kurz vorzustellen, ich habe an der Business School in Vallera studiert, im letzten Studienjahr ein Praktikum bei Dealmaker gemacht und arbeite seitdem im M&A, mittlerweile im vierten Jahr. Wie steht es mit Ihnen?

Hinweise für den Kandidaten: Der Interviewer hat sich kurz vorgestellt und spielt den Ball ab. Jetzt ist die Gelegenheit, um sich positiv zu präsentieren. Gewöhnlicherweise, das ist auch in der Finance-Branche nicht anders, erläutert man die einzelnen Stationen des Lebenslaufs. Je interessanter Sie die einzelnen Stationen verkaufen, je besser Sie einen Bezug zu Ihrem beworbenen Job herstellen, je mehr Sie das Interesse ihres Gegenübers wecken, je nachvollziehbarer Sie das »Warum« der einzelnen Entscheidungen/Stationen erklären und je logischer der rote Faden Ihrer Erläuterungen zu dem Stuhl führt auf dem Sie gerade sitzen: umso besser!

Kurz: Man sollte erläutern, nicht rechtfertigen, warum man jetzt vor dem Interviewer in der Investmentbank sitzt, und sich selbst als interessante Person präsentieren, die etwas zu erzählen hat. Gehen Sie strukturiert durch Ihren Werdegang. Begründen Sie, warum Sie was gemacht haben. Bringen Sie eine persönliche Note in Ihre Erzählung, aber schweifen Sie nicht ab. Versetzen Sie sich in die Lage des Interviewers und begreifen Sie seine Situation, um möglichst gezielt seine Erwartungen zu erfüllen. Das bedeutet nicht, dass man unehrlich sein sollte. Es ist letztlich wie beim Verkaufen: Unwahrheiten führen zu Regress. Aber die Kunst ist es die positiven Eigenschaften herauszustreichen und die kleineren Leichen im Keller zu lassen. Falls der Interviewer die Kellertür aufmacht, dann gilt es auch hier ehrlich und aufrichtig zu sein. Jeder hat seine Schwächen oder Fehler gemacht. Aber wer sie offen anerkennt, erläutern kann was er daraus gelernt hat oder mitnimmt, macht daraus eine Stärke.

Und: Lachen Sie ruhig mal, wenn es witzig wird - das schafft Sympathie.

Möglichst vermeiden:
- Springen Sie nicht hin und her im Lebenslauf, sondern gehen Sie strukturiert durch
- Schauen Sie nicht non-stop aus dem Fenster beim Erzählen, sondern in die Augen Ihres Interviewpartners um Aufmerksamkeit zu zeigen
- Ignorieren Sie nicht die aufziehende Ungeduld Ihres Interviewpartners, wenn Sie in Ihrer Antwort weit über seinen Informationsbedarf hinausgeschweift sind

Interviewer: Warum Investment Banking?

Hinweise: Sie arbeiten gern mit smarten Menschen in Teams zusammen. Das hat Ihnen schon in der Hochschulgruppe/Organisation Lassmaanpacken-XY Spaß gemacht. Investment Banking wird oft auch als besonders intensiv umschrieben. Des Weiteren sind Sie firm im Umgang mit Zahlen, suchen gerne nach der besten Lösung für den Kunden und freuen sich auf die steile Lernkurve die der intensive Job bietet. Eine Betonung, Herausforderungen zu schätzen, ist an dieser Stelle ebenfalls vorteilhaft. Das Interesse an der Finanzindustrie wird vorausgesetzt, sollte aber auch nochmal betont und begründet werden. Überlegen Sie sich im Vorfeld der Interviews 3-5 Gründe, warum Sie diesen Job wollen. Noch besser: Sie können das klar und einleuchtend erläutern und begründen. Am allerbesten: Zusätzlich schaffen Sie es diese Begründungen am eigenen Werdegang zu beleben, ohne dass es zu sehr an den Haaren herbeigezogen ist.

Möglichst vermeiden:

- Hinterlassen Sie nicht den Eindruck, dass Sie den Job unterschätzen (»Ha! Ich hab schon ganz andere Sachen...«)
- Erwecken Sie auf gar keinen Fall den Verdacht, dass Sie sich bisher noch nicht richtig Gedanken gemacht haben, was Sie warum wollen

Interviewer: Sehr schön. Was mir allerdings aufgefallen ist: Sie haben noch keine praktischen Finance-Erfahrungen. Was also hat Sie nun dazu veranlasst, sich bei einer Investmentbank zu bewerben?

Hinweise: Noch nie bei einer Bank ein Praktikum absolviert? Keinen Wettbewerb in Finanzwirtschaft gewonnen? Kein Problem. In jedem Job gibt es quantitative Module, bspw. in der Unternehmensberatung. Hier macht es Sinn, die eigene Leidenschaft für Analysen und Zahlen in den Vordergrund zu stellen und klar herauszustreichen, dass man sich mit Finance nicht mehr nur am Rande beschäftigen möchte. Doch Vorsicht: Wer übertreibt, ist vielleicht fehl am Platz. In einer Investmentbank werden nur selten Quantenphysiker gesucht, obgleich quantitative Fähigkeiten ein wichtiges Kriterium darstellen. Im M&A bspw. besteht die Herausforderung eher darin, einen guten Überblick über die vielen Zahlen zu behalten und sie fix aber genau analysieren zu können.

Interviewer: Die Investment Banking-Branche ist sehr konjunkturabhängig. Warum wollen Sie wirklich ins Investment Banking?

Hinweise: Dies ist ein Beispiel für hartnäckiges Fragen. Dabei bedient sich der Interviewer der Zyklizität des Geschäfts, um Ihre Motivation für Ihren Brancheneinstieg abzuklopfen. Seien Sie also auf solche oder ähnliche Folgefragen vorbereitet. Warum werden solche Fragen gestellt? Weil die Branche sehr glamourös ist und viele ohne wirkliche Vorstellung von der Realität sich einfach bei den großen

Namen bewerben. Hiermit wollen die Firmen filtern, wer wirklich gut vorbereitet ist und die Finance-Karriere ernst nimmt.

Möglichst vermeiden:

- Wenden Sie sich nicht oder erfinden Sie keine neuen Gründe, nur weil der Interviewer noch mal draufklopft. Wenn Sie sich vorher gute Gründe überlegt haben, wiederholen Sie diese ruhig noch mal in anderen Worten. Offenbar hat er es noch nicht verstanden, oder prüft, ob Sie in Ihrer Begründung auf Nachfragen anfangen zu wackeln. Tun Sie das nicht. Die Gründe ändern sich auch nach fünfmal nachfragen nicht. Warum sollten sie auch. Ggf. können Sie nochmal betonen, wie Sie sich ausführlich informiert haben; mit Bekannten gesprochen, Firmenmitarbeiter bei einem Recruiting-Event an der Hochschule kennen gelernt, Erfahrungsberichte auf squeaker.net recherchiert, und somit zu diesem fundierten Entschluss gekommen sind.

Interviewer: Warum Dealmaker?

Hinweise: Gute Frage. Womöglich eine der gängigsten und zugleich wichtigsten. Es ist absolut unerlässlich, sich über die Investmentbank, bei der man sich bewirbt, zu informieren. Sehr gut sind auch hier Hinweise auf Präsentationen der jeweiligen Bank an der Hochschule, wo man erste Kontakte geknüpft hat und eine bestimmte Investmentbank einem sympathisch war. Der Hinweis auf einen Bekannten, der mal bei Dealmaker ein Praktikum gemacht oder dort gearbeitet hat, kann ebenfalls unterstreichen, dass man sich wirklich mit dem Unternehmen auseinandergesetzt hat. Seien Sie in diesem Fall darauf gefasst, dass Ihr Interviewer nachhakt und fragt, wie es ihm gefallen hat und wo er war. Daher gilt hier wie auch bei jeder anderen Frage: Nichts Unlauteres erzählen oder erfinden.

Möglichst vermeiden:

- Lehnen Sie sich nicht zu weit aus dem Fenster und fangen an zu schwärmen. Das wirkt schnell überzogen bis peinlich und man kann sich relativ sicher sein, dass der Interviewer nachfragt, ob man sich denn sonst nirgends beworben hat. Die richtige Antwort darauf wäre die ehrliche: Ja! Es wäre auch irgendwie unprofessionell, alle Eier in einen Korb zu legen.

> ## Kompetenzbasierte Fragen
>
> Die zu erwartende Arbeitsleistung eines Bewerbers lässt sich gut aus seinem Verhalten in früheren Situationen ableiten. Daher möchte der Interviewer mit diesem Fragetypus möglichst genau herausfinden, wie Sie ein konkretes Problem in der Vergangenheit gemeistert haben. Antworten Sie auf Fragen wie z. B. »Waren Sie schon einmal in einer schwierigen Situation? Wie haben Sie das Problem gelöst?« also unbedingt mit einem Beispiel, das Sie tatsächlich erlebt haben. Seien Sie außerdem auf detaillierte Nachfragen vorbereitet.

Interviewer: Aha. Und warum *nicht* Dealmaker?

Hinweise: Geschockt? Am besten ist es, diese Frage ehrlich zu behandeln. Gibt es Vorurteile gegenüber der Bank, die anfangs für Bedenken gesorgt haben? Des Weiteren: Nicht jeder Deal gelingt. Wer sich im Vorfeld sehr gut über die Deal History der Investmentbank informiert hat, kann vielleicht einige Geschehnisse der Vergangenheit nennen, die gegen eine bestimmte Bank sprechen. Sei es ein weniger glücklich verlaufener Merger, eine strategische Krise oder Ungereimtheiten der Führungsspitze der Bank. Am Ende sollte aber klar sein: Der Kandidat steht zu seiner Bewerbung, kennt die Bank angemessen gut und vor allem die Unterschiede zur Konkurrenz.

Interviewer: Was treibt, was fasziniert Sie?

Hinweise: Oft gefragt, selten einfach zu beantworten. Sollten Sie sich für analytische Raffinessen faszinieren können, so ist das absolut förderlich. Das kann sich in vielen Hobbys und Interessen widerspiegeln: z. B. Literatur, Analyse künstlerischer Werke im Allgemeinen, Naturwissenschaften, Schach etc.

Aber neben analytischen Fähigkeiten ist in einer Investmentbank vor allem Durchhaltevermögen gefragt. Dieses kann sich vor allem in sportlichen Betätigungen des Kandidaten zeigen. Sportlichkeit an sich ist ausreichend und Übertreibungen und Unehrlichkeiten an dieser Stelle ein »No-Go«.

Solche Peinlichkeiten mögen zunächst amüsant sein, sie unterminieren aber bereits die Vertrauensbasis, noch ehe sie vollständig aufgebaut ist. In der alltäglichen Arbeit muss sich das zukünftige Team voll und ganz auf einen verlassen können, wenn z. B. der Vorgesetzte von unterwegs anruft und einige Zahlen anfordert. Es ist wichtig, dies zu verinnerlichen, um eine dementsprechend professionelle Einstellung mit ins Interview zu bringen.

Bei der Beantwortung der Frage kommt es vielmehr darauf an, dass Sie ein rundes Profil aufweisen können. Es sollte klar werden, dass Sie die Schritte, die Sie bis dato in Ihrem Leben zurückgelegt haben, aus Eigeninteresse gegangen sind. Investment Banking orientiert sich beim Auswahlprozess sehr stark an der Persönlichkeit des Kandidaten. Auch wenn Konsistenz womöglich ein sehr wichtiges Kriterium bei Ihrer Bewerbung ist, bedeutet dies nicht, dass rätselhafte Persönlichkeiten, Menschen mit komplexeren Vorstellungen und solche mit ungewöhnlichen Lebenswegen mit verminderten Chancen in die Interviews gehen. Im Gegenteil: Zeigen Sie, worauf es bei Ihrer Person ankommt. Wer auch bei einem sehr generalistisch breiten Profil drei Schlagworte nennen kann, die ihn für die Bank interessant machen, zeigt, dass er sich auf das Wesentliche beschränken kann und punktet nebenbei bei der Bierchenfrage.

Interviewer: Investment Banking setzt sich vor allem aus Rechnungslegung und Unternehmensbewertung zusammen. Womit sollen wir also anfangen?

Hinweise: Sie halten sich für extrem firm? Sehr schön. Aber das verleitet Sie hoffentlich nicht dazu, auf diese Frage mit »egal« zu antworten. Vor kurzem ist dies nämlich einem Ihrer Kollegen passiert, der daraufhin etwas schwierigere Interviewfragen beantworten durfte. Es war ihm ja schließlich »egal« ...

Weitere Hinweise: Generell ist der Personal Fit als eines der wichtigsten Auswahlkriterien anzusehen. Die fachlichen Inhalte im Investment Banking sind oft nicht sehr komplex, aber über so manche Lücke hilft einem auch ein potenzieller Kollege, wenn man seine Sympathie im Interview gewinnen konnte. Der Personal Fit ist bewusst subjektiv gehalten, er lässt sich nicht messen, aber er gibt einen ersten Eindruck davon, inwiefern man selbst in eine gewisse Investmentbank bzw. ein Team passt oder nicht. Seien Sie ehrlich und verstellen Sie sich nicht im Interview, denn es ist in Ihrem Sinne wie auch im Sinne der Investmentbank herauszufinden, ob man zusammenarbeiten sollte oder nicht. Daher empfehlen wir Ihnen unsere Hinweise nicht als Antwortschablone zu verwenden, sondern als Anregung, sich ehrlich und eingehend selbst zu befragen, um überzeugende Antworten zu finden.

»Haben Sie noch irgendwelche Fragen?«

Einige werden diese Frage aus Interviews kennen. An dieser Stelle haben Sie die Möglichkeit, außerordentliches Interesse zu demonstrieren, die Sie unbedingt nutzen sollten. Viele gute Bewerber gehen an dieser Stelle schwach vom Feld. Und das ist Ihre Chance zu punkten. Das bedeutet nicht, dass man irrelevante Fragen an den Haaren herbeiziehen sollte. Aber wer sich wirklich für den Job interessiert und ihn haben will, der muss hier Neugier zeigen.

Im Folgenden möchten wir Ihnen einige Vorschläge für Ihre letzten Fragen im Interview machen:

Diskutieren Sie die Unternehmenskultur und persönliche Beweggründe des Interviewers, die dazu geführt haben, dass jener sich für die Firma entschieden hat, in der er heute arbeitet.

Zeigen Sie, dass Sie Ihre Hausaufgaben gemacht haben: Diskutieren Sie Ihre Bewerbung für diese spezifische Abteilung und hinterfragen Sie Ihr eigenes Verständnis der Aktivitäten der Abteilung. Haken Sie nach, zeigen Sie Interesse und hören Sie gut zu, wenn der Interviewer Ihnen offenlegt, wie er seine Abteilung sieht.

Fragen Sie den Interviewer was aus seiner Sicht die größten Herausforderungen in diesem Job sind, an wie vielen Transaktionen er derzeit arbeitet, wie voll die Pipeline ist, wie viele Leute sie einstellen, wie er die Branchensituation sieht, was aus seiner persönlichen Sicht einen überdurchschnittlich guten Analysten ausmacht usw. Vielleicht knüpfen Sie auch an ihr vorangehendes Interview an, wo Ihnen im Nachgang doch noch etwas unklar geblieben ist.

Seien Sie ehrlich, falls Ihr Interviewer Sie nach Ihren sonstigen Optionen (für den Job, das Praktikum etc.) fragen sollte. Sie brauchen keine Namen zu nennen, aber wenn Sie noch in weiteren Prozessen sind, dann ist das eher gut als schlecht.

Durchforsten Sie die Pressemitteilungen über das Unternehmen und fragen Sie Ihren Interviewer ggfs. nach dessen Erfahrungen, z. B. bei einer bestimmten Transaktion.

Interviewtipps

Ein Einzelinterview ist eine besonders intensive Erfahrung. Auch wenn Sie die theoretischen Grundlagen beherrschen, können Ihnen viele »weiche« Aspekte den Weg zu Ihrem Traumjob verbauen. Vor diesem Hintergrund möchten wir an dieser Stelle ein paar Ratschläge für Ihr Verhalten in Einzelinterviews hervorheben:

- Seien Sie selbstsicher, aber unter keinen Umständen arrogant. Ihr Interviewer ist auch nur ein Mensch und möchte wissen, ob er mit Ihnen zusammenarbeiten kann. Arroganz wird von Fachwissen keinesfalls übertrumpft. Es gibt viele Studenten, die fit in der Theorie sind. Ein makelloses Unizeugnis allein überzeugt die meisten Interviewer aber nicht.
- Seien Sie ehrlich und beweisen Sie so Vertrauenswürdigkeit.
- Lassen Sie sich von der vermeintlichen Lockerheit Ihres Interviewers nicht dazu verleiten, mit ihm wie mit einem Kumpel umzugehen.
- Bewahren Sie die Professionalität in jeder Lage, ohne unterkühlt zu wirken.
- Achten Sie auf professionelle Kleidung und eine gepflegte Erscheinung am Tag Ihres Interviews. Oftmals übernachten Sie

in der Nacht vor Ihrem Interview in einem Hotel. Nutzen Sie die Ihnen dort gebotenen Ressourcen, um sich auch äußerlich auf das Interview vorzubereiten.

- Geben Sie möglichst auf das Wesentliche beschränkte, strukturierte, klare Antworten und gehen Sie allein auf die Frage ein, die Ihnen gestellt wurde. Verschwenden Sie keine Zeit, die Ihnen vielleicht am Ende des Einzelinterviews beim Case fehlen könnte.

- Noch ein Gebot der Professionalität: Sollten Sie mal bei der Konkurrenz ein Praktikum absolviert und jenes nicht als sehr angenehm empfunden haben, reden Sie unter keinen Umständen schlecht über Ihre alten Kollegen. In solchen Fällen wäre davon auszugehen, dass Sie bei einem möglichen späteren Wechsel auch über das Unternehmen schlecht reden werden, für das Sie sich gerade vorstellen. Loyalität und Commitment sind zwei ganz wichtige Eigenschaften im Investment Banking.

Besonderheiten im Capital Markets Bereich

Noch ein paar **spezielle Bemerkungen für Interviews im Capital Markets Bereich** für eine Position im Sales oder als Trader: In diesem Bereich kommt es noch mehr auf die Persönlichkeit und das aufmerksame Interesse an den Dingen im Umfeld des Bewerbers an. Schließlich ist der Aufbau vertrauensvoller Kundenbeziehungen die Schlüsselqualifikation eines Bankers im Sales. Man wird daher in Interviews vor allem darauf getestet, ob man sich mit den Märkten, der Politik und weiteren Einflussfaktoren beschäftigt. Wundern Sie sich nicht über Fragen wie »Was war das letzte Buch, das Sie gelesen haben?«, oder »Wie wird das Wetter morgen?«. Solche Fragen zielen darauf ab, ob Sie sich mit den Dingen aufmerksam auseinandersetzen und ob Sie eine Meinung haben. Beides ist in diesem Bereich sehr wichtig. Natürlich ist es nicht wichtig für den Job, ob Sie die Wettervorhersage für morgen kennen. Wie das Wetter wirklich wird, wissen Sie genauso wenig, wie den Schlusskurs der Allianz-Aktie von morgen. Aber Sie wissen, wie das Wetter heute ist und können eine Einschätzung äußern. Genau darauf kommt es an, denn das wird auch Ihr Job im Sales sein.

Auf die Kapitalmärkte wirken unzählige Einflussfaktoren, mit denen sich die Banker der Capital Markets Division auseinandersetzen. Daher sollten auch Sie sich zur Vorbereitung damit beschäftigen. Am allerbesten beschäftigen Sie sich ohnehin damit und verfolgen aufmerksam die Nachrichten, wissen Bescheid über geplante Steuersenkungen oder dramatische Arbeitsmarktzahlen in den USA, eine bevorstehende Wahl in UK oder lesen allgemein auch schon mal den Finanzteil der Zeitung und den Economist.

Eine letzte Bemerkung zu **Stressinterviews**: In ganz seltenen Fällen gibt es mal ein Stressinterview. So erlebte der Autor in einem Interview im Capital Markets Bereich einer großen amerikanischen Investmentbank folgendes Interview: Der sechste Interviewpartner des Tages kam in den Raum ohne etwas zu sagen und schaute den Bewerber auch nicht an. Er setzte sich und studierte den mitgebrachten CV des Bewerbers für ca. zwei Minuten. Zwischendurch schaute er immer mal wieder den Bewerber an ohne etwas zu sagen und schüttelte ab und zu den Kopf. Schließlich lehnte er sich zurück und äußerte lapidar: »Also Herr Sowieso, das passt ja eigentlich gar nicht!«

Sollte Ihnen so eine – sicher sehr seltene – Situation widerfahren, bleiben Sie locker. Es gibt keinen Grund zur Panik. Der Interviewer will Sie aus der Reserve locken und schauen ob Sie stressresistent sind. Am besten lächeln Sie und antworten, dass die vorangehenden Interviewer das bisher aber ganz anders gesehen haben o. ä.

Eine andere Situation des Stressinterviews besteht aus zwei Interviewern die in einem 90-Grad-Winkel zu ihnen sitzen und wechselweise die »Good Guy«/»Bad Guy«-Rolle übernehmen. Während sie die Fragen des einen beantworten, macht sich der andere Notizen und starrt sie an und umgekehrt. Auch diese Situation kommt sicher sehr selten vor, aber es gibt sie. Und auch hier gilt es vor allem locker zu bleiben. Konzentrieren Sie sich auf die Fragen und vor allem Ihre Antworten. Denn genau dieses Konzentrationsvermögen in Stresssituationen wird in dieser Situation geprüft.

Natürlichkeit

»Wie immer zählt: Natürlichkeit. Je nach gewünschtem Einsatzfeld werden verschiedene Charaktere gesucht. Im Bereich Capital Markets zählen u.a. Kundenorientierung, Pragmatismus und ein dynamisches Auftreten.«
*Daniel Sperl,
Traineeship,
Bereich Capital Markets,*
BayernLB

2. Der Intellectual Fit

Im nachfolgenden Kapitel haben wir Beispiele für die drei Arten von Aufgaben zusammengestellt, mit denen man im Recruitingprozess in der Finance-Branche konfrontiert wird: technische Interviewfragen, Brainteaser und (manchmal) Gruppendiskussionen.

Mit unseren theoretischen Grundlagen sollten Sie den Großteil der Herausforderungen im Interview meistern können. Folgende Ratschläge möchten wir vorab zur Vorbereitung mit auf den Weg geben:

- Gehen Sie die Theorie kritisch durch, d. h. antizipieren Sie potenzielle Interviewfragen und testen Sie sich selbst, indem Sie das Gelernte hinterfragen.
- Lernen Sie die Formeln nicht auswendig, sondern verstehen Sie die oft ökonomisch getriebene Grundlage. Aufgesagte Formeln hinterlassen keinen Eindruck, wenn andere Kandidaten in der Lage sind, wichtige Ergebnisse der Finanzökonomie selbst herzuleiten, falls sie jene gerade nicht parat haben.
- Wenn Sie die Theorien auf Fälle anwenden, lassen Sie Ihren Interviewer wissen, wie Sie vorgehen, d. h. welche Annahmen Ihrer Vorgehensweise zugrunde liegen.
- Bereiten Sie sich auf Ihren Arbeitsbereich (z. B. M&A) vor, aber blenden Sie deswegen nicht andere wichtige Aspekte des Kapitalmarkts aus. Viele der von uns dargelegten Theorien hängen zusammen und können Ihnen in vielen Interviewsituationen weiterhelfen.
- Wenn Sie glauben, dass eine spezifische Theorie nicht unverändert auf einen Fall angewandt werden kann, begründen Sie Ihre Vorgehensweise. Kurz: Demonstrieren Sie Ihr Gespür für Praxistauglichkeit.
- Sollten einige Begriffe hier unklar geblieben sein, schlagen Sie diese unbedingt nach. Arbeiten Sie im Interview unter keinen Umständen mit Konzepten, die Sie nicht durchdrungen haben. Denn das wäre unprofessionell. Dabei wollen Sie Ihren Interviewer vom Gegenteil überzeugen.

Wir kommen nun zum zweiten Teil der meisten Einzelinterviews. Ist die Theorie verstanden, kann eigentlich nicht mehr viel schief gehen. Anhand der nachfolgenden Beispielaufgaben können Sie technische Interviewfragen üben und Ihr angeeignetes Wissen testen. Hier gibt es zumeist – vor allem im Vergleich zu Interviews bei Unternehmensberatungen – keine »Cases« zu knacken. Vielmehr werden theoretische Kenntnisse getestet, entweder durch direktes Abfragen oder durch Anwendung. Nachfolgend finden Sie einige exemplarische Fragen zur Anwendung der Theorie.

Beispielfragen aus Einzelinterviews

Lösungen ab S. 206.

1. Andere Länder, andere Sitten

> Sie wollen Unternehmen verschiedener Länder miteinander vergleichen. Welchen Multiple sollten Sie auf keinen Fall benutzen und warum?

Hinweis: Was unterscheidet Unternehmen unterschiedlicher Länder? Der Multiple sollte diese Unterschiede ausklammern!

Lösung s. S. 206

2. Im Kaufrausch

> Sie sollen ein Kaufhaus bewerten. Wie gehen Sie vor?

Hinweis: Welche Bewertungsverfahren kennen Sie! Welche kommen in Frage und wie ist die grundsätzliche Vorgehensweise?

Lösung s. S. 206

3. *Kaufpreisprämie*

Nennen Sie spontan einige Kriterien für die Bemessung einer Kaufpreisprämie für nachfolgende Unternehmungen. Es gilt die Annahme: Der Käufer ist ein Unternehmen derselben Industrie: Supermarktkette, Unternehmensberatung, Softwarehaus und Sportschuhhersteller.

Hinweis: Was könnte für den Käufer einen Preis über dem »Stand alone value« rechtfertigen?

Lösung s. S. 207

4. *Das Einmaleins des M&A (I)*

Sie haben einen P/E Multiple von 10.0x für Unternehmen X gegeben. Welche Daten brauchen Sie, um mir den Firmenwert zu nennen?

Hinweis: Woraus setzt sich der Firmenwert zusammen? Auf welchen Teil kommen Sie mithilfe des P/E Multiples und was benötigen Sie darüber hinaus?

Lösung s. S. 208

5. Das Einmaleins des M&A (II)

Im Einmaleins des M&A dürfen natürlich auch nicht die Cash Flows fehlen.

Bauen Sie mir einen Free Cash Flow to the Firm aus folgenden fiktiven Angaben.

EBT = 50

Net Interest Expense = 5

Depreciation = 10

Amortisation = 5

Erhöhung der Forderungen = 2

Erhöhung der Verbindlichkeiten = 3

Capital Expenditure = 1

Tax rate = 40%

Hinweis: Wie lautet die Formel für den Cash Flow to the Firm? Was ist »cash wirksam«, d. h. was führt zu einem Cash Flow und was nicht?

Lösung s. S. 208

6. Verhandlungsgeschick

Sie haben im Rahmen eines Kaufmandates ein Unternehmen bewertet. Die DCF-Methode suggeriert einen Kaufpreis von 140-165 Euro pro Aktie. Der momentane Aktienkurs liegt bei etwa 100 Euro pro Aktie. Wie wird Ihre Verhandlungsstrategie aussehen? Wenn Sie das DCF-Modell anpassen wollen, um dem Markt näher zu kommen, welche Parameter würden Sie anpassen und warum?

Hinweis: Worauf reagiert das DCF-Modell besonders bzw. was sind die »Stellschrauben« die einen großen Einfluss auf das Modell haben?

Lösung s. S. 209

7. Kalenderspiele

Sie wollen einen Cash Flow für das Geschäftsjahr 2009 ermitteln, welches Ende September endete. Ihnen liegen allerdings nur folgende Daten vor: Ein Cash Flow für das Geschäftsjahr 2008 sowie die Angaben in den Geschäftsberichten aus vorangegangenen Dezembermonaten:

Cash Flow Januar bis September 2009: 800 Euro

Cash Flow Januar bis Dezember 2008: 500 Euro

Cash Flow Januar bis September 2008: 300 Euro

Gesucht ist der Cash Flow für Oktober 2008 bis September 2009.

Hinweis: Eine leichte Dreisatzübung für den gesunden Verstand.

Lösung s. S. 209

8. Bewertung von Synergien

Hinweis: Welche Synergiearten kommen in Frage und was muss man
zusätzlich berücksichtigen, um auf den Nettobarwert der gesamten
Synergien zu kommen?

Lösung s. S. 209

9. Wie teuer war das Fremdkapital?

Ein Unternehmen habe Assets im Wert von 50 Mio. Euro. Gegeben ist eine Asset Turnover Ratio von 2. Die EBITDA-Marge liegt bei 10%, Depreciation bei 4% der Sales. Darüber hinaus ist uns bekannt, dass EBT bei 0 und das Verhältnis Fremdkapital/Eigenkapital bei 4 liegt. Das Unternehmen hat keinerlei Zinseinkommen.

Frage: Wie hoch waren die Fremdkapitalkosten?

Hinweis: Welche einzelnen Werte lassen sich aus den gegebenen Ratios und Margen ableiten?

Lösung s. S. 211

10. Wie würden Sie sich verhalten?

Stellen Sie sich vor, Sie sitzen mit einem Managing Director – der gerade präsentiert – beim Klienten und stellen fest, dass Sie einen Fehler in der Bewertung gemacht haben, auf die Ihr Chef gleich zu sprechen kommen wird. Werden Sie eingreifen und auf den Fehler hinweisen, oder nichts sagen, weil davon auszugehen ist, dass der Fehler vom Klienten ohnehin nicht bemerkt wird?

Hinweis: Die Strategie von Investmentbanken wird oft auch als »long term greedy« bezeichnet.

Lösung s. S. 212

11. Motive für Aktienrückkäufe

Welche Motive könnte es für Unternehmen geben, einige ihrer emittierten Aktien zurückzukaufen? Wie bewerten Sie qualitativ Aktienrückkäufe?

Hinweis: Welchen Einfluss hat ein Aktienrückkauf auf die Bilanz und auf die Eigentümerstruktur?

Lösung s. S. 212

III. Interview

12. Was kommt in einen IPO Pitch rein?

Sie sollen für einen IPO Pitch mal eine Präsentationsstruktur »draften«. Was kommt in so eine Präsentation rein?

Hinweis: Wenn Sie noch kein Praktikum im entsprechenden Bereich gemacht haben, können Sie das nicht im Detail wissen und das ist auch nicht der Anspruch, der hinter so einer Frage steckt. Vielmehr geht es darum, ob Sie sich reindenken können und sich Dinge, die Sie nicht wissen, mehr oder weniger logisch herleiten können. Was ist das Ziel des Pitches und was will der Kunde wissen?

Lösung s. S. 213

13. Total Shareholder Return

Wir nehmen an, Sie haben eine Aktie für 95 Euro gekauft und sie zwei Jahre gehalten. In diesen zwei Jahren haben Sie einmal 7,5 Euro und einmal 8,2 Euro als Dividende erhalten. Die Aktie steht nun bei 103,5 Euro. Was ist der Total Shareholder Return?

Hinweis: Eine einfache Übung, wenn man sich die Formel gemerkt hat.

Lösung s. S. 214

14. Der IRR eines Häuslekäufers

Sie kaufen ein schönes, großes Haus an der Riviera, das Sie für günstig halten: Es kostet 3 Mio. Euro. Während Sie 1 Mio. Euro aus eigener Tasche bezahlen, finanzieren Sie die verbleibenden 2 Mio. über ein Bankkredit. Bis Sie es 3 Jahre später für 3,5 Mio. Euro weiterverkaufen, gelingt es Ihnen, neben den Zinszahlungen auch noch jährlich 250.000 Euro des Kredits aus Mieteinnahmen zu tilgen. Wie hoch ist Ihr IRR?

Hinweis: Eine einfache Übung, wenn man die Formel kennt. Wie wird also der IRR berechnet?

Lösung s. S. 214

15. Equity Value für Fortgeschrittene

Wir nehmen an es gibt verschiedene Klassen von Aktien (A, B und C), Wandelanleihen, sowie Aktienoptionen die das Management im Rahmen ihrer Vergütung halten. Wir gehen von folgenden Annahmen aus:

Aktienklassen: Es existieren 1,8 Mio. Aktien (Klasse A) die zu 30 Euro handeln, 1,2 Mio. Vorzugsaktien (Klasse B) mit dem derzeitigen Kurs von 35 Euro, sowie 800.000 Aktien (Klasse C) die nicht an der Börse gehandelt werden.

Wandelanleihe (Convertible): Es existiert ein emittiertes Volumen einer Wandelanleihe von 80 Mio. Euro mit einem Nominalwert je Wandelanleihe, von 500 Euro. Die Wandelrate (Conversion Ratio) betrage 25 Aktien je Anleihe und beziehe sich auf die Aktien Klasse A, d. h. der Kurs liege bei 30 Euro. Die Aktien werden bei »Conversion« zusätzlich emittiert.

Aktienoptionen (Stock Options): Das Management habe 40.000 Optionen auf den Bezug von Klasse A Aktien (derzeit wie gesagt bei 30 Euro) zu einem Strike Preis von 27 Euro erhalten. Die Aktien für die Management Optionen gehen lediglich aus dem Besitz der Gesellschaft in den Besitz des Managements über, der »Innere Wert« der Optionen wird durch die Emission neuer (zusätzlicher) Aktien beglichen.

Wir gehen davon aus, dass die neu emittierten Aktien den Aktienkurs nicht verändern. Was ist der (diluted) Equity Value des Unternehmens?

Lösung s. S. 215

Hinweis

Zerlegen Sie die Aufgabe in Teilschritte. Wie errechnet sich der Equity Value (Marktkapitalisierung)? Wie gelangt man auf die Zahl der Wandelanleihen und wie in einem nächsten Schritt auf deren Marktwert? Was ist die Auswirkung der Optionsausübung auf unseren Equity Value?

III. Interview

Lösungsteil: Beispielfragen

1. Andere Länder, andere Sitten

Was unterscheidet Unternehmen unterschiedlicher Länder? Land und Leute, aber vor allem Steuern. Diese beeinträchtigen nun welche Finanzkennzahlen? Selbstverständlich diejenige, die »after tax« sind. Das ist vor allem das Net Income. In welchem Multiple steht Net Income im Nenner? Im P/E Multiple (Equity Value / Net Income). Somit wäre die Lösung gefunden.

2. Im Kaufrausch

Es soll der Firm Value, also ein angemessener Verkaufspreis bestimmt werden. Wie in den entsprechenden Kapiteln besprochen, gibt es grundsätzlich drei Methoden:
- DCF-Bewertung
- Vergleich mit ähnlichen Transaktionen in der Vergangenheit (Merger- bzw. Transaction Multiples)
- Vergleich mit Kapitalmarktbewertung ähnlicher Unternehmen (Trading Multiples)

Im Interview wird meistens nur die Beschreibung der Vorgehensweise gefordert, z. B. wie die DCF-Bewertung abläuft. Hierzu noch mal die wichtigsten Schritte:
1. Free Cash Flows to the Firm definieren
2. WACC-Zinssatz festlegen
3. Terminal Value bestimmen
4. Alle Cash Flows auf den Barwert abdiskontieren und mit dem Barwert des TV addieren
5. Sollte man mit Free Cash Flows to Equity (nicht to the Firm!) arbeiten, muss man zum errechneten Equity Value noch Net Debt (= Debt - Cash) hinzuaddieren, um den Firm Value zu erhalten

Zu den vergleichbaren Transaktionen in der Vergangenheit: Nicht vergessen, dass der Wert stets höher als ein errechneter Firmenwert sein wird, da der Verkaufspreis die Prämie beinhaltet.

So bleibt als letzte Methode die Trading Multiples übrig. Wichtige Fragen sind hier:
- Vergleichen wir mit ausländischen Unternehmen? Falls ja, dann müssen die steuerlichen Unterschiede aus der Bewertung genommen werden (s. o.), indem man mit Multiples »before tax« hantiert (z. B. EBITDA oder EBIT). Ein P/E-Multiple wäre hier weniger aussagekräftig
- Beziehen sich die Financials auf das gleiche Geschäftsjahr (Stichwort: Kalendarisierung, siehe Kapitel II.2 Weitere Bewertungen und gängige Analysemethoden)

- Sind die Assets gekauft oder geleased? Werden Pensions bei allen Unternehmen gleich behandelt? Sollte dies innerhalb der vergleichbaren Unternehmen verschieden sein, muss dies vergleichbar gemacht werden (siehe Kapitel II.2)

Wichtig: Bei Multiples geht es um Vergleiche. Ein Multiple allein reicht nicht aus, sondern man braucht mehrere vergleichbare Multiples von verschiedenen Unternehmen, um einen Industrie-/Branchen-/Sektordurchschnitt zu bilden, den man schließlich auf das zu bewertende Unternehmen anwendet

3. Kaufpreisprämie
Supermarktkette:
- **Synergien**: Werden Skaleneffekte bei Bestellungen durch Zusammenlegung der beiden Ketten erreicht? Kann man günstigere Verträge mit einer geringeren Zahl von Zulieferern aushandeln?
- **Marke**: Hat die zu akquirierende Supermarktkette eine starke Marke und ist dadurch beliebt?

Unternehmensberatung:
- **Kostenreduktion**: Können Abteilungen zusammengelegt werden (IT, Personal etc.)?
- **Kunden**: Bedient die zu akquirierende Unternehmensberatung Kunden, welche die Käufer-Unternehmensberatung bis dato noch nicht bedient hat bzw. bedienen konnte?

Softwarehaus:
- **Kernkompetenzen**: Welche Technologien werden akquiriert? Können die Quellcodes der Software des zu akquirierenden Softwarehauses weiterverwendet werden? Können sich gewisse Expertenabteilungen zusammenschließen (Wissenstransfer)?

Sportschuhhersteller:
- **Marke**: Wird eine starke Marke akquiriert?
- **Kostenreduktion**: Falls eine starke Marke akquiriert wird, kann das Marketing für das theoretische fusionierte Unternehmen somit als Kernkompetenz an die Abteilung des zu akquirierenden Unternehmens abgegeben werden?

Diese Überlegungen reflektieren im Allgemeinen den strategischen Charakter von M&A. Sie bieten darüber hinaus eine sehr weitreichende Grundlage für den Interviewer, das strategische Mitdenken des Kandidaten abzutasten. Am Ende des Tages ist M&A nicht nur Numbercrunching, sondern auch ein unternehmerisch-strategisches Projekt.

III. Interview

4. Das Einmaleins des M&A (I)

Ein P/E Multiple errechnet sich als Quotient aus Equity Value und Net Income. Vom Net Income können wir nicht auf den Firm Value schließen, wohl aber vom Equity Value. Egal, ob der Equity Value oder das Net Income angegeben wird, über den Multiple erhält man in jedem Fall den Equity Value.

Net Income = 150 Mio. Euro

Daraus folgt: 150 Mio. Euro x 10 = 1,5 Mrd. Euro (Equity Value)

Zu diesem addiert man lediglich Net Debt, um zum Firm Value zu gelangen.

Net Debt = 500 Mio. Euro

Firm Value = Equity Value + Net Debt = 1,5 Mrd. Euro + 0,5 Mrd. Euro = 2 Mrd. Euro

5. Das Einmaleins des M&A (II)

Die Formel lautet:

Free Cash Flow to the Firm

= Net Income

+ Depreciation & Amortisation

+ After-tax Net Interest Expense

+ Other Non-cash Charges

– Capital Expenditure (CapEx)

– Δ Net Working Capital

Net Income entspricht EBT x (1 – Tax Rate) und somit

50 x (1 – 40%) = 50 x 60% = 30

Hinzu addieren wir Depreciation & Amortisation, also 10 + 5 + 30. Das ergibt 45.

Die After-tax Net Interest Expense ergeben sich aus Net Interest Expense x (1 – tax rate), also 5 x 60% = 3. Die addieren wir zu den 45 und erhalten 48. CapEx werden hiervon abgezogen, also 48 – 1 = 47. Δ Net Working Capital entspricht der Erhöhung des Net Working Capital. Dies wiederum entspricht Forderungen und Inventar abzüglich der Verbindlichkeiten. Die Forderungen sind um 2 gestiegen, die Verbindlichkeiten um 3, also ist das Net Working Capital um 1 reduziert worden. Achtung: ein gesunkenes Net Working Capital bedeutet, dass wir einen Zufluss haben. In unserem Beispiel sind die Verbindlichkeiten stärker gestiegen als die Forderungen. Wenn Verbindlichkeiten steigen, dann in der Regel weil Geld zugeflossen ist. Somit müssen wir die Verminderung des Net Working Capital hinzuaddieren, da der Cash Flow Effekt positiv ist: 47+1 = 48

Der gesuchte Free Cash Flow to the Firm (FCFF) liegt somit bei 48.

6. Verhandlungsgeschick

Das Eröffnungsangebot sollte beim bzw. über dem aktuellen Aktienkurs liegen. Darunter wird kein Aktionär seine Anteile veräußern, sonst hätte er die Aktie bereits verkauft. Die bis zu 165 Euro pro Aktie, welche aus dem DCF-Modell resultieren, sollten eine Obergrenze darstellen. Dazwischen sollte also der Kaufpreis pro Aktie liegen.

Das DCF-Modell reagiert besonders sensibel auf die Veränderung zweier Variablen: Diskontierungssatz und die damit verbundene Kapitalstruktur als auch die Cash Flows.

Welche Folge hätte bspw. eine stärkere Fremdfinanzierung? Das Verhältnis Debt/Equity würde ansteigen. Was bedeutet dies für den Diskontierungssatz (WACC)? Wir rufen uns ins Gedächtnis:

$$WACC = EK\text{-Kosten} \times \frac{EK}{MW} + FK\text{-Kosten} \times (1 - Steuersatz) \times \frac{FK}{MW}$$

Unter der Annahme, dass die stärkere Fremdfinanzierung nicht zur Zahlungsunfähigkeit des Unternehmens führen und dadurch weitere Kosten verursachen würde, können wir davon ausgehen, dass bei stärkerer Fremdfinanzierung das Verhältnis FK/MW zunimmt und das Verhältnis EK/MW abnimmt. Da die Eigenkapitalkosten über den Fremdkapitalkosten liegen, sind die »günstigeren« Fremdkapitalkosten nun mit einer höheren Gewichtung im WACC-Zinssatz berücksichtigt, der somit sinkt. Bei reduziertem Diskontierungssatz steigt der Wert der abdiskontierten Cash Flows, sodass der Firmenwert bei stärkerer Fremdfinanzierung steigen wird.

Somit würde man der Marktbewertung näher kommen, indem man die Annahmen für die Fremdfinanzierung reduziert und auch die Cash Flows reduziert. Dies folgt z. B. aus weniger enthusiastischen Wachstumserwartungen oder niedrigere EBITDA-Margen.

7. Kalenderspiele

Cash Flow Oktober 2008 bis September 2009 = Cash Flow Januar bis September 2009 + (Cash Flow Januar bis Dezember 2008 – Cash Flow Januar bis September 2008) = 800 Euro + (500 Euro – 300 Euro) = 800 Euro + 200 Euro = 1.000 Euro

8. Bewertung von Synergien

Neben den üblichen Fallstudien im Interview, die wie ein Frage und Antwort-Spiel bearbeitet werden, gibt es auch schriftliche Cases. Hierbei werden Fälle ausführlich samt Abbildungen und Tabellen auf mehreren Seiten dargestellt, mit denen sich der Bewerber allein etwa 30 Minuten auseinandersetzt. Im Anschluss daran werden die Ergebnisse diskutiert. Ihnen steht – sowohl für diese Übung als auch für den schriftlichen Case im realen Ernstfall – ein Taschenrechner zur Verfügung. Auch wenn diese Art von Fallstudienaufgabenstellung relativ selten ist, wollen wir ein Beispiel vorstellen und besprechen.

Ein bisschen Rechengeschick wird wohl dazugehören, denken Sie sich, aber zunächst müssen Sie wohl oder übel die Daten zusammentragen:

Käuferprämie: 150 Mio. Euro

Aktienkursanstieg des Käufers antizipiert einen Nettobarwert der Akquisition von: 50 Mio. Euro

Kostensynergien (werden mit 5% diskontiert):

200 Mio. Euro verteilt auf 2010 - 2012

2010	2011	2012
20%	30%	50%

Umsatzsynergien:

Keine Angaben. Wir werden hier auf ein paar Kalkulationen zurückgreifen müssen. Zunächst wäre relevant, auf welchen Barwert sich die Umsatzsynergien schätzungsweise belaufen.

Zur Lösung:

Was Sie wissen sollten: Der antizipierte Nettobarwert der Akquisition errechnet sich folgendermaßen:

+ Barwert der Kostensynergien
+ Barwert der Umsatzsynergien
− Käuferprämie
= Nettobarwert der Akquisition

Wer sich nun fragt, wo der eigentliche Kaufpreis geblieben ist, hat völlig Recht. Der Kaufpreis berechnet sich aus dem Marktwert der Assets, die gekauft werden, zuzüglich der Käuferprämie. Der Nettobarwert der Akquisition entspricht dann den Einnahmen abzüglich der Ausgaben. »Eingenommen« werden bei einer Akquisition der Marktwert der Assets sowie die Barwerte der Synergien. »Ausgegeben« wird der Kaufpreis, d. h. der Marktwert der Assets zuzüglich der Käuferprämie. Somit kürzt sich der Marktwert der Assets heraus.

Da sowohl der Nettobarwert der Akquisition als auch die Käuferprämie gegeben sind, berechnen wir den Barwert der Kostensynergien und können dann den Barwert der Umsatzsynergien bestimmen. Der Barwert der Kostensynergien errechnet sich bei einem Diskontsatz von fünf Prozent folgendermaßen:

$$\frac{(20\% \times 200)}{1,05} + \frac{(30\% \times 200)}{1,05^2} + \frac{(50\% \times 200)}{1,05^3} \approx 178,90$$

Wir gingen nämlich davon aus, dass wir 20 Prozent der Kostensynergien von 200 Mio. Euro im ersten, 30 Prozent im zweiten und 50 Prozent im dritten Jahr realisieren können. Eine grundsätzliche Annahme bei dieser Kalkulation ist, dass im Jahr 2009 (t=0) keinerlei Investitionen zwecks Realisierung der Kostensynergien unternommen werden müssen. Wir setzen in die Gleichung ein und stellen um:

+ Nettobarwert der Akquisition
+ Käuferprämie
− Barwert der Kostensynergien
= Barwert der Umsatzsynergien

Der Barwert der Umsatzsynergien beläuft sich also folglich auf:
50 Mio. Euro + 150 Mio. Euro − 178,90 Mio. Euro = 21,1 Mio. Euro

9. Wie teuer war das Fremdkapital?

Nun, wir wissen: EBT = EBIT − (Net) Interest Expense.

Liegt uns EBIT vor? Leider (noch) nicht. Folglich wandern wir das Income Statement nach oben ab und landen bei EBITDA. Liegt uns denn EBITDA vor? Schauen wir mal...

Zunächst ist es wichtig zu wissen, dass der Asset Turnover das Verhältnis zwischen Sales und Assets darstellt, d. h. Sales = Asset Turnover x Assets = 2 x 50 = 100 in unserem Fall. Tipp: Financial Ratios nachschlagen, z. B. im sog. DuPont-Modell. Darüber hinaus gibt die EBITDA-Marge das Verhältnis zwischen EBITDA und Sales an. Das bedeutet, wir können EBITDA herleiten: EBITDA = EBITDA-Marge x Sales = 10% x 100 = 10. Von EBITDA ziehen wir nun Depreciation ab. Depreciation entspricht 4% x 100 = 4. Somit beläuft sich EBIT auf 10 − 4 = 6.

Jetzt wissen wir: EBT = EBIT − (Net) Interest Expense, d. h. Interest Expense = 6, da EBT mit 0 gegeben war. Weil wir kein Zinseinkommen haben, gilt Net Interest Expense = Interest Expense.

Welchem Fremdkapitalkostensatz entspricht dies nun? Das Verhältnis von FK/EK war gegeben mit 4, d. h. FK = 4 x EK. Daraus lässt sich schließen, dass FK/(EK+FK) = FK/Assets = 80%. Das bedeutet, dass FK = 80% x Assets = 80% x 50 = 40 gilt. Die Fremdkapitalkosten (Interest Expense) belaufen sich also auf 40 x FK-Kosten = 6 bzw. FK-Kosten = 6/40 = 15%.

10. Wie würden Sie sich verhalten?

Wenn Sie sich mitten in der Präsentation melden, wäre das gewiss sehr unangenehm bis peinlich. Aber was passiert, wenn Sie nichts sagen und der Klient nichts bemerkt? Er geht von falschen Zahlen in seinen weiteren Entscheidungen aus und der Fehler müsste ggf. später zugegeben und korrigiert werden, was das Vertrauen viel stärker beeinträchtigen würde.

Was sind die wesentlichen Assets einer Investmentbank? Maschinen? Fuhrpark? Patente? Nein! Es sind die guten Mitarbeiter und vor allem die Reputation der Bank, die sich letztlich auf gute Kundenbeziehungen auswirken. Deswegen wird einerseits großer Wert auf intensive Auswahlverfahren gelegt und sind andererseits die League Tables und der bisherige Track Record in jeder Pitch-Präsentation zu finden.

Somit sollte klar sein, dass trotz aller Peinlichkeit in diesem Moment eine kurze Intervention, am besten mit den richtigen Werten und den entsprechenden Auswirkungen auf Bewertung/Analyse, das kleinere Übel darstellt.

Anmerkung: Diese Frage zielt einerseits auf das Verständnis/ Judgement des Wesentlichen ab und andererseits auf eine gewisse Ehrlichkeit und Aufrichtigkeit Fehler einzugestehen, bevor sie Schaden anrichten. Es gilt Vertrauenswürdigkeit zu demonstrieren.

11. Motive für Aktienrückkäufe

Vgl. hierzu Kapitel II.1: Über einen Aktienrückkauf werden bspw. überschüssige liquide Mittel an die Aktionäre ausgeschüttet. Hierdurch sinkt die Cash Position und das Eigenkapital, sowie die Anzahl der Aktien, ohne den Gewinn zu beeinflussen, was die Eigenkapitalrendite des Unternehmens verbessert und somit das Unternehmen attraktiver machen soll. Analog steigen die Earnings per Share.

Die Aktionäre können darüber hinaus im Gegensatz zu Dividendenzahlung selbst entscheiden, ob sie in den Genuss von Rückflüssen aus dem Unternehmen kommen wollen.

Zudem kann man mit einem Aktienrückkauf die Kapitalstruktur beeinflussen und durch Aktienrückkäufe ein angestrebtes Finanzierungsverhältnis zwischen steuerlich vorteilhaftem Fremdkapital und Eigenkapital erreichen, ohne neues Fremdkapital aufzunehmen.

Letztlich stellt der Rückkauf auch ein positives Signal am Kapitalmarkt dar, weil erwartet wird, dass das Management insbesondere dann Aktien zurückkauft, wenn es diese an der Börse für unterbewertet hält.

Beeinflussung der Aktionärsstruktur: Durch den Rückkauf eigener Aktien lässt sich der im Streubesitz befindliche Anteil der Aktien eliminieren und somit die Betreuungskosten kleiner Anteilseigner reduzieren.

Außerdem kann durch den Rückkauf einer drohenden Unternehmensübernahme entgegengewirkt werden, da sich die Liquidität verringert und der Verschuldungsgrad erhöht. Zu beachten sind hierbei jedoch restriktive rechtliche Rahmenbedingungen

12. Was kommt in einen IPO Pitch rein?

Hier ein Lösungsvorschlag, der keinen Anspruch erhebt der einzig Richtige zu sein, aber sicherlich die wesentlichen Dinge abgreift:

- **Vorstellung des Teams**: Der Kunde möchte wissen, mit wem er es zu tun hat.
- **Vorstellung der Bank**: Der Klient möchte sich einen Eindruck über die Kompetenz, insbesondere in Bezug auf bisherige IPO Projekte, sowie Projekte in der entsprechenden Branch machen. Daher werden an dieser Stelle League Tables und sonstige sog. »Credentials« gezeigt.
- **Überblick über Kapitalmarktentwicklungen**: Der Klient will sein Unternehmen schließlich an der Börse (Aktienmarkt) platzieren. Hier werden aktuelle Entwicklungen gezeigt, um zu besprechen, wie die Bank die derzeitige Situation am Kapitalmarkt für einen IPO sieht.
- **Recent IPOs**: An dieser Stelle werden kürzlich zurückliegende IPOs gezeigt und deren Erfolg. Waren sie überzeichnet? Kamen sie am oberen Ende der Bookbuilding-Spanne an den Markt? Wie war ihre Entwicklung in den ersten Tagen nach dem IPO?
- **Mögliche »Equity Story«**: Das IPO-Unternehmen wird letztlich über die Börse an viele Investoren verkauft. Da es unzählige alternative Investments gibt, bedarf es hierzu einer gewissen Überzeugung bzw. Marketing. Diese bezeichnet man als »Equity Story«. Darunter versteht man eine Übersicht der wesentlichen Argumente, die für den Kauf der Aktie sprechen. Da der Erfolg eines IPO insbesondere von einer guten »Werbung« bei der Investorenansprache abhängt, ist die Equity Story ein Kernstück. Die IPO-Kompetenz einer Bank hängt neben einer guten Beratung und einem effektiven Prozessmanagement eben auch von der Fähigkeit ab, die Aktien bei Investoren zu platzieren (Placement Power).
- **Kapitalmarkt View der Branche**: Wie bewertet der Kapitalmarkt die Branche des Klienten? Auf welchen Multiples »traden« die Unternehmen dieser Branche, d. h. welche Multiples schauen sich Analysten in dieser Branche an – das kann von Branche zu Branche verschieden sein. (ggf. Trading Multiple Overview, Research Comments zur Branche)
- **Vorstellung des IPO-Prozesses**: Es werden dem Klienten die einzelnen Projektstränge, inkl. der ToDos vorgestellt. Dieser Teil hat häufig einen edukativen Charakter und soll zeigen, dass die Bank

sich aufgrund ihrer Erfahrung mit den einzelnen Prozessschritten auskennt und die wichtigen »Milestones« aufzeigen kann.

- **Mögliche Zeitpläne:** Aufgrund der vielen fixen Termine und Fristen im Rahmen eines IPO (Prospekterstellung und -einreichung bei der BAFIN, Analystenpräsentation, Roadshow etc.), spielt der Projekt-/Zeitplan eine große Rolle. Die Bank zeigt im Anschluss an die Prozessvorstellung welche alternativen Zeitpläne machbar und sinnvoll erscheinen.

13. Total Shareholder Return

Wir erinnern uns an die Berechnung des Total Shareholder Return (TSR):

$$\text{TSR} = \frac{(\text{Endaktienkurs} - \text{Anfangsaktienkurs} + \text{Dividenden})}{\text{Anfangsaktienkurs}}$$

Somit ergibt sich für unser Beispiel die Rechnung:

$$\text{TSR} = \frac{(103{,}5 - 95 + 7{,}5 + 8{,}2)}{95} = 25{,}5$$

Das bedeutet: Ohne die zeitliche Entstehung zu berücksichtigen, haben wir also einen TSR von 25,5% auf unser Investment gemacht.

14. Der IRR eines Häuslekäufers

Wir erinnern uns an die Berechnung des Internal Rate of Return (IRR):

$$\text{IRR} = \left[\left(\frac{\text{Exit Equit Value}}{\text{Equity Investment}} \right)^{\frac{1}{n}} \right] - 1$$

Unser Equity Investment betrug 1 Mio. Euro. Was aber ist unser Exit Equity Value? Das Haus wird für 3,5 Mio. Euro verkauft. Um herauszufinden, wie viel davon Equity ist, d. h. wie viel davon uns gehört, müssen wir den Debt-Anteil abziehen. Anfangs hatten wir 2 Mio. Euro Fremdkapital hatten, haben wir annahmegemäß 3 x 250.000 = 750.000 zurückgezahlt, weswegen der verbleibende Fremdkapitalbetrag 2 Mio. - 750.000 - 1,25 Mio. Euro beträgt. Somit ergibt sich für den Exit Equity Value 3,5 - 1,25 = 2,25 Mio. Euro. Wir können nun den IRR wie folgt berechnen:

$$\text{IRR} = \left[\left(\frac{2{,}25}{1} \right)^{\frac{1}{3}} \right] - 1 = 58{,}2\%$$

Anmerkung: Die Berechnung ist an dieser Stelle vereinfacht, da wir keinerlei Investitionen für Renovierung oder sonstiges angenommen haben. Es sind also einige Abwandlungen denkbar. Investitionen (CapEx) würden schließlich den IRR mindern.

15. Equity Value für Fortgeschrittene

OK, das sind jede Menge Informationen und es klingt recht kompliziert. Gehen wir also der Reihe nach vor.

Wir erinnern uns, dass sich der Equity Value (Marktkapitalisierung) aus Anzahl der emittierten Aktien multipliziert mit dem Aktienkurs ergibt. Somit zuerst zu den verschiedenen Aktienklassen. Grundsätzlich werden in die Berechnung des Equity Value über die emittierten Aktien zu ihrem jeweiligen Kurs nur solche Aktien eingerechnet, die auch an der Börse gehandelt werden, daher auch »Marktkapitalisierung«. Somit lautet unsere erste Rechnung:

Equity Value (in Euro) = 1,8 Mio x 30 + 1,2 Mio. x 35 = 54 Mio. + 42 Mio. = 96 Mio.

Nun zur Wandelanleihe: Wir wollen anhand der Angaben errechnen, wie sich der Equity Value durch die Wandlung der Convertibles verändert. Zunächst wissen wir, dass es (80 Mio. / 500 =) 160.000 Wandelanleihen gibt. Nun errechnen wir einen Marktwert für die Convertibles, indem wir die Coversion Ratio (25x) mit dem Aktienkurs (30 Euro) multiplizieren und kommen somit auf 750. Der Marktwert der Convertibles liegt somit (750 – 500 =) 250 Euro »im Geld«. Schließlich könnte jeder die Wandelanleihe kaufen und durch Conversion somit Aktien im Wert von 750 Euro erhalten.

Im nächsten Schritt errechnen wir, dass 160.000 Wandelanleihen bei einer Conversion Rate von 25x zu einem Bezug von 4 Mio. Aktien berechtigen. Unser Equity Value erhöht sich somit um (4 Mio. x 30 =) 12 Mio. Euro und beträgt nun (96 + 120 =) 216 Mio. Euro.

Schließlich und letztlich zu den Aktienoptionen: Das Management verfügt über Aktienoptionen, die das Recht verbriefen die z. Zt. bei 30 Euro notierenden Aktien für 27 Euro zu beziehen. Die Optionen sind somit (30 – 27 =) 3 Euro im Geld. Der gesamte Innere Wert der Optionen beträgt daher (40.000 x 3 =) 120.000 Euro. Da wir nicht wissen wollen, was das Management insgesamt an Gewinn gemacht hat, sondern lediglich was die Auswirkung der Optionsausübung auf unseren Equity Value ist, errechnen wir nun, wie viele neue Aktien emittiert werden: 120.000 / 30 = 4.000.

Somit beträgt der (diluted) Equity Value 216.004.000 Euro.

Ausgewählte Brainteaser

Brainteaser sind kleine Rätsel bzw. Denkaufgaben und ein beliebtes Mittel, um analytische Fähigkeiten, Kreativität und Stressresistenz eines Bewerbers zu testen. Ob sie als kleine Probleme in einer Gruppendiskussion oder als Bestandteil von Einzelinterviews auftauchen, sie können leicht zu einer Falle werden. Doch man kann sich auf Brainteaser vorbereiten. Um Ihnen dabei behilflich zu sein, haben wir für Sie zehn solcher Aufgaben speziell aus Interviews bei Investmentbanken zusammengestellt.

Brainteaser trainieren

»Das Insider-Dossier:
Brainteaser im Bewerbungsgespräch« ist im On- und
Offline-Buchhandel
erhältlich. Direkt auf
squeaker.net/insider
können Sie es auch
versandkostenfrei bestellen.

Für die detaillierte Übung ganz verschiedener weiterer Brainteaser empfehlen wir das squeaker.net-Buch »Das Insider-Dossier: Brainteaser im Bewerbungsgespräch«. Hier werden 140 aktuelle Brainteaser vorgestellt und in sieben Kategorien ausführlich gelöst. Darüber hinaus werden zahlreiche Tipps zur Herangehensweise gegeben, die den Umfang dieses Buches zweifelsohne überschreiten würden. Zehn »Golden Rules« für den Umgang mit Brainteasern in Interviews wollen wir Ihnen allerdings auf der nächsten Seite an die Hand geben, bevor es mit den Beispielaufgaben losgeht.

Die zehn wichtigsten Tipps zur Lösung von Brainteasern im Bewerbungsgespräch

1. Lassen Sie sich nicht von der scheinbaren Komplexität der Aufgabe erdrücken. Jeder Brainteaser ist lösbar.

2. Filtern Sie die wesentlichen Informationen aus der Aufgabenstellung heraus und lassen Sie sich nicht von Nebensächlichkeiten ablenken.

3. Wenn Sie etwas nicht verstanden haben, sollten Sie unbedingt nachfragen, bevor eine Fehlinterpretation bzw. Missverständnis zu Ihren Ungunsten ausgelegt wird.

4. Betrachten Sie den Brainteaser analytisch und benutzen Sie Ihren gesunden Menschenverstand.

5. Stellen Sie sich das Problem bildlich vor.

6. Gehen Sie bei der Lösung schrittweise vor, dokumentieren Sie Zwischenergebnisse und teilen Sie diese dem Interviewer mit.

7. Wenn Sie keinen Lösungsansatz finden, versuchen Sie in möglichst kleinen Schritten Annahmen zu überprüfen und daraus Hypothesen zu bilden.

8. Nichts ist schlimmer, als zu früh aufzugeben. Wenn Sie trotz eines Ansatzes nicht zur Lösung kommen, dann versuchen Sie das Problem anders anzugehen.

9. Lösen Sie Brainteaser mit Spaß an der intellektuellen Herausforderung – nicht als Pflichtaufgabe.

10. Wenn Sie einen Brainteaser schon kennen, beweisen Sie Ehrlichkeit und lassen sich einen neuen geben.

Im folgenden Abschnitt stellen wir nun einige typische Brainteaser-Aufgaben mit möglichen Lösungsansätzen ausführlich vor.

1. Das größte Resultat

> Sie haben dreimal die Zahl 9 zur Verfügung und sollen diese für die Konstruktion einer Basis sowie eines Exponenten nutzen, um das höchste Ergebnis zu erzielen. Beispiel: 99^9

Hinweis: Gehen Sie alle Möglichkeiten durch und begründen Sie – denken Sie hierbei laut – warum einige Möglichkeiten überboten werden.

Lösung s. S. 226

2. Zahlenzerlegung

> Sie sollen die Zahl 24 aus den Zahlen 3, 3, 8, 8 errechnen. Alle diese Zahlen müssen bei der Rechnung genau einmal vorkommen. Sie dürfen nur die vier Grundrechensymbole (+, −, ·, ÷) sowie Klammern verwenden. Aus 3 und 8 dürfen Sie nicht 3,8 machen. Benutzen Sie lediglich Punkt- und Strichrechnung. Also z. B.: $3+3+8+8 = 22$ oder $3 \times (3+8+8) = 57$.

Hinweis: Versuchen Sie es mit Primfaktorzerlegung.

Lösung s. S. 226

3. Wie viele Kovarianzen gibt es?

Sie wollen die Kovarianzen von 100 Aktien untereinander kalkulieren. Wie viele Kovarianzen erhalten Sie?

Hinweis: Lösen Sie diese Aufgabe in Teilschritten und denken Sie logisch. Wie viele wären es bei 2, 3, 4...Aktien?

Lösung s. S. 226

4. Winkelsumme

Wie groß ist die Summe aller Winkel in einem 32-Eck?

Hinweis: Auch hier gilt: Lösen Sie diese Aufgabe in Teilschritten und denken Sie logisch. Wie viele wären es bei 2, 3, 4...Ecken?

Lösung s. S. 226

5. Winkellogik

Hinweis: Denken Sie logisch und versuchen Sie es mit einer Skizze.

Lösung s. S. 227

6. Logik mit Geschwindigkeit

Die Zwillinge Andreas und Bernhard Claas sind am Bahnhof. Zur Verwunderung der anderen Fahrgäste stellen sie sich Rücken an Rücken an die Bahnsteigkante und verharren dort bewegungslos. Durch den Lautsprecher kommt eine Durchsage: »Vorsicht an Gleis 1. Ein Güterzug fährt durch.« Aber die Zwillinge rühren sich auch weiterhin nicht vom Fleck. Doch genau in dem Augenblick, in dem die Lokomotive die beiden erreicht, marschieren sie los: Andreas in Fahrtrichtung des Zuges, Bernhard entgegen der Fahrtrichtung. Gerade als das hintere Ende des Zuges auf der Höhe von Bernhard ist, bleibt dieser abrupt stehen. Einige Sekunden später, als das Zugende Andreas überholt, bleibt auch dieser stehen. Die beiden drehen sich um, sehen sich einen Moment lang an und beginnen in großen Schritten zu ihrem Ausgangspunkt zurückzukehren.

Ein neugieriger Fahrgast fragt die zwei: »Hallo, was treibt ihr denn hier?« Die Zwillinge antworten: »Wir haben gemessen, wie lang der Zug ist. Bernhard ist 30 Meter weit gegangen. Und Andreas 40 Meter weit. Natürlich sind wir beide gleich schnell gegangen.«

Wissen Sie, wie lang der Zug ist?

Hinweis: Sie wissen nicht nur, dass Andreas 40 Meter und Bernhard 30 Meter mit der gleichen Geschwindigkeit zurückgelegt haben, sondern Sie können auch Aussagen über die Länge der Strecke machen, die der Zug währenddessen zurückgelegt hat.

Lösung s. S. 228

7. Wochentage

Welcher Tag ist morgen, wenn vorgestern der Tag nach Montag war?

Lösung s. S. 229

8. Kugeln wiegen

Auf einem Tisch liegen neun Kugeln und eine Apothekerwaage mit zwei Waagschalen. Eine der neun Kugeln ist schwerer als die anderen acht Kugeln. Der Gewichtsunterschied ist jedoch so gering, dass er nur mithilfe der Waage erkannt werden kann. Ist es möglich mit zweimaligem Wiegen die schwere Kugel zu finden? Wenn ja, wie muss man vorgehen?

Lösung s. S. 229

9. Sanduhren

Ein Mann besitzt zwei Sanduhren. Die eine Sanduhr läuft fünf Minuten. Die andere Sanduhr läuft sieben Minuten. Der Mann möchte die Zeit von 13 Minuten stoppen. Wie macht er das?

Lösung s. S. 230

10. Sockenchaos

Lisa hat verschlafen und muss sich beeilen, denn sie hat um 8:00 Uhr ein wichtiges Vorstellungsgespräch. In ihrem Schlafzimmer ist die Glühbirne kaputt und es ist daher stockdunkel. In einem Korb liegen Lisas Socken, 52 schwarze und 46 weiße – alle durcheinander. Wie viele Socken muss Lisa im Dunkeln herausziehen, um nachher sicher ein Paar gleichfarbige Socken zu erhalten?

Lösung s. S. 231

11. Wie viele Klaviere/Klavierstimmer?

Wie viele Klaviere gibt es in Deutschland?

Lösung s. S. 231

III. Interview

12. Gestresster Weihnachtsmann

Wie viel Zeit hat der Weihnachtsmann pro Kind an Heiligabend?

Lösung s. S. 232

13. Tierhandel

Bauer Wulstkopf geht zum Viehmarkt, um Tiere zu kaufen. Er hat 100 Taler und will dafür 100 Tiere kaufen. Es soll mindestens eine Kuh, mindestens ein Schaf und mindestens ein Huhn dabei sein. Eine Kuh kostet zehn Taler, ein Schaf einen Taler und für einen Taler bekommt man acht Hühner. Wie viel Stück von jedem Tier muss Bauer Wulstkopf kaufen, damit er genau 100 Tiere für 100 Taler bekommt?

Lösung s. S. 233

14. Wässrige Gurke

Sie haben eine Gurke die 1.200 Gramm wiegt. Ihr Wassergehalt beträgt 99%. Wie viel wiegt die Gurke, wenn der Wassergehalt auf 98% sinkt?

Lösung s. S. 233

15. Durchschnittsverdienst

Neun Investmentbanker sitzen beim Abendessen zusammen und diskutieren ihre jeweiligen Gehälter. Alle wollen wissen, wie viel sie im Vergleich zum Durchschnitt verdienen, aber niemand will seinen Verdienst den anderen mitteilen. Wie kann man den Durchschnittsverdienst der neun Berater ermitteln, wenn keine anderen Hilfsmittel (wie Papier, Stifte, PDAs) zur Verfügung stehen?

Lösung s. S. 234

16. Fleißige Gärtner

25 Gärtner arbeiten täglich acht Stunden und stellen eine Grünanlage von 8.000 m² in 32 Tagen fertig. Wie lange brauchen 20 Gärtner für 12.000 m², wenn sie täglich 12 Stunden lang arbeiten?

Lösung s. S. 234

III. Interview

Lösungsteil: Brainteaser

1. Das größte Resultat

$(9^9)^9 = 9^{81}$

$9^{99} > 9^{81}$

99^9 entspricht in etwa $81^9 = (9^2)^9 = 9^{18}$. Natürlich ist $9^2 = 81$ noch etwas von 99 entfernt aber definitiv wesentlich kleiner als 9^{99}. An solchen Größenunterschieden rüttelt auch die Annäherung nicht.

Ist 9^{99} unser Sieger?

Wer hat schon gesagt, dass Klammern keinen Unterschied machen? Wie steht es denn um $9^{(9^9)}$? Da 9^9 als Exponent definitiv höher ist als der Exponent 99, haben wir hiermit die Lösung gefunden: $9^{(9^9)}$.

2. Zahlenzerlegung

Es gibt viele Wege, aber nur einer führt hier ans Ziel: Man braucht strukturiertes Denken und eine gewaltige Portion Glück, um in einer Minute auf die Lösung zu kommen. Wie erhält man 24? Eine Primfaktorzerlegung zeigt: $24 = 2 \times 2 \times 2 \times 3 = 8 \times 3$

8×3 entspricht aber auch $8/(1/3)$.

Die 8 haben wir schon. Was bleibt, ist $1/3$. Das erhalten wir durch $3 - 8/3$ (Punkt- vor Strichrechnung). So erhalten wir als Lösung: $8/(3 - 8/3) = 8/(1/3) = 8 \times 3 = 24$.

3. Wie viele Kovarianzen gibt es?

Wie so häufig im Leben gilt auch hier: Schritt für Schritt. Wenn wir von exemplarischen 5 Aktien ausgingen, bräuchte man: $5 \times 5 = 25$. Aber die Kovarianzen von Aktien mit sich selbst ergeben 1 und interessieren uns nicht, also fallen noch mal 5 (Aktie 1 mit Aktie 1, Aktie 2 mit Aktie 2, Aktie 3 mit Aktie 3, Aktie 4 mit Aktie 4, Aktie 5 mit Aktie 5) Kovarianzen weg. Es bleiben 20 übrig. Da die Reihenfolge irrelevant ist, halbiert sich auch diese Summe, sodass wir $20/2 = 10$ Kovarianzen erhalten. Die Kovarianz von Aktie 1 mit Aktie 2 ist äquivalent zur Kovarianz der Aktie 2 mit Aktie 1! Im Falle von 100 erhält man: $100 \times 100 = 10.000$, $10.000 - 100 = 9.900$, $9.900/2 = 4.950$ Kovarianzen bei unterschiedlichen 100 Aktien. In welcher Form auch immer Sie diese Frage gestellt bekommen, anwendbar ist stets die Formel:

$$\frac{n \times (n-1)}{2}$$

4. Winkelsumme

Ausnahmsweise wird hier unverblümt nach Ihren mathematischen Fähigkeiten gefragt. Ist Ihnen die allgemeine Formel für die Berechnung einer Winkelsumme noch bekannt? Dann fällt es Ihnen

sicher nicht schwer, das Ergebnis zu berechnen. Wahrscheinlicher und durchaus zu entschuldigen ist es, wenn Sie diese Formel spontan nicht mehr parat haben. Macht nichts, solange Sie wissen, dass die Summe der Winkel in einem Dreieck immer 180° ist. Man kann in jedes n-Eck n Dreiecke einzeichnen, die sich in der Mitte treffen. Sie können die Winkelsumme in einem 32-Eck berechnen, wenn Sie die Summe der Winkel der Dreiecke (32 x 180°) nehmen und davon die Winkel der Dreieckspitzen in der Mitte des 32-Ecks abziehen. Die Winkelsumme der Dreieckspitzen entspricht genau 360°. Die Lösung lautet:
32 x 180° – 360° = 5.400°.

Wenn es Ihnen schwer fällt, diese Überlegungen nachzuvollziehen, dann skizzieren Sie einfach ein Viereck oder ein Sechseck und zeichnen Sie die entsprechenden Dreiecke ein. Spätestens dann wird der Ansatz klar.

Die allgemeine Formel für die Berechnung einer Winkelsumme lautet übrigens:
Summe der Winkel in einem n-Eck = (n – 2) x 180°.

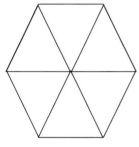

Formel: 6-Eck
6 x 180° - 360° = 720°

Beispiel: 6-Eck

statt

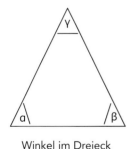

Formel:
$\alpha + \beta + \gamma = 180°$

Winkel im Dreieck

5. Winkellogik
Um 15:15 Uhr steht der große Zeiger genau auf der Drei, der kleine Zeiger jedoch nicht. Während einer Viertelstunde hat sich der kleine

Zeiger genau um ein Viertel zwischen der Drei und der Vier auf dem Ziffernblatt weiterbewegt. Herauszufinden ist nun also, wie viel Grad ein Viertel zwischen zwei Ziffern einer Uhr hat. Die ganze Uhr hat 360°. Bei zwölf Ziffern liegen zwischen zwei Ziffern genau 30°. Diese 30° müssen wir nur noch durch vier teilen, damit wir die Lösung erhalten: Der Winkel beträgt 7,5°.

6. Logik mit Geschwindigkeit

Eine lange Geschichte, aber leider sind die Hinweise der Zwillinge auf die Länge des Zuges dünn gesät. Doch bei diesem Brainteaser gilt wie bei sonstigen Knobeleien auch: Nichts ist unmöglich. Versuchen Sie, die Aufgabe selbstständig zu lösen, bevor Sie sich unseren Lösungsvorschlag ansehen. Ein kleiner Tipp: Sie wissen nicht nur, dass Andreas 40 Meter und Bernhard 30 Meter mit der gleichen Geschwindigkeit zurückgelegt haben, sondern Sie können auch Aussagen über die Länge der Strecke machen, die der Zug währenddessen zurückgelegt hat.

Unser Lösungsvorschlag: Andreas geht in Fahrtrichtung des Zuges los, als die Spitze des Zuges auf seiner Höhe ist, und er bleibt stehen, als ihn das Zugende erreicht. Während Andreas also 40 Meter zurücklegt, legt der Zug seine komplette Länge – von der Spitze der Lok bis zum Zugende – zurück und außerdem noch 40 Meter mehr, denn um diese Entfernung hat sich Andreas in Fahrtrichtung bewegt. Die entsprechende Überlegung müssen Sie auch für Bernhard anstellen. Während Bernhard – mit der gleichen Geschwindigkeit wie Andreas – entgegen der Fahrtrichtung des Zuges geht, legt dieser ebenfalls seine komplette Länge abzüglich der 30 Meter, die Bernhard ihm entgegengegangen ist, zurück. Vorausgesetzt, der Zug fährt mit konstanter Geschwindigkeit, können Sie mit diesen Informationen die Länge des Zuges bestimmen.

Sicherlich wissen Sie noch, wie man allgemein Geschwindigkeiten berechnet. Wenn nicht, prägen Sie sich die folgende Formel gut ein. Die Variablen sind Geschwindigkeit (v), Weg (s) und Zeit (t). Die allgemeine Formel lautet:

$$\text{Geschwindigkeit} = \frac{\text{Weg}}{\text{Zeit}} \quad \text{oder entsprechend} \quad v = \frac{s}{t}$$

Zur Lösung der Aufgabe werden folgende Variablen definiert:

L = Länge des Zuges
t_1 = Zeit, die Bernhard unterwegs ist
t_2 = Zeit, die Andreas unterwegs ist

Über die Geschwindigkeit des Zuges wissen wir:

I. $v = \dfrac{(L - 30)}{t_1}$

II. $v = \dfrac{(L + 40)}{t_2}$

Da der Zug mit konstanter Geschwindigkeit fährt, können wir beide Gleichungen gleichsetzen:

$$\frac{(L - 30)}{t_1} = \frac{(L + 40)}{t_2}$$

Da die Zwillinge beide gleich schnell gehen, Bernhard in der Zeit t_1 30 Meter zurücklegt und Andreas in der Zeit t_2 40 Meter, wissen wir auch:

$$t_2 = \frac{4}{3} t_1$$

Wem das nicht direkt einleuchtet, der sollte sich noch einmal die allgemeine Formel zur Berechnung von Geschwindigkeiten ansehen. Also gilt:

$$\frac{(L - 30)}{t_1} = \frac{(L + 40)}{\frac{4}{3} t_1}$$

Löst man diese Gleichung auf, dann erhält man L = 240. Der Zug ist also 240 Meter lang.

7. Wochentage

Fangen Sie bei Montag an. Der Tag nach Montag ist der Dienstag. Also war vorgestern Dienstag. Wenn vorgestern Dienstag war, dann ist heute Donnerstag. Gefragt ist jedoch nach dem Tag, der auf den Donnerstag folgt. Demnach ist Freitag die richtige Lösung. Diese Art von Logikaufgaben ist sehr beliebt. Solche Aufgaben können beliebig variiert werden.

8. Kugeln wiegen

Das Prinzip einer Apothekerwaage ist, dass man einen Gegenstand im Verhältnis zu einem anderen wiegt. Um bspw. 75 Gramm Aspirin abzuwiegen, verwendet der Apotheker Gewichte zu 50 Gramm, zweimal zehn Gramm und fünf Gramm. Befindet sich die Waage im Gleichgewicht, ist das gesuchte Gewicht erreicht.

Nutze dieses Prinzip, um in zwei Wiegeschritten die schwere Kugel zu identifizieren. Gehe das Problem rückwärts an: Wenn Sie nur einen Versuch hätten, unter wie vielen Kugeln könnten Sie dann höchstens die schwere herausfinden? Die Waage kann nach links oder nach rechts ausschlagen oder – und das darf man nicht vergessen – sie ist im Gleichgewicht. Mit einmaligem Wiegen können Sie also aus maximal drei Kugeln die schwere identifizieren. Schaffen Sie es, mit dem ersten Wiegevorgang drei Kugeln sicher zu bestimmen, unter denen die Schwerere sein muss? Sie gehen nach dem gleichen Prinzip vor wie beim zweiten Wiegen: Im ersten Wiegevorgang legen Sie dazu jeweils drei Kugeln in die Waagschalen. Die drei restlichen Kugeln werden nicht gewogen. Ist die Waage ausgeglichen, so ist die schwere Kugel nicht unter den sechs gewogenen Kugeln zu finden. Bereits vor dem zweiten Wiegevorgang wissen Sie: Die schwere Kugel befindet sich unter den drei restlichen, noch nicht gewogenen Kugeln. Legen Sie in jede Waagschale eine der verbleibenden Kugeln. Die dritte Kugel wird nicht gewogen. Ist die Waage wiederum ausgeglichen, so ist die letzte nicht gewogene Kugel die Schwere.

Die Lösung gilt genauso, wenn sich im ersten Wiegeschritt die Waage auf der einen Seite nach unten neigt. Unter den drei Kugeln, die sich in dieser Waagschale befinden, ist die schwere Kugel zu finden. Der zweite Schritt ist identisch, Sie wiegen zwei Kugeln und lassen die dritte draußen.

Eine erschwerende Variation dieser Frage: Man hat 12 Kugeln, aber eine der Kugeln ist leichter *oder* schwerer als die elf anderen. Des Weiteren besitzt man eine vergleichende Waage. Durch dreimaliges Wiegen soll herausgefunden werden, welche der Kugeln die leichtere oder schwerere ist. Kommen Sie drauf?

9. Sanduhren

Wieder ein Brainteaser, bei dem man spontan denkt, dass eine Lösung unmöglich ist. Doch so, wie die Aufgabe formuliert ist, können Sie sicher sein, dass es einen Weg gibt, der zum Ziel führt. Wie geht man dieses Problem am besten an? Sie ahnen, dass es irgendeinen Kniff geben muss. Überlegen Sie, wie man die beiden Sanduhren einsetzen könnte, um damit noch andere Zeitintervalle zu ermitteln als nur fünf, sieben, zehn oder auch zwölf oder 14 Minuten.

Man kann mit den beiden Sanduhren z. B. zwei Minuten abmessen, indem man beide Uhren gleichzeitig startet: Wenn die Fünf-Minuten-Uhr abgelaufen ist, verbleiben noch zwei Minuten, bis auch die Sieben-Minuten-Uhr abgelaufen ist. Alles klar? Noch ein Beispiel: Wenn Sie beide Uhren gleichzeitig starten und die Fünf-Minuten-Uhr gleich wieder umdrehen, nachdem sie durchgelaufen ist, verbleiben, wenn die Sieben-Minuten-Uhr durch ist, noch drei Minuten, bis die

Fünf-Minuten-Uhr zum zweiten Mal abgelaufen ist. Probieren Sie jetzt aus, wie man die Zeit von 13 Minuten stoppen kann.

Unser Lösungsvorschlag, der nicht der einzig Richtige sein muss: Der Mann startet beide Uhren gleichzeitig. Er dreht die Fünf-Minuten-Uhr erneut um, sobald sie durchgelaufen ist und wartet, bis die Sieben-Minuten-Uhr durchgelaufen ist. Nun sind sieben Minuten vorüber und auf der Fünf-Minuten-Uhr verbleiben noch drei Minuten. Jetzt dreht er die Sieben-Minuten-Uhr gleich wieder um und wartet, bis die Fünf-Minuten-Uhr durchgelaufen ist. Insgesamt sind dann zehn Minuten vorbei und auf der Sieben-Minuten-Uhr verbleiben noch vier Minuten.

Jetzt kommt der Kniff: Der Mann dreht die Sieben-Minuten-Uhr, auf der noch vier Minuten verbleiben (und die also schon seit drei Minuten läuft), direkt wieder um. Nachdem er die Uhr gewendet hat, braucht sie noch drei Minuten, bis sie abgelaufen ist. Damit hat der Mann 13 Minuten gestoppt.

10. Sockenchaos

Der erste Satz enthält keine Information, die für die Lösung der Aufgabe notwendig ist. Durch die Formulierung wird lediglich suggeriert, dass man sich unter Zeitdruck schnell entscheiden muss. Als Leser haben Sie jedoch alle Zeit der Welt. Ebenso ist die Zahl der Socken in diesem Fall vollkommen irrelevant. Es ist unerheblich, ob in Lisas Korb 52, 46 oder 200 Socken liegen. Wichtig ist die Tatsache, dass Lisas Socken nur zwei Ausprägungen haben können: Eine Socke ist entweder schwarz oder weiß. Spätestens nach drei Ziehungen hat Lisa daher das Ziel erreicht, ein Paar gleichfarbige Socken in den Händen zu halten.

11. Wie viele Klaviere/Klavierstimmer?

Ein gutes Klavier kann gut und gerne als Statussymbol interpretiert werden. Man kann davon ausgehen, dass der Besitz eines heimischen Klaviers mit einem entsprechend hohen Einkommen korreliert. In Deutschland leben in etwa 84 Mio. Einwohner. Unter der Annahme, dass ein durchschnittlicher Haushalt drei Personen umfasst, erhält man rund 28 Mio. Haushalte in Deutschland, die wir in vier Quartile entsprechend den Gehaltsklassen einteilen können. Des Weiteren nehmen wir nun an, dass im ersten, bestverdienenden Quartil die Wahrscheinlichkeit, dass im Haushalt ein Klavier vorhanden ist, bei 20% liegt, im zweiten Quartil soll sie bei 10% liegen, im dritten bei 5% und im letzten Quartil bei 0%. So erhält man als Gesamtzahl an Klavieren:

Quartil	Anzahl Haushalte	Davon mit Klavier	Anzahl Klaviere
Erstes Quartil	7 Mio.	20%	1,40 Mio.
Zweites Quartil	7 Mio.	10%	0,70 Mio.
Drittes Quartil	7 Mio.	5%	0,35 Mio.
Viertes Quartil	7 Mio.	0%	0 Mio.
Gesamt	28 Mio.		2,45 Mio.

Etwa 2,5 Mio. Klaviere gibt es also in Deutschland. Da stellt sich doch gleich die nächste Frage:

Wie viele Klavierstimmer gibt es in Deutschland?

Wir nehmen nun an, dass die Haushalte des ersten Quartils ihr Klavier jedes Jahr stimmen lassen, die des zweiten alle drei Jahre und die des dritten alle zehn Jahre. Damit ergibt sich für die Zahl der notwendigen Klavierstimmungen:

Quartil	Anzahl Klaviere	Stimmungen pro Jahr	Anzahl Klavierstimmungen
Erstes Quartil	1,4 Mio.	1	1,40 Mio.
Zweites Quartil	0,7 Mio.	1/3	0,23 Mio.
Drittes Quartil	0,35 Mio.	1/10	0,04 Mio.
Viertes Quartil	0 Mio.	0	0 Mio.
Gesamt	28 Mio.		1,67 Mio.

Für diese rund 2,5 Mio. Klaviere sind jährlich etwa 1,7 Mio. Klavierstimmungen nötig. Wir nehmen nun weiter an, dass ein Klavierstimmer vier Klaviere pro Tag stimmen kann und 250 Tage im Jahr arbeitet. Dies ergibt 1.000 Klavierstimmungen pro Jahr pro Klavierstimmer. 1,7 Mio. / 1.000 ergibt einen Bedarf von 1.700 Klavierstimmern in Deutschland.

12. Gestresster Weihnachtsmann

Überlegen Sie zunächst wieder, welche Daten für die Schätzung benötigt werden. Zum einen müssen Sie wissen, wie viele Kinder der Weihnachtsmann beschenken muss. Zum anderen stellt sich die Frage, wie viel Zeit ihm zur Verfügung steht. Der Weihnachtsmann gehört zur christlichen Tradition, deswegen besucht und beschenkt er auch nur christliche Kinder. Auf der Erde leben insgesamt ungefähr zwei Milliarden Kinder unter 18 Jahren. Wissen Sie wie viele von ihnen Christen sind? Wir auch nicht, zumindest nicht ohne es irgendwo nachzuschlagen. Wenn man nicht weiter weiß, ist es völlig ok, eine begründete Annahme zu treffen, denn es geht eben vor allem um die strukturierte Vorgehensweise. Gehen wir von 15% aus. Demnach gibt es 300 Millionen Kinder, die an Heiligabend auf Geschenke vom Weihnachtsmann warten.

Kinder wohnen normalerweise nicht alleine, sondern im Haushalt ihrer Eltern. Geht man davon aus, dass in einem Haushalt durchschnittlich drei Kinder wohnen, muss der Weihnachtsmann 100 Millionen Besuche machen. Wie viel Zeit hat der Weihnachtsmann an Heiligabend? Es sind nicht nur 24 Stunden! Wegen den verschiedenen Zeitzonen der Erde hat der Weihnachtsmann an Heiligabend genau 31 Stunden zur Verfügung, um seine Geschenke an die Kinder zu verteilen, wenn er von Osten nach Westen reist. 31 Stunden = 1.860 Minuten = 111.600 Sekunden. Der Verteilungsvorgang besteht aus: Schlitten anhalten, Geschenk schnappen, durch den Schornstein, Geschenk unter den Baum legen, zurück zum Schlitten und weiter zum nächsten christlichen Haushalt. Bei 100 Millionen Haushalten hat der Weihnachtsmann dafür pro Haushalt etwa eine Tausendstelsekunde Zeit.

13. Tierhandel

Bauer Wulstkopf muss sieben Kühe, 21 Schafe und 72 Hühner kaufen.

Die Lösung erhält man durch ein Gleichungssystem mit zwei Gleichungen und zwei Nebenbedingungen:

(I). $K + S + H = 100$
(II). $10 K + S + 1/8 H = 100$

mit K = Anzahl Kühe, S = Anzahl Schafe und H = Anzahl Hühner.
Aus (I) und (II) erhält man durch Auflösen:

$S = 100 - 79/7 K$

Da es keine halben Tiere zu kaufen gibt, müssen K, S und H ganzzahlig sein. Außerdem müssen S, H und $K \geq 1$ und kleiner 100 sein, da laut Aufgabe alle Tierarten vertreten sein sollen. Da S ganzzahlig und ≥ 1 sein muss, ist auch $79/7 K$ zwangsläufig ganzzahlig und außerdem kleiner 100. Daraus folgt, dass $K = 7$ sein muss. Durch Einsetzen erhält man die vollständige Lösung.

14. Wässrige Gurke

Nein, die Lösung ist nicht 1.188 Gramm. Die Gurke wiegt 1200 Gramm, ihr Festgehalt beträgt 1%, also zwölf Gramm. Wenn der Wassergehalt der Gurke sinkt, dann steigt zwar der Festgehalt in Prozent. Absolut betrachtet beträgt der Festgehalt der Gurke jedoch immer noch zwölf

Gramm. Wenn der Wassergehalt auf 98% sinkt, dann bedeutet das, dass diese zwölf Gramm Festgehalt jetzt 2% des Gewichts der Gurke ausmachen. Die gesamte Gurke wiegt also nur noch 600 Gramm, wenn der Wassergehalt von 99% auf 98% absinkt.

15. Durchschnittsverdienst

Der erste Berater zählt eine zufällige Zahl zu seinem Gehalt (z. B. 10.000) und teilt dies seinem Nachbarn mit. Der wiederum fügt sein Gehalt hinzu und sagt es seinem nächsten Tischnachbarn weiter. Das Ganze geht so weiter, bis der letzte die Gesamtsumme hat und er sie dem ersten mitteilen kann. Dieser zieht jetzt noch die Zufallszahl ab, die er ursprünglich hinzugerechnet hat und teilt die Gesamtsumme durch neun. Das Ergebnis ist der Durchschnittsverdienst. Es gibt noch andere Verfahren, wie dieses Problem gelöst werden kann. Vielleicht fallen Ihnen noch welche ein?

16. Fleißige Gärtner

Wir nähern uns der Lösung schrittweise an. Bisher wissen wir:

25 Gärtner brauchen für 8.000 m² Grünfläche 32 Tage, wenn sie täglich acht Stunden arbeiten. Für 20 Gärtner (= 4/5 x 25 Gärtner, also dauert alles jetzt 5/4-mal so lang) gilt folglich:

20 Gärtner brauchen für 8.000 m² Grünfläche 40 (= 5/4 x 32) Tage, wenn sie täglich acht Stunden arbeiten. Nun ändern wir die tägliche Stundenzahl in zwölf Stunden ab (= 3/2 x 8, also dauert alles jetzt 2/3 mal so lang).

20 Gärtner brauchen für 8.000 m² Grünfläche 26,67 (= 2/3 x 40) Tage, wenn sie täglich zwölf Stunden arbeiten. Was bleibt übrig? Die Grünfläche beträgt nun 12.000 m² (= 3/2 x 8.000), was erneut die Anfertigungszeit korrigiert. 20 Gärtner brauchen für 12.000 m² Grünfläche 40 Tage (= 3/2 x 26,67), wenn sie täglich zwölf Stunden arbeiten.

3. Gruppendiskussionen – Beispielfälle

Gelegentlich führen Investmentbanken Gruppendiskussionen im Rahmen der zweiten Runde im Assessment Center durch. Im Folgenden sollen zwei solcher Cases besprochen werden – dabei kann die Thematik von Strategie über Marketing bis hin zu M&A reichen. Auch ist es hier nicht wichtig, Fachkenntnisse gezielt anzuwenden, im Vordergrund stehen vielmehr die Interaktion mit den Mitstreitern und die Klarheit der eigenen Argumentation.

Da die Cases unterschiedlichster Natur sein können, empfehlen wir Ihnen als Vorbereitung das Studium von Cases in Unternehmensberatungen, die man bspw. im squeaker.net Insider-Dossier »Bewerbung bei Unternehmensberatungen« nachschlagen kann und mit dem Insider-Dossier »Consulting Case-Trainig« vertiefend üben kann.

Kinos in der Kleinstadt

Ihre Bank hat in eine Kinokette investiert. Diese erweist sich als nicht profitabel. Können Sie sich vorstellen, warum?

Viele Private Equity-Firmen haben diese Erfahrung in den letzten Jahren gemacht. Oftmals bestand die angestrebte Strategie darin, Multiplexkinos in Kleinstädten zu etablieren.
Strukturiertes Vorgehen ist mal wieder gefragt:

Gewinn = Umsatz – Kosten

Also listen Sie die Umsatz- und Kostenarten eines Kinos doch einfach auf:

Umsatzarten	Kostenarten
Tickets	Filmeinkauf/-leihe
Gastronomie	Miete
Werbung vor Kinofilmen	Personal
	Werbung für das Kino

Wie steht es nun um die Deckungsbeiträge? Welche Umsatzzweige des Kinogeschäfts scheinen profitabel? Der Ticketverkauf versucht vor allem, den Filmeinkauf profitabel zu machen. Gelingt ihm dies? Die Kalkulation läuft letztendlich darauf hinaus, dass ein Kinositz nicht einzeln bepreist wird, wie dies bspw. bei Fluggesellschaften der Fall ist. Dadurch ist es für jedes Kino existenziell, die Kinos zu füllen, um die sehr hohen Kosten für die eingekauften oder zumeist doch eher geliehenen Filme zu decken. Da ein Kino nachmittags oft extrem leer scheint, setzt das Management oft alles darauf, die Kinos abends durchgängig zu füllen. Die Gastronomie ist ein profitables Geschäft, da die meisten Kinobesucher sich keinen Film ohne Popcorn oder Nachos vorstellen können. Allerdings können die potenziell hohen Verluste aus dem Ticketverkauf keineswegs durch die Gastronomie quersubventioniert werden.

So bleibt die gute Werbung: Während die Marketingkosten für das eigene Kino sich in Grenzen halten, sind die Umsätze, die durch Werbung für andere Unternehmen (in Kleinstädten oft aus der Umgebung) generiert werden, enorm.

Ein Mitstreiter schaut Sie mit gerunzelter Stirn an und fragt: Und? Ist ein Kino in der Kleinstadt also doch profitabel?

Offenbar nicht. Woran könnte das also liegen? Wir haben bereits den Ticketverkauf als die größte potenzielle Verlustquelle identifiziert. Denken Sie also scharf nach – woran könnte der Ticketverkauf gescheitert sein? Stellen Sie intelligente Fragen, denken Sie laut:
- Waren die Kinos in den Kleinstädten gut erreichbar?
- Gab es ausreichend Parkplätze?
- War die Auswahl der gezeigten Filme gut?

Ihre Mitstreiter zeigen sich beeindruckt. Auch ein Associate der Bank ist angetan. Er sitzt im Hintergrund, lächelt ein wenig und beantwortet Ihnen in einem Satz, dass die Kinos sehr zentral in der Innenstadt lagen, mit ausreichend Parkplätzen bestückt waren und jegliche Blockbuster aufführten. Da er Sie allerdings für smart hält und deswegen womöglich auch mag, gibt er Ihnen und Ihrer Gruppe folgenden Wink: Denken Sie mal an etwas weichere Faktoren – wir sind in einer Kleinstadt.

Sie denken kurz nach, vielleicht auch über Ihre Jugend in einer Kleinstadt, bevor Sie zum Studium in die weite Welt gezogen sind. Nach kurzer Bedenkzeit fragen Sie Ihre Kollegen in der Gruppe:
- Gibt es noch andere, vielleicht traditionellere Kinos in der Kleinstadt?

Bingo! Lange haben wir über Deckungsbeiträge und Parkplätze sinniert, dabei lag die Lösung doch so nahe: In den meisten Kleinstädten hatten viele traditionelle Kinos bereits die Herzen der Einwohner gewonnen. Deren Neigung, ein neues Kino zu besuchen, war gering, sodass der Ticketverkauf zu wenige Umsätze generierte.

Ausbleibende Umsätze im Versicherungsunternehmen

Bei einer Versicherung bleiben die Umsätze aus – was nun? Woran liegt das? Was kann man dagegen tun?

Auch hier sollte man pragmatisch strukturiert vorgehen:

Umsatz = Menge x Preis

Aus der Marketingvorlesung erinnern wir uns noch an die 4Ps:

4Ps der Marketing-Analyse

Umsatz =	Menge x	Preis
Korrespondierende 4Ps:	Produkt	Preis
	Promotion	
	Place	

Ein gezieltes Anfragen der vier Ps sollte etwas Klarheit bringen – ein Analyst, der behilflich sein möchte, antwortet Ihnen:

Promotion passt, Produkt ist für Durchschnittskunden konzipiert, die es gut aufnehmen. Das Pricing ist ebenfalls angemessen. Place und Vertriebskanäle scheinen mir sinnvoll. Machen Sie mal weiter. Wie vertreiben wir unsere Versicherungsprodukte?

Welche Vertriebskanäle sind vorstellbar?
- Außendienst
- Internet
- Telefon
- Direct Mail
- Schneeballsystem

Ein smarter Mitstreiter stellt eine nahezu rhetorische Frage:
Welche Versicherung ist eine der größten in Deutschland?

Ihnen fällt prompt ein, dass die Allianz und die Dresdner Bank Versicherungsprodukte bündeln. Das war aber all Ihren Mitstreitern in der Gruppe klar. Doch Sie kombinieren darüber hinaus: Der Kooperationspartner für unsere Versicherungen, die Durchschnittskunden bedient, ist offenbar nicht optimal gewählt. Ihnen fallen sowohl die Sparkassen als auch die Raiffeisenbanken als bessere Kooperationspartner ein.

Ihr Kollege aus der Gruppe, der schon bei Beratungen Interviews hatte, weiß, was zu tun ist und suggeriert: Lasst uns nun abschätzen, welche der beiden Banken mehr Kunden hat. Wohl die Raiffeisenbanken, oder? Die findet man ja in jedem Dorf. Und wie viele Filialen könnten das sein?

Sie entscheiden sich für die zeitökonomischste Möglichkeit: Sie kommen aus einer Kreisstadt mit 80.000 Einwohnern. Da gab es zehn solcher Filialen. Hochgerechnet auf Deutschland mit 80 Mio. Einwohnern wären das 10.000 Filialen. Damit scheint die Gruppe zufrieden, und Sie gehen zum nächsten Case über.

Golden Rules für Gruppendiskussionen

Ihre Interviewer legen Wert auf Ihre Eigeninitiative, ohne dass Sie zu kompetitiv wirken. Die Stimmung sollte behilflich konstruktiv sein, was auch im schnell getakteten Investment Banking wichtig ist, d. h. die Teams müssen sich gegenseitig aushelfen. Folgende goldene Regeln möchten wir Ihnen für die Gruppendiskussionen mitgeben:

- Es empfiehlt sich, seinen Mitbewerbern aufmerksam zuzuhören und diese nicht zu unterbrechen.

- Denken Sie laut, wenn es angebracht ist. Nur so verstehen Sie Ihre Mitstreiter und Interviewer, die übrigens für gewöhnlich nicht mit der Gruppe interagieren.

- Seien Sie diplomatisch.

- Hinterfragen Sie kritisch, aber seien Sie dabei nicht zu penibel, sondern beweisen Sie, dass es Ihr erklärtes Ziel ist, das Problem lösungsorientiert anzugehen.

- Das Wesentliche ist: Der Weg ist das Ziel. Es geht mehr um die Analyse und strukturierte Vorgehensweise im Team, als um einen erratischen Sprung zu einer möglicherweise vertretbaren Lösung.

- Haben Sie Spaß bei der Sache!

4. Erfahrungsberichte

Das Insider-Wissen der squeaker.net-Community bildete eine wichtige Grundlage für unsere Recherche zu diesem Buch. Viele Mitglieder haben uns ausführlich von ihren Erfahrungen in Bewerbungsgesprächen bei den Top-Unternehmen berichtet. Nachfolgend finden Sie eine Auswahl aktueller Erfahrungsberichte. Nutzen Sie den Einblick in die Interviewpraxis bei Top-Unternehmen zum Üben!

Erfahrungsberichte

Weitere Erfahrungsberichte und alle Informationen zu Ihrem Wunschunternehmen finden Sie auf squeaker.net. Nach Ihrem Interview für Praktikum oder Jobeinstieg können Sie unter squeaker.net/report selbst einen Erfahrungsbericht eingeben und Ihre Erfahrungen allen squeaker.net-Mitgliedern zur Verfügung stellen. Vorher zu wissen, welche Fragen im Bewerbungsgespräch oder Assessment Center gestellt werden, verschafft Ihnen und allen squeaker.net Mitgliedern den entscheidenden Wettbewerbsvorteil.

Ein Wort der Vorsicht: Die folgenden Erfahrungsberichte müssen trotz mehrmaliger Überprüfung der Angaben nicht mit dem tatsächlichen Ablauf Ihres Bewerbungsgespräches übereinstimmen. Die Erfahrungen sind subjektiv geprägt und hängen von der individuellen Situation des Interviewers und Bewerbers ab. Darüber hinaus kann sich das Bewerbungsverfahren in der Zwischenzeit geändert haben.

Credit Suisse

Bewerbungsprozess für ein Praktikum

Bei einer Unternehmenspräsentation der Credit Suisse an meiner Universität habe ich von den Praktikumsmöglichkeiten der Credit Suisse in Frankfurt und London erfahren. Glücklicherweise waren an diesem Tag auch die entsprechenden Verantwortlichen anwesend und ich erhielt die Möglichkeit, meine Bewerbungsunterlagen für ein Praktikum im Bereich Mergers and Acquisitions direkt per E-Mail zu senden. Natürlich kann man sich auch auf dem »klassischen« Weg über das Onlinetool auf der Credit Suisse-Homepage bewerben, wodurch die Chancen für eine Einladung keineswegs geringer sind. Grundsätzlich sollte man allerdings darauf achten, sich mehrere Monate im voraus zu bewerben, da die wenigen Praktikumsplätze regelmäßig bereits rasch vergeben sind.

Auf meine E-Mail habe ich nach nur wenigen Tagen eine Einladung für Interviews im Frankfurter Büro erhalten. Den Interviewtermin konnte ich dann auch relativ kurzfristig und flexibel vereinbaren.

Ablauf Interviews / konkrete Fragen

Beim Interviewtag in Frankfurt durchläuft man vier Interviews (jeweils 30 – 45 min), die üblicherweise auf Deutsch stattfinden. Hierbei merkte ich schnell, dass nicht nur die fachliche Kompetenz, sondern auch der persönliche »Fit« entscheidend für einen positiven Ausgang sein wird. Allgemein war die Atmosphäre sehr angenehm und die Interviewer waren sehr gut vorbereitet - was man daran erkannte, dass sie sowohl mein Anschreiben als auch meinen Lebenslauf mit entsprechenden Markierungen bei sich hatten. Es wurden mir sehr gezielte Fragen zum Hintergrund und meiner Motivation für ein mögliches Praktikum im Investment Banking bei der Credit Suisse gestellt.

Das erste Interview hatte ich mit einem Vice President, der mich zunächst das grundlegende Corporate Finance- und Accounting-Wissen abfragte (Bewertungsmethoden, FCF Berechnung etc.). Im späteren Verlauf ging es allerdings teilweise sehr ins Detail, wodurch ich an manchen Stellen, wahrscheinlich bewusst gewollt, ins Stocken geriet. Insbesondere das DCF-Verfahren wurde von diesem Interviewer detailliert abgefragt. Konkrete Fragen waren:

- Wie berechnet man den Free Cash Flow und den WACC?
- Wie berechnet man die Eigen- und Fremdkapitalkosten?
- Was wird gewöhnlich für den risikofreien Zins gewählt und wo liegt dieser derzeit?
- Wie wird die Perpetuity Growth Rate berechnet und warum ist sie von großer Bedeutung für die DCF-Bewertung?
- Welche Alternativen gibt es zur Perpetuity Growth Rate?

- Wie berechnet man den Enterprise Value und welche Anpassungen müssen dabei vorgenommen werden?
- Was ist der Unterschied zwischen Rücklagen und Rückstellungen?
- Was ist Beta? Welche Bedeutung hat ein Beta von –1?
- Warum fusionieren Unternehmen?
- Wie machen Private Equity-Gesellschaften Gewinn?

Im Anschluss daran interviewte mich ein Senior Associate, der insbesondere die Multiple-Bewertung abfragte. Hierbei sollte man sich neben den allgemeinen Fragen auch auf mögliche Cases vorbereiten, die man mit Fachwissen allerdings gut lösen kann. So kann es zum Beispiel vorkommen, dass man ein Unternehmen auf Basis einiger Bilanz- und GuV-Zahlen bewerten und selbst entscheiden muss, welche Bewertungsmethode in diesem konkreten Fall am geeignetsten ist. Konkret gefragt wurde außerdem:
- Was sind die Unterschiede zwischen Transaction und Trading Multiples?
- Sind Bewertungen auf Basis von Transaction oder Trading Multiples höher? Warum?
- Welche Multiples verwendet man gewöhnlich für Finanzunternehmen, welche für Industrieunternehmen?
- Was sind die Unterschiede und die eventuellen Vorteile eines EV-EBITDA-Multiples im Vergleich zu einem P/E-Multiple?
- Welche Möglichkeiten gibt es, den Free Cash Flow eines Unternehmen zu erhöhen?

In den letzten beiden Interviews wurde ich auf Herz und Nieren über meine Motivation im Investment Banking allgemein und speziell bei der Credit Suisse ausgefragt. Interviewt wurde ich hier von zwei Analysten. Häufige Fragen sind:
- Warum Credit Suisse?
- Beschreiben Sie einen Ihrer Meinung nach typischen Tag im IBD. Welche Aufgaben werden Sie als Praktikant oder Analyst übernehmen?
- Welche Charaktereigenschaften muss man Ihrer Meinung nach für das Investment Banking mitbringen?

Tipps / Eindrücke

Allgemein haben mir die Interviews bei der Credit Suisse sehr gut gefallen. Zwar sollte man sich im Vorfeld gründlich mit der Materie und der Bank an sich auseinandersetzen, jedoch begegnet man dort durchwegs professionellen und fairen Interviewern. Wichtig ist, dass man authentisch auftritt – es ist zwar empfehlenswert, sich auf Standardfragen wie »Wo siehst Du Dich in 10 Jahren?« oder »Was sind Deine Stärken und Schwächen?« vorzubereiten, allerdings würden

III. Interview

komplett auswendig gelernte Antworten nicht weiterhelfen. Und wenn man auf manche Detailfragen keine direkte Antwort parat hat, sollte man sich nicht aus der Ruhe bringen lassen und lieber gezielt nachfragen, um so zu einer Lösung zu gelangen. Denn oft werden genau diese Situationen von den Interviewern gewünscht.

Das anschließende Praktikum war wirklich spitze. Obwohl es sehr intensive Sommermonate waren, bezogen auf die Arbeitszeit wie auch auf so manche Stresssituationen, kann ich es nur weiterempfehlen. Die Lernkurve war unglaublich hoch, ich durfte teils sehr hohe Verantwortung übernehmen und hatte stets das Gefühl, mit meiner Arbeit einen sinnvollen Beitrag für das Team zu leisten. Hinzu kommt, dass die Credit Suisse einen Großteil ihrer Analysten aus den Reihen ehemaliger Praktikanten auswählt - die Chancen für eine Festanstellung stehen also nicht schlecht. In diesem Zuge bekam auch ich die Möglichkeit durch eine zweite Interviewrunde in London einen der Analystenplätze zu ergattern und so konnte ich direkt im Anschluss an mein Studium in meinen Wunschberuf im Investment Banking einsteigen.

Mein Gesamtfazit: Sowohl im Bewerbungsprozess als auch im anschließenden Praktikum wurde neben der fachlichen Kompetenz auch auf die Persönlichkeit sehr großen Wert gelegt. Besonders hervorzuheben ist die Atmosphäre im Team, die trotz der langen Arbeitszeiten hervorragend war. Eine Bewerbung kann ich nur wärmstens empfehlen!

Deutsche Bank (M&A und Markets)

Bewerbungsprozess für ein Praktikum

Zunächst habe ich mich über eine klassische Online-Bewerbungs-maske auf der Karriereseite der Deutschen Bank beworben. Kurze Zeit später wurde ich von einer Personalerin kontaktiert und vereinbarte mit ihr einen recht zeitnahen Bewerbungstermin. Bei mir gab es kein Telefoninterview, wobei es manchmal durchaus dazu kommen soll.

Alle Gespräche fanden an einem Tag in Frankfurt statt. Zu Beginn musste ich einen numerischen Test auf Englisch absolvieren. Die Testfragen entsprechen in etwa den Beispielaufgaben im Insider-Dossier von squeaker.net und insbesondere auch den Beispieltests im Internet (z. B. Morgan Stanley, Procter&Gamble). Der Test wurde unter starkem Zeitdruck durchgeführt.

Darauf folgten fünf Einzelgespräche, wobei ich auch schon von Bewerbern gehört habe, die weniger Gespräche hatten. Die Gespräche liefen größtenteils auf Deutsch, dauerten ca. 30 Minuten und wurden von Investmentbankern verschiedener Level (insbesondere Analysts und Vice Presidents) durchgeführt. Es kam in meinem Fall zu keinem Gespräch mit einem Personaler. Die Interviewstimmung war freundlich und fair, wobei man bei den Fragen schon merkte, welcher Anspruch und welche Erwartungen an mich gestellt wurden.

Ablauf Interviews / konkrete Fragen

Zu Beginn gab es Fragen zum Lebenslauf mit klarem Fokus auf meine Erfahrungen im Finanzbereich. Darauf folgten Fachfragen insbesondere mit Bezug auf das Thema Unternehmensbewertung (z. B. DCF, Art der Bezahlung und Multiples). So musste ich beispielhaft die Unternehmensbewertung einer Gastronomie in Frankfurt (inkl. Marktabschätzung) durchführen. Dabei wurde auch auf die geschickte Anwendung von Multiples gesetzt und ich musste erklären, welche Unterschiede existieren und wann diese eingesetzt werden.

Weitere Fragen im Bereich M&A und Markets lauteten:
- Wie setzt sich das KGV zusammen und wie ist es zu interpretieren?
- Was bedeutet es, wenn die Gross Margin steigt/fällt?
- Wie schätzen Sie die Entwicklung der Zinspolitik der EZB ein?
- In welche Aktien würden Sie investieren?

Tipps/Eindrücke

Fachbegriffe und Unternehmensbewertung wurden konsequent auf Englisch diskutiert. Man sollte auf konkrete Berechnungen vorbereitet sein. Des Weiteren sollte man sich auf eine detaillierte Diskussion des aktuellen M&A-Marktes einstellen und eine Analyse von aktuellen Unternehmensübernahmen bzw. Fusionen (Fokus auf

> ### Insider-Tipp
>
> Üben Sie vor dem Interview noch einmal intensiv, ohne Taschenrechner zu rechnen. Trainieren Sie dabei vor allem das Kopfrechnen sowie das schriftliche Lösen von Aufgaben in den vier Grundrechenarten.

strategische Beweggründe und Marktentwicklungen) durchführen können. Gerade bei Multiples und DCF-Einflussgrößen kommen häufig kritische Rückfragen.

In einem Interview wurde ein Brainteaser abgefragt, der in ähnlicher Form auch im Insider-Dossier »Brainteaser im Bewerbungsgespräch« behandelt wird. Im Buch lautet der Brainteaser wie folgt: »Der Goldschmied Gustav hat zehn Angestellte. Er hat insgesamt ein Kilogramm Gold und gibt jedem Angestellten 100 Gramm. Jeder Angestellte soll hieraus je zehn Ringe fertigen. Einer der Angestellten betrügt, indem er pro Ring genau ein Gramm Gold unterschlägt. Wie kann Gustav mit einer digitalen Präzisionswaage und nur einmaligem Wiegen herausfinden, wer ihn betrügt?«

Wer in den Bereich Markets möchte, sollte sich zudem auch noch einmal ausführlich über Zertifikate und Kapitalmarkttrends informieren.

Deutsche Bank (M&A DB Advisory)

Bewerbungsprozess für ein Praktikum

Ich entschied mich für den Weg der Initiativbewerbung, da ich in demselben Haus bereits eine Banklehre absolviert hatte. Kurze Zeit später wurde ich von der Sekretärin des Bereiches kontaktiert, die dann mit mir einen Bewerbungstermin kurzfristig vereinbarte. Es gab kein Telefoninterview.

Alle Gespräche fanden an einem Vormittag in Frankfurt statt. Numerische Tests gab es keine. Es gab sechs aufeinanderfolgende Einzelgespräche, die alle auf Deutsch geführt wurden. In dem ersten Gespräch habe ich mit dem für mich zuständigen Praktikantenbetreuer gesprochen, danach folgten Gespräche mit weiteren Kollegen (insbesondere Associates und Vice Presidents). Einer der zuständigen Managing Directors führte mit mir das zweite Interview. Die Stimmung war von Anfang bis Ende sehr freundlich und fair. Die Fragen waren angemessen und auf mein Profil zugeschnitten, da ich mit meinen 21 Jahren noch relativ wenig Theoriewissen vorweisen konnte.

Ablauf Interviews / konkrete Fragen

Zu Beginn eines jeden Gespräches wurde ich gebeten, kurz etwas zu meiner Person zu sagen und von meinem Lebenslauf zu berichten. Hierbei sollte ich jeweils mit dem Abitur anfangen. Ich setzte meinen Schwerpunkt auf die gesammelte Berufserfahrung, um so den Brückenschlag zu der zentralen Frage zu schaffen: Warum gerade M&A?

Dabei versuchte ich anhand von in der Praxis erlebten Fällen, mein Interesse an der Wirtschaft im Allgemeinen und am M&A im Besonderen zu begründen.

Außerdem wurde ich in fast jedem Gespräch nach meiner Fähigkeit und meiner Bereitschaft gefragt, lange und konzentriert zu arbeiten. Denn wer seine Satisfaktion nur im Geld sucht, wird die zermürbenden, langen Arbeitsstunden wohl kaum aushalten.

Die Fachfragen bezogen sich u. a. auf die möglichen Formen einer Unternehmensbewertung (Multiples, DCF), die Unterscheidung von betriebsbedingten Kosten und betriebsfremden Kosten, Ablauf eines Deals, grundlegende Kennzahlen EBIT/EBITDA und deren Einflüsse auf andere Kennzahlen. Einen Case musste ich nicht durchrechnen. Es wurde auch aktuelles Wissen zum Marktgeschehen abgefragt. So wurde ich gebeten die Subprime-Krise in ihren Grundzügen zu erklären.

Außerdem erwartete man viele Fragen von mir selbst. In jedem Gespräch wurde ich gefragt, was ich über die Arbeit im M&A wissen möchte. Ich vermute, dass man so mein Interesse und mein proaktives Vorgehen testen wollte. Hier rate ich, die Chance zu nutzen und angemessene Fragen zu stellen. Themen könnten sein: Arbeitsumfeld, Auswirkungen der Marktgeschehnisse auf die eigene Arbeit etc.

Insider-Tipp

Achten Sie darauf, dass Sie über das aktuelle Marktgeschehen ausreichend informiert sind. Diskutieren Sie Finance-News mit Ihren Freunden und lesen Sie entsprechende Kommentare in der Tageszeitung.

Tipps/Eindrücke

Wichtig ist vor allem für »Neulinge« wie mich, dass man sein Interesse anhand von Erfahrungen sehr genau belegen kann und grundlegende Kenntnisse über Unternehmensbewertungen und Abläufe von Transaktionen hat.

In einem Gespräch gab es auch einen Brainteaser, der ebenfalls im Insider-Dossier »Brainteaser im Bewerbungsgespräch« ausführlich gelöst wird. Er lautete wie folgt: Sie sind in einem Ruderboot auf einem kleinen Teich und haben den Anker ausgeworfen. Was passiert, wenn Sie den Anker wieder einholen? Wird sich der Wasserspiegel senken, heben oder wird er gleich bleiben?

Goldman Sachs (Equity Derivatives Sales)

Bewerbungsprozess für ein Praktikum

Für den Abschluss eines Masterstudiums in Finance an der HEC Paris benötigt man den Nachweis eines Pflichtpraktikums. Nachdem ich durch Unternehmenspräsentationen und Karrieremessen schon immer von dem Unternehmen Goldman Sachs beeindruckt und der Qualität der Mitarbeiter überzeugt war, bewarb ich mich initiativ auf der GS-Internetseite für ein Off-Cycle Praktikum in Frankfurt. Bereits knapp einen Monat später wurde ich zu einer ersten Interviewrunde nach Frankfurt eingeladen. In diesem Rahmen legte ich drei Interviews sowie den quantitativen Test ab. Nach einem positiven Feedback folgte ca. zwei Wochen später bereits die zweite Runde an Interviews, die erneut aus drei Einzelgesprächen bestand.

Ablauf Interviews / konkrete Fragen

Bis auf eine Ausnahme kamen alle meine Interviewer aus dem Bereich Equity Derivatives Sales und nur einer aus dem Bereich Fixed Income. Grundsätzlich waren zudem alle Interviews sehr ähnlich aufgebaut. Am Anfang erzählte der Interviewer zumeist kurz über die Abteilung, in der er tätig ist, und daran angeschlossen, was seine genauen Aufgaben innerhalb des jeweiligen Teams sind. Danach gab es in fast allen Gesprächen einen Teil, in dem ich mich kurz vorstellen sollte und basierend auf meinem Lebenslauf ausgewählte Erfahrungen durchgesprochen und diskutiert wurden. Allgemein ging es hierbei vorwiegend um meine Motivation, in der Finanzindustrie zu arbeiten und bei welcher Gelegenheit ich bereits mit Finanzmärkten (praktisch und theoretisch) in Berührung gekommen bin. Im Besonderen wurde die Frage aufgeworfen, welche Erfahrungen mich zu meiner Meinung geführt haben, dass sowohl meine Interessen als auch meine Fähigkeiten optimal auf das Tätigkeits- sowie das Anforderungsprofil einer Investment Bank passen würden.

Danach kam der technische Teil, der in allen Fällen mindestens die Hälfte der rund 30-minütigen Interviews ausmachte. Hier reichte das Spektrum der angeschnittenen Themen vom Pricing von digitalen Optionen mit Hilfe von Black Scholes über den Aufbau der Standard-Zertifikate bis hin zu Fragen, mittels derer das allgemeine Marktverständis getestet wurde. Insbesondere wurde auch überprüft, inwiefern ein genuines Interesse am Finanzsektor besteht, in dem auch immer wieder tagesaktuelle Ereignisse angeschnitten wurden. Am Schluss eines jeden Gesprächs hatte ich zudem noch Gelegenheit, Fragen zu stellen.

Tipps/Eindrücke

Eine sorgfältige Wiederholung/Vorbereitung der gängigsten Theorien sowie ein gewisses mathematisches Grundverständnis sind für die Vorbereitung der Gespräche sicher hilfreich. So kamen bei mir

Konzepte wie die Zinsparität, die Put-Call-Parität, Black Scholes und die allgemeine Bedeutung und Funktionsweise der »Griechen« in mehr als nur einem Interview zur Sprache. Hauptsächlich sollte man sich aber in den Tagen und Wochen vor dem Interview, vermehrt mit dem Marktgeschehen auseinander setzen. Alles in allem bin ich überzeugt, dass der beste Weg zum Erfolg ist, möglichst authentisch zu sein und vor allem zu versuchen, seinen Interviewpartnern die eigene Faszination für diese äußerst dynamische und herausfordernde Industrie zu vermitteln.

Goldman Sachs (Investment Banking Division)

Bewerbungsprozess

Die Bewerbung bei Goldman Sachs verläuft über die Website, wie bei den meisten anderen Banken.

Ablauf Interviews / konkrete Fragen

Im März bekam ich dann einen Anruf, um ein erstes Telefoninterview zu vereinbaren, weil ich mich zu dem Zeitpunkt im Ausland befand. Danach ging es für die erste Runde nach Frankfurt.

In Frankfurt hatte ich dann sechs Interviews, davon alle mit Associates, die schon mehrere Jahre Erfahrung im Investment Banking gesammelt haben. Die Interviews hatten alle einen persönlichen und einen technischen Teil. Im persönlichen Teil sollte man sich darauf einstellen, seine Motivation fürs Banking zu zeigen, und seinen Werdegang strukturiert und überzeugend darzulegen.

Im technischen Teil ging es dann meist darum, die Theorie, die man aus den Corporate Finance Büchern kennt, in der Praxis anzuwenden. Es hilft, regelmäßig Wirtschafts- und Finanzzeitungen zu lesen, um Zusammenhänge von Wirtschafts- und Finanzfragen zu verstehen. Man hatte auch viel Zeit für Fragen, was sehr hilfreich war, da ich dadurch einschätzen konnte, ob ich in das Team reinpassen würde.

Eine Woche danach kam die Einladung zur zweiten Runde, wo ich unter anderem auch mit zwei Executive Directors und zwei Managing Directors Gespräche führte. Die Fragen sind dann etwas weniger technisch und wir haben uns in einer wirklich netten Atmosphäre ausgetauscht.

Tipps/Eindrücke

Immer locker und selbstbewusst bleiben, denn bei Goldman Sachs kommt es sehr auf den »Personal Fit« fürs Team an. Gut vorbereiten und ein echtes Interesse in Wirtschaftsfragen sind unabdingbar. Manchmal sind die scheinbar einfachsten Fragen die schwersten:

- »Erzählen Sie mir etwas über sich.«
- »Warum Investment Banking?«

Greenhill (M&A)

Bewerbungsprozess für ein Praktikum

Die Boutique Greenhill dürfte in Deutschland noch nicht allzu bekannt sein. So hat mich auch erst ein Freund auf diese kleine, aber extrem feine Boutique aufmerksam gemacht, die Büros in Frankfurt, London und New York hat. Greenhills große Stärke besteht in der großen Zahl an senioren Mitarbeitern die zuvor Erfahrungen Investmentbanken wie Merrill Lynch oder Goldman Sachs gesammelt haben. Da Greenhill sehr individuell rekrutiert, ist ein standardisierter Bewerbungsablauf nur schwer zu beschreiben. Eine Woche nach Einsendung meiner Bewerbungsunterlagen wurde ich ins Büro nach Frankfurt eingeladen. Ich führte drei Gespräche und in einer zweiten Runde noch einmal vier, womit ich fast alle Professionals aus dem Frankfurter Büro kennen gelernt hatte.

Ablauf Interviews / konkrete Fragen

In der ersten Runde traf ich zunächst auf einen Analysten, der mich mit zwei Brainteasern konfrontierte (beide sehr zahlenlastig). Des Weiteren fragte er mich einige Multiples und ihre Bedeutung ab. Ich sollte Multiples miteinander vergleichen, wobei klar wurde, dass es industriespezifische Unterschiede gibt, die durch die Benutzung unangemessener Multiples untergingen. Ich muss hinzufügen, dass die technischen Fragen am Ende gar nichts waren im Gegensatz zu den Brainteasern, bei denen mich der doch recht junge Analyst unter Druck gesetzt hat. Hinzu kommt, dass das Interview, obgleich mein Gegenüber deutscher Abstammung war, auf Englisch geführt wurde.

Mit klitschnassen Händen verabschiedete ich meinen ersten Interviewer und wartete auf den nächsten. Es kam ein Associate herein. Ich führte mit ihm ein sehr interessantes Gespräch, denn er erzählte mir ausführlich von seiner Zeit bei einer großen Investmentbank, bei der er drei Jahre lang als Analyst im M&A gearbeitet hatte. Er antwortete mir wirklich sehr ausführlich auf meine Fragen bzgl. seines Ausstiegs bei der Investmentbank zwecks Einstiegs bei Greenhill. Nichtsdestotrotz musste ich danach an die Arbeit und durfte mit ihm eine Eigenkapitalerhöhung diskutieren. Dabei galt es, möglichst fix den Mischkurs oder die Bezugsrechte auszurechnen.

Der dritte Interviewer war ein Principal, der das Frankfurter Büro mit seinen eigenen Händen mit aufgebaut hatte. Er konnte sehr viel von dem »Start-up«-Feeling vermitteln, das Greenhill ganz offensichtlich ausmacht. Seiner Seniorität entsprechend ging er mit mir keine technischen Details der Unternehmensbewertung durch, sondern wollte meine persönliche Motivation, bei Greenhill anzufangen, abklopfen. Des Weiteren ging er meinen Lebenslauf recht rigoros durch und machte sich viele Notizen dabei – selbst meine Musterung mit T5 wurde vermerkt…

Einige Wochen später flog ich wieder nach Frankfurt für die zweite Runde. Diesmal führte ich vier Interviews, davon das erste mit einem Alumnus meiner Hochschule, der mich bat, eine Kaufhauskette mittels Multiples zu bewerten. Hierbei musste ich mich zu den relevanten Daten durchfragen und die Ergebnisse der Multiple-Bewertung interpretieren. Das nächste Interview führte ich mit einem weiteren Associate, der mich ehrlich danach fragte, welche technischen Details ich schon mit Kollegen in den vorangegangenen Interviews besprochen hatte, sodass das Durchsprechen der DCF-Modellierung übrig blieb. Ich sollte das Modell erklären und darlegen, wie man den Diskontierungssatz ermittelt (WACC bei Free Cash Flows to the Firm, Eigenkapitalkosten bei Cash Flows to Equity etc.).

Als vorletzten Interviewpartner lernte ich einen Managing Director aus New York kennen, der mit mir über alle »odds« im Lebenslauf sprach, z. B. über meine Ausarbeitungen zum Thema Filmanalysen. Des Weiteren stellte er mir noch einen Brainteaser, nämlich: Was ist die Summe aller Zahlen von 1 bis 100? Der gute Gauß hat das Problem einst gelöst, indem er die Zahlenreihe aufteilte, 1 und 100 zu 101 addierte, 2 und 99 etc., sodass die Lösung 50 x 101 = 5050 lautet.

Mein letztes Interview führte ich mal wieder auf Englisch – und zwar mit einem Vice President, der mich explizit darum bat, ihm darzulegen, wo ich die Unterschiede zwischen Consulting und Investment Banking sehe.

Tipps/Eindrücke

Interviewt man mit einer Boutique, so ist das Commitment von beiden Seiten garantiert. Man lernt sehr viele Professionals kennen und kann dabei – angesichts der Seniorität so mancher Interviewpartner – extrem viel dazulernen. Das Feedback war umfassend, und man findet sich darin sehr gut wieder.

J.P.Morgan (M&A)

Bewerbungsprozess für ein Praktikum

Zunächst muss man ein Online-Bewerbungsformular auf der Website von J.P.Morgan ausfüllen. Es ist recht umfangreich, und man sollte sich die Antworten auf die offenen Fragen gut überlegen. Wie ein Bewerber berichtet, meldet sich dann nach etwa zwei Wochen jemand aus der Personalabteilung, um einen zu der ersten Bewerbungsrunde nach London (bei anderen war es zunächst Frankfurt) einzuladen.

Der Tag beginnt mit einem Associate Interview, das häufig gleich auf Englisch geführt wird. Darauf folgen ein 20-minütiger Numerical Test sowie ein weiteres Interview, welches meistens wieder auf Englisch, teilweise jedoch auch auf Deutsch zu bewältigen ist. Danach wird entschieden, ob es noch zu einem dritten Gespräch kommt. War man nicht erfolgreich, erhält man direkt Feedback, wieso es nicht geklappt hat.

Hat man diese erste Runde erfolgreich gemeistert, wird man kurze Zeit später zu einem zweiten Termin nach London eingeladen. Dieser ähnelt der ersten Runde sehr, es kann nur sein, dass manchmal etwas andere Schwerpunkte gesetzt werden und bestimmte Fähigkeiten stärker oder schwächer abgeprüft werden.

Ablauf Interviews / konkrete Fragen

Die Einzelgespräche gliedern sich in drei Abschnitte: Interviewer und Bewerber stellen sich kurz vor, dann werden Fragen an den Bewerber gestellt und zuletzt hat man die Möglichkeit, selbst Fragen über das Praktikum und J.P.Morgan zu stellen.

Den Anfang des Interviews sollte man nutzen, um sich möglichst strukturiert und prägnant in einem positiven Licht zu präsentieren. Häufig soll man hier sein Interesse für das Investment Banking erklären, relevante Praktika nennen und zeigen, inwiefern einen seine bisherigen Erfahrungen für das Investment Banking qualifizieren.

Aus dem zweiten Abschnitt berichtet ein Bewerber von folgendem Case: Man ist Analyst in London, es ist Freitagnachmittag und der VP kommt mit einem neuen Auftrag auf einen zu. Man soll einen kleinen Automobilzulieferer aus Deutschland bewerten. Dieser ist in Privatbesitz und in Hinblick auf die Unternehmensgröße eigentlich außerhalb J.P.Morgan's Klientenfokus. Aber da der Vorgesetzte den Geschäftsführer gut kennt, soll J.P.Morgan doch eine Bewertung durchführen. Bis auf einen selbst ist allerdings niemand mehr im Büro und die Deadline ist in 48 Stunden. Glücklicherweise stehen einem die J.P.Morgan-Datenbanken mit Informationen zu ca. 100 Automobilzulieferern und deren Financial Data (Bilanzen, GuV etc.) zur Verfügung.

Als ersten Ansatzpunkt schlug der Bewerber das Multiple-Verfahren vor und sollte dieses dann detailliert darstellen. Von dort aus weitergehend war dann zu erklären, nach welchen Kriterien man Firmen ausschließen könnte, um die Zahl der zu vergleichenden Unternehmen zu reduzieren. Entscheidend sind hier vor allem Umsatz und Wachstum.

Ein anderer Bewerber wurde mit folgendem Case konfrontiert: Der CEO von BMW kommt zu Ihnen und möchte die Autosparte abstoßen, um sich nur noch auf die Produktion von BMW-Fanartikeln (Regenschirme, Schlüsselanhänger etc.) zu konzentrieren. Sie wissen, dass die Idee schwachsinnig ist, sie könnte jedoch für J.P.Morgan einen großen Deal mit hohen Einnahmen bedeuten. Empfehlen Sie Ihrem Vorgesetzten, den Auftrag anzunehmen? Ohne zu zögern, sollte man hier antworten, dass man das Angebot ablehnt, da sich jede andere Entscheidung nachteilig für den Kunden auswirken würde. Der Interviewte sollte gar nicht erst abwägen. Der Grundsatz »Client first« ist absolut zu beachten.

Auf die Cases folgen oft noch einzelne fachliche Fragen, z. B.:
- Wie berechnet sich der Enterprise Value?
- Was ist der Vorteil von einem Multiple (EV/EBITDA) im Vergleich zu einem anderen Multiple (P/E)?
- Wie berechnet sich der WACC?
- Was ist Beta? Was bedeutet ein Beta von -1?
- Was ist die Marktrendite? Woraus setzt sich die Überrendite zusammen?
- Was ist der Tax Shield?
- Wie werden Steuern berücksichtigt?
- Welche Cash Flows werden benutzt (Free Cash Flows → Berechnung)?
- Was passiert in den Financial Statements, wenn eine unbenutzte Maschine abbrennt? (Die Antwort des Bewerbers war hier: Es ist ein außerordentlicher Aufwand. Der Net Income verringert sich in der GuV (Income Statement). In der Bilanz findet eine Verkürzung statt, da erstens das EK und zweitens die Vermögensposition »Maschinen« verringert werden. Das Cash Flow Statement bleibt unverändert, da sich die Abschreibungen erhöhen und der Net Income verringert wird. Diese Posten gleichen sich aus.)

Sowohl in Frankfurt als auch in London ist außerdem mit Fragen zu rechnen, die mehr auf den Personal Fit abzielen, z. B.:
- Name a situation when you took over leadership and explain why.
- Name a situation when you were right but the other team members were against you.
- If I called your former employer, name three things he would say to describe you.

- If I asked a personal contact of yours, what three characteristics would he use to describe you?
- Give an example of a situation when you did not get along with a person with whom you had to work.

Darüber hinaus wird aber auch gerne gefragt: Was passiert, wenn wir Ihnen keinen Praktikumsplatz anbieten? Haben Sie sich bei anderen Investmentbanken beworben? Warum wollen Sie ein Praktikum im Investment Banking machen? Warum bei J.P.Morgan? Den Personalern ist schon bewusst, dass man sich auch bei anderen Banken beworben hat. So kann man ruhig ein paar ebenbürtige Konkurrenten nennen, die man sicherheitshalber auch angegangen ist, falls man bei seinem Wunschunternehmen nicht genommen wird. Zu diesen eher allgemeinen Fragen gibt es auch auf der Website von J.P.Morgan einige Informationen, die man für seine Antworten nutzen kann. Wichtig ist zudem, sich über die letzten großen M&A Deals von J.P.Morgan zu informieren (JPM Website, Lexis Nexis, Factiva).

Tipps und Eindrücke

Die Interviews können sehr unterschiedlich ausfallen. Brainteaser-Aufgaben werden nicht immer gestellt. Dafür kommen manchmal auch Fragen zur jeweiligen Diplomarbeit. Eine gründliche Vorbereitung auf das Interview ist sicherlich die entscheidende Voraussetzung für einen erfolgreichen Ablauf. Man sollte sich nicht einschüchtern lassen und (kleine) Wissenslücken zugeben können. Insgesamt wurde die Interview-Atmosphäre als angenehm empfunden, die Fragestellungen waren stets nachvollziehbar.

Vor allem in dem Bereich und den Methoden der Unternehmensbewertung sollte sich der Bewerber gut auskennen (Berechnung, Vor- und Nachteile etc.). Außerdem ist es wirklich wichtig, auf die Aussagen des Gegenübers genauestens zu achten. Wenn man den falschen Denkansatz wählt, wird der Interviewer einen in der Regel berichtigen. Selbstverständlich sollte man diese Hilfestellungen bei der Beantwortung dann aber auch berücksichtigen. Am Ende der Gespräche sollte man von der Möglichkeit, Fragen zu stellen, unbedingt Gebrauch machen. Trotz aller Aufregung ist es zudem von Vorteil, stets den Blickkontakt mit dem Interviewer zu halten und eine entspannte Körperhaltung einzunehmen.

Lazard (M&A)

Bewerbungsprozess für ein Praktikum

Die Bewerbung bei Lazard läuft wie bei allen Investmentbanken straight forward und schlank ab. Um eingeladen zu werden, schauen die Banker, die über eine Einladung entscheiden, vor allem auf gute bisherige Praktika (gern gesehen sind Erfahrungen bei anderen Banken oder inhaltlich vergleichbare Praktika), Auslandserfahrungen (sei es durch Praktika oder Studienaufenthalte) sowie sehr gute Noten.

Ich selbst habe mich per E-Mail mit englischem Anschreiben und CV beworben und hatte dank der schnellen Reaktionszeit von Lazard bereits nach einem Tag eine Rückmeldung bzgl. der Gespräche in Frankfurt. Kopien meiner Zeugnisse habe ich noch nachgereicht.

Ablauf Interviews / konkrete Fragen

Die Gespräche sind relativ standardisiert wie bei anderen Investmentbanken. Ein Gesprächspartner fragt zum Thema Lebenslauf, die nächsten beiden zum Thema Accounting und Bewertung und der letzte versucht sich noch einmal einen Gesamteindruck zu machen und testet die englischen Sprachkenntnisse sowie das Verständnis übergeordneter wirtschaftlicher Zusammenhänge.

Das Lebenslauf basierte Gespräch ist meiner Meinung nach relativ easy. Wichtig ist hierbei, eine sog. »Elevator Speech« vorbereitet zu haben, d. h. innerhalb von zwei bis drei Minuten eine absolut überzeugende Zusammenfassung über seinen bisherigen Werdegang und die erworbenen Fähigkeiten liefern zu können. Natürlich sollte man auch auf Fragen zur Motivation (Warum Investment Banking/M&A?/ Lazard?) eine Antwort parat haben. Insbesondere letztere Frage gewinnt noch an Bedeutung, wenn man bereits andere Investmentbanken von innen gesehen hat. In Bezug auf Lazard sollte man speziell die Punkte Unabhängigkeit, Erfolg (Rankings) sowie Leute erwähnen. Hilfreich ist es dabei natürlich, wenn man bereits andere Praktikanten kennen gelernt hat und sich auf deren Erfahrungen berufen kann oder von Erfahrungsberichten auf squeaker.net erzählen kann, die man spannend fand. Allgemein gilt, dass die Leute der Ausschlag gebende Punkt sind, warum man sich für die eine oder andere Investmentbank entscheiden sollte.

Die zweiten und dritten Gespräche sind in der Regel sehr technisch. Hier trifft man zumeist auf Analysten oder Associates. Ich war bereits in meiner Einladung darauf hingewiesen worden, dass ein technisches Interview vorgesehen war, von daher konnte ich mich gut vorbereiten. Die Fragen waren eigentlich die gleichen, die auch bei anderen Banken gestellt werden, also z. B.:

- Welche Bewertungsmethoden kennen Sie?
- Was ist der Unterschied zwischen Firm- und Equity-Bewertung?
- Welche Multiples werden klassischerweise angewendet und welche davon für jeweils die Firm-/Equity-Bewertung?
- Sind Bewertungen auf Basis von Transaktionsmultiples oder DCF-Berechnungen höher?
- Wie kommt man vom EBIT auf den Free Cash Flow?
- Was sind wesentliche Anpassungen, die bei der Multipleberechnung vorgenommen werden?

Das vierte Gespräch lief komplett auf Englisch ab, und mein Gesprächspartner wollte ganz klar noch einmal meine Motivation für den Bereich M&A testen. Das Interview war aber insgesamt recht angenehm, und ich habe mich auch über persönliche Dinge und den Werdegang meines Interviewers (ein Associate) unterhalten.

Tipps/Eindrücke

Bereits am nächsten Tag hatte ich telefonisch die Zusage für das Praktikum. Insgesamt war der Bewerbungsprozess absolut professionell, und zwischen Bewerbungszeitpunkt und Zusage vergingen nicht einmal zwei Wochen. Das anschließende Praktikum war ebenfalls hervorragend. Die Arbeit war sehr zeit- und lernintensiv und ich würde jederzeit wieder zu Lazard gehen!

Mein Gesamteindruck: eine äußerst dynamische Bank mit guten Köpfen, die man sich auf jeden Fall einmal näher anschauen sollte.

Morgan Stanley (M&A)

Bewerbungsprozess für ein Praktikum

Falls der Lebenslauf eines Kandidaten den formalen Anforderungen Morgan Stanley genügt, wird man zu der ersten von zwei Interviewrunden nach Frankfurt eingeladen. Dort muss man zuerst einen numerischen Test zwecks der Bewertung der analytischen Fähigkeiten absolvieren. Danach folgen vier Interviews, in denen hauptsächlich technische Fragen gestellt werden. In der zweiten Runde dagegen wird man sowohl auf das sogenannte Personal Fit als auch auf das fachliche Wissen geprüft.

Ablauf Interviews / konkrete Fragen

Ein Interview läuft allgemein nach dem Schema ab, dass zuerst die persönlichen und danach die fachlichen Fragen gestellt werden. In manchen Interviews muss man sich kurz selbst vorstellen. Dabei soll man auf die Meilensteine aus dem Lebenslauf und auf die für die Praktikantentätigkeit relevanten Erfahrungen eingehen.

Im ersten Interview habe ich von einem Associate relativ detaillierte Fragen zu Bewertungsverfahren gestellt bekommen. Bei der Berechnung vom Enterprise Value nach dem DCF-Verfahren musste ich z.B. ausführlich die Zusammensetzung vom Free Cash Flow to the Firm erläutern und Beispiele für die einzelnen Posten anführen. Eine aus meiner Sicht interessante Frage habe ich zu dem Multiplikatoren-Verfahren gestellt bekommen. Sie lautete wie folgt: Warum wird bei der Schätzung vom Firm Value ein z.B. »Firm Value to EBITDA«-Multiple und nicht z.B. »Firm Value to Free Cash Flow«-Multiple angewendet.

In dem Interview mit einem Vice President wurde ich dagegen aufgefordert, die mir bekannten Bewertungsverfahren allgemein darzustellen. Ich wurde z.B. gefragt, welcher der beiden Multiples - Trading oder Transaction- höher ist, und warum. Ich sollte auch das Terminal Year Free Cash Flow aus dem DCF-Verfahren näher erläutern.

In der zweiten Interview Runde werden insgesamt mehr Fragen persönlichen Charakters gestellt. Zum Beispiel, warum man sich ausgerechnet bei Morgan Stanley beworben hat; warum in der M&A-Abteilung; welche Vorstellung von den zukünftigen Aufgaben hat man usw.
In den Interviews wurden mir insgesamt zwei Brain Teaser als Aufgaben gestellt. Man sollte auch im Kopfrechnen fit sein, da man auch eventuell eine Rechenaufgabe gestellt bekommt.

Tipps/Eindrücke

Da ich während des Studiums keine Praktika im Investment Banking gemacht habe und die entsprechenden Erfahrungen für eine Festeinstellung von größter Relevanz sind, ergriff ich gerne die Chance, das sogenannte Nachpraktikum bei Morgan Stanley mit einer möglichen darauffolgenden Übernahme zu absolvieren. Daher würde ich allen Absolventen empfehlen, die sich für die Branche interessieren, aber noch keine relevanten Erfahrungen sammeln konnten, empfehlen, diesen Karrierepfad trotzdem in Betracht zu ziehen.

Morgan Stanley (Sales & Trading)

Bewerbungsprozess für ein Praktikum

Ich habe Morgan Stanley auf der GFA Career Fair an der Goethe Universität in Frankfurt im Rahmen einer Unternehmenspräsentation persönlich kennengelernt. Hierbei hatte Morgen Stanley die unterschiedlichen Geschäftsbereiche und die verschiedenen Karrieremöglichkeiten innerhalb des Hauses vorgestellt. Ferner gab es anschließend die Möglichkeit, den persönlichen Kontakt zu den Mitarbeitern zu suchen und so auch speziellere Informationen einzuholen. In einem sehr angenehmen Gespräch mit einem Mitarbeiter aus dem Equity Sales konnte ich mir verschiedene Fragen zum Sales & Trading Bereich beantworten lassen und mein großes Interesse für eine Position in diesem Bereich bekunden. Da eine entsprechende Praktikumsposition zu besetzen war, habe ich noch am selben Nachmittag einen Interviewtermin für die Folgewoche vereinbaren können.

Ablauf Interviews / konkrete Fragen

Der Vorstellungsprozess hat sich aus vier Einzelinterviews und einem numerischen Test zusammengesetzt. Von den einzelnen Teammitgliedern wurde ich sehr aufgeschlossen empfangen. Nach einem kurzen Kennenlerngespraech haben wir das wirtschaftliche Umfeld und meine Markteinschätzung besprochen. In Anlehnung an diese Einschätzung sollte ich eine entsprechende Aktie vorstellen. Weiterhin wurden mir einige fachspezifische Fragen etwa zur Aktienbewertung gestellt. Die Gespräche haben jeweils etwa 30 Minuten gedauert. Das Prozedere wurde schließlich mit einem numerischen Test abgeschlossen. Schon direkt nach dem Test habe ich ein erstes Feedback bekommen und am Folgemorgen auch gleich die finale Entscheidung.

Tipps/Eindrücke

Das Karriere-Event war sehr hilfreich um Morgan Stanley und die Möglichkeiten innerhalb des Hauses kennenzulernen. Morgan Stanley war mit einem breit aufgestellten Team präsent, so dass man gute Einblicke in die verschiedenen Bereiche bekommen konnte und auch die Gelegenheit hatte, sich bei den entsprechenden Personen persönlich vorzustellen.

Private Equity-Gesellschaft 1 (Global Top-5)

Recruiting-Prozess für einen Einstieg auf einer Junior Position

Der Kandidat war 2nd Year Analyst in einer der führenden Invest-mentbanken und hatte im Rahmen eines Verkaufsmandats mit der Private Equity-Gesellschaft eng zusammen gearbeitet. Nach der Transaktion wurde er schließlich über einen Headhunter kontaktiert, da diese Private Equity-Gesellschaft, wie die meisten anderen auch, ausschließlich über Headhunter rekrutiert.

Der Recruiting-Prozess erstreckte sich über drei Runden:

In einer ersten Runde gab es ein zweistündiges Gespräch mit zwei Interviewern, bei welcher der Lebenslauf, Brainteaser und ein paar Kopfrechenaufgaben den Inhalt bildeten. Zudem wurde umfassend auf die Transaktionserfahrung des Bewerbers eingegangen und anhand dieser insbesondere auch die »technischen« Kenntnisse und das Business Judgement des Bewerbers abgeprüft: Zu welchen Multiples wurden die jeweiligen Unternehmen bewertet? Wieso? Was war besonders in den jeweiligen Prozessen? Welche Rolle hattest Du selbst im Prozess? Würdest Du als PE dieses Unternehmen kaufen? Was wäre der Investment Case?

Die zweite Runde bestand aus Case-Interviews. Aufbauend auf zwei Info-Memos (detaillierte, umfangreiche Beschreibungen eines zu verkaufenden Unternehmens) aus früheren Kaufprozessen und vier-stündiger Vorbereitungszeit mit einer groben Themen- und Frageliste, wurden in jeweils gut eineinhalbstündigen Interviews die Business Cases erörtert. Dabei ging es darum, den »Investment Case« für die jeweiligen Unternehmen zu erörtern. Dazu gehörte u. a. die Diskussion der entsprechenden Industrie, der Marktposition und des Geschäfts-modells des einzelnen Unternehmens, strategische Treiber und Ent-wicklungsmöglichkeiten sowie die Diskussion des Business Plans und eine »Back-of-the-Envelope«-Bewertung des Unternehmens. Auf dieser Basis musste dann entschieden werden, ob und zu welchem Preis das Unternehmen für ein LBO-Investment in Frage käme.

Die dritte und letzte Runde bestand schließlich aus jeweils rund einstündigen Einzelinterviews mit allen weiteren Mitarbeitern im Deutschen Office. Dabei ging es neben dem Personal Fit insbesondere auch noch einmal um Business Judgement, häufig anhand von Diskus-sionen über und Einschätzung von Industrien oder Geschäftsmodellen.

Ablauf Interviews / konkrete Fragen

In den Interviews wurde der Kandidat u. a. Folgendes gefragt:

Wie sind verschiedene Geschäftsmodelle in der Chemie (Commodities vs. Specialties) aus Private Equity Sicht zu betrachten?

Verschiedene Aspekte wurden dabei diskutiert:

- Barriers to entry

  Anm.: Commodities grundsätzlich niedriger, Specialties höher

- Pricing-Power, Zyklizität und Abhängigkeit von Rohmaterial-preisen

  Anm.: Commodities oftmals wenig Pricing-Power, Rohmaterial-preise können schlecht weiter gegeben werden, daher Ergebnisse stärker zyklisch unabhängig von der Nachfrage

- Basis des Wettbewerbs

  Anm.: Bei Commodities meist Wettbewerb über Preise. Es geht darum, möglichst minimale Herstellkosten zu haben. Daher erfolgt oftmals eine strategische Verlagerung in Richtung »Feed-stock«, z. B. Mittlerer Osten. Bei Specialties wird der Wettbewerb häufiger über die Eigenschaften geführt etc.

- Strategische Optionen

- Welches Modell/Segment eignet sich besser für PE?

  Anm.: Grundsätzlich eher Specialties da weniger zyklisch, Ent-wicklung besser prognostizierbar, dadurch besser »leveragable«. Allerdings kommt es immer sehr stark auf die jeweilige Situation an. Der Chemiesektor ist generell nicht einfach für PE wegen der starken Abhängigkeit von Rohstoffen und der bereits angespro-chenen Zyklizität

Insgesamt war die Frage sehr offen gestellt und es ging vorrangig um eine Diskussion, als um eine richtige Antwort. Man muss unter Beweis stellen, dass man grundsätzliche Punkte, die für PE Invest-ments wichtig sind, erkennt und (qualitativ) bewerten kann.

Eignet sich ein Kabelunternehmen heute noch für ein PE Investment, ins-besondere in einer »Secondary Buyout«-Situation? Wie entwickelt sich das Kabelnetz-Business in Zukunft?

Diskussion geführt anhand grundsätzlicher PE Investment Kri-terien. Kabel ist grundsätzlich ein relativ stabiles Business Modell mit guten, relativ sicher prognostizierbaren operativen Cash Flows, hoher Markteintrittsbarrieren etc. Jedoch befindet sich die Branche wegen des stattfindenden Upgrade auf »Triple Play« (Telefonie, Internet und TV) nach wie vor im Umbruch. Dies führt zu hohen Investitionsanfor-derungen (CapEx) für das Network Upgrade. Gleichzeitig gibt es eine strategische Diskussion Kabel vs. Breitband sowie einer möglichen Integration des Mobilfunk für ein »Quadruple Play«. Dies wiederum eröffnet evtl. Möglichkeiten, kleinere Player, die diese Umstellung nicht schaffen, als günstige »Add-ons« zu akquirieren.

Insgesamt also eine recht schwierige Frage, nicht nur für das Interview, sondern aus PE Sicht generell. Denn man muss eine Perspektive auf die strategische Entwicklung in diesem Bereich einnehmen. Im Interview selbst ging es aber auch wieder mehr um die Diskussion an sich als um die richtige Lösung.

Wenn Du heute einen LBO machen könntest, welches Unternehmen würdest Du gerne kaufen? Wie würde der Case aussehen und was würdest Du damit machen?

Hinweis: Vorher Gedanken machen, verstehen, Industrie begreifen und Entwicklungspotenziale analysieren. Als Ansatzpunkt könnte man sich ein Unternehmen suchen, das z. Zt. »in play« ist (siehe Presse).

Macht ein Listing unserer Gesellschaft Sinn bzw. macht der Börsengang von Private Equity Gesellschaften generell Sinn?

Hinweis: Hier gibt es zwei Varianten, vgl. Entwicklungen im Private Equity (Kapitel I.2). Bei einem Listing des Fonds gibt es den Vorteil eine kontinuierliche Kapitalbasis zu haben (Evergreen-Fonds). Andererseits wird das Reporting an die Kapitalgeber aufwendiger. Bei einem Listing der Private Equity Gesellschaft selbst gibt es oft die Kritik, dass die Partner lediglich »eincashen« wollen, ohne dass bei einem solchen Listing vergleichbare Vorteile für die Kapitalgeber generiert würden. Für das Verständnis oder konkret zur Vorbereitung auf ein Interview im Private Equity empfiehlt sich u. a. eine Auseinandersetzung mit der Diskussion rund um den Blackstone-IPO.

Tipps/Eindrücke

Für die Interviews sollte man sich noch mal intensiv mit seinen bisherigen Transaktionen und den jeweiligen Industrien auseinandersetzen, falls man aus der Bank heraus rekrutiert wird. Auch aktuelle Transaktionen im Markt sollten verfolgt werden. Es wurde nachgehakt, ob man sich wirklich mit dem Business-Modell auseinandergesetzt hat und die Treiber/Probleme der Industrie versteht. Besonderheiten der jeweiligen Transaktionen und Unternehmen, Bewertungsansätze und Bewertung in Relation zur durchschnittlichen Bewertung in der Industrie, sowie die Gründe dafür, sollte man benennen oder herleiten können. Ansonsten gilt generell, dass es sehr sinnvoll ist, sich mit dem Portfolio (Unternehmen und jeweilige Industrien) des potenziellen Arbeitgebers intensiv zu beschäftigen.

Darüber hinaus waren die technischen Fragen ähnlich wie bei Investment Banking-Interviews, oft jedoch konkreter an Fallstudien angelehnt und mehr aus der Gesamtsicht, d. h. eine Einschätzung des Business-Modells und dergleichen. Investment Banking Skills, insbesondere technische Kenntnisse, Bewertungsmethoden etc. werden vorausgesetzt und wurden in den ersten beiden Runden eher »en-passant« mit abgeprüft. Insgesamt geht es aber viel mehr als im Investment Banking-Interview um strategische Fragestellungen, Business Judgement, logisches Denken, die Herangehensweise und Bewertung von Industrien, Geschäftsmodellen etc.

Private Equity-Gesellschaft 2 (Global Top-5)

Bewerbungsprozess für einen Einstieg als Associate
Der Bewerber hatte das 3-jährige Analystenprogramm im Investment Banking abgeschlossen und suchte nach einer neuen Herausforderung. Er berichtete uns, dass sich das komplette Bewerbungsverfahren über einen Monat erstreckte und fünf Interviewrunden mit insgesamt 12 Gesprächen umfasste.

Die Interviews gingen meistens etwa eine Stunde lang und beinhalteten typische Fragen zum Lebenslauf sowie technische und Business bezogene (strategische/operative) Fragen. Außerdem musste eine komplexe Case Study über die Bewertung und Analyse eines Unternehmens anhand von öffentlichen Finanzdaten gelöst werden.

Ablauf Interviews / konkrete Fragen
In den Interviews wurde der Kandidat u. a. Folgendes gefragt:

Was sind die Chancen und Risiken der Fernsehbranche?
Lösungsansatz: z. B. zunehmende Fragmentierung der Zuschauermärkte, wachsende Kanalvielfalt, neue Marktteilnehmer wie YouTube, iPod, Joost, zurückgehende Abdeckung des Werbemarktes, zunehmende Verhandlungsmacht der Content-Anbieter.

Warum sind Retailer oft in Privatbesitz und nicht börsennotiert?
Lösungsansatz: Retail-Unternehmen brauchen kein Geld vom Kapitalmarkt, sondern erhalten es durch ihre Kunden. Dadurch, dass die Kunden im Geschäft meist bar oder mit Karte bezahlen, die Verbindlichkeiten an die Lieferanten aber ein Zahlungsziel von mehreren Wochen haben, haben die Retail-Unternehmen Zugang zu günstigem Kredit.

Ist es für einen Retailer klüger, seine Gewinne über ein hohes Verkaufsvolumen oder über hohe Preise zu steigern?
Lösungsansatz: Eine Volumenstrategie hat den Vorteil, dass man durch die unterschiedlichen Zahlungsziele Free Cash Flow produzieren kann.

Wie würden Sie den Return für ein mögliches Investment ausrechnen unter der Annahme eines LBO's und einem Exit nach 3 Jahren?
Stellen Sie sich vor, Sie hätten ein Retail-Unternehmen mit 1.000 Euro Umsatz. Auf der Payables-Seite (Außenstände) ist das Zahlungsziel 90 Tage, auf der Receivables-Seite (Aktivseite) 1 Tag (Cash, Kreditkarte). Wenn Sie jetzt Ihren Umsatz um 100% steigern würden, welchen Net Working Capital Gain (welchen zusätzlichen Free Cash Flow) hätten Sie dann?

Tipps/Eindrücke

Um fit für die Interviews zu sein, sollte man sich noch einmal intensiv mit LBO- und Bewertungsmodellen beschäftigen. Da man auch mal beispielhaft eine Due Diligence durchspielen können muss, sollte man sich im Vorfeld zudem näher mit einzelnen Branchen auseinandersetzen. Bei Nischenspielern gibt es glücklicherweise Branchenschwerpunkte, auf die man sich gezielt vorbereiten kann. So zum Beispiel bei Apax Technologie und Financial Services, bei Terra Firma Real Estate, bei Cerberus Turnaround, bei Bain Capital Consulting, bei Blackstone Financial Engineering. Bei den großen PE-Gesellschaften gibt es jedoch seltener Fokusbranchen.

Die technischen Fragen sind ähnlich wie bei Investment Banking-Interviews, allerdings tendenziell näher an der Praxis und mehr auf konkrete Fälle bezogen. Um sich auf die Business Model-Fragen vorzubereiten, kann man sich gut an den Fallstudien aus den Interviews bei den großen Strategieberatungen orientieren.

Es gibt auch Cases in Druckform. Man sollte also damit rechnen, manchmal einen Laptop zu erhalten, um dann innerhalb von wenigen Stunden extrem viele Daten zu sichten und diese bewerten zu müssen.

Private Equity-Gesellschaft (Arques Industries)

Bewerbungsprozess für einen Einstieg als Associate

Der Kontakt kam über einen Headhunter zustande, es gibt kein allgemeines AC. Die Gespräche werden mit Directors aus dem jeweiligen Team geführt und mit dem Vorstand des Bereichs in dem man arbeiten möchte. Insgesamt kam es zu vier Interviews an zwei Terminen. Arques ist relativ transparent in die drei Ressorts Akquisition, Restrukturierung und Exit unterteilt.

Ablauf Interviews / konkrete Fragen

Zuerst führte ich ein Interview mit dem Headhunter und der Personalabteilung. Das Gespräch beinhaltete die typischen Komponenten: Fragen zum CV, Beweggründe für einen möglichen Wechsel, Motivation für eine Tätigkeit in der Private Equity-Branche, konkretes Interesse für Arques etc. Die Atmosphäre war sehr angenehm und keinesfalls psychologisch anmutend oder drückend. Im Interview mit dem Vorstand wurde zunächst sehr konkret nach den Entscheidungsgründen für die Wahl meiner Uni, meinen Praktika und meinem ersten Arbeitgeber gefragt. Darüber hinaus wurde viel über meine Tätigkeit bei meinem derzeitigen Arbeitgeber gesprochen und gemeinsam diskutiert, ob und wie man diese optimieren könnte. Fachliche Fragen wurden hier noch weniger gestellt.

Im nächsten Gespräch ging es dann mit einem Director jedoch tiefer in die Materie, insbesondere zu den Bereichen Working Capital, Share Purchase Agreement (SPA), Net Debt und Cash Flow wurden mir Fragen gestellt, z. B.:

- *Wie lässt sich der Free Cash Flow eines Unternehmens berechnen?*
- *Wie wirken sich diverse GuV-Änderungen (Anstieg der Verbindlichkeiten, Anstieg der Forderungen aus Lieferung und Leistung etc.) auf das Net Working Capital und ein Share Purchase Agreement (SPA) aus?*
- *Welche Bestandteile gehören zum Net Debt und wie werden diese in einem SPA festgelegt? Wie sähe es z. B. mit dem Bargeld in Kassenautomaten von Parkhäusern aus? Müsste man diesen Betrag vom Net Debt abziehen oder gehört das zum Working Capital, da die Geräte ja nicht ohne Petty Cash funktionieren?*
- *Wie sichert man mögliche unentdeckte Verbindlichkeiten (z. B. resultierend aus Unterdeckung bei den Pensionsrückstellungen) im SPA ab?*
- *Wie stellt man ein normalisiertes Working Capital fest? Wie und wo erkennt man Saisonalitäten? Was sind Einmaleffekte im Working Capital?*
- *Wo steht der Dollar aktuell und wie würden Sie derzeit Business-Pläne in den USA challengen?*
  Lösungsansatz: Durchführung von Sensitivitätsanalysen unter Annahme eines leicht stärkeren Dollars und Berücksichtigung von Absicherungen durch Hedging und ähnliche Methoden.

- *Woher kommt eigentlich der Umsatz von Arques?*
  Lösungsansatz: Aus Beteiligungsverkäufen und über Akquisitions-
  gewinne bzw. Bargain Purchases durch einen Unternehmens-
  erwerb unterhalb des Substanzwertes und anschließende Neubewertung gem. IFRS 3.

Zu Bewertungsfragen kam es bei meinen Gesprächen eigentlich nicht.
Mein Eindruck war, dass sich die Gesprächspartner eher ein Bild über
mein grundsätzliches Finance-Verständnis machen wollten und nicht
überprüfen wollten, ob ich 88 Formeln auswendig kenne.

Tipps/Eindrücke
Bei Arques sitzen Entscheider. D. h., man sollte ruhig etwas »tougher«
auftreten und zeigen, dass man auch in Stresssituationen seinen Stand-
punkt vertreten kann, aber trotzdem konsensfähig ist. Es empfiehlt
sich zudem, operative Erfahrung bzw. operatives Interesse zu zeigen.
Insgesamt hatte ich einen sehr guten Eindruck von dem Unternehmen,
erhielt umfassend Feedback und mir wurde schnell klar, wieso Arques
es innerhalb von 5 Jahren in den MDAX geschafft hat.

Rothschild (Debt Advisory)

Bewerbungsprozess für einen Einstieg als Analyst

Meine Bewerbung habe ich per E-Mail an Rothschild gesendet. Nach positiver Rückmeldung habe ich einen Onlinetest gemacht. Und als auch dieser positiv ausfiel, wurde ich zu einem Recruiting Day ins Frankfurter Büro eingeladen. Es begann um 9 Uhr morgens und außer mir waren noch neun weitere Kandidaten eingeladen. Zuerst gab es ein Interview mit einer HR-Mitarbeiterin, wo es um die Firma an sich, die Kultur und dergleichen ging. Im Anschluss daran hatte ich 8 weitere Interviews die in etwa 30-45 Minuten dauerten. Noch an diesem Tag wurde eine Entscheidung getroffen und ich bin direkt mit einem Angebot nach Hause. Von den neun Kandidaten wurden an diesem Tag, mit mir, zwei Leute ausgewählt.

Ablauf Interviews / konkrete Fragen

In den Interviews waren sowohl meine Motivation für den Job, Bank und Branche als auch mein Verständnis von Accounting und Bewertungsmethoden geprüft.

- Was wissen Sie über den Cash Flow (welche Arten, wie wird er berechnet)?
- Welche Bewertungsmethoden kennen Sie mit kurzer Erläuterung zu Aufbau und Unterschieden?
- Was ist das Beta (Erklärung der verschiedenen Betatypen und Berechnung)?

Zudem gab es Praxisbeispiele in Anlehnung an unterschiedliche Industriebetas. Darüber hinaus sollte ich auch anhand einer mir vorgelegten Bilanz die Industrie identifizieren.

Hinweis: Hierbei kann man anhand der Assets oft erkennen, ob es ein Dienstleistungsgewerbe oder ein produzierendes Unternehmen ist. Anhand der Receivables und Payables kann man zudem u. U. über Zahlungsmodalitäten weiterkommen. Außerdem gibt es oftmals besondere Positionen in der Bilanz die einem einen Hinweis geben können.

Arbeitsinhalte

Der Alltag fängt normalweise gegen 9 Uhr im Büro an. Wenn nicht gleich ein Team Meeting anstand, arbeitet man an Dingen die vom Vortag übrig geblieben sind, checkt Präsentationen oder bereitet Sachen vor, die über den Tag anstehen.

Im Bereich Debt Advisory beschäftigt sich man prinzipiell mit der Kapitalstruktur der Unternehmen. Die Analysen zielen auf die Fähigkeit des Unternehmens, die Finanzverpflichtungen nachkommen zu können. Im Gegensatz zum M&A geht es hier weniger um Wachstumsfantasien und dergleichen sondern um die stabile Liquidität des

Unternehmens. Dazu werden Cash Flows, Fälligkeit der Zinsen und Tilgungen sowie weitere Gegebenheiten in Kreditverträgen und Anleiheprospekten analysiert. Darüber hinaus werden die Konditionen auf dem Fremdkapitalmarkt regelmäßig verfolgt und analysiert.

Vor Einsetzen der Finanzkrise umfassten Mandate hauptsächlich LBO Strukturierungen und sog. Stapled Finance Projekte. Hierbei kümmert sich der Verkäufer im Vorfeld um die Finanzierung für den Käufer, damit sich das Asset noch besser verkaufen lässt. Im Zuge der Krise konzentrierte sich unsere Beratung auf der Entwicklung und Implementierung von Refinanzierungs- und Restrukturierungsstrategien.

Tipps/Eindrücke

Konzentriert und analytisch vorgehen, d. h. wenn man sich nicht sicher ist bei einer Antwort, kann man versuchen laut denkend herzuleiten. So bekommt der Interviewer einen Eindruck der strukturierten, analytischen Herangehensweise. Wenn man dabei stecken bleibt, weil einem eine wichtige Information fehlt, wird häufig auch ein Hinweis gegeben.

Ansonsten sollte man versuchen ruhig zu bleiben und soweit möglich eine positive Gesprächsatmosphäre generieren.

Kapitel IV: Unternehmensprofile

Die folgenden Unternehmensprofile von führenden Top-Adressen der Finanzbranche verschaffen Ihnen einen Überblick über die interessantesten Player der Branche.

Wir bedanken uns bei den teilnehmenden Unternehmen und ihren Mitarbeitern für ihre wertvollen Angaben und Insider-Tipps. Alle Unternehmensangaben wurden für diese Auflage komplett überarbeitet. Darüber hinaus bedanken wir uns für die finanzielle Unterstützung in Form der Anzeigenschaltungen. Damit das »Insider-Dossier« auch weiterhin der aktuellste und umfassendste Ratgeber zum Bewerbungsprozess in der Finance-Branche bleibt, wird regelmäßig eine neue Auflage erscheinen. Dieser »redaktionelle Luxus« einer jährlichen Aktualisierung des Buches wäre ohne die Unterstützung der Unternehmen nicht möglich.

Erwähnen Sie in Ihrer Bewerbung, dass Sie sich über squeaker.net bzw. mit dem Insider-Dossier informiert haben – so zeigen Sie, dass Sie Ihre Bewerbung ernst nehmen und sich gründlich vorbereitet haben.

Darüber hinaus möchten wir auf weitere und stets aktuelle Unternehmensprofile auf finance-insider.com und squeaker.net verweisen. Hier finden Sie zu vielen Unternehmen ergänzende Angaben, aktuelle News, neue Erfahrungsberichte und Insider-Interviews.

Hinweis: Zugunsten der einfacheren Lesbarkeit verwenden wir in den Profilen die männliche Substantivform. Alle Unternehmen haben uns versichert, dass sie sich natürlich gleichermaßen über weibliche wie männliche Bewerber und Kollegen freuen.

[Individualität]

Wir wollen, dass aus Ihnen etwas Besonderes wird

Das Trainee-Programm der BayernLB

Sie haben einen überdurchschnittlichen Abschluss in Wirtschaftswissenschaften oder Jura und bringen erste Praxiserfahrung im Finanzwesen mit? Sie sind engagiert und haben Spaß an der Dienstleistung? Dann haben Sie beste Voraussetzungen für die Aufnahme in unser Trainee-Programm.

15 Monate lang arbeiten Sie in einer dynamischen deutschen Geschäftsbank. In einem maßgeschneiderten Programm werden Sie dabei intensiv und individuell von uns gefördert – nach Ihren Fähigkeiten und nach Ihren Neigungen. Ihr Gewinn: Professionalität und eine faszinierende Berufsperspektive in der Welt der Wirtschaft.

Die BayernLB ist eine dynamische deutsche Geschäftsbank – verwurzelt in Bayern, erfolgreich in Deutschland und geschätzt für maßgeschneiderte Finanzlösungen und internationale Expertise. Mit neuer Struktur und einem überzeugenden Geschäftsmodell sind wir bestens aufgestellt für die Herausforderungen der Zukunft.

▶ Interessiert? Dann richten Sie Ihre Bewerbung bevorzugt online an: **trainee@bayernlb.de**

BayernLB · Corporate Center Bereich Personal · Nachwuchsentwicklung · 80277 München
Telefon +49 89 2171-24915 · www.bayernlb.de

 Finanzgruppe

Bayerische Landesbank

Die BayernLB mit Hauptsitz in München ist die führende bayerische Geschäftsbank für große und mittelständische Kunden in Deutschland sowie Europa. Sie ist Mitglied der Sparkassen-Finanzgruppe in Bayern und versteht sich als leistungsstarke Regionalbank mit europäischer Ausrichtung sowie internationaler Erfahrung.

Bayerische Landesbank (BayernLB)
Brienner Straße 18
Tel.: +49 (0)89 2171 01
80333 München
kontakt@bayernlb.de
www.bayernlb.de

Produkte und Leistungen

Die BayernLB bietet ein fokussiertes, auf den Bedarf ihrer Kunden ausgerichtetes Leistungsspektrum an Produkten und Dienstleistungen im Corporate sowie Retail Banking, im gewerblichen Immobiliengeschäft und als Zentralbank der bayerischen Sparkassen. Zu den Kundensegmenten der BayernLB zählen: Großkunden einschließlich Institutionen sowie die Öffentliche Hand in Deutschland, Kunden im gewerblichen Immobiliengeschäft, mittelständische Firmenkunden und Privatkunden. Die Kombination aus strategisch ausgerichtetem Firmenkundengeschäft sowie effizientem, gemeinsam mit Sparkassen und Tochterunternehmen umgesetzten Privatkundengeschäft bildet eine solide Basis für den nachhaltigen Unternehmenserfolg der BayernLB im Wettbewerb.

Im Verbund mit den bayerischen Sparkassen zeichnet sich das Profil der BayernLB durch eine ausgeprägte Kundennähe und Kundenorientierung sowie Solidität und Verantwortungsbewusstsein gegenüber Kunden, Geschäftspartnern, Anteilseignern und ihren Mitarbeitern aus. Mit klarer Geschäftsstrategie, anerkannter Expertise sowie effizienten kunden- und produktorientierten Organisationsstrukturen gestaltet die BayernLB eine erfolgreiche Zukunft.

Die BayernLB ist eine traditionsreiche Bank mit dem Anspruch, neue Märkte zu erschließen und flexibel auf die Bedürfnisse ihrer Kunden einzugehen. Um dieses Ziel zu erreichen suchen wir engagierte und motivierte Nachwuchskräfte (m/w), die mit Energie und Enthusiasmus den Erfolg der BayernLB mit gestalten.

Karrieremöglichkeiten

Einstiegsmöglichkeiten für Studenten und Absolventen

In 2012 suchen wir rund 80 Praktikanten (m/w) für diverse Geschäftsfelder und -bereiche sowie bis zu 35 Hochschulabsolventen (m/w) für einen Berufseinstieg im Rahmen unserer Traineeprogramme. Darüber hinaus können sich Young Professionals gerne auch initiativ bewerben.

IV. Unternehmen

269

Praktikum

Theoretisches Wissen ist gut, es in der Praxis zu erproben, ist noch besser. Was Sie an der Hochschule gelernt haben, möchten Sie nun anwenden und sich damit für den Berufseinstieg entscheidende Vorteile sichern. Ergänzen Sie Ihr Studium mit einem anspruchsvollen, bestens betreuten Praktikum bei der BayernLB. Wir bieten Ihnen attraktive Perspektiven in vielen Bereichen. Lernen Sie die Prozesse des Risikomanagements kennen oder gewinnen Sie Einblicke in Themen wie Wertpapierhandel, Controlling, Portfoliomanagement oder Technologiefinanzierung.

Abschlussarbeit

Gerne unterstützen wir Sie auch im Rahmen Ihrer Abschlussarbeit. Wenn Sie einen interessanten Themenvorschlag ausgearbeitet haben, der von unseren Spezialisten aufgegriffen werden kann, nehmen Sie mit uns Kontakt auf. Wir leiten Ihre Bewerbung an die passenden Ansprechpartner weiter und sorgen für kompetente Betreuung sowie praxisnahes Arbeiten.

Traineeprogramm

Jeder Mensch hat andere Talente und Fähigkeiten. Deshalb ist auch unser 15-monatiges Traineeprogramm individuell. Wir nehmen uns viel Zeit, für Sie einen maßgeschneiderten Berufseinstieg zu konzipieren. Grundphilosophie ist hier ein hohes Maß an Flexibilität, um so einerseits bedarfsorientiert auszubilden und andererseits auf Ihre Wünsche und Vorstellungen eingehen zu können. Die Zielposition ist somit nicht von vornherein festgelegt, sondern wird gemeinsam mit Ihnen im Laufe des Programms entwickelt.

Unser Allgemeines Traineeprogramm ist generalistisch für alle Bankbereiche ausgelegt. Jedoch besteht auch die Möglichkeit, von Anfang an einen der folgenden Ausbildungsschwerpunkte zu wählen:

- Schwerpunkt »Business Finance«
- Schwerpunkt »Capital Markets«
- Schwerpunkt »Finance and Accounting«
- Schwerpunkt »IT-Steuerung und Betreuung«
- Schwerpunkt »Mathematik«
- Schwerpunkt »Risk Management«
- Schwerpunkt »Trade Finance«

Starten Sie Ihre berufliche Karriere bei einem starken und verlässlichen Finanzpartner!

Entwicklungschancen und Karriereplanung

Wir bieten unseren Mitarbeitern (m/w) zahlreiche Karriere- und Entwicklungschancen, vom Junior zum Spezialisten, vom Chefspezialisten zum Prinzipal bzw. vom Mitarbeiter zur Führungskraft. Unsere Führungskräfte (m/w) sind als Verantwortliche und Mentoren in die Qualifizierung sowie Entwicklung unserer Mitarbeiter (m/w) aktiv eingebunden und tragen über einen kontinuierlichen Dialog Mitverantwortung für die Förderung.

Mitarbeitergespräch:
Die Entwicklung und Qualifizierung unserer Mitarbeiter (m/w) hat einen hohen Stellenwert. Zentrales Instrument ist das Mitarbeitergespräch, bestehend aus einem System mit Zielvereinbarung, Beurteilung, Förderung und Potenzialeinschätzung.

Individueller Entwicklungsplan:
Die Entwicklungsmaßnahmen sind vielfältig. Sie reichen von klassischen Seminaren und Workshops über Mentoring oder kollegiale Beratungsgruppen bis hin zu längerfristigen, berufsbegleitenden Maßnahmen, wie z.B. die Qualifizierung zum zertifizierten Analysten (m/w). Die in Entwicklungsmaßnahmen erworbenen Kenntnisse und Fähigkeiten werden zeitnah am Arbeitsplatz ein- sowie umgesetzt, so dass die gewonnenen Kompetenzen ständig trainiert und erweitert werden.

Talent Management:
Im Rahmen des Talent-Managements fördern wir besonders talentierte bzw. herausragende Potenzial- und Leistungsträger (m/w) in den jeweils unterschiedlichen Karrierestufen durch ein Junior-, Senior- sowie Executive-Development-Program. Ziel ist es, die nominierten Teilnehmer (m/w) schnell, systematisch und gleichermaßen fachlich sowie persönlich ausgewogen zu fördern und zu entwickeln, sie dadurch in der BayernLB sichtbar und für künftige Topaufgaben fit zu machen.

Anforderungen an die Bewerber

Sie haben einen überdurchschnittlichen Abschluss in Wirtschaftswissenschaften, Mathematik, Informatik oder Jura und bringen erste Praxiserfahrung im Finanzwesen mit? Sie sind engagiert und haben Spaß an der Dienstleistung? Dann haben Sie die besten Voraussetzungen für einen Berufseinstieg bei der BayernLB.

Bewerbungsverfahren

Der Bewerbungsverlauf

Nach positiver Prüfung Ihrer Bewerbungsunterlagen, möchten wir Sie gerne im Rahmen eines eintägigen Auswahlverfahrens näher kennen lernen. Hier erwarten Sie verschiedene Übungen, die Sie sowohl in der Gruppe als auch in Einzelarbeit absolvieren. Abschließend findet ein Einstellungsinterview statt, bei dem noch offene Punkte geklärt werden. Natürlich haben Sie auch ausreichend Möglichkeiten, Ihre Fragen zu stellen.

Formale Anforderungen

Haben wir Ihr Interesse geweckt? Dann freuen wir uns über Ihre Bewerbung mit

- Anschreiben
- Lebenslauf
- Nachweis über die Hochschulreife sowie die bisherigen Studienleistungen
- Nachweis über Praktika sowie relevante Zusatzqualifikationen

postalisch oder online über unseren Bewerbungsbogen unter www.bayernlb.de/karriere.

Weitere Informationen sowie Erfahrungsberichte finden Sie auf den Karriereseiten unserer Homepage.

Bewerber-Kontakt
Gabriele Dorfmeister
Personalentwicklung, 1630
Nachwuchsentwicklung
Tel.: +49 (0)89 2171 24915
trainee@bayernlb.de
www.bayernlb.de/karriere

Mehr Insider-Informationen unter squeaker.net/bayernlb

Deutsche Bank

In Deutschland ist die 1870 gegründete Deutsche Bank an mehr als 2.000 Standorten vertreten, weltweit an über 3.000 in 73 Ländern (inklusive der Standorte in Deutschland).

Deutsche Bank
Taunusanlage 12
60325 Frankfurt am Main
www.deutsche-bank.de

Die Deutsche Bank ist eine weltweit führende Investmentbank mit einem starken und erfolgreichen Privatkundengeschäft sowie sich gegenseitig verstärkenden Geschäftsfeldern. Führend in Deutschland und Europa, wächst die Bank verstärkt in Nordamerika, Asien und anderen Wachstumsmärkten. Mit mehr als 100.000 Mitarbeitern in 73 Ländern bietet die Deutsche Bank weltweit einen umfassenden Service. Ziel der Bank ist es, der global führende Anbieter von Finanzlösungen für anspruchsvolle Kunden zu sein und damit nachhaltig Mehrwert für Aktionäre und Mitarbeiter zu schaffen. Unser Erfolg hat branchenweit Anerkennung gefunden. Im Rahmen der Awards for Excellence 2011 des Fachmagazins Euromoney wurde die Deutsche Bank zur »Best Global Bank« gekürt und erhielt zudem 16 weitere Auszeichnungen, darunter als »Best Global Emerging Market Debt House«, »Best Global Debt House« und »Best Bank Germany«. Darüber hinaus belegte die Deutsche Bank im Universum Graduate Survey 2011 den 5. Rang und im Trendence Graduate Barometer 2011 Platz 6, wo sie sogar auf Platz 1 als Top-Arbeitgeber bei Absolventen mit Studienschwerpunkt »Finanzierung/Investition« gewählt wurde.

Leistung aus Leidenschaft ist das, was uns antreibt. Viel mehr als nur ein Slogan, sondern die Art, wie wir handeln. Wir wollen der weltweit führende Anbieter von Finanzdienstleistungen sein und setzen auf das Zusammenspiel von Leidenschaft und Präzision, um unseren Kunden erstklassige Lösungen zu bieten. Unsere Mitarbeiter machen dies möglich: Menschen mit wachem Verstand, deren Blick über das Naheliegende hinaus reicht und die in einer sich ständig verändernden globalen Geschäftswelt wirkungsvoll handeln.

Darauf ist auch unsere Unternehmenskultur ausgerichtet. Wir sind vielfältig, international, geprägt von unterschiedlichen Perspektiven – und haben doch ein gemeinsames Verständnis von dem, was wir erreichen wollen.

Bei uns wird Denken und Handeln mit einem wachen Verstand gefördert. Durch marktgerechte Vergütung, betriebliche Zusatzleistungen sowie fachliche und persönliche Weiterbildung unterstützen wir Sie, sich hervorzutun.

Für Ihr Engagement und Ihre Leistung bekommen Sie nicht nur Lohn, sondern auch Anerkennung. Das beinhaltet ein wettbewerbsfähiges Gehalt und leistungsbezogene Boni, damit Sie an unserem Erfolg teilhaben, wenn Sie Ihre Ziele erreichen. Wir unterstützen unsere Mitarbeiter bei der Arbeit und im Privatleben. Je nach Standort gibt es Angebote zu Themen wie Work-Life-Balance, Pensionspläne und Zuschüsse, Vereinbarungen zur flexiblen Arbeitszeit sowie Gesundheits- und Beratungsservices. Wir wollen, dass Sie motiviert sind und helfen Ihnen, Ihr Potenzial zu entfalten.

Karrieremöglichkeiten

Die Deutsche Bank bietet sehr gute Traineeprogramme mit abwechslungsreichen Aufgaben im ganzen Konzern (Deutschland, Europa, weltweit) und einer individuell flexiblen Karrieregestaltung (verschiedene Karrierewege, interner Stellenmarkt, Weiterbildung). Es werden ca. 200 Stellen innerhalb Deutschlands besetzt.

Studenten können ihren Weg zur Deutschen Bank durch ein Praktikum finden. Dazu stehen Ihnen zwei Möglichkeiten offen: ein Praktikum mit einer Dauer von zwei bis sechs Monaten sowie das Summer Internship Program (SIP), ein komprimiertes Sommerprogramm von mindestens acht Wochen.

Anforderungen für das Praktikum
Vordiplom oder erfolgreicher Abschluss des zweiten Bachelorsemesters, überdurchschnittliche Studienleistungen, gutes bis sehr gutes Englisch, Team- und Kommunikationsfähigkeit, Faszination am Bankgeschäft, Leistungswille

Anforderungen für das Summer Internship Program
Studium wird 2013 mit dem Bachelor, Master oder Diplom abgeschlossen oder Phase zwischen dem Bachelorabschluss und dem einjährigen Master, überdurchschnittliche Studienleistungen, gutes bis sehr gutes Englisch, Team- und Kommunikationsfähigkeit, Faszination am Bankgeschäft, Leistungswille

Anforderungen für das Traineeprogramm
Guter bis sehr guter Abschluss, verhandlungssicheres Englisch, bankrelevante Praktika, Auslandserfahrung, Team- und Kommunikationsfähigkeit, Flexibilität, Leistungswille, analytisch-strukturiertes Denken, Kundenorientierung, Finanzaffinität

Die Deutsche Bank bietet ihren Arbeitnehmern neben verantwortungsvollen und herausfordernden Aufgaben mit erstklassigen

Entfaltungsmöglichkeiten zahlreiche Zusatzleistungen an, die den ganzheitlichen Charakter der Unternehmenskultur zum Ausdruck bringen. Egal, ob es sich um die Erhaltung der Gesundheit, die Vereinbarkeit von Familie und Beruf, Versicherungen oder um die Altersvorsorge handelt – Angehörige der Deutschen Bank sind stets rundum und einzigartig abgesichert. So können sie sich voller Elan ihren Karrierezielen widmen, ohne dabei Wesentliches zu vermissen.

Wir bieten Ihnen

Abwechslungsreiche und eigenständige Arbeit innerhalb eines motivierten, jungen, internationalen Teams; interessante Herausforderungen durch eigene Projekte; neues Wissen, das Sie sich durch Recherchen und deren Ausarbeitung aneignen können.

Als Chief Operating Officer in der Deutschen Bank

»Seit Januar 2008 bin ich im Team der Deutschen Bank. Die Idee, meine explizite Kundenerfahrung für die Bankenwelt einzusetzen, empfand ich als sehr reizvoll. Ich mag die kreative Spannung, die sich aus der Anwendung erfolgreicher Ideen und Modelle in einem völlig neuen Kontext ergibt. Ich hatte fünf Interviews mit Führungskräften aus Private & Business Clients. Klar, denn schließlich war es durchaus ein kühnes Vorhaben, mich als Branchenfremden in ein so wichtiges Aufgabengebiet mit an Bord zu holen. Das Sammeln möglichst unterschiedlicher Erfahrungen durchzieht meine Karriere wie ein roter Faden. Ich habe nahezu jede Gelegenheit genutzt, meinen Erfahrungsschatz zu erweitern. Bereits während meines Universitätsstudiums in Geschichte, Volkswirtschaft und Japanisch habe ich mehr als ein Jahr lang in Japan studiert und gelehrt. Offiziell arbeite ich im Bereich des Chief Operating Officer der Deutschen Bank, aber an dieser Stelle berichte ich lieber davon, wie ich mit meiner Arbeit zur Kundenzufriedenheit beitrage: Ich leite am Standort Frankfurt ein Team von 15 sehr kompetenten und eigenständigen Mitarbeitern, mit denen ich mich um alle Geschäftsprozesse in Richtung Kunde in den Filialen sowie die Verbesserung des Kundenerlebnisses kümmere. Unser Ziel ist es, reibungslose Abläufe und eine vollintegrierte Front-to-Back-Abwicklung sicherzustellen, die zu jeder Zeit und überall einen optimalen Kundenservice garantieren.«

Frank, Private & Business Clients, **Deutsche Bank**

Bewerbungsverfahren

Online-Bewerbung, strukturiertes Interview mit der Fach- und Personalabteilung, Fallstudien, Workshops

Besondere Anforderungen an Bewerber

Guter bis sehr guter Abschluss, verhandlungssicheres Englisch, bankrelevante Praktika, Auslandserfahrung, Team- und Kommunikationsfähigkeit, Flexibilität, Leistungswille, analytisch-strukturiertes Denken, Kundenorientierung, Finanzaffinität

Bewerber-Kontakt
Graduate Recruitment
Taunusanlage 12
60325 Frankfurt am Main
Tel. (0800) 3331115
db.com/careers

Ratschläge an Bewerber

Sammeln Sie Erfahrungen durch Praktika, trainieren Sie Ihre Fremdsprachenkenntnisse und gehen Sie wenn möglich für einige Zeit ins Ausland. Auch für Bachelorstudenten besteht die Chance, Auslandsaufenthalte und Praktika in Urlaubssemestern oder den Semesterferien ins Studium einzubauen. Die Deutsche Bank bietet Ihnen etwa mit dem achtwöchigen »Summer Internship Program« die Möglichkeit, ein Praktikum zu absolvieren, das Sie gut auf einen Bankeinstieg nach dem Studium vorbereitet.

Es gibt grundsätzlich die Möglichkeit, Abschlussarbeiten bei der Deutschen Bank zu schreiben, allerdings vergeben wir aktiv keine Themen. Wenn Sie aber selbst ein oder mehrere Themen im Kopf haben, die zur Deutschen Bank passen, können Sie online beim Geschäftsbereich Ihrer Wahl anfragen. Bitte bewerben Sie sich hierfür auf unseren Karriereseiten zunächst um ein Praktikum im gewünschten Bereich. Erwähnen Sie dann in Ihrem Anschreiben, dass Sie ein Praktikum mit einer Abschlussarbeit kombinieren möchten – und machen Sie zwei bis drei Themenvorschläge. Diese müssen nicht final ausformuliert sein, sollten uns aber ein Bild von Ihrem Vorhaben vermitteln.

Mehr Insider-Informationen unter squeaker.net/deutsche-bank

Als Asset Managerin in der Deutschen Bank

»Als erstes schaue ich morgens in meine E-Mails, ob sich über Nacht etwas Wichtiges ereignet hat oder ob es neue Anfragen gibt, die gleich beantwortet werden müssen. Anschließend schaue ich in meinen Kalender, ob Meetings anliegen, und plane meine Arbeit für den Tag. Heute findet unser wöchentliches Team-Meeting statt. Dabei obliegt mir die Organisation, da der Leiter unseres Geschäftsbereichs unterwegs ist. Unser Team hat 20 Mitglieder und stellt in seiner Vielfalt, bezogen auf die Herkunft der einzelnen Kollegen, einen Mikrokosmos der Deutschen Bank dar. Die vier mir direkt unterstellten Mitarbeiter stammen aus Ägypten, Deutschland, Nicaragua und Spanien. Später stehen zwei wöchentliche Telefonkonferenzen mit einem Kunden an, um die Geschäftsergebnisse und mögliche Angelegenheiten zu erörtern, die Maßnahmen erfordern. Ich arbeite mittlerweile seit über 15 Jahren in meinem Bereich und bin daher mit den meisten Problemen, die hier tagtäglich auftreten, vertraut. Am frühen Abend verlasse ich das Büro. Heute Abend fühle ich mich motiviert und gehe deshalb noch ins Fitness-Studio, bevor ich heimfahre.« *Jane, Asset Management, **Deutsche Bank***

Hannover Rück

Wetterfeste Multitalente (m/w) gesucht - Vielfältige Chancen sind die beste Rückversicherung.

Unsere Mitarbeiter versichern U-Boote und Raumkapseln, berechnen das Risiko von Erdbeben und lassen sich auch schon mal den Wind auf einer Ölbohrinsel um die Nase wehen. Die Hannover Rück ist der weltweit drittgrößte Rückversicherer. An unserem Firmensitz in Hannover und unseren Standorten auf der ganzen Welt beschäftigen wir mehr als 2.200 Kollegen. Unsere Arbeit fängt da an, wo es anderen zu stürmisch wird: Als Rückversicherer übernehmen wir die Risiken, die Erstversicherer nicht alleine tragen können.

In vielen Bereichen ist die Hannover Rück »somewhat different«. Bei uns herrscht keine steife Anzug- und Kostümatmosphäre. Unsere Mitarbeiter denken stattdessen unkonventionell und sind wetterfest genug, um den vielfältigen Herausforderungen unseres Geschäfts gewachsen zu sein.

Hannover Rück
Karl-Wiechert-Allee 50
30603 Hannover
Deutschland
www.hannover-rueck.de

Karrieremöglichkeiten

Mathematiker, Wirtschaftswissenschaftler, Juristen und IT-Experten haben bei uns besonders gute Einstiegschancen. Je nach Vakanz suchen wir aber auch nach Mitarbeitern mit Know-how in anderen Bereichen, zum Beispiel Ingenieure, Mediziner, Meteorologen oder Agrarökonome. Jedes Jahr stellen wir rund 40 Hochschulabsolventen ein - Trainees und Direkteinsteiger. Sie können abhängig von Qualifikation und Interessenlage in ganz unterschiedlichen Fachbereichen arbeiten. Alle Aufgaben haben eines gemeinsam: Langweilig wird's bestimmt nicht.

Wer sich bei uns bewerben möchte, braucht gute Englischkenntnisse, eine unternehmerische Denke sowie Kunden- und Qualitätsorientierung. Ganz wichtig sind außerdem Motivation, Leistungsbereitschaft und Teamgeist. Wir sind an einer langfristigen Zusammenarbeit interessiert und suchen deshalb Mitarbeiter, die sich gemeinsam mit uns weiterentwickeln möchten. Wir bieten Raum zur persönlichen Entfaltung, eine kollegiale Arbeitsatmosphäre und vielversprechende Zukunftsaussichten.

Insider-Tipp

»Wer im Vorstellungsgespräch überzeugt, wird zu einem Schnuppertag eingeladen. So kann der Bewerber fundiert entscheiden, ob ihm Aufgabe und Umfeld gefallen. Und die Kollegen geben Feedback, ob sie sich den Kandidaten im Team vorstellen können.«
Marc-Oliver Dorn,
Personalreferent,
Hannover Rück

IV. Unternehmen

277

Bewerbungsverfahren

Bewerber-Kontakt
Bewerben können Sie sich ausschließlich über unser Bewerber-Portal auf **hannover-rueck.jobs**

Mehr Insider-Informationen unter squeaker.net/ hannoverrueck

Sie suchen eine Aufgabe, die Sie beruflich weiterbringt, und wir suchen qualifizierte und motivierte Mitarbeiter. Am einfachsten kommen wir zusammen, wenn Sie direkt unsere Karriereseite besuchen.

Dort erfahren Sie auch mehr über die Hannover Rück, die verschiedenen Einstiegsmöglichkeiten und den Bewerbungsprozess. Sie finden dort außerdem alle vakanten Positionen. Falls Sie uns direkt kennenlernen wollen: Sie finden auch eine Übersicht über Messen und andere Veranstaltungen, auf denen Sie Mitarbeiter unseres Hauses treffen können. Oder lesen Sie die Berichte unserer Mitarbeiterinnen und Mitarbeiter, die ihren Arbeitsalltag in unserem Unternehmen beschreiben und erzählen, wie sie zur Hannover Rück gekommen sind. Dies und viele weitere Informationen finden Sie auf unserer Karriereseite.

LAZARD

Lazard

Lazard gehört zu den weltweit führenden unabhängigen Investmentbanken mit den Kernbereichen Financial Advisory und Asset Management.

Lazard & Co. GmbH
Financial Advisory
Neue Mainzer Straße 69-75
60311 Frankfurt am Main
Tel.: +49 (0) 69 170073-0
www.lazard.com

Im Bereich Financial Advisory konzentriert Lazard seine Aktivitäten auf den Bereich der Corporate Finance Beratung und bietet auf diesem Gebiet Beratungsdienstleistungen, insbesondere bei Unternehmensfusionen und -übernahmen (M&A), Finanziellen Restrukturierungen von Unternehmen, Börsengängen und der Entwicklung und Umsetzung von innovativen Finanzierungsstrukturen an. Dabei war Lazard in den letzten Jahren bei den komplexesten und größten Transaktionen involviert, sowohl in M&A- als auch in Restrukturierungssituationen.

Lazard ist eine auf Beratung spezialisierte Investmentbank mit einer einzigartigen Positionierung im Wettbewerbsumfeld, die sich aufgrund des diversifizierten Geschäftsmodells vor allem im Rahmen der Finanzkrise bewährt hat. Lazard vergibt keine Kredite, tritt nicht als Emissionshaus in Erscheinung, handelt nicht mit Schuldtiteln / Aktien und kann insoweit objektive Beratung frei von Interessenskonflikten anbieten, die bei Wettbewerbern auftreten können. Als weltweit führender Corporate Finance Berater ohne klassisches Bankgeschäft, ist der Erfolg von Lazard im Besonderen von der individuellen Qualität der Mitarbeiter abhängig und nicht durch Kapitaleinsatz getrieben.

Im Bereich Asset Management bietet Lazard Investment Management und Beratungsdienstleitungen für institutionelle Investoren, vermögende Privatkunden und andere Finanzintermediäre an. Dabei verwaltet Lazard Asset Management ein Vermögen von über US$160Mrd. (Stand 30. Juni 2011).

Weltweit hat Lazard ca. 2.300 Mitarbeiter, die sich auf 42 Unternehmensstandorte in 27 Ländern in Nordamerika, Europa, Asien, Australien, Zentral- und Südamerika verteilen. Das Financial Advisory Team in Frankfurt umfasst derzeit etwa 35 Professionals.

Karrieremöglichkeiten

Ihr Ziel: Financial Advisory Analyst – Ihr Weg: Ein Praktikum
Wir suchen junge, talentierte, kreative und ehrgeizige Menschen, die eine Affinität zum Finanzmarkt haben. Über das Jahr verteilt vergeben wir bis zu 25 Praktikumsplätze. Bewerbungen hierfür sind jederzeit möglich. Idealerweise machen Studierende ca. ein Jahr vor Studienende ein Praktikum, das über einen Zeitraum von 8-12 Wochen gehen sollte. Regelmäßig rekrutieren wir aus diesem Praktikantenpool die Kandidaten für den Berufseinstieg bei uns als Analyst. Insoweit ist für Studienabgänger ein Einstieg i. d. R. nur über ein Praktikum möglich.

Das Praktikum ermöglicht es den Praktikanten, alle Facetten des fordernden Alltags eines zukünftigen Analysten kennenzulernen. Während dieser sehr intensiven Zeit arbeiten die Praktikanten als Teil eines jungen motivierten Teams aktiv sowohl an aktuellen Beratungsmandaten als auch bei der Akquisition neuer Kunden mit. Zu den Aufgabenbereichen gehören dabei u. a. die Unterstützung unserer Professionals bei der Vorbereitung von Präsentationen zur Kundenakquisition, der Erstellung finanzwirtschaftlicher Unternehmensanalysen inkl. Unternehmensbewertungen (z. B. Discounted Cash Flow Analyse) sowie die Durchführung und Auswertung von gezieltem Market Research zur Mandatsbearbeitung. Durch ein aktives Mentoringprogramm durch Professionals, haben die Praktikanten die Chance inhaltliche Schwerpunkte während des Praktikums mitzugestalten.

Unsere Anforderungen an Financial Advisory Praktikanten / Analysten

- Fortgeschrittenes bzw. abgeschlossenes Studium mit wirtschaftswissenschaftlichem oder juristischem Schwerpunkt und herausragenden Studienleistungen (Bachelor oder Master)
- Ausgeprägtes analytisches und konzeptionelles Denken, sehr hohe Belastbarkeit, Motivation und Teamfähigkeit
- Idealerweise bereits Erfahrung / Praktika im Bereich Investmentbanking
- Erste (theoretische) Kenntnisse im Bereich Corporate Finance
- Auslandserfahrung
- Deutsch und Englisch, präsentations- und verhandlungssicher
- Sehr guter Umgang mit MS-Office, insbesondere MS-Excel

Bewerbungsverfahren

Financial Advisory Praktikanten / Analysten

Bevor Sie sich bei uns bewerben, sollten Sie sich eingehend mit unserem Unternehmen und der M&A Branche beschäftigen.

Achten Sie auf eine vollständige Bewerbung mit englischem Anschreiben und Lebenslauf sowie allen Schul-, Universitäts-, Praktika- und sonstigen Arbeitszeugnissen. Wir empfehlen Bewerbern, im Anschreiben ihre Motivation für Lazard zu begründen und mit relevanten Stationen aus ihrem Lebenslauf zu belegen, warum sie zu uns passen.

Sollte Ihre Bewerbung uns überzeugen, werden Sie zum Interviewprozess eingeladen (bestehend aus mehreren Einzelgesprächen), bei denen Sie Banker unterschiedlicher Hierarchieebenen kennenlernen werden. Neben Fragen zu Ihrem persönlichen Werdegang werden Ihnen auch technische Fragen gestellt, in denen Sie uns mit Ihrem Fachwissen überzeugen können.

Alle Fragen zum Financial Advisory Praktikum richten Sie bitte an Miriam Kieselbach (miriam.kieselbach@lazard.com). Bezüglich einer Financial Advisory Festanstellung wenden Sie sich bitte an Valerie Martinez (valerie.martinez@lazard.com).

Bewerber-Kontakt

Praktikum
Miriam Kieselbach
Tel.: +49 (0)69 170073-671
miriam.kieselbach@
lazard.com

Festanstellung
Valerie Martinez
Tel.: +49 (0)69 170073-85
valerie.martinez@lazard.com

**www.lazard.com/Careers/
Careers.aspx**

Insider-Perspektive

Drei wichtige Argumente für Lazard

- Lazard gehört zu den weltweit führenden unabhängigen Investmentbanken und war in den vergangenen Jahren bei den komplexesten und größten Transaktionen involviert, sowohl in M&A- als auch in Restrukturierungssituationen
- Arbeit bei Lazard zeichnet sich durch flache Hierarchien aus und ermöglicht es dadurch Analysten und Praktikanten, schon früh viel Verantwortung zu übernehmen
- Praktikanten bekommen die Möglichkeit, sowohl an aktuellen Beratungsmandaten als auch bei der Akquisition neuer Kunden mitzuarbeiten

Mehr Insider-Informationen unter squeaker.net/lazard

Früher wurden die Ärmel hoch-gekrempelt. Und daran hat sich nichts geändert.

Als Berater von McKinsey arbeiten Sie direkt beim Klienten vor Ort. Packen Probleme an und finden gemeinsam neue Lösungen. Mehr dazu unter **karriere.mckinsey.de**

McKinsey&Company

McKinsey & Company

McKinsey ist ein internationales Beratungsunternehmen, das darauf spezialisiert ist, in enger Zusammenarbeit mit seinen Klienten praxisnahe Lösungen für aktuelle Topmanagement-Herausforderungen zu entwickeln und einzuführen. Unser Ziel ist es, die Leistungsfähigkeit der von uns beratenen Unternehmen und Organisationen nachhaltig zu verbessern – statt nur Empfehlungen auszusprechen.

McKinsey & Company
Magnusstraße 11
50672 Köln
Tel.: +49 (0)221 2087510
karriere@mckinsey.com
www.karriere.mckinsey.de

Die Beratungsfelder von McKinsey sind zahlreich und spiegeln die Vielfalt der obersten Führungsaufgaben unserer Klienten wider. Dazu gehören z.B. Unternehmensstrategie, Organisationsstruktur und -entwicklung, Führungsinformation, Planung und Kontrolle sowie funktionsbezogene Aufgaben in Marketing und Vertrieb, Produktion und Logistik, Forschung, Finanzen und Personalwirtschaft.

McKinsey sucht herausragende Hochschulabsolventen aller Fachrichtungen, Akademiker mit einem zweiten Abschluss (Promotion oder MBA) und Young Professionals. Naturwissenschaftler und Ingenieure arbeiten bei uns ebenso wie Wirtschaftswissenschaftler, Geisteswissenschaftler, Mediziner und Juristen. Rund die Hälfte unserer Beraterinnen und Berater hat einen nicht wirtschaftswissenschaftlichen Studienhintergrund.

Gemäß unserer Value Proposition »Building Global Leaders« sucht McKinsey Persönlichkeiten, die im Leben gestalten und sukzessive Verantwortung übernehmen wollen – sei es in der Wirtschaft oder in anderen Bereichen der Gesellschaft. McKinseys Anspruch ist es, bei diesem Entwicklungsprozess einen Beitrag zu leisten.

McKinsey achtet bei Bewerbern neben sehr guten analytischen und kommunikativen Fähigkeiten vor allem auf Kreativität, Teamfähigkeit und Engagement im außeruniversitären Bereich – etwa im musischen, karitativen, politischen oder sportlichen Bereich.

Auf Grund der weltweiten Präsenz von McKinsey mit mehr als 90 Büros ergeben sich regelmäßig zahlreiche Möglichkeiten, im Ausland bzw. in einem internationalen Kontext zu arbeiten.

Das Trainingsprogramm bietet enorme Weiterbildungsmöglichkeiten und das Alumni-Netzwerk beweist auf eindrucksvolle Art und Weise, dass McKinsey Leader für alle Bereiche ausbildet.

IV. Unternehmen

Karrieremöglichkeiten

Absolventen eines Bachelor-Studiengangs beginnen ihre berufliche Karriere bei McKinsey als Junior Fellow. Nach einem Jahr Beratertätigkeit steht der Wechsel in unser attraktives Fellowship-Programm an.

Hochschulabsolventen mit einem Diplom oder Masterabschluss steigen direkt als Fellow in die Consultant-Laufbahn ein. Im Fellowship-Programm von McKinsey haben sie die Möglichkeit, ihre berufliche Entwicklung mit dem Erwerb eines weiteren akademischen Abschlusses (MBA oder Promotion) zu kombinieren: Dafür stellen wir unsere Fellows - ihren Wunsch und eine entsprechende Performance vorausgesetzt - nach zwei Jahren Projektarbeit für eine akademische Weiterqualifikation frei - bei voller Bezahlung für ein Jahr. Zusätzlich übernehmen wir 50 Prozent der Kosten für den MBA.

Mit MBA / Promotion und / oder relevanter Berufserfahrung starten junge Akademiker ihre Karriere bei uns als Associate. Insbesondere für einige unserer funktionalen Practices sowie Industriesektoren suchen wir verstärkt Young Professionals mit relevanter Berufserfahrung.

Keine Angst vor fehlenden Fachkenntnissen: Einsteigern ohne wirtschaftswissenschaftlichen Studienhintergrund bieten wir ein dreiwöchiges Mini-MBA-Training an, das die Grundlagen sowie die wichtigsten Termini der Wirtschaftswissenschaften vermittelt und sich dabei stark an den Lehrplänen international führender Business Schools orientiert.

Für einen Einstieg bei McKinsey & Company sprechen viele Gründe. Als Berater bei McKinsey arbeiten Sie direkt für das Topmanagement an spannenden Themen, beraten Klienten aus aller Welt und erhalten von Anfang an große Entscheidungsfreiräume und Weiterbildungsmöglichkeiten. Zudem erwartet Sie eine anregende Arbeitsatmosphäre mit hochinteressanten Kollegen und Kolleginnen sowie ein außergewöhnlich dynamisches Arbeitsumfeld, das ebenso interdisziplinär wie international ist.

Praktika

Wir möchten Topstudenten möglichst früh kennen lernen. Deshalb vergeben wir jedes Jahr rund 100 Praktikumsplätze an herausragende Studenten mit mindestens zwei Jahren Studienerfahrung sowie an Doktoranden und MBA-Studenten. BWL-Kenntnisse setzen wir dabei nicht voraus. Im Rahmen eines Praktikums können Interessenten sowohl die Projektarbeit bei McKinsey als auch unsere Berater auf unkomplizierte Weise kennen lernen. Praktikanten sind bei McKinsey bei voller Bezahlung fest in ein Beraterteam eingebunden, arbeiten beim Klienten vor Ort und in enger Abstimmung mit dessen Mitarbeitern und übernehmen - natürlich bei entsprechendem Coaching - vom ersten Tag an Verantwortung für einen fest umrissenen Projekt-Teilbereich.

Interne Initiativen

Beraterinnen sind bei McKinsey seit langem in allen Positionen tätig – vom Fellow bis zur Direktorin. Gleichwohl sind weiterhin lediglich rund 20 Prozent unserer New Hires Beraterinnen. Wir möchten diesen Anteil daher in den nächsten Jahren deutlich erhöhen und Beraterinnen im Rahmen unserer Women's & Family Initiative dabei unterstützen, Beruf und private Lebensplanung besser miteinander zu vereinbaren. Dazu stehen McKinsey-Mitarbeitern z.B. in allen deutschen Büros Betreuungsplätze für Kinder im Alter von bis zu 3 Jahren zur Verfügung. Zudem können unsere Beraterinnen eine erfahrene Kollegin oder einen erfahrenen Kollegen als Mentor auswählen, der ihnen bei der Karriereplanung zur Seite steht.

Bewerbungsverfahren

Interessenten, die uns mit ihrer Bewerbung überzeugt haben, laden wir zu einem unserer Auswahltage ein. Diese umfassen Einzelgespräche mit verschiedenen Beratern, die Bearbeitung von Fallstudien sowie einen Test zur Problemlösungskompetenz.

Die schriftlichen Bewerbungsunterlagen stellen den Türöffner für das Bewerbungsverfahren dar und sollten daher alles Wesentliche über den Bewerber aussagen. Auf Basis der Unterlagen entscheiden wir, ob wir den Kandidaten näher kennen lernen möchten. Vollständige Bewerbungsunterlagen enthalten ein Anschreiben, einen tabellarischen Lebenslauf sowie Kopien aller relevanten Zeugnisse.

Im deutschsprachigen Raum wird Online-Bewerbungen zum Teil noch mit Skepsis begegnet. Diese ist jedoch unbegründet. Denn wir machen nicht nur keinen Unterschied zwischen Bewerbungen per Post, E-Mail oder Online-Formular, sondern – im Gegenteil – präferieren sogar elektronische Bewerbungen. Auf unserer Online-Bewerbungsseite können Bewerber ihre vollständigen Unterlagen jederzeit zusammenstellen – sicher, bequem und ohne Zeitdruck.

Weitere Informationen finden sich auf unserer Karriere-Website: karriere.mckinsey.de

Bewerber-Kontakt
Silke Huppertz
Recruiting
Tel.: +49 (0)221 2087510
karriere@mckinsey.com

Mehr Insider-Informationen unter squeaker.net/mckinsey

Unabhängige Bank sucht unabhängige Köpfe.

Nur wer unabhängig ist, kann objektiv beraten. Dies gilt für das Bankhaus Metzler, das seit nunmehr 337 Jahren seine Kunden ohne Interessenkonflikte berät, und dies gilt auch für unsere Mitarbeiter, die mit Know-how und Leidenschaft am Werk sind und ihren eigenen Kopf haben. Wenn auch Sie unabhängiges Denken schätzen, steigen Sie bei uns ein – zum Beispiel mit unserem Investment-Trainee-Programm. Mehr dazu unter www.metzler.com

Unabhängig seit 1674

METZLER
B. Metzler seel. Sohn & Co.

Bankhaus Metzler

Seit der Gründung im Jahre 1674 hat sich Metzler über die Stationen »Handelshaus« und »internationale Universalbank« zu einer modernen Investment- und Vermögensverwaltungsbank entwickelt. Eine 337-jährige Unternehmensgeschichte lässt sich jedoch schwer in ein paar Sätzen zusammenfassen, daher verweisen wir auf den Zeitstrahl auf unserer Homepage, der die facettenreiche Geschichte des Hauses widerspiegelt.

Bankhaus B. Metzler seel. Sohn & Co. KGaA
Große Gallusstraße 18
60311 Frankfurt am Main
karriere@metzler.com
www.metzler.com

In fünf Kerngeschäftsfeldern konzentrieren wir uns heute auf anspruchsvolle, strikt am Kundenbedarf ausgerichtete Beratungsleistungen in Kapitalmarktfragen, bei denen wir ausgewiesenes Knowhow haben und damit auch im internationalen Vergleich konkurrenzfähig sind:

Zum Asset Management gehören die Vermögensbetreuung und -verwaltung für institutionelle Kunden, Dienstleistungen des Pension Managements, das Publikumsfondsgeschäft, die Fondshandelsplattform Metzler Fund Xchange und das US-Immobiliengeschäft.

Im Corporate Finance sind die Bereiche Mergers & Acquisitions, Kapitalmarktberatung, Privatisierungsbegleitung und Finanzierungsberatung zusammengefasst.

Im Equities bieten wir Brokerage-Leistungen aus strikt unabhängiger Sicht in den Bereichen Aktienanalyse, -beratung und -handel.

Die Mitarbeiter im Bereich Financial Markets sind zuständig für die Beratung in Geld- und Kapitalmarktfragen, den Devisen- und Rentenhandel, das Fremdwährungsmanagement, Research & Produktentwicklung, Projektgeschäfte und Bank-Relations.

Im Private Banking werden große Privatvermögen betreut oder deren Verwaltung durch Dritte gesteuert und kontrolliert.

Eine besondere Domäne des Hauses ist die Informationstechnologie, unerlässlich für den Anspruch, in den Kerngebieten führend zu bleiben.

Metzlers einzigartiges Geschäftsmodell basiert im Wesentlichen auf den drei Unternehmenswerten Unabhängigkeit, Unternehmergeist und Menschlichkeit. Mit langfristig erfolgreichen Kundenbeziehungen wollen wir unsere über 337-jährige Eigenständigkeit bewahren. Durch gelebten Unternehmergeist gelingt es uns, frühzeitig Marktchancen zu erkennen und Maßstäbe in der Branche zu setzen. Menschlichkeit sehen wir als unverzichtbare Komponente, um das produktive Potenzial der Mitarbeiter für den Erfolg der Kunden und der Bank voll zu entfalten.

Karrieremöglichkeiten

Was bieten wir?

Grundsätzlich wollen unsere Personalfachleute stets herausfinden, ob die Bewerber für ihre zukünftige Tätigkeit »brennen« und die dafür notwendigen Talente mitbringen. Für dementsprechend wichtig erachten sie es, dass die Bewerber bereits im Vorfeld eruiert haben, ob sie ein ausgeprägtes Interesse für Banking & Finance generell oder ein bestimmtes Geschäftsfeld haben - idealerweise über erste praktische Erfahrungen in dieser Branche. Um Interessenten diesen ersten Einblick in eine moderne Investment- und Vermögensverwaltungsbank zu ermöglichen, bieten wir in den Geschäftsfeldern Asset Management, Corporate Finance, Equities und Financial Markets sowie in verschiedenen Stabsstellen Praktikums- und Werkstudentenplätze. So erhalten Praktikanten beispielsweise einen tiefen Einblick ins Tagesgeschäft von Portfoliomanagern, M&A-Beratern oder Equity-Analysten. Zudem bekommen sie gleich zu Beginn ihrer Tätigkeit kleine eigene Projekte übertragen, die sie eigenverantwortlich betreuen können. Meist sind diese Projekte Teil eines übergeordneten Projektes, sodass die Praktikanten nicht nur ein Geschäftsfeld im Gesamten verstehen lernen, sondern auch in ein großes Team eingebunden sind.

Ist der Funke schließlich durch die Erfahrungen im Praktikum übergesprungen, gibt es beim Bankhaus Metzler zwei Möglichkeiten für den Einstieg in den Beruf.

Wir bieten Hochschulabsolventen entweder den direkten Einstieg in alle unsere fünf Kerngeschäftsfelder oder den Einstieg über unser Trainee-Programm für Master- und Diplomabsolventen. Das Trainee-Programm besteht aus zwei Phasen von jeweils einem halben Jahr: In der Orientierungsphase durchlaufen die Trainees alle Kerngeschäftsfelder, in der Vertiefungsphase arbeiten sie vollwertig integriert in ihrem bevorzugten Geschäftsfeld. Das Trainee-Programm ist vor allem für Absolventen geeignet, die einerseits genau wissen, dass sie ins Banking & Finance einsteigen wollen, aber erst noch herausfinden müssen, welches Geschäftsfeld am besten zu ihnen passt. In der Regel beginnen wir im Winter eines Jahres mit der Auswahl für das entsprechende Folgejahr. Wir empfehlen Interessenten einen regelmäßigen Blick auf unsere Homepage. Dort stellen wir nicht nur alle offenen Positionen ein, sondern auch die Starttermine für die Auswahl unseres Investment-Trainee-Programms.

Was zeichnet uns aus?

Wir suchen als familiengeführte unabhängige Investment- und Vermögensverwaltungsbank unabhängige Köpfe - Menschen, die eigenverantwortlich und selbstständig denken und handeln können und wollen. Wer sich hinter Strukturen verstecken will, ist bei uns falsch. Wer aus der großen Masse herausragen will, ist bei uns richtig. Vorgezeichnete Karrierewege gibt es bei uns nicht. Unsere Mitarbeiter wachsen an der Art und der Vielfalt ihrer Aufgaben. Sie haben bei uns die Chance, aus eigenem Engagement neue Geschäfte zu entwickeln und dann zum Beispiel einem Team vorzustehen, das es vor zwei Jahren noch gar nicht gab. Das Arbeitsumfeld im Bankhaus Metzler ist geprägt durch eine sehr familiäre und persönliche Atmosphäre. Die Hierarchien sind flach, viele Teams arbeiten auch über die Geschäftsfelder hinweg eng und unbürokratisch zusammen. Vertrauen und gegenseitige Wertschätzung genießen in unserem Hause einen hohen Stellenwert.

Bewerbungsverfahren

Wen suchen wir?

Wir suchen hochmotivierte Absolventen, die ein leidenschaftliches Interesse an allen Fragen rund um den Kapitalmarkt haben und den Umgang mit Menschen schätzen. Wir suchen Mitarbeiter, die den Umgang mit Zahlen lieben und mit gesundem Menschenverstand und unternehmerischem Denken an ihre Aufgaben herangehen.

Fachlich erwarten wir einen qualifizierten Hochschulabschluss (bevorzugte Fachrichtungen sind Betriebswirtschaftslehre, Volkswirtschaftslehre, Wirtschaftsinformatik, Wirtschaftsingenieurwesen, Finanzmathematik, aber auch Mathematik oder Physik). Zudem setzen wir voraus, dass sich die Bewerber im Studium je nach ihrem Schwerpunkt fundierte Kenntnisse zum Beispiel in Portfoliotheorie, Corporate Finance oder betrieblicher Steuerlehre angeeignet haben. Darüber hinaus sollte dieses Know-how entweder durch Praktika oder persönliches Engagement vertieft worden sein. Nicht zuletzt legen wir Wert auf sehr gute Englischkenntnisse. Die Sicherheit in der Sprache und die Fähigkeit, eigenverantwortlich und selbstständig zu handeln, sollten im Idealfall durch mehrmonatige Auslandspraktika, Auslandssemester oder ein Auslandsstudium gestärkt worden sein.

Wie wählen wir aus?

Die Bewerber schicken uns - gerne über unser Onlinebewerbungsformular oder per E-Mail - ihre Bewerbungsunterlagen, die wir daraufhin sorgfältig prüfen. Wenn die Unterlagen auf unser Interesse stoßen, laden wir den Bewerber zu einem Erstgespräch mit

Bewerber-Kontakt

Für Absolventen
Michael Diedrich
Tel.: +49 (0)69 2104-307
MDiedrich@metzler.com

Für Studierende
Margit Weber
Tel.: +49 (0)69 2104-308
MWeber@metzler.com

der Personalabteilung ein. Ziel dieses ersten Gespräches ist es, die Stärken, Interessen und Talente des Bewerbers zu ermitteln. Wenn dabei »der Funke überspringt«, laden wir den Bewerber zu einer zweiten Gesprächsrunde ein, in der der Fokus zwar auch auf seiner persönlichen, aber vermehrt auf seiner fachlichen Eignung für die jeweilige Stelle liegt.

Was ist uns bei den Auswahlgesprächen besonders wichtig?

Im Interview wollen wir herausfinden, welche Talente und Kompetenzen ein Bewerber mitbringt – aber auch, wo seine Interessen und Motive liegen und ob er sich vollends mit dem Geschäftsmodell und der Kultur des Unternehmens identifizieren kann. Leidenschaftliches Interesse ist also gefragt. Dies lässt sich dem Gegenüber nur vermitteln, wenn es authentisch ist – also echt und ehrlich. Selbstreflexion ist also nötig, um echtes Interesse zeigen zu können – neben der obligatorischen unternehmensspezifischen Vorbereitung. Ein Bewerber sollte über aktuelle Projekte, die wichtigsten Geschäftsfelder, strategische Ausrichtung und Wettbewerber Bescheid wissen. Darüber hinaus können Bewerber damit punkten, dass sie eigene Erfahrungen und Werte mit den Zielen und Normen des Unternehmens sinnvoll verknüpfen und dies möglichst anhand einzelner Stationen im Lebenslauf dokumentieren.

Mehr Insider-Informationen unter squeaker.net/metzler

Morgan Stanley

Morgan Stanley is a leading global financial services firm providing a wide range of investment banking, securities, investment management and wealth management services. The Firm has over 60,000 employees in more than 1,300 offices in 42 countries, serving clients worldwide including corporations, governments, institutions and individuals. Morgan Stanley is a Firm that inspires people to be their best – and always finds new opportunities to offer them. Its mission is to build a community of talent that can deliver the finest financial thinking and products in the world.

Morgan Stanley Bank AG
Junghofstrasse 13-15
60311 Frankfurt am Main
Tel.: +49 (0)69 2166 0
www.morganstanley.com

European locations: Amsterdam, Athens, Budapest, Frankfurt, Geneva, Glasgow, Istanbul, London, Luxembourg, Madrid, Milan, Moscow, Munich, Paris, Stockholm and Zurich.

A collection of talent

Morgan Stanley's global leadership rests on the talent of our people, who every day advise and serve our clients in a first class way. Throughout the firm's history, diverse and talented individuals have worked together to develop our new ideas and groundbreaking financial products.

We know that the diversity of our people is one of Morgan Stanley's greatest strengths. To maintain our leadership, we need the broadest possible knowledge of the global markets in which we operate; that means our workforce must include the most skilled and creative individuals who represent a broad cross-section of our global community. Morgan Stanley strives to create a spirit of inclusion by bringing together and valuing dedicated professionals with diverse backgrounds, talents, perspectives, cultural identities and experiences. We encourage all of our people to bring their full selves to the table, leveraging their differences to help our firm achieve its full potential.

This spirit of inclusion sharpens our competitive edge, fosters innovative thinking, and helps produce superior solutions for our clients. For these reasons, Morgan Stanley sees a diverse and inclusive workforce not as an obligation, but as an opportunity for our clients, shareholders and employees.

IV. Unternehmen

YOU   HAVE   TALENTS.   WE   HAVE   OPTIONS.

NEGOTIATOR

LEADER

INFLUENCER

PROBLEM

SOLVER

Morgan Stanley

For more details, visit our website
www.morganstanley.com/careers

Career opportunities and workplace

Morgan Stanley offers Graduate Programmes in Investment Banking, Sales & Trading, Equity Research, Investment Management, Credit Risk Management, Private Wealth Management, Technology and Finance & Operations. Opportunities in other divisions can arise, so it is strongly advised visiting the website on a regular basis.

Internships or Work Experience available: Morgan Stanley offers a wide range of work experience opportunities including our Summer Analyst Programme, the Industrial Placement Programme, the Spring Insight Programme as well as Off-cycle Internships. For more details regarding eligibility and deadlines please check our website.

Morgan Stanley training quickly makes you an effective professional through classroom, small group, online and one-to-one training sessions. Training is not limited to your first weeks or months in the job but continues throughout your Morgan Stanley career. Morgan Stanley has numerous programmes to develop your professional skills and equip you for success in this constantly changing business. Mobility can also play an important role in your career. We encourage employees to move around and experience different roles and different geographic regions.

A sense of community

Morgan Stanley is committed to being a strong, reliable partner to our communities. Through partnerships with educational institutions, government agencies and nonprofits, we provide capital and expertise to produce lasting social and economic benefits. We focus on the development and preservation of affordable housing, the creation of jobs, and the training of job-ready workers through economic and workforce development. We promote financial independence through financial literacy and capability programs for the underbanked.

Required skills

There is no typical person at Morgan Stanley. People come from a wide variety of backgrounds and interest – all are high achievers who share integrity, intellectual curiosity and the desire to work in a collegial environment. Individuality is prized and people are encouraged to be themselves. We welcome applications from undergraduates, postgraduates and international students and recruit across a number of different divisions for a number of different programmes. For more details on the opportunities and programmes on offer please visit our website.

WHERE RISK JOINS RATIO.

Zeiten wandeln sich, Märkte verändern sich und Unternehmen suchen ihre Chance – wir helfen ihnen dabei. Gestalten Sie mit uns die Zukunft! Werden Sie

PRAKTIKANT oder CONSULTANT (W/M)

in einem unserer Competence Center – insbesondere **Financial Services, Restructuring & Corporate Finance.**

Unsere Projektteams beraten das Top-Management führender Unternehmen der Industrie und der Finanz-/Dienstleistung. Unterstützen Sie unsere Kunden bei der Entwicklung neuer Märkte, in Phasen der strategischen Neuausrichtung und sichern Sie so ihre nachhaltige Wettbewerbsfähigkeit.

It's character that creates impact!

 join.rolandberger.com

Roland Berger
Strategy Consultants

Roland Berger Strategy Consultants

Roland Berger Strategy Consultants, 1967 gegründet, ist eine der weltweit führenden Strategieberatungen. Mit 45 Büros in 33 Ländern ist das Unternehmen erfolgreich auf dem Weltmarkt aktiv.

Roland Berger
Strategy Consultants
Mies-van-der-Rohe-Straße 6
80807 München
Tel.: +49 (0)89 92300
www.rolandberger.com

Roland Berger berät international führende Industrie- und Dienstleistungsunternehmen sowie öffentliche Institutionen. Das Beratungsangebot umfasst alle Fragen strategischer Unternehmensführung – von der Ausrichtung über die Einführung neuer Geschäftsmodelle und -prozesse sowie Organisationsstrukturen bis hin zur Technologiestrategie.

Roland Berger ist eine unabhängige Partnerschaft im ausschließlichen Eigentum von rund 200 Partnern. Unsere Strategieberatung ist in globalen Kompetenzzentren organisiert. Industrie-Kompetenzzentren decken die großen Branchen ab. Funktionale Kompetenzzentren bieten Know-how zu übergreifenden methodischen Fragestellungen. Für jedes Beratungsprojekt wird individuell das beste interdisziplinäre Team aus Experten mit branchenspezifischem und funktionalem Know-how zusammengestellt.

Gemeinsam mit unseren Klienten entwickeln wir maßgeschneiderte, kreative Konzepte. Besonders wichtig ist uns die Begleitung der Umsetzungsphase. So schaffen wir echten Mehrwert für unsere Klienten. Unser Beratungsansatz gründet sich dabei insbesondere auf die unternehmerische Persönlichkeit, die Integrität und die Individualität unserer Berater: *It's character that creates impact.*

Alle Mitarbeiter von Roland Berger sind unseren drei Grundwerten – Excellence, Entrepreneurship und Partnership – verpflichtet.

Entrepreneurship: Wir sind ein global erfolgreiches Netzwerk von Unternehmern, die pragmatische und umsetzbare Lösungen liefern.

Partnership: Wir setzen auf vertrauensvolle und konstruktive Zusammenarbeit in unserem Unternehmen und mit unseren Klienten.

Excellence: Wir liefern exzellente Ergebnisse und entwickeln weltweit vorbildliche Ansätze. So schaffen wir messbar und nachhaltig Wert für unsere Klienten.

IV. Unternehmen

Karrieremöglichkeiten

Unser Arbeitsumfeld bietet viel Raum für eigene Ideen und deren Umsetzung. Einsteiger übernehmen bei uns schnell Verantwortung. Das unternehmerische Denken unserer Mitarbeiter wird bei uns konsequent gefördert. Entrepreneurship ist seit der Unternehmensgründung durch Roland Berger fest in unserer Kultur verankert.

Anforderungen

Wir suchen Universitätsabsolventen aller Fachrichtungen mit exzellenten Abitur- und Studienleistungen und ausgeprägtem Interesse für betriebswirtschaftliche Fragestellungen. Sie sollten vielfältige Praxiserfahrung durch mehrmonatige anspruchsvolle Praktika, Auslandserfahrung durch Studium oder Praktika und sehr gute Englischkenntnisse mitbringen. Zudem erwarten wir ausgeprägte analytische und konzeptionelle Fähigkeiten sowie Kreativität, Teamfähigkeit und Kommunikationsstärke.

Für das Jahr 2012 stellen wir ca. 160 neue Berater/innen und 120 Praktikanten/innen ein. Die Einstiegsmöglichkeiten richten sich nach Ihrem Studienfortschritt bzw. Ihrer Berufserfahrung.

Studium

Bachelor-Abschluss

Bachelor-Absolventen von Universitäten bieten wir die Möglichkeit, als Consulting Analyst bei uns einzusteigen. Da wir sehr an der akademischen Weiterqualifizierung unserer Mitarbeiter interessiert sind, bieten wir erfolgreichen Consulting Analysts eine finanzielle Unterstützung für ein Master- oder MBA-Studium an.

Diplom- bzw. Master-Abschluss

Mit sehr gut abgeschlossenem Master, Diplom, Staatsexamen oder Magister steigen Sie bei uns als Junior Consultant ein und starten Ihre Karriere mit einer steilen und schnellen Lernkurve. Vom ersten Tag an übernehmen Sie Verantwortung und arbeiten im Team an strategischen Fragestellungen für unsere Kunden.

Um den »Berateralltag« kennenzulernen ist ein Praktikum sehr empfehlenswert — nicht nur weil jeder zweite Neueinsteiger bei Roland Berger zuvor ein Praktikum gemacht hat! Als »Berater auf Zeit« gewinnen Sie einen Einblick in unser Unternehmen und unsere Arbeitsweise. Bewerben können sich Studierende ab dem vierten Semester eines Bachelor-Studiums an einer Universität.

Promotion, MBA und/oder Berufserfahrung

Mit weiterführender akademischer und/oder beruflicher Qualifikation, ist ein Einstieg auf einer höheren Karrierestufe möglich. Nach einer Promotion starten Sie in der Regel als Consultant, nach einem MBA an einer renommierten Business School als Senior Consultant. Auch Bewerber mit Berufserfahrung aus Industrie und/oder Beratung sind bei Roland Berger an der richtigen Adresse. Die Position, auf der Sie einsteigen, richtet sich nach Ihrem jeweiligen Hintergrund.

Training und Entwicklung

Als Neueinsteiger lernen Sie durch ein internationales, 14-tägiges Einführungsseminar unsere Unternehmenskultur, unsere Arbeitsweise und Ihre neuen Kollegen kennen. Darüber hinaus qualifizieren Sie Seminare zu Managementthemen und -techniken sowie zu Social-, Personal- und Leadership-Skills systematisch für den »Berateralltag« und die nächsten Karrierestufen.

Bei Roland Berger haben Sie vielfach die Möglichkeit, auch internationale Projekte mitzugestalten und bei unseren Kunden im Ausland vor Ort zu arbeiten. Im Rahmen unseres International Staff Exchange Programs können Sie außerdem mittel- oder langfristig in eines unserer internationalen Büros wechseln.

Durch unsere verschiedenen Programme unterstützen wir Sie bei Ihrem Masterstudium, MBA-Programm oder Ihrer Promotion. Wir öffnen Ihnen dabei die Türen renommierter Business Schools und Universitäten.

Mit einem Sabbatical ermöglichen wir Ihnen eine Auszeit vom Berateralltag. Ein bis sechs Monate haben Sie Zeit, nur für sich, für Ihre Familie oder Dinge, die Sie schon immer einmal machen wollten.

Als Social-Fellow können Sie für drei Monate eine soziale Einrichtung unterstützen. Sie tun Gutes und wir bezahlen Sie dafür.

Bewerbungsverfahren

Interessenten können sich online oder per Post bewerben. Die Bewerbung sollte vollständig, d.h. inklusive Anschreiben, Lebenslauf und aller Zeugnisse sein. Wir empfehlen Ihnen, Ihr Anschreiben der ausgeschriebenen Stelle und den geforderten Qualifikationen anzupassen. Überlegen und begründen Sie genau, warum Sie bei Roland Berger einsteigen möchten und unterstreichen Sie mit relevanten Stationen aus Ihrem Lebenslauf, warum Sie in unser Beraterteam passen.

Da es keine festen Einstellungszeitpunkte gibt, ist eine Bewerbung ganzjährig möglich. Unsere wöchentlichen Auswahltage finden in unserem Büro in München statt. Dabei lösen Sie einen Analytiktest, führen ein Fach- und Persönlichkeitsinterview und bearbeiten eine Fallstudie im Team. Am Ende des Tages erhalten alle Kandidaten ein detailliertes Feedback. Für erfolgreiche Bewerber schließt sich später ein weiteres Gespräch mit dem zukünftigen Mentor an.

Allgemeine Tipps für Ihre Bewerbung

Analysieren Sie vor dem Einstieg, welche Schwerpunkte die einzelnen Beratungsunternehmen setzen und finden Sie für sich selbst heraus, welche Unternehmensberatung am besten zu Ihnen passt. Wenn Sie beispielsweise Wert auf die internationale Ausrichtung der Beratungsprojekte legen, fragen Sie genau nach, wie realistisch ein Auslandseinsatz oder die Zusammenarbeit mit Kollegen aus internationalen Büros ist. Prüfen Sie individuell, ob Sie sich mit Ihrem fachlichen Know-how und Ihren persönlichen Präferenzen in den Beratungsprojekten wiederfinden.

Wenn Sie sich erfolgreich bewerben und eine Einladung zum Auswahltag erhalten haben seien Sie einfach Sie selbst! Denken Sie daran: Es gibt auf jede Frage mehr als eine richtige oder gute Antwort! Zeigen Sie, dass Sie sich über unser Unternehmen informiert haben. Aber nicht alles, was Sie zu Ihrem Einstieg wissen möchten, finden Sie im Internet oder in der Wirtschaftspresse. Nutzen Sie zudem Ihr Netwerk, um mehr Details über Ihren Wunscharbeitgeber zu erfahren. Nutzen Sie den Bewerbungsprozess auch, um mit den richtigen Fragen zu punkten und Ihr Bild von unserem Unternehmen zu vervollständigen. Wir möchten uns nicht nur einen Eindruck von Ihrer Persönlichkeit und Ihren Qualifikationen verschaffen. Wir möchten Ihnen auch die Gelegenheit bieten, uns kennen zu lernen.

SEB

Die SEB (Skandinaviska Enskilda Banken) gehört zu den bedeu-
tendsten und größten Finanzdienstleistern in Schweden und ganz
Nordeuropa. Die Bank wurde 1856 als Stockholms Enskilda Bank von
André Oscar Wallenberg gegründet. 1972 erfolgte die Fusion mit Skandinaviska Banken zu SEB. Europaweit betreuen wir mehr als 4 Millionen Kunden und beschäftigen rund 17.000 Mitarbeiter. Weltweit
sind wir in 20 Ländern tätig.

Die SEB AG ist die deutsche Tochtergesellschaft mit Standorten in
Frankfurt, Hamburg, Berlin, Düsseldorf und München. Rund 1.300
Mitarbeiter betreuen in Deutschland anspruchsvolle Firmen-, Immo-
bilien- und Institutionelle Kunden. Bilanzsumme: €39,4 Mrd. (Juni
2011). Mit der Tochtergesellschaft SEB Asset Management AG verfügen wir zudem über ein spezialisiertes Investmenthaus für Immobilien und Wertpapiere.

SEB AG
Ulmenstraße 30
60325 Frankfurt/Main
Tel.: +49 (0)69 258-0
information@seb.de
www.seb.de

The RELATIONSHIP Bank

Die SEB betreut viele Kunden bereits seit Generationen. Wir legen
besonderen Wert auf langfristige Geschäftsbeziehungen. Wir wollen
das Geschäft unserer Kunden sehr gut verstehen, um dann die wirklich
passenden Finanzlösungen anzubieten. Wir sind in allen Phasen für
unsere Kunden ein verlässlicher und vertrauensvoller Bankpartner.

Wir betreuen große und mittelständische Unternehmen, Institu-
tionen, Banken und Finanzinstitute. Zu 60 der 100 größten deutschen
Unternehmen und zu 2/3 aller DAX-Konzerne unterhalten wir eine
Geschäftsbeziehung. Bei Institutionellen Kunden ist die Bank in Teil-
segmenten Marktführer in Deutschland. Das Produktangebot umfasst
Cash Management, Corporate Finance, Securities Services, Trading
& Capital Markets und Structured Finance. Die Cash Management-
Lösungen des SEB Konzerns zählen zu den modernsten weltweit. Die
Expertise der Bank in den Bereichen Global Custody, Devisen und
Prime Brokerage ist vielfach prämiert.

Im professionellen Immobiliengeschäft, Commercial Real Estate
(CRE), zählt die SEB zu den namhaften Partnern für professionelle
Immobilienkunden, wie nationale und internationale Investoren,
Wohnungsunternehmen und Fonds. CRE ist in den wichtigsten
Immobilienregionen Deutschlands vertreten und auch in Skandi-
navien, Polen, Russland, Dänemark und den baltischen Staaten tätig.
CRE ist Marktführer für nordische Investoren in Deutschland. Das
Angebot umfasst Finanzierungen, auch strukturierte Finanzierungen,

Wir versprechen Ihnen keine Karrieremöglichkeiten. Wir realisieren sie mit Ihnen.

Die SEB ist eine international agierende Bank mit schwedischen Wurzeln. Allein deshalb prägen Offenheit, Vielseitigkeit und Gleichberechtigung unsere Firmenphilosophie.

Wir entwickeln uns stetig weiter, um uns konstant zu verbessern und weiter zu wachsen – besonders hier in Deutschland.
Damit wir dieses Ziel erreichen, brauchen wir hoch qualifizierte Menschen mit Persönlichkeit in unserem Team. Informieren Sie sich über die Karrieremöglichkeiten, die wir Ihnen bieten können: www.seb.de/karriere

Wir freuen uns auf Sie.

www.seb.de

sowie weitere Produkte der SEB, wie z. B. Cash Management, Zinsderivate und Vermögensverwaltung.

SEB Asset Management, Frankfurt, ist das spezialisierte Investmenthaus für Immobilien und Wertpapiere des SEB Konzerns in Deutschland. SEB Asset Management steht für die Verbindung von internationaler Expertise mit lokalem Know-how. Der Investmentansatz ist durch aktives Management in kleinen spezialisierten Investmentteams gekennzeichnet. Als Teil der Konzerndivision »Wealth Management« mit rund 970 Mitarbeitern und Assets under Management von 132 Millionen Euro verfügt SEB Asset Management über weitreichende Expertise in den wesentlichen Assetklassen. In Deutschland ist die Fondsgesellschaft seit vielen Jahren der Qualitätsmarktführer für Immobilienfonds. Im Bereich Offene Immobilien-Spezialfonds ist sie drittgrößter Anbieter in Deutschland und viertgrößtes Haus bei den Offenen Immobilien-Publikumsfonds.

Die SEB hat ehrgeizige Wachstumspläne in Deutschland. Die Bank wird den erfolgreichen Wachstumskurs der letzten Jahre fortsetzen gezielt neue Kunden und Marktanteile in ausgewählten Marktsegmenten zu gewinnen. Insbesondere das Geschäft mit mittelständischen Unternehmen wird in den nächsten Jahren konsequent ausgebaut.

Karrieremöglichkeiten

Praktikum
Studierende können noch während ihres Studiums ein Praktikum bei uns machen, das Unternehmen kennenlernen und wertvolle Kontakte für ihre berufliche Zukunft knüpfen. Unsere Praktikanten arbeiten als Teammitglied unter Betreuung erfahrener Mitarbeiter und können ihre Fähigkeiten unter Beweis stellen. Unser globales Summer Internship bietet für Studierende eine ausgezeichnete Gelegenheit in den Semesterferien ein anspruchsvolles und interessantes Programm zu durchlaufen und dabei wertvolle Praxiserfahrung zu sammeln. Mehr Informationen finden Sie hierzu unter sebgroup.com.

Werkstudenten und betreute Abschlussarbeiten
Zudem bieten wir Werkstudentenstellen in den verschiedenen Businessbereichen und im Business Support an, sowie die Möglichkeit Abschlussarbeiten bei uns betreuen zulassen.

Internationales Traineeprogramm
Für Hochschulabsolventen erfolgt der klassische Einstieg über das 12-monatige Internationale Traineeprogramm. Im Vorfeld wird für jeden der ca. 25 Trainees (SEB Group) ein Schwerpunkt festgelegt

– also ein Unternehmensbereich, in dem das junge Talent später tätig sein wird. Begleitende Persönlichkeits- und Fachtrainings sowie gemeinsame Traineewochen an unterschiedlichen SEB Standorten sind Bestandteile des Programms. Ein Mentor begleitet den Trainee durch das Programm und steht unter anderem als »Ratgeber« zur Seite.

Direkteinstieg

Natürlich ist auch ein Direkteinstieg möglich. Wir erhalten gerne Initiativbewerbungen. Wenn also jemand Interesse an einer Position innerhalb unseres Unternehmens hat und keine offene Stelle bei uns auf der Homepage findet, dann freuen wir uns dennoch über eine Bewerbung.

Anforderungen

Neben dem Werdegang und den beruflichen Erfahrungen legen wir viel Wert auf Soft Skills. Wir suchen engagierte, dynamische Bewerber, die neugierig sind. Gute Selbstorganisation, Teamfähigkeit sowie ein eigenständiger und zielorientierter Arbeitsstil sind wichtige Kriterien. Wichtig ist für uns zu erfahren, warum der Kandidat sich für eine Bewerbung bei uns entschieden hat.

Leistungen und Vergütung

Berufseinsteiger werden branchenüblich vergütet. Darüber hinaus bieten wir attraktive Sozialleistungen sowie die Teilnahme an unserem Aktienprogramm. Trainees erhalten zudem einen unbefristeten Arbeitsvertrag und werden schon während der Ausbildung stark in das Unternehmen integriert.

Neben verschiedenen Gesundheitsvorsorge-Programmen bieten wir selbstverständlich auch diverse Teilzeit-Regelungen an. An unseren Standorten in Frankfurt haben wir spezielle Eltern-Kind-Büros eingerichtet, in denen das Kind spielen kann, während Vater oder Mutter arbeitet. Auch »Job Sharing« ist bei uns möglich. Daneben bieten wir jedem Mitarbeiter vielfältige Weiterbildungsmöglichkeiten und Entwicklungsprogramme, stellen sie für Prüfungen und deren Vorbereitung frei und gewähren finanzielle Unterstützung.

Dank unserer übersichtlichen Größe können wir uns flexibler am Markt bewegen als etwa Großbanken. Das sorgt für interessante Arbeitsfelder und vielfältige Aufgaben. Zudem sind unsere Hierarchien flach, was ein sehr entspanntes Arbeitsklima und schnelle Entscheidungswege ermöglicht. Als internationales Unternehmen arbeiten unsere Mitarbeiter häufig in Teams, die aus den verschiedensten Ländern stammen. Wir begrüßen es, wenn sich Mitarbeiter über Ländergrenzen hinweg austauschen und auch mal den dänischen Kollegen oder die schwedische Kollegin um Rat fragen.

Bewerbungsverfahren

Auf unserer Karriere-Webseite seb.de/karriere können Sie sich über aktuelle Stellenausschreibungen und Recruitingveranstaltungen informieren. Mithilfe des Online-Bewerbungsformulars können Sie sich direkt auf Ihre Wunschposition bewerben, oder eine Initiativbewerbung an uns richten.

In der Regel besteht unser Bewerbungsprozess zunächst aus einem Telefoninterview, in dem wir Sie näher kennenlernen möchten. Nach erfolgreichem Ausgang laden wir Sie zu einem Interview mit Vertretern aus dem Fachbereich und der Personalabteilung ein. Je nach Position und Geschäftsbereich findet eine dritte Interviewrunde mit dem Fachbereich statt. Die Interviews können auch Analytiktests, Sprachtests oder Case Studies beinhalten.

Bewerber-Kontakt

Human Resources / Recruiting
Postfach 111652,
60051 Frankfurt am Main-
Tel.: +49 (0)69 258-8200
karriere@seb.de

www.seb.de/karriere

Von unseren Bewerbern erwarten wir:
- Überdurchschnittlicher Abschluss eines wirtschaftswissenschaftlichen oder vergleichbaren Studiums
- Relevante Praxiserfahrung, vorzugsweise Bankausbildung
- Auslandserfahrung (Studium, Internship)
- Analytisches Talent und eine schnelle Auffassungsgabe
- ausgezeichnete kommunikative Fähigkeiten sowie sehr gute Englischkenntnisse; Schwedischkenntnisse von Vorteil
- Hohe Kunden- und Serviceorientierung
- Hohes Maß an Eigeninitiative und Zielorientierung
- Soziale Kompetenz und ausgeprägter Teamgeist
- Persönliche Reife

Bewerbungstipps

Wichtig für uns ist der Personal fit. Im Bewerbungsgespräch achten wir besonders darauf, dass der Bewerber ins Unternehmen und das entsprechende Team passt.

Als Bewerber sollte man immer authentisch sein und zu seinen Stärken und Schwächen stehen. Eine gute Vorbereitung und klare Vorstellungen sind eine gute Basis für ein erfolgreiches Gespräch. Denken Sie daran, ein Vorstellungsgespräch ist immer ein »Marketinginstrument« für beide Parteien.

Durch gezielte Fragen zum Unternehmen und den künftigen Aufgaben kann ein Bewerber echtes Interesse vermitteln und Pluspunkte sammeln. Wir erwarten, dass sich Bewerber gut vorbereiten, über die SEB informiert sind und Fragen mitbringen.

Mehr Insider-Informationen unter squeaker.net/seb

IV. Unternehmen

Kapitel V: Glossar

APT	Arbitrage Pricing Theory: Verfahren zur Bestimmung der Eigenkapitalkosten sowie zur Wertpapierbewertung basierend auf der Annahme eines arbitragefreien Marktes
Beta	Gradmesser des systematischen Risikos eines Portfolios
BoA ML	Bank of America Merrill Lynch
Call	Recht, nicht die Pflicht, ein Underlying (bspw. Aktie) zu einem bestimmten Zeitpunkt zu einem im Voraus festgelegten Preis zu kaufen
CapEx	Capital Expenditure: Auszahlungen für langfristige Investitionsgüter, in der Regel Maschinen, Gebäude etc.
CAPM	Capital Asset Pricing Model: Verfahren zur Bestimmung der Eigenkapitalkosten bzw. erwarteten Renditen der Eigenkapitalgeber (Aktionäre)
CDS	Credit Default Swap: ein Kreditderivat zum Handel von Ausfallrisiken
COGS	Cost of Goods Sold: Kosten der verkauften Güter nach Umsatzkostenverfahre
Covenants	Finanzkennzahlen, dessen Einhaltung der Gläubiger vom Schuldner fordert
DCF	Discounted Cash Flow: Methode der Unternehmensbewertung, die zukünftige Cash Flows auf den Barwert abzinst
DCM	Debt Capital Markets (Abteilung in Investmentbanken)
Deal Flow	Aktuell stattfindende Transaktionen
Distressed Debt	Notleidende Kredite
Due Diligence	Analyse, Prüfung und Bewertung des Zielunternehmens
EBIT(DA)	Earnings before Interest, Tax (Depreciation & Amortisation)
ECM	Equity Capital Markets (Abteilung in Investmentbanken)
EK	Eigenkapital
EPS	Earnings per Share
FK	Fremdkapital

IBD	Investment Banking Division: Advisory Bereich einer Investmentbank, der sich mit M&A sowie IPOs beschäftigt
IRR	Internal Rate of Return (= Interner Zinsfuß)
LBO	Leveraged Buyout: größtenteils fremdfinanzierter Kauf einer Unternehmung
Leverage	Grad der Fremdfinanzierung
M&A	Mergers & Acquisitions (= Fusionen & Übernahmen)
MBI	Management Buy-in: Ein externes Management kauft sich in ein Unternehmen ein
MBO	Management Buy-Out: Das Management kauft das eigene Unternehmen
NOPLAT	Net Operating Profit less adjusted Taxes = Zwischensaldo bei der Cash Flow Berechnung, der den Gewinn nach Steuern aber vor Fremdfinanzierung ausgibt
NPV	Net Present Value (= Kapitalwert)
NWC	Net Working Capital = Kurzfristige Forderungen + Inventar – kurzfristige Verbindlichkeiten
P/E-Multiple	Price-to-Earnings-Multiple (= Kurs-Gewinn-Verhältnis)
PEI	Private Equity Investor
Peer Companies	Wettbewerber in derselben Industrie
PIK	Payment in Kind: Mezzanine Finanzierungsart, bei der Zinsen in Form von zusätzlichen Anleihen bezahlt werden
Pitch	Präsentation zur Mandatierung für ein Projekt
Put	Recht, nicht die Pflicht, ein Underlying (bspw. Aktie) zu einem bestimmten Zeitpunkt zu einem im Voraus festgelegten Preis zu verkaufen
Spot	Aktueller Kassakurs
Strike	Vereinbarter Ausübungspreis einer Option
SWAP	Tauschgeschäft (z. B. von Zahlungsströmen) zwischen zwei Akteuren
Trading	Handel (auf dem sog. Trading Floor, z. B. mit Aktien)
TRS	Total Return Swap
VC	Venture Capital
WACC	Weighted Average Cost of Capital (= gewichtete durchschnittliche Kapitalkosten)

Kapitel VI: Literatur- und Linktipps

Finance allgemein (Bewertung, Accounting, Standardwerke)

Brealey, Myers and Allen;
»Principles of Corporate Finance«,
McGraw Hill, 2008
Das Standardwerk! *Hier gibt es auch Tipps in jedem Chapter zur jeweils besten Literatur für leserspezifische Vertiefungsneigungen*

Copeland, Koller and Murrin;
»Valuation – Measuring and Managing the Value of Companies«,
Wiley & Sons, 2005
*Neuste Auflage etwas älter, aber auch ein **guter Klassiker!***

Higgins, Robert;
»Analysis for Financial Management«,
McGraw Hill, 2009
Valuation & Accounting *Sehr gut geschriebenes Buch, das sich nicht nur mit Valuation, sondern auch mit Accounting befasst und alles in einen gut verständlichen Kontext bringt*

Finance speziell (Wertpapierbewertung, Derivate, Portfoliomanagement)

Uszczapowski, Igor;
»Optionen und Futures verstehen«,
dtv, 2008
Derivate *Geeignet für alle, die sich mit Derivaten beschäftigen möchten ohne ein kleines Vermögen für überteuerte Bücher auszugeben*

Hull, John C.;
»Options, Futures and Other Derivatives«,
Prentice Hall, 2009
Klassiker *Für Derivate-Interessierte*

Steiner, Manfred und Bruns, Christoph;
»Wertpapiermanagement: Professionelle Wertpapieranalyse und
Portfoliostrukturierung«,
Schäffer-Poeschel, 2007
*Erklärungen Umfassend und einfach von der Erklärung der Portfoliotheorie
bis zum Einfluss der Chaostheorie in die Aktienbewertung*

Links

Schon fast ein Klassiker unter den Finance-Websites, die Homepage
des Stern-School Professors Aswath Damodaran mit unzähligen
nützlichen Texten und Informationen:
pages.stern.nyu.edu/~adamodar

Für die letzten Finance News vor dem Interview, aber auch mit ganz
guten edukativen Elementen:
finance.yahoo.com
bloomberg.com
ft.com und ftd.de
wsj.com

Die Standardseite für Zusammenhänge, Hintergründe und umfassende Berichterstattung – keine Finance-Website? Doch, wer die
Zusammenhänge zwischen Politik, Wirtschaft und Börse nicht versteht, hat z. B. in Capital Markets Interviews ganz schlechte Karten:
economist.com

Einige weitere interessante Websites zum Herumstöbern und Lernen:
smartmoney.com
investinginbonds.com
federalreserve.gov
dnb.com
census.gov/econ/qfr

Kapitel VII: Über die Autoren

Über den Autor Thomas Trunk

Nach seiner Ausbildung bei der Deutschen Bank in Frankfurt, studierte der Autor BWL und VWL in Passau und Málaga, Spanien. Während des Studiums sammelte er Praxiserfahrung im Equity Research (VMR AG), Asset Management und Equity Derivatives (Deutsche Bank), Equity Trading/Sales (ehem. Merrill Lynch), M&A (Lazard), Marketing Consulting (Simon Kucher), Internationaler Handel (Deutsch-Malaiische Handelskammer) und in der Politik (Bundestag).

Nach Abschluss seines Studiums war Thomas Trunk über zwei Jahre in der Investment Banking Division bei Goldman Sachs tätig und dort u. a. Mitglied des Recruiting Teams. Während dieser Zeit wirkte er an zahlreichen Transaktionen in unterschiedlichen Industriesektoren mit, z. B. im Bereich Pharma (Sell Side), Transport und Logistik (Buy Side, IPO), Erneuerbare Energien (Kapitalerhöhung), Post- und Logistikdienstleistungen (IPO/Privatisierung) sowie Infrastruktur Services (Sell Side – LBO Exit).

Neben Finance interessiert sich Thomas vor allem für Backpackingtouren in allen Ecken der Welt.

Über den Herausgeber Stefan Menden

Stefan Menden ist Gründer des Karriere-Netzwerkes squeaker.net und Herausgeber der »Insider-Dossier«-Reihe sowie Autor des Insider-Dossiers »Bewerbung bei Unternehmensberatungen«. Nach seinem Business-Studium in Köln und Bergen war er drei Jahre als Berater für Oliver Wyman in München und Dubai tätig und war dort Mitglied des Recruiting-Teams. Danach arbeitete er bei einem Venture-Capital-Unternehmen in London und leitet heute das strategische Geschäft bei squeaker.net.

Kapitel VIII: Über squeaker.net

squeaker.net ist ein im Jahr 2000 gegründetes Online-Karriere-Netzwerk, in dem sich Studenten und junge Berufstätige über Karrierethemen austauschen. Dabei stehen Insider-Informationen wie Erfahrungsberichte über Praktika und Bewerbungsgespräche im Vordergrund. Die Community verfügt über eine umfassende Erfahrungsberichte-Datenbank zu namhaften Unternehmen und zahlreiche Möglichkeiten, Kontakte zu anderen Mitgliedern und attraktiven Arbeitgebern zu knüpfen. Ebenfalls zur squeaker.net-Gruppe gehören die folgenden themenspezifischen Karriere-Seiten:

consulting-insider.com
finance-insider.com
law-insider.com

Mit der Ratgeber-Reihe »Das Insider-Dossier« veröffentlicht squeaker.net darüber hinaus seit 2003 hochqualitative Bewerbungs-literatur für ambitionierte Nachwuchskräfte.

Presse-Stimmen zu den Insider-Dossiers

»Erfahrungsberichte nehmen das Lampenfieber vor dem Vorstellungstermin.« (Süddeutsche Zeitung)

»Niemand sollte sich bei McKinsey & Co. bewerben, bevor er dieses Buch gelesen hat.« (Handelsblatt)

Zur vertiefenden Vorbereitung auf Ihr Bewerbungsgespräch empfehlen wir Ihnen folgende Titel aus der Insider-Dossier-Reihe:

Brainteaser im Bewerbungsgespräch

Wie schwer ist eigentlich Manhattan? Um Jobanwärter im Einstellungsgespräch und Assessment Center auf logisches Denken und Kreativität zu prüfen, setzen Personaler immer häufiger sogenannte Brainteaser-Aufgaben ein. »Wer sich auf die Fragen vorbereitet und in die Struktur der Brainteaser eingearbeitet hat, kann wesentlich entspannter in das Einstellungsgespräch gehen«, sagt Stefan Menden, Gründer des Karriere-Netzwerks squeaker.net und Herausgeber des Buches. »Das Insider-Dossier: Brainteaser im Bewerbungsgespräch - 140 Übungsaufgaben für den Einstellungstest « bereitet ideal auf Jobinterviews vor. ISBN: 978-3-940345-10-3

Bewerbung bei Unternehmensberatungen

Die »Bewerber-Bibel« für angehende Unternehmensberater erläutert die wichtigsten Grundlagen und Konzepte der BWL für das Lösen von Fallstudien und übt deren Einsatz im Consulting Interview. Darüber hinaus trainiert es typische Analytik-, Mathe- und Wissenstests, Brainteaser-Aufgaben sowie Personal Fit-Fragen. Abgerundet wird das Buch durch ein umfassendes Branchen-Portrait, zahlreiche Experten-Tipps, Erfahrungsberichte und Profile der wichtigsten Player der Branche. ISBN: 978-3-940345-24-0

Consulting Case-Training

30 Übungscases für die Bewerbung in der Unternehmensberatung Dieses Insider-Dossier ist das erste reine Trainingsbuch für Consulting Cases im deutschsprachigen Raum. Es ist als ergänzendes Übungsbuch zur Vorbereitung auf das anspruchsvolle Case Interview besonders geeignet. Das Buch bietet 30 interaktive Interview Cases mit zahlreichen Zwischenfragen zum Trainieren von analytischen, strukturierenden und quantitativen Fähigkeiten, spezielle Cases zum Üben zu Zweit oder in der Gruppe, Einblicke in branchenspezifische Case-Knackpunkte uvm. ISBN: 978-3-940345-19-6

Einstellungstests bei Top-Unternehmen

Immer mehr Arbeitgeber greifen auf standardisierte Einstellungstests in ihren Bewerbungsverfahren zurück, da es kein anderes Auswahlinstrument gibt, das den späteren Berufserfolg so präzise misst. Mit guter Vorbereitung kann man die Unwägbarkeiten dieser Tests minimieren und seine Chancen auf eine Einstellung deutlich erhöhen. Die Lektüre des Insider-Dossiers »Einstellungstests bei Top-Unternehmen« bereitet gezielt auf die Online Assessments, Logiktests, Intelligenz- und Persönlichkeitstests vor.

ISBN: 978-3-940345-11-0

Bewerbung in der Konsumgüterindustrie

Starke Marken faszinieren Sie? Dann bietet Ihnen die Konsumgüterindustrie spannende Entwicklungsmöglichkeiten. Doch woher wissen Sie, dass Sie den täglichen Herausforderungen im Marketing oder Sales gewachsen sind? Viele Bewerber tun sich trotz guter Noten mit den hohen Anforderungen und anspruchsvollen Auswahlmethoden in der Konsumgüterindustrie schwer. Das Insider-Dossier »Bewerbung in der Konsumgüterindustrie« knackt den Bewerbungscode und bereitet Bewerber gezielt auf den Berufseinstieg bei Firmen wie Coca-Cola, L'Oréal oder Procter & Gamble vor.

ISBN 978-3-940345-14-1

Bewerbung in der Wirtschaftsprüfung

Wirtschaftsprüfern wird oft nachgesagt, sie seien die am besten informierten Wirtschaftsexperten. Aus der Wirtschaft sind sie nicht mehr wegzudenken, denn Unternehmen sind auch in wirtschaftlich schwierigen Zeiten auf externen Input angewiesen. Sie stehen kurz vor Ihrem Bewerbungsgespräch oder möchten sich ein umfassendes Bild von der Branche machen? »Das Insider-Dossier: Bewerbung in der Wirtschaftsprüfung« wiederholt verständlich das für das Bewerbungsgespräch relevante Fachwissen, trainiert die häufigsten Interview-Aufgaben der Big-4 und bietet hilfreiche Experten-Tipps.

ISBN 978-3-940345-21-9

Weitere Titel aus der Insider-Dossier-Reihe:

Die Bewerbungs- und Karriere-Bücher aus der Insider-Dossier-Reihe von squeaker.net sind alle von Branchen-Insidern geschrieben, nicht von Berufsredakteuren. Dies ist Garant für inhaltliche Tiefe, Authentizität und wahre Relevanz. Sie beinhalten das geballte Insider-Wissen der squeaker.net-Community, unserer namhaften Partner-Unternehmen und der Branchen-Experten. Für Sie bedeutet dies einen echten Vorsprung bei der Bewerbung bei Top-Unternehmen.

Folgende Titel sind in der Insider-Dossier-Reihe im gut sortierten sowie universitätsnahen Buchhandel und unter squeaker.net/insider erhältlich:

- Brainteaser im Bewerbungsgespräch

- Consulting Case-Training

- Einstellungstests bei Top-Unternehmen

- Bewerbung bei Unternehmensberatungen

- Bewerbung in der Wirtschaftsprüfung

- Bewerbung in der Großkanzlei

- Bewerbung in der Automobilindustrie

- Marketing & Vertrieb

- Der Weg zum Stipendium

- Praktikum bei Top-Unternehmen (April 2012)

- Das Master-Studium (April 2012)

Jetzt versandkostenfrei bestellen unter
www.squeaker.net/insider

squeaker.net